U0806397

THE ELEPHANT IN THE BRAIN

脑中的大象

[美]凯文·希姆勒(Kevin Simler)
[美]罗宾·汉森(Robin Hanson) / 著
王绍祥 / 译

HIDDEN MOTIVES IN EVERYDAY LIFE

中信出版集团 | 北京

图书在版编目（CIP）数据

脑中的大象 / (美) 凯文・希姆勒, (美) 罗宾・汉森著 ; 王绍祥译. -- 北京 : 中信出版社, 2020.11（2022.3重印）

书名原文: The Elephant in the Brain

ISBN 978-7-5217-1953-6

Ⅰ. ①脑… Ⅱ. ①凯… ②罗… ③王… Ⅲ. ①行为科学—通俗读物 Ⅳ. ①C-49

中国版本图书馆CIP数据核字(2020)第100248号

The Elephant in the Brain by Kevin Simler and Robin Hanson

Copyright © Kevin Simler and Robin Hanson 2018

The Simplified Chinese edition differs slightly from the English-Language edition, which was originally published by Oxford University Press.

" The elephant in the brain was originally published in English in 2018. This translation is published by arrangement with Oxford University Press. CITIC Press Corporation is solely responsible for this translation from the original work and Oxford University Press shall have no liability for any errors, omissions or inaccuracies or ambiguities in such translation or for any losses caused by reliance thereon."

Simplified Chinese translation copyright ©2020 by CITIC Press Corporation

ALL RIGHTS RESERVED

本书仅限中国大陆地区发行销售

脑中的大象

著　　者：［美］凯文・希姆勒　［美］罗宾・汉森

译　　者：王绍祥

出版发行：中信出版集团股份有限公司

（北京市朝阳区惠新东街甲4号富盛大厦2座　邮编　100029）

承 印 者：北京诚信伟业印刷有限公司

开　　本：787mm × 1092mm　1/16　　印　　张：27.25　　字　　数：325千字

版　　次：2020年11月第1版　　印　　次：2022年 3月第 3次印刷

京权图字：01-2019-6902

书　　号：ISBN 978-7-5217-1953-6

定　　价：88.00元

版权所有・侵权必究

如有印刷、装订问题，本公司负责调换。

服务热线：400-600-8099

投稿邮箱：author@citicpub.com

本书所获赞誉

查尔斯·达尔文、丹尼尔·卡尼曼、马尔科姆·格拉德威尔走进了同一间酒吧……没开玩笑！阅读《脑中的大象》的感觉仿佛是无意中听到了一段妙趣横生的对话，一群博览群书、颠覆传统的智者正在思考一系列问题：我们投票时为什么不考虑自身的经济利益？为什么要把那么多钱花在医疗上？为什么明知某些慈善机构不靠谱，却还要把钱捐给那些慈善机构？

——斯蒂芬·帕尔斯泰因（Steven Pearlstein），
《华盛顿邮报》专栏作家、普利策奖得主

如果你想了解人类所思所想背后的原因，请阅读《脑中的大象》。希姆勒和汉森是迄今为止对人类本性和行为做出最全面、最震撼、最一致解释的人。

——杰森·布伦南（Jason Brennan），
乔治城大学商学院教授

这本书将让你从一个全新的视角看待这个世界。

——泰勒·考恩（Tyler Cowen），
彭博社专栏作家、《大停滞》作者

《脑中的大象》堪称大师名著。

——斯科特·阿伦森（Scott Aaronson），
得州大学奥斯汀分校量子信息中心主任

在这本颇富说服力的天才作品中，希姆勒和汉森像两个顽皮的孩子一样，揭示出我们大多数行为其实是社交消费行为：我们做出的不一定是好决定，但我们做出的决定一定有利于维护自我形象。

——雨果·梅西耶（Hugo Mercier），
法国认知科学研究院研究员

对人类境况的深思与剖析。

——戴维·别洛（David Biello），TED 大会科学主题策划人、
《非自然世界》（*The Unnatural World*）作者

希姆勒和汉森联袂出品——新知灼见，入木三分。

——格雷戈里·本福德（Gregory Benford），
加州大学尔湾分校物理学教授、星云奖得主、
《柏林计划》（*The Berlin Project*）作者

意义深远，涉猎广泛，文字优美，论述准确。

——布赖恩·卡普兰（Bryan Caplan），
乔治·梅森大学经济学教授、
《教育的反面案例》（*The Case Against Education*）作者

这应该是你读过的最颠覆传统、最令人不安的一本自助式图书。但或许也是最重要的一本书。

——安德鲁·麦卡菲（Andrew McAfee），
麻省理工学院首席研究员、《人机平台》作者

全面，富有洞见，读来妙趣横生，美中不足的是：曾经美好的一切现在均不复存在了。

——扎克·韦纳史密斯（Zach Weinersmith），
《周六早餐麦片》（*Saturday Morning Breakfast Cereal*）作者

这本书将改变你对这个世界的看法。

——艾伦·达福（Allan Dafoe），耶鲁大学政治学教授

引人入胜的作品，说的全是大脑不想让你知道的事情。

——扬·塔林（Jaan Tallinn），Skype、
生存风险研究中心、未来生命研究所创始人

这本书影响之巨无以言表。

——塔克·马克思（Tucker Max），《我希望在地狱也有啤酒喝》
（*I Hope They Serve Beer in Hell*）作者

我们如何向对手、朋友和自己撒谎？为什么？引人深思，同样也引人入胜，不可不读。

——史蒂文·兰思贝格（Steven Landsburg），
罗切斯特大学经济学教授

希姆勒和汉森揭示了我们聪明的伪装之下的真相。为了生存，我们所有人都必须互相帮助，才能走出偏见与自圆其说的大漩涡。

——戴维·布林（David Brin），雨果奖得主、《存在》作者

一部发人深省、引人深思的著作。

——安德鲁·格尔曼（Andrew Gelman），
哥伦比亚大学统计学教授

希姆勒和汉森揭示了塑造人类言行的隐性力量和黑暗力量。

——威廉·麦克阿斯基尔（William MacAskill），牛津大学哲学教授、
《如何更有效地做慈善》（*Doing Good Better*）作者

芸芸众生，值得我辈洗耳恭听者又有几人？罗宾·汉森就是其一。

——拉尔夫·默克勒（Ralph Merkle），公共密钥共同发明者

无一页不精彩，无一页不生动。

——亚历克斯·塔巴罗克（Alex Tabarrok），《现代经济学原理》
（*Modern Principles of Economics*）作者

一本令人不安的重要著作。

——阿诺德·克林（Arnold Kling），《政治的三种语言》
（*The Three Languages of Politics*）作者

目录

第二部分
日常生活中的隐性动机

引言

房间里的大象，[名] 人们心知肚明却视而不见或撒手不管的重要问题；社会禁忌。
脑中的大象，[名] 明明至关重要但人们却熟视无睹的大脑运作特征；内省禁忌。

罗宾第一次注意到脑中的大象是在1998年。

当时，罗宾刚在加州理工学院读完博士，并开始为期两年的博士后学习。博士阶段他研究的是抽象经济学理论，博士后阶段他的研究课题则是健康医疗政策。一开始，他的研究也聚焦于常规问题：何种医疗手段行之有效？如今的医院和保险公司缘何如此？整个医疗体系如何改进？

但是，潜心研究了相关文献之后，他发现数据有些蹊跷，很快他就对一些最基础、最根深蒂固的假设产生了怀疑。为什么病人们在医疗方面不惜一掷千金？是为了更健康的身体吗？健康是病人唯一的目标，对吗？

也许并非如此。我们一起来思考一下罗宾发现的一些令人百思不得其解的数据吧。首先，发达国家在医疗方面的开支惊人，人们在看病、吃药、化验等方面的支出远远超出了保持健康的范畴。大型随机研究发现，相对于非医保控制组而言，享有免费医疗的群体在医疗方面的支出要多得多，但结果不见得更好。同时，非医疗干预，如缓解压力、改善饮食、运动、睡眠或空气质量，更有益于健康，效果也更为显著，但病人和政策制定者却兴味索然。病人们很容易满足于表面上看似不错的医疗服务，而令人大跌眼镜的是，他们对于透过表面看本质却了无兴趣，比如，听取第二诊疗意见或者向医生或医院咨询相关结果。一项研究结果令人瞠目结舌：对于需要接受高风险心脏手术的病人来说，即使只需50美元就可以了解邻近医院心脏手术的死亡率，也只有8%的人愿意这么做。最终，人们好似视死如归，把大把大把的钱砸在临终关怀上，而对于价格更低，在延长生命或是保证生活质量方面同样效果显著的保守治疗则毫不关心。这种种困惑令人不禁怀疑，求医问药远非保证身体健康这么简单。

为了解开这些谜团，罗宾另辟蹊径，采用了与其他健康政策专家迥然不同的方法。他指出，人们求医问药除为了保持健康之外，还有一些我们鲜为人知的动机。内省时，我们只会看到“为了健康”这种动机，但是，如果我们能跳出这种思维定式，从外部审视我们的动机，并从我们的行为倒推我们的动机，就会发现其实还有一番别样的风景。

婴儿在蹒跚学步时不小心磨破了膝盖，妈妈立即俯下身去，亲了他一口。此举绝非真正意义上的治疗，但母亲和孩子都很喜欢这种颇具象征意义和仪式感的举动。蹒跚学步的婴儿知道妈妈始终陪伴左右，关键时候，尤其是在危急关头，妈妈一定会对自己伸出援助之手，一想到这一点，婴儿就特别开心。而对于护犊心切的妈妈来说，她希望孩子知道自己永远是他的依靠。这个小小的例子告诉我们这样一个道理：求医问药、救死扶伤都是我们的天性，与疗效无关。

罗宾假设，在现代医疗体系中也隐藏着一种相互依仗的关系（transaction），只不过我们并没有注意到这一点而已，因为真正的疗效已经蒙蔽了我们的双眼。换言之，昂贵的医疗确实有效，但与此同时，它只不过是一种错综复杂的“亲亲宝宝的伤口”的成人版而已。在这种相互依仗的关系之中，病人获得了社会支持，而支持者只希望能够从病人那里得到一点点忠诚而已。在这种相互依仗的关系之中，“亲亲”你或支持你的不仅有医生，而且还有一路走来，每一个对你不离不弃的人，如执意拉你去看病的配偶，代为看管孩子的朋友，为你宽限工作期限的老板，甚至还有各种组织，比如公司和政府，等等。试想没有他们，你哪能享受得到医保？以上所有个人或组织在提供支持的时候，唯一希望的就是自己的所作所为能换得你一星半点的忠诚。当然，这也让病人获得了远远超出其健康所需的医疗服务。

结论就是求医问药并非仅仅关乎健康——它也是炫耀性关怀（*conspicuous caring*）的体现。

我们并不奢望读者们马上就能接受我们的解释。在第 14 章中，我们将对此进行细致的分析。更为重要的是，我们希望大家对我们的解释先有一种感性的认识。首先，我们认为人类的关键行为通常是由多重动机驱动的。一心一意寻医问药或治病救人也概莫能外。这一点并无任何新奇之处，毕竟人类是一种复杂的生灵。但更重要的一点是，我们认为其中有些动机是藏在潜意识中的。我们并没有完全意识到这些动机的存在。在我们的大脑中，它们并非总是在背街小巷里鬼鬼祟祟乱窜的小老鼠，它们宛如大象，大到足以在国民经济数据中留下足迹。

因此，罗宾最初是在医疗行业中瞥见了脑中的大象，而凯文则是在硅谷新兴软件公司工作时，第一次瞥见了脑中的大象。

最初，凯文只是把新兴公司的场景直接视为创业尝试：找一群人，给他们思考、交流和编码的时间，最后，一旦每个人像乐高玩具一样，各就其位，各司其职之后，高质量的软件就会滚滚而来。后来，他读到了人类学家克里斯托弗·勃姆的著作——《森林里的等级体系》（*Hierarchy in the Forest*）。这本书从黑猩猩群落切入，对人类社会进行了分析。读过勃姆的著作之后，凯文开始用一种全新的目光来审视其所处的环境。在闪烁的日光灯下，满是软件工程师的办公室变成了充斥着喋喋不休的灵长类动物的部落。集体会议、集体聚餐、团队郊游成了别出心裁的社交培训课。面试变成了披着薄薄面纱的启蒙仪式。公司的徽标也成了部落图腾或宗教象征。

但是，勃姆的著作带给凯文的最大启发是其对社会地位的看法。作为灵长类动物的职场人士，当然会使出浑身解数来保持或提升其在等级体系中的地位，比如展现优势、争夺领地、针锋相对等。对我们这样一种兼具社会性和政治性的灵长类动物而言，上述行为均不足为奇。有趣的是，人们会用一种临床业务术语对其进行包装，掩盖其中暗含着的种种社会竞争。理查德对卡伦心存不满，但他不会直截了当地说“她挡了我的道”，而是会说“她不够关爱客户”。人们不会公开讨论敏感话题，如社会地位等，却会用委婉语（如“经验”或“资格”等）对其进行层层包装之后再加以讨论。

言下之意就是，人们在思考或交谈时一般不会刻意强调社会地位。就医疗而言，人们一般不会刻意表现出炫耀性关怀。但是，我们所有人都会本能地这么做。事实上，我们所有人难免都会有私心，难免都会处心积虑、谨小慎微，但是我们不会公然承认，甚至对自己也并不例外。

但是这一点很奇怪。既然此类动机如此重要，那我们为什么会对其熟视无睹呢？生物老师告诉我们，人是竞争性社会动物，各种本能无所不备。老师还告诉我们，意识是可以为我所用的，因此意识也会逐步提高。所以，对于最深层的生物动机，我们具有超强意识。这难道不是一种合情合理的解释吗？但是，大多数时候，我们似乎存心置之不理。

这并不是因为我们的内心无法感知这些动机。我们所有人都知道这些动机是存在的。但是这些动机会令我们感到不安，于是我们就在精神上退缩了。

核心理念

我们从本质上而言是社会动物。

——卡尔·波普尔[1]

每个人在独处时都是真诚的，可当第二个人一出现，虚伪也随之出现了。

—— 拉尔夫·沃尔多·爱默生[2]

本书所探讨的主题是，人类不仅是一种能够靠隐性动机行事的物种，而且这也是人类的天性使然。人类的大脑天生就是自私自利的，但与此同时，我们又费尽心机，希望在人前摆出一副无私的姿态。为了不让其他人发现我们的真实动机，我们的大脑经常将“真实的我们”，即我们有意识的心理隐藏在黑暗之中。我们对于自己丑陋的动机知道得越少，就越容易将这些动机隐藏起来，不让其他人发现。

所以自我欺骗是策略性的，哪怕我们的行为令人不齿，但我们的大脑通过运用这一策略，使我们表面看来仍然非常友善。很少有人会迫不及待地承认这种两面性，这一点并不难理解。但是，只要我们仍然谨小慎微，不想捅破这层纸，那么我们就无法对人类行为做一个清晰的判断。我们被迫扭曲或否认任何一种可能揭示我们隐性动机的解释。越是关键的事实,越会成为禁忌。我们的思想和行为永远都让我们困惑不已。只有鼓起勇气，直面脑中的大象，我们才能揭开事实的真相。

再次强调，我们并不是完全没有意识到那些令人难以启齿的动机——远非如此。只要真的愿意正视这个问题，我们就会发现许多动机是再明显不过的。本书中讨论的“隐性”动机，有一些是读者们再熟悉不过的，有一些大家可能略知一二，还有一些则完全不了解。这就是为什么我们选择大象作为比喻对象。大象，无论存在于房间里，还是存在于我们的脑中，其实一直都在那里，无遮无掩，开诚布公。只要我们能够鼓起勇气，朝正确的方向望去，就能一眼看到大象（如图 a-1 所示）。但是，一般来说，我们更愿意对大象视而不见，因此，对于能够揭示我们行为的解释，我们往往一概不予理睬。

“大象”

那么，我们不愿谈及、不愿思考的那个脑中的大象究竟是什么呢？简言之，是自私——我们思想中自私的部分。

但是，实际上，其真正的含义要广泛得多。不妨这么说吧，自私只是一种意识，“大象”还有很多其他部分，而且那些部分都是联系在一起的。所以，这本书中所说的“大象”不仅是人类自私的行为、动机，还包括一整套相关的概念：我们是会争夺权力、地位和爱情的竞争性社会动物，有时为了向上爬，甚至会撒谎欺骗他人。我们会隐藏部分动机——目的是误导他人。因此，在这本书中，我们也偶尔用“大象”来指代人类的这些隐性动机。只要承认其中任何一种概念，就说明我们知道剩下的其他所有动机。它们都是同一套动机里的一个部分，都受到同样的禁忌影响。

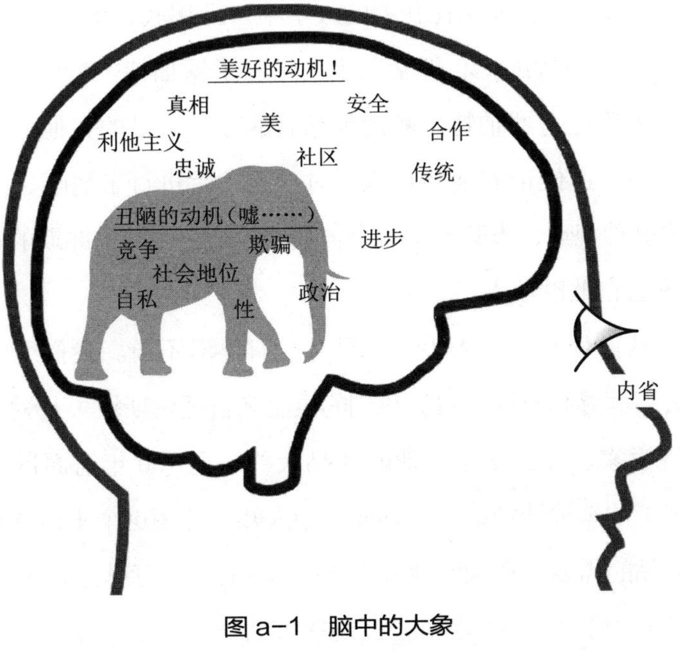

图 a-1 脑中的大象

就人类行为而言，所见并非所得——这是最主要的原因。当然，这种观点并非我们首创。一代又一代的思想家欣喜地发现，人类的行为和说出的理由并不一致。17 世纪，拉罗什福科曾写道：“如果我们能够看到所有隐性动机的话，那么一谈到最崇高的事业，我们一定会脸红。”[3]

西格蒙德·弗洛伊德当然是隐性动机研究的先驱。他提出了一系列隐性动机及各种潜意识机制。虽然本书给出的解释有时看起来似乎是受到了弗洛伊德的影响，但是我们跟随的是主流认知心理学，我们摒弃了弗洛伊德的大多数方法，也摒弃了其诸多结论。[4]压抑的思想、心里的矛盾？当然，那是我们的核心论点。但是，恋母情结；梦是一种值得信赖的证据之源；在心理分析的过程中，我们会重拾母亲子宫里的记忆；所有这些理论在我们的故事中皆无用武之地。

相反，我们从进化心理学入手，借鉴了罗伯特·特里弗斯、罗伯特·库尔茨班还有罗伯特·赖特等学者的作品。是的，他们全都叫罗伯特。他们从进化论的视角切入，对自我欺骗进行了清晰、广泛的描述。根据这种观点，人脑天生就会自我欺骗——用特里弗斯的话来说就是:“欺人者自欺以欺人。”

我们从进化心理学入手，但是并没有停滞不前。我们继续在更广阔的社会层面寻找隐性动机。我们的灵感来自托尔斯坦·凡勃伦，他是一位经济学家、社会学家，他的作品大约是在100年前面世的。凡勃伦因提出了“炫耀性消费”一词而广为人知，他用这个术语解释了人们对于奢侈品的需要。在询问他人为什么会买昂贵的手表或高档手提包的时候，往往会得到一些物质方面的答案，比如舒适、美观、实用等。但是凡勃伦指出，事实上，人们对于奢侈品的需求很大程度是社会动机使然：为了炫富。最近，心理学家杰弗里·米勒从进化论的视角也提出了类似的观点。我们也大量借鉴了其作品。

所以，本书的目的并不仅仅是将人类许多不明智的行为罗列出来，而是指出受我们推崇的大多数机构（慈善机构、公司、医院、大学）除了其官方目的之外，还有一些不为人知的野心。正因为如此，我们在思考这些机构时，必须将这些不可告人的秘密考虑在内，否则我们就可能对其产生误解。

我们在调查中发现，其实人类从策略意义上来说是自欺欺人的，不仅从个人层面来看是如此，而且从整个社会层面来说也是如此。我们的大脑在打情骂俏，协商社会地位和玩弄政治方面都是行家里手，而“我们”（大脑有意识的部分）想方设法让自己的思想保持纯洁、完美无瑕。“我们”不一定总是知道自己的大脑有什么样的企图，但是我们经常不懂装懂，因此难免会遇到麻烦。

基本论点

至少有 4 种不同的研究均得出了同样的结论：正如心理学家蒂莫西·威尔逊所言，我们“对自己十分陌生”。

1. 微观社会学。在研究人与人是如何在微观层面上互动（包括实时互动与面对面交流）时，我们很快就会惊讶地发现，我们对自己的社会行为的深度和复杂程度以及对于正在发生的一切知之甚少。这些行为包括笑、脸红、流泪、眼神交流和肢体语言。事实上，我们很少对这些行为进行内省，或者对其进行自主控制，所以不妨说“我们”并非处于控制地位。大脑代表我们设计了这些互动，而且技巧极其娴熟。虽然“我们”对于接下来要说的内容痛苦万分，但是大脑却会在恰当的时候让我们露出笑容、做出恰当的表情，根据需要，要么保持眼神交流，要么停止眼神交流，通过姿态争夺领地和社会地位，对与我们互动的人身上所体现出来的所有行为进行阐释并做出反应。

2. 认知与社会心理学。认知偏见和自我欺骗研究近年来取得了长足进展。我们已经意识到，自己的大脑不仅是不幸和狡诈的，而且它们简直就是魔鬼。它们刻意向我们隐瞒信息，帮助我们杜撰出行之有效的亲社会动机，并在这个幌子之下，暗暗经营着我们不可告人的秘密。正如特里弗斯所言："在（处理信息的）每一个阶段，从带有偏见的接收，到带有偏见的编码，到按照虚假的逻辑进行组织，到错误记忆，再到把它错误地阐释给他人听——为了实现我们惯常的目标，即表现出比真实的自我更好的一面，我们在心里不断地歪曲着信息流。"[5] 埃米莉·普罗宁称这种现象为内省幻觉（introspection illusion），即我们对自己心理不了解的程度几近于给人一种"作"的感觉。只要自欺欺人一些，我们就可以做到"鱼和熊掌兼得"，就可以采取行动，为自己谋取最佳利益，同时不至于暴露出我们惯常的那种自私自利的阴谋家嘴脸。

3. 灵长类动物学。人是灵长类动物，具体一点儿来说就是猿。所以人性就是猿性的改良版。在研究灵长类族群时，我们会发现很多马基雅维利式的行为——展露性感的一面、支配与服从、适合度展示（炫耀）、耍政治手腕。但是，如果有人让我们解释一下自己的行为，比如，我们为什么要买新车？为什么和对象分手？大多数时候我们都会把自己的动机描绘成是合作的、亲社会的。作为一种竞争性的社会动物，我们热衷于炫耀，以及玩弄政治手腕，但我们却不承认这一点。这里面肯定有问题。

4. 经济困惑。我们在研究特定的社会机构（医疗、教育、政治、慈善、宗教、新闻媒体等）时发现，它们经常名不副实、有悖初衷。在许多情况下，这纯粹是因为执行不力。但是，在其他情况下，以上机构的所作所为给人的感觉则是它们注定是要实现其他不可告人的目的。以学校为例。通常来说，学校的功能是传道授业。但是学生往往不记得在学校里学了什么，而记住的往往也不是特别实用的知识。再者，权威研究表明，学校的架构其实是在为学习设置障碍，比如要早起、经常考试。（我们会在第 13 章对许多困扰我们的问题进行讨论。）同样，这里面似乎有哪个环节不对劲。

事实上，聚焦大规模的社会问题是本书与其他书最大的不同。许多思想家检视过自欺在个人生活语境和个人行为中的作用，但是很少有人会自然而然地把相关逻辑推进一步，用这些洞察力来研究我们的机构。

关键在于，即使在公共场合时我们也会习惯性地隐藏部分动机，这和我们在私底下的做法并无二致。当足够多的隐性动机形成了一种和谐之力后，我们便开始创建稳定的、长期存在的机构（学校、医院、教会等），其目的在于包容这些隐性动机，至少部分如此。这就是罗宾对医疗机构进行研究后得出的结论，类似的推理也适用于生活的方方面面。

还有另外一种视角。世界上有许多人是不会承认自己的动机的。但是大多数时候，针锋相对的利益集团则迫不及待地想揪出对方的这些问题。比如，2008 年金融危机期间，美国的银行家们在准备自保时，信誓旦旦地称救市对整个经济是有利的，但只字不提这么做也会使他们中饱私囊。所幸很多人站出来拆穿了他们。同样，在美国前总统小布什执政期间，美国反战示威者（大多为自由党）列举了战争带来的种种危害，为自己正名，而奥巴马上台之后，他们大幅减少了示威游行活动，但实际上，伊拉克战争和阿富汗战争却丝毫没有结束的意思。[6]这一切均表明，与其说示威者追求的是和平，不如说他们是在进行党派利益的争夺。所以，在发现这种言行不一的行径之后，保守派批评家大喜过望。[7]

但是，如果我们的隐性动机和军方或党派的动机有所不同，会发生什么样的情况呢？在大家都心照不宣地隐藏了自己动机的生活领域，谁又会注意到它们呢？

本书的目的就是揭示公共生活中这些未经检视的黑暗面：在备受尊重的社会机构中，几乎所有参与者从策略上来说都是自欺欺人者，那些买家和卖家表面上在进行着一种交易，而实际上进行的却是另一种交易。比如，艺术界的宗旨并不在于“欣赏美”，所谓的艺术同时也是一种借口。有了这种借口，我们才有机会和那些位高权重的人接触，同时艺术也是性感的体现（卖弄风情，求得一时风流）。教育不仅仅与学习有关。从很大程度上来说，教育就是打打分，评评级，积累一些资历，盖盖章，以便未来能找一个好雇主。宗教不仅仅与个人对于上帝或来世的信仰有关，也包括让不同派别的人相互理解和在公开场合忏悔。在上述每一个实例中，我们的隐性动机可以对我们的行为做出解释，而且其数量之多令人难以置信——经常是大多数行为都能解释。实在是没有办法隐藏的时候，我们往往会选择有利于我们的隐性动机，而不是我们愿意公开承认的动机。

根据这样一种思路，设置许多社会机构纯粹是一种浪费。由于大家都推崇共赢的结果（教育孩子、救死扶伤、推崇创意），我们的机构里装着无声的大锅炉，根据内部信号，每年都有数以万亿计的财富、资源和人类努力被铲入其中，烧为灰烬，而目的仅仅是炫耀。现在，我们的机构当然也实现了一些官方对外宣传的目标，但是它们往往是无效的，因为它们背后都有不可告人的目的。

这听起来似乎有点儿悲观，但实际上，这对我们来说是极大的利好消息。尽管我们的机构有着这样或那样的缺陷，但还是在可以忍受的范围之内的，而且我们已经忍很久了。更为重要的是，对我们大多数人而言，生活还是那么美好。所以，如果我们可以准确地诊断出，为什么我们的机构不能如我们所愿，发挥其应有的作用的话，那么最后我们将会对其进行改造，我们的生活也将更加美好。

当然，并不是人人都关心大型社会机构的设计问题。对于本书的读者来说，本书更实用的价值在于提升读者审时度势的能力，借用军事术语来说就是态势感知（situational awareness）。无论是在会议室还是教堂，抑或看着政客们在电视上喋喋不休时，我们都希望能够窥见真相，并了解为什么会出现这种情况。人类的社会行为是复杂的，有时甚至是无法理喻的，但是本书提供了一个理解人类行为的框架，尤其是那些与我们的本能不同的行为。人为什么会笑？房间里最重要的人是谁（我的理由是什么）？艺术家为什么总是那么性感？为什么很多人旅行之后总爱吹嘘？真的有人相信创意吗？在听人们对自己的评价时，我们经常会觉得很困惑，因为人们往往会掩饰自己的动机。只有借助人类行为数据库，反复地审视这些动机，我们才能了解人类行为背后的真正驱动力。

本书主要论点简述

1. 他人从未停止对我们评头论足。他们很想知道我们能否成为他们的好朋友、好盟友、好爱人或好领导。他们的判断标准之一就是我们的动机。我们为什么会有这种行为？我们是否会时时考虑他人的最佳利益，或者我们是彻头彻尾的自私自利者吗？

2. 由于他人总是在对我们评头论足，因此我们很在意自己的外在形象。所以，我们总是会夸大美好的动机，尽量淡化丑陋的动机。从严格的意义上来说，那既算不上撒谎，也谈不上完全诚实。

3. 上述原则不仅适用于我们的语言，而且适用于我们的思想，尽管这看起来有点儿奇怪。我们为什么就不能开诚布公地面对自己呢？答案是，我们的思想并不像我们想象的那样具有私密性。从很多方面来看，有意识的思想其实是我们想对别人说的话的一种预演。正如特里弗斯所言："欺人者自欺以欺人。"[8]

4. 举一个极端的例子，我们会指责某位政客表里不一、动机不纯，却常常认为，医务工作者背后的驱动力量就是纯粹、美好的。而事实上，我们很可能只是搞错了驱使我们产生这类想法的动机。

本书结构

本书分为两个部分：

第一部分"为什么我们要隐藏动机"探讨的是社会激励措施对我们心灵的扭曲，这也导致了我们的自欺欺人。正如《马太福音》(第7章第3节)所言："为什么看见你弟兄眼中有刺，却不想自己眼中有梁木呢?"用我们自己的比喻来说就是："你为什么要去管你朋友的心里是否有一只小老鼠呢？你难道不知道你的心里有一只大象吗?"在第一部分，我们将竭尽全力直面大象——我们的目光绝不躲闪，一定要用目光把它压制住。

第二部分"日常生活中的隐性动机"，我们将借助对这只大象的最新理解，来解构一系列人类行为，小到个人行为，大到机构行为。我们发现表里不一其实是常态。

免责声明

当你想了解这个世界，却发现大脑也会欺骗自己的时候，你一定会觉得很不舒服。即使没有大象蒙蔽我们的双眼，现实也是令人困惑的。但是，本书提出的思想还面临一个更为严重的障碍，因为这些思想都是难以在公开场合大肆宣扬的思想。

要知道思想天生具有极强的传播性：如果有理论强调利他主义、合作以及其他各种让我们感觉良好的动机，我们便迫不及待地想与其他人分享，有的人更是恨不得爬上屋顶，昭告天下："合作，我们必定会成就伟大的事业！"这很好地说明了，无论是陈述者还是聆听者，都无法抗拒令人心潮澎湃的言辞。人潮涌动，人们长时间站立鼓掌往往就是因为这类内容。历史悠久的布道传统、TED 演讲、毕业演说、总统就职演说……这也是秘诀之所在。

但是还有其他许多思想需要面对艰苦卓绝的斗争，而且可能永远也无法让多数人接受。如果有一种思想强调的是竞争及其他丑陋的动机，人们一般就不会热切地与他人分享。这会阻碍人类进步。本书两位作者的亲身经历表明，如果我们在派对、饭桌上谈论这些话题，人们一定会觉得大煞风景。

考虑到这一点，有必要强调一下我们究竟来自何方。愤世嫉俗与憎恶人类之间只有一步之遥，但前者是对人类动机不齿，后者则是对人类不齿。所以我们希望读者们能够明白，虽然我们对于人类动机心存疑虑，但我们还是热爱人类的。（而且，我们的很多好朋友就是人类！）我们并没有刻意贬低人类这个物种，也并没有刮着同类们的鼻子，数落他们的种种不是。我们只不过是花了一些时间，把人们未曾仔细审视过的人性问题提出来重新思考而已。总而言之，我们并不认为诚实的科学探讨会影响我们对美好人类的热爱。

如果我们对自己足够诚实——忠实于本书的主旨，那么必须承认，直面我们的隐性动机还是有风险的。人类之所以会自欺欺人，是因为自欺是有用的。它可以让我们享受自私给我们带来的好处，与此同时，我们还可以在他人面前保持一副大公无私的姿态。它美化了我们。直面我们的错觉必然会削弱错觉存在的理由。事实上，如果我们真的不了解自己的动机，那么或许更好。

我们到底是要审视自己的内心，直面大象，还是要继续移开目光呢？我们认为，这种选择与墨菲斯在《黑客帝国》中给尼奥提供的选择一样："吃了这个药就没有回头路可走了。"墨菲斯提醒说。他伸出双手，一只手上是一颗蓝色的药丸，另一只手上是一颗红色的药丸。"你选择蓝色药丸，故事就结束了，你会在床上醒来，然后相信你想相信的事情。你选择红色药丸，就会留在爱丽丝梦游的仙境中，我会让你看看这个兔子洞到底有多深。"[9]

如果说好奇害死了猫，那么凯文和罗宾就是死猫了。我们无法拒绝这样一种邀约。我们选择了红色的药丸。我们希望亲爱的读者们，你们也会选择红色的药丸。

THE ELEPHANT IN THE BRAIN

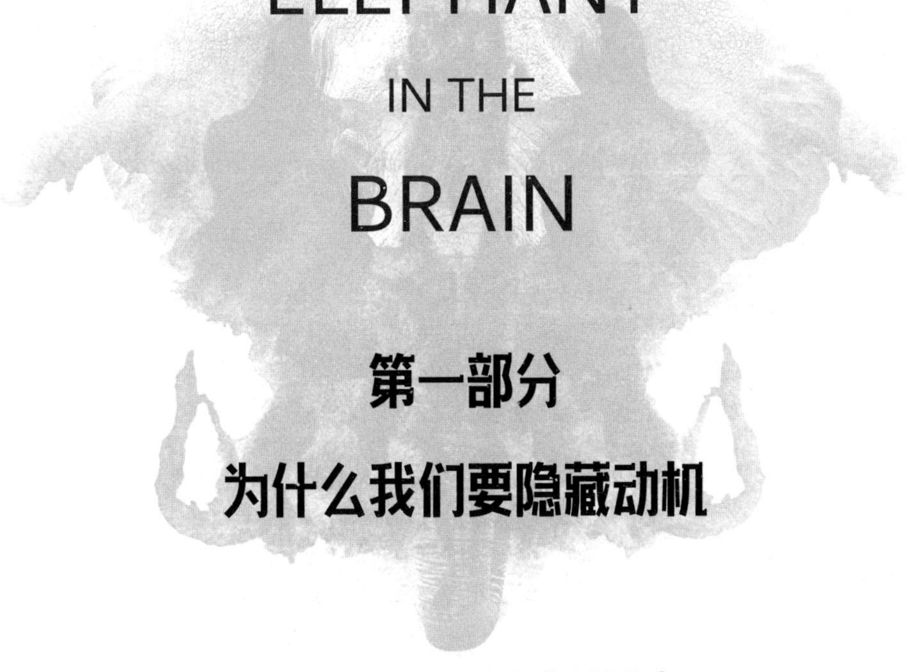

第一部分

为什么我们要隐藏动机

HIDDEN MOTIVES IN EVERYDAY LIFE

1

动物行为

整饰社交与竞争性利他

在跌入人类社会生活的复杂泥潭之前，我们先从略为简单的话题入手吧。人类也是一种动物，所以我们能够从对其他动物甚至植物（详见下一章）的研究中总结出许多有关人类自身的知识。事实上，研究其他物种的用处极大，因为那样我们往往就不会先入为主了。你也完全可以把本章当作“预演”。

在本章中，我们将对两种颇令人费解的动物行为做一番粗略的探讨。这两种行为看似简单而直接，但是随着揭开冰山一角，进一步深挖，我们便会发现它们其实极为复杂。在接下来的章节中，我们仍将采用这种方法研究人类行为。

然而，请注意，这些非人类动物未必会像我们一样刻意隐藏内心的动机。其动机哪怕神秘兮兮，也不一定是因为它们在耍心机。个中原因，我们将留在本章末尾讨论。

社交整饰

我们首先来谈谈灵长类动物之间的整饰行为。人类毛发稀少，但是其他大多数灵长类动物全身都覆盖着厚厚的毛发。如果不加以整饰，这些毛发很快就会沾满尘土和碎屑。这些毛发还会成为跳蚤、虱子、螨虫和其他寄生虫的乐园。因此，灵长类动物的毛发需要定期整饰以保持清洁。

灵长类动物个体不仅能够而且也会进行自我整饰，但是它们只能有效地整饰自己的半个身体，而无法自行清理背部、脸部和头部。为了保持整个身体的清洁，它们需要朋友略施恩惠。[1] 这种行为被称为社交整饰（social grooming）。[2]

想象一下两只雄性黑猩猩互相整饰的场景。一只黑猩猩（被整饰者）弓着身子坐着，露出整个背部。另一只黑猩猩（整饰者）爬上前来，开始检查第一只黑猩猩的毛发。通常，它会花上几分钟，用手指抓抓挠挠、挑挑拣拣，再用对生拇指拔出一些碎屑。它得全神贯注才能完成这种目的性行为。

要是我们有办法问一问这只正在整饰的黑猩猩它在做什么的话，那它可能会给出一个十分接地气的回答："我想替朋友把背上的零碎东西都弄走。"这是整饰行为的目的，也是它集中精力想要完成的事情。它可能还会搬出简单的互惠逻辑解释它的行为："我帮朋友清理背部，作为回报，朋友应该也会替我清理背部。"——的确如此，终其一生，黑猩猩的整饰伙伴都是相对固定的。如此说来，乍一看，社交整饰似乎是出于卫生考虑，是保持毛发清洁的一种方式。

然而，这离完整的真相很远。我们不能只停留在表面，不能光看社交整饰行为的表面价值。社交整饰仅仅是为了保持清洁吗？下列事实不禁让我们心生疑惑：

- 多数灵长类动物相互整饰的时间远远超过保持毛发清洁所需的时间。[3]例如，狮尾狒日间长达17%的时间都用于相互整饰。[4]显而易见，用于相互整饰的时间已经远远超过清洁所需。某些灵长类动物仅仅花费0.1%的时间进行相互整饰，而鸟类花在相互梳理羽毛上的时间仅有0.01%。[5]
- 更加令人困惑的事实则是，灵长类动物花在相互整饰上的时间远远超过给自己整饰的时间。[6]如果整饰只是为了保持洁净，那么合理的现象应是自我整饰的时间超过社交整饰的时间。
- 最后，我们可以对比一下每种灵长类动物的平均体型与其花在整饰上的时间。如果整饰仅仅是为了保持清洁，那么体型更大、毛发也更多的物种应当花更多的时间进行相互整饰。但事实上两者并无关联。[7]

我们可能会问："这是怎么回事儿?"整饰行为背后肯定另有玄机。

灵长类动物学家罗宾·邓巴几乎将毕生精力都倾注于社交整饰的研究上，他的研究成果问世后便成了灵长类动物学家的共识。他说，社交整饰不仅仅是一种卫生行为，也是一种政治活动。通过相互整饰，灵长类动物可以借机结为同盟，以备不时之需。

整饰行为传达出了许多相关信息。整饰者说："我愿意用我的闲暇时间为你提供帮助。"而被整饰者则会说："太舒服了，我愿意让你从背后接近我，抚摸我的脸。”与此同时，亲密无间地共度一段惬意时光之后，双方便增强了同盟关系。然而，竞争对手却很难卸下戒备，共享这种惬意的行为。[8]

邓巴如是说：“关键在于，整饰创造了一种建立信任的平台。”[9]

整饰行为的政治功能使原本无法从卫生功能角度加以解释的问题一下子豁然开朗了。例如，这解释了为什么级别高的个体能够比级别低的个体享受更多整饰服务。[10]级别低的灵长类动物选择给级别高的灵长类动物提供整饰服务的时候，它们获得的整饰服务回报率较低。因此，它们必定想捞取其他好处，而不是简单的互惠行为。确实，相互整饰的伙伴更可能共享食物[11]，更愿意分享进食地[12]，并且其中一员与其他群内成员进行对峙的时候，另一成员挺身而出的概率更大。[13]

整饰的政治功能也解释了，为何不同物种用于整饰的时间与社交族群的规模有关，与毛发的多少无关。[14]通常，较大的族群有着更加复杂的政治关系，因此建立同盟更加重要，但是，维系同盟关系也更加困难。

需要指出的是，这些灵长类动物未必意识到了其政治动机。优胜劣汰的关键在于，参与更多社交整饰活动的灵长类动物混得更好。因此，社交整饰是灵长类动物的一种本能行为。所以，在相互整饰时，灵长类动物自然感觉良好，而它们未必知道自己为什么感觉良好！[15]

当然，我们不能否认整饰行为仍然具有部分卫生功能。如果整饰行为与卫生功能毫无关系，那么灵长类动物只需要相互进行背部按摩即可，何须认认真真清理彼此的毛发呢？然而，虽说社交整饰有保持清洁的作用，但灵长类动物把大量时间花费在社交整饰上，这仍然令人费解。例如，狮尾狒每天可能只需花费 30 分钟进行相互整饰，就能够保持毛发的清洁，然而它们却花费了 120 分钟进行相互整饰（这就好比有的人一天要洗 4 次澡）。只有政治功能才能解释狮尾狒为什么要多花 90 分钟进行社交整饰。否则根本没有必要！

竞争性利他行为

在讨论人类行为之前，我们先再来看一个例子。

来自特拉维夫大学的阿莫茨·扎哈维及其鸟类学家团队对阿拉伯鸫鹛进行了研究，研究成果赫赫有名。阿拉伯鸫鹛是一种棕色的小鸟，生活在西奈沙漠及阿拉伯半岛部分地区的干旱灌木丛中。鸫鹛的族群由 3~20 名成员组成。它们共同保卫一小块由树木、灌木和矮树丛组成的领土，这片领土足以掩护它们，使它们免于落入捕食者的魔爪。生活在族群中的鸫鹛能够混得风生水起，但是那些被逐出族群的倒霉家伙却过着朝不保夕的日子。它们通常也不被其他族群接纳，只好艰难地独自寻找食物和栖息之地。它们还时常沦为老鹰、猛禽和蛇的腹中餐。[16]

鸫鹛的社会生活尤其不同寻常。为了简洁，我们将重点讨论雄性鸫鹛的社会生活，但是在雌性鸫鹛的社会生活中也可以见到相似的行为。雄性鸫鹛之间有着森严的等级。例如，雄性领袖在与雄性随从发生冲突时通常是胜利者，而雄性随从在与雄性平民发生冲突时也通常是胜利者。在极其偶然的情况下，相邻等级的两只鸫鹛爆发了激烈程度较高的争斗时，通常以一只鸫鹛丧命或被永远逐出族群收场。然而，在大多数情况下，雄性鸫鹛相处得极为融洽。事实上，它们频繁地在各个方面相互帮助，为族群奉献。成年鸫鹛分享食物，给族群里的雏鸟投食，攻击捕食者和竞争族群的成员，并且在其他成员寻找食物的时候进行警戒，防范捕食者入侵。

乍一看，这些行为似乎是显而易见的利他性行为（自我牺牲）。例如，一只正在执勤的鸫鹛，甘愿忍饥挨饿，把进食的机会拱手相让。与此相似，攻击敌人的鸫鹛可能会受到严重伤害。但是，我们再仔细观察一下，就会发现这些行为并没有表面上看来那么无私。

首先，鸫鹛会相互竞争，以获得帮助他者与族群的机会。它们往往会为此争得不可开交。例如，高等级的鸫鹛不仅会给低等级的鸫鹛投食，有时候甚至会把食物强行塞进不愿进食的鸫鹛的喉咙里！与此相似，当一只雄性随从站在树顶上执勤时，雄性领袖时常一飞而上，骚扰正在执勤的鸫鹛，让它离开树干。与此同时，雄性随从还不够强大，无法从雄性领袖手里夺回执勤的权利。但是，它通常会坚持在附近站着，等雄性领袖愿意让它执勤的时候，再回来继续站岗。不屈不挠、使尽浑身解数争夺其他利他“特权”行为的现象也频频发生。

如果这些行为的目的只是提供帮助，那么为什么鸫鹛们要浪费精力相互竞争，夺取提供帮助的机会呢？一个假说是，级别较高的鸫鹛更加强壮，因此它们更擅长忍饥挨饿和抵御捕食者。因此，它们能够挑起更多的重担（哪怕为此与同类斗争也在所不惜），事实上是在帮助更加弱小的成员。这个假说的问题在于鸫鹛的主要竞争对手是比它们自身高一级或者低一级的鸫鹛。例如，雄性领袖基本上从未尝试代替雄性平民执勤；雄性领袖所有的竞争矛头都指向了雄性随从。如果这些行为的目的是帮助更加弱小的成员，那么雄性领袖应当更愿意帮助平民接管守卫职责而非帮助随从。更加可恶的是，当一只鸫鹛见到它的对手正在提供帮助时，它通常会出手阻挠。例如，它会尝试阻止对手给群里的幼鸟投食，因此认为这些行为都是为了整个族群的利益的结论似乎说不通。

如果这些行为并非利他行为，那么其用意何在？每只鸫鹛除了尽分内职责之外，还相互竞争，夺取更多实施帮助的机会，究竟有何内情？

扎哈维和他的团队详细记录了问题的答案。通过利他行为，鸫鹛能够在族群中树立“声望”——扎哈维把它称为“声望地位”。声望地位至少能给鸫鹛带来两种好处，其一是交配机会：享有更高声望与地位的雄性能够更加频繁地和群内的雌性进行交配。例如，一只享有盛名的雄性领袖可能会把所有的交配机会占为己有。但是如果一只雄性随从也赢得了盛名，那么领袖会偶尔允许它和某些雌性交配。[17] 通过这种方式，领袖能够有效地“收买”随从，让它鞍前马后地伺候自己。

享有崇高声望的另一好处则是能够降低被驱逐出群的风险。例如，如果一只随从通过对族群做出奉献而树立声望，那么领袖驱逐它的概率就会大大降低。此处有两重逻辑意义。其一，颇负盛名的雄性随从借此体现自身对族群的价值，使雄性领袖更愿让它追随。其二，鸫鹛可借更多的“利他主义”行为展示自身的力量和适合度。同颇负盛名的随从针锋相对，领袖并不能稳操胜券。因此，比起声望更低的随从，领袖会给它留有更多的斡旋余地。

因此，鸫鹛以这种方式相互竞争，最终能够增加自身生存和繁衍的机会。深入挖掘之后，我们会发现这种看似利他的行为其实是竞争性的利己行为。

人类行为

“我们不能被动物行为的表象所迷惑”，这是我们从上述例子中总结出的主要经验。显而易见的动机之下往往埋藏着更深、更复杂的动机。即便是比我们人类简单许多的生物也是如此。因此，我们不能期盼诸如投票和艺术创作之类的人类行为的真正动机是一目了然的。

如上所述，把这些动物动机称为“隐性”动机绝不妥当，至少从心理层面来说是不合适的。当狒狒们相互整饰的时候，它们可能恰巧并没意识到整饰行为所蕴含的政治意义，可能它们只是出于本能相互整饰，但是这种政治意识的匮乏并非战略手段。它们没有必要隐藏整饰行为背后的政治动机，因而对自己隐瞒是完全不必要的。只有以下两种情形，隐藏动机才会起作用：（1）当他人窥见了你的部分心理之时；（2）当他人基于从你心里所“窥见”的信息对你进行评判或赏罚之时。

在某些情况下，这两种条件均适用于非人类灵长类动物。例如，在争斗一触即发的时候，双方都汲汲营营，欲揣摩对方的心思。[18]因此，双方都想蒙蔽对方，而些许的自我欺骗能够更好地达成目的。在面对目光犀利的对手时，伪装是有必要的，同样，在面对一位拥有读心术的对手时，自我欺骗更是非常有益。但是，与人类相比，其他灵长类动物的读心术不过是班门弄斧，因此它们不必通过迷乱自己的心智来蒙蔽对方。

在接下来的章节中，我们会更加详细地讨论这个问题。而在继续讨论之前，有必要阐明最后一个要点。

我们在研究其他物种的行为时，常常情不自禁地设身处地，期盼能够感同身受，窥见它们眼里的世界。但有时这种研究方法会使我们误入歧途。运用这种研究方法，我们常常发现有些动物的行为“有悖常理”。我们使尽浑身解数想要理解该动物行为的动机。但是，当我们判定动物的行为“有悖常理”时，人类的动机已经先入为主，动物的动机则无处可寻。譬如，在查尔斯·达尔文的理论问世后的100多年里，科学家经常诉诸“为了本物种的大局”，以解释看似利他的诸如鸫鹛毛遂自荐执勤的动物行为。[19] 要是把自己想象成鸫鹛，我们一定会这么说：我们的行为是无私的，是为他人着想的。但是，从自然主义的角度出发，这种解释完全行不通——无论其解释是用于鸫鹛还是人类，都同样无效。

为了找出我们经常曲解动物动机（包括人类动机）的原因，我们不得不更加仔细地研究人类的大脑，它的构造如何？它的存在是为了解决什么样的问题？换言之，我们必须诉诸进化论。

2

竞争天性

社交挑战与零和博弈

人类是一个特殊的物种。我们的毛发相对稀少，我们会直立行走，我们会旁若无人地唱歌跳舞，我们会开怀大笑，会脸红，也会流泪。人类的婴儿也是所有动物中最为无助的。

但是，或许人与人之间最大的不同之处在于智商。相对于体型而言，人类的大脑出奇的大。也正是因为这个原因，我们是这个星球上最灵活的动物。但是我们为什么又聪明又灵活呢？我们的大脑又为什么生长得如此迅速并且如此巨大呢？（如图 2–1 所示。）

喝醉酒的人丢了钥匙，只会在路灯下不停寻找，因为“只有那里有光啊”。同理，人类进化论者也喜欢从“有光之处”寻找解释，因为“有光之处”才有证据。考古记录对于在历史长河中保存下来的东西情有独钟，因此我们对祖先的骨架、石器，以及身体彩绘（红赭）知之甚广，如数家珍，但是我们几乎无法还原他们的脑组织、发声方式或肢体语言。

这些都是常识。但是除了证据本身存在偏见之外，我们对待证据的方式也存在偏见。在这方面，与其说是“醉而不自知”，不如说是虚荣心作祟，因为我们希望人类这一物种能够被笼罩在至高无上的光环之中。对于人类的进化史，我们有意不对某些方面进行深挖，因为那有损我们的形象。也就是说，我们的问题不是真相之光太过黯淡，而是太过刺眼。

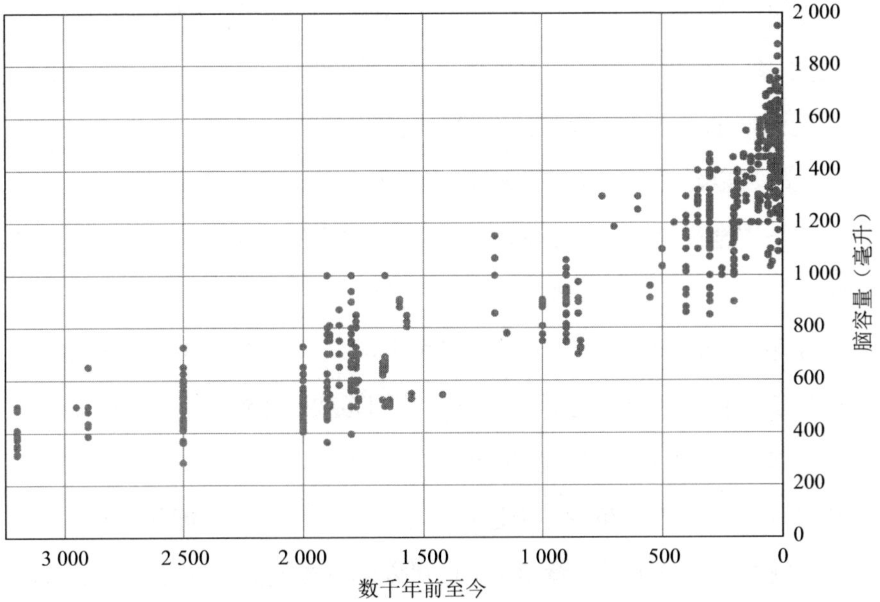

图 2–1　人类祖先的脑容量进化图

资料来源：Miguel and Henneberg 2001

人类的大脑为何如此巨大？我们可以从以下两大“光”入手探究谜底：

1. 生态挑战，例如抗击捕食者，捕获大猎物，保存火种，寻觅新食物，以及迅速适应气候变化。人类在通过这些活动与环境抗争的同时，也产生了合作机遇。

2. 社交挑战，如争夺配偶，不择手段谋取社会地位，政治联盟（包括结盟、背叛等等），群体内讧，逾矩及欺骗。人类在通过这些活动与同类抗争的同时，形成了竞争关系，甚至产生了破坏性行为。

大多数人更希望人类智商能够在较为愉悦的生态挑战中得到发挥，这意味着更多的大脑灰质在合作中得以产生。“我们变得越来越聪明，”人们会这样说，“所以我们能学到更多东西，能更好地合作，齐心协力共同对抗残酷的外部世界，进而改善每个人的生存条件。”看上去是三赢的局面。

但是种种迹象表明，更能彰显人类智商的是残酷的、令人不快的社交挑战，以及零和博弈。在这样的竞争中，不是你死，就是我亡。我们并不是完全没有意识到我们热衷于零和博弈的竞争天性，只是往往在解析人类行为时，尽量不去彰显这一特质。

了解我们真正的恐惧所在是很重要的。实际上，我们很愿意接受多种竞争方式，甚至为之感到欢喜。我们喜欢娱乐性竞争，例如游戏或运动竞技。人们常说：“摔跤场上没有失败者，只有胜利者和学习者。”除此之外，我们热衷在合作中进行竞争，因为所有人都能从这种竞争中获益，例如公司在市场上竞争，不仅可以降低成本，而且可以刺激创新。我们也不反感团队竞争，甚至包括战争。我们并不是享受与其他群体竞争（尽管有些人享受这种感觉），而是不反感谈论这些话题——因为与他者竞争体现了我们的共同利益。不论破坏性多大，战争往往也会起到促进民族团结的作用。

令人难以启齿的是那些会破坏合作关系的竞争形式：情敌间的争风吃醋、朋友间的地位之争、婚姻中的权力斗争、出轨的诱惑、职场上的明争暗斗。当然，理论上我们承认办公室政治，但是有多少人敢在公司博客上公开谈论这一点呢？

总的来说，不论是作为个体、家庭、社区或是国家，我们都偏向选择那些让我们看起来光鲜亮丽的说辞。而对于对手，我们则不亦乐乎地用那些不受人待见的理论抹黑他们，只要泼到他们身上的脏水不会溅到自己身上就行。

这些选择偏好和心理上的难言之隐并不代表我们无法看清这些竞争形式，只是给这一过程增加了难度。即使其他条件一样，我们仍然更倾向寻找能够使人类智商在相互合作中充分发挥的方法，因为这样会使我们看起来伟大。但是如果说非要我们相信智商在别处作用更大，那我们就要深吸一口气，撸起袖子，小心翼翼地开始审视人类之间残酷的竞争。

红杉效应

凯文的家乡——加利福尼亚州有世界上最高的树种：北美红杉（或称海岸红杉）。

目前世界上存活的最高红杉达379英尺[①]。有记载表明曾经出现过更高的红杉，达440英尺，甚至还不止，如此之高，大概毛细作用都不奏效了。假设再高一些，红杉顶端的树叶就无法从根部获取水分了。所以红杉长到足够高后可自行吸取空气中的水分。[1]

但是，这样的高度来之不易，无论是对红杉还是其他树木而言。屹立风中并抵抗重力作用需要大量的能量和养料，而这些能量和养料本

① 1英尺≈0.30米。——编者注

可用于拓展牢固的树根，或帮助树枝横向生长，以扩大阳光的接触面，或是用于传播种子以产生更多后代。

所以树木何苦要费那么大劲儿向上生长呢？

这取决于树的品种。有些树长得越高，种子就传播得越多。其他树种则靠高度来保护树叶不被动物吃掉。例如，刺槐树就需要努力长高以远离长颈鹿的魔爪。但是，对于大部分树木来说，长高只是为了获取更多的阳光。密密的树林里树木丛生，竞争激烈，阳光是稀缺且至关重要的资源。即使是所有树中长得最高的红杉，也会面临得不到充足阳光的危险，毕竟一棵红杉的周围还有其他的同类在争夺资源。

很多时候，一个物种最大的竞争对手是自己。

因此红杉深陷“物种进化军备竞赛”——或者说，和同类的“高度竞赛”。红杉之所以长得高是因为它的同类都很高，如果不尽快努力向上生长，那么不久就会叶枯枝萎，死在同类的阴影之下。

想象一下，我们在一片广袤的草地上看到一棵红杉孤单地站立着，高耸入云。它看起来很不合群，甚至与周遭环境格格不入，毕竟大自然一般不是这个套路。为什么一棵树要费这么大劲儿在开阔的土地上长那么高呢？这样不是很容易就被那些较矮小却注重繁殖的树种打败了吗？是的，所以我们可以推断，红杉不宜生长在开阔的地方。相反，茂密的森林才是它的归宿。只有在对的环境中，红杉的高度才有意义。

现在回到人类的世界。就像红杉一样，人类这一物种的大脑特别大。但是，如果我们将智人比作生长在开阔草地上的那棵孤单的红杉：其智力很高，在一片智力为零的土地上足以傲视群雄。那么我们仍会感到困惑，如图 2–2 所示，这样的智力看起来似乎不合情理，甚至没有必要。

但是显然这样想是不对的，毕竟我们并不是在草原上进化的，我们是在茂密的森林中进化的。就好像红杉一般，我们主要的竞争对手并不是其他物种，而是我们自己，如图 2-3 所示。

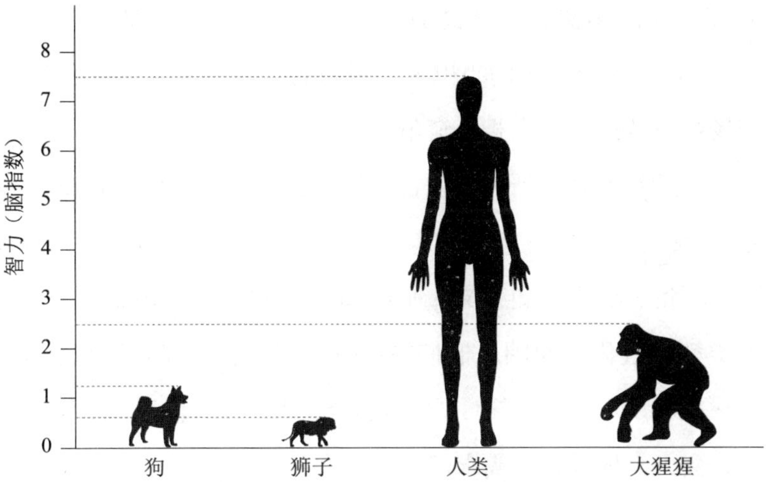

图 2-2 人类智力 vs 动物智力

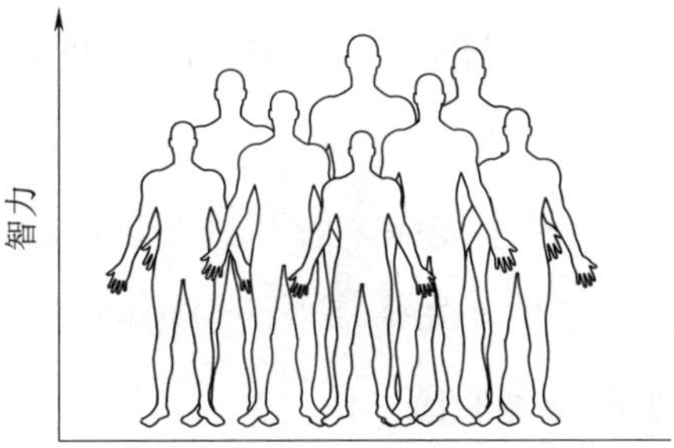

图 2-3 人类的智力竞争

“人们遇到的最糟糕问题，几乎全是其他人造成的。”[2] 灵长类动物学家达里奥 · 马埃斯特里皮耶里如是说。

最早的智人在 20 ~ 50 人组成的小部落中聚居。这些小部落就像“红树林”或“小森林”一样，但是我们争夺的并不是阳光，而是那些更能巩固我们灵长类动物地位的资源：食物、交配权、领土以及社会地位。如果我们想要获得这些，就需要努力打败竞争对手。

这就是文献中提到的社会脑假说，有时也称作马基雅维利智力假说。[3] 这种假说认为，我们的祖先变聪明的原因主要是为了在各种各样的社交场合及政治舞台中相互竞争。

马特·里德利在其所著的生物进化专著《红王后》(*The Red Queen*)中写道：“人类大脑是一直以加速方式生长的，这意味着同一物种之间正在进行军备竞赛。”[4] 史蒂文·平克和保罗·布卢姆也强调物种内的竞争是人类智力进化的原因。他们在 1990 年发表了一篇影响颇广的关于语言进化的论文，文中写道：“与心智能力相当，有时却极为恶毒的生物相处，会大大提升认知需求。”[5]

更有甚者，罗伯特·特里弗斯认为正是撒谎和测谎之间的“军备竞赛”促进了我们智力的发展。“对于谎言及谎言扩散的侦测一直是促使智力进化的主力军。”[6] 虽然有些讽刺，但不诚实促进了测谎工具的发展。

当然，社会脑假说并不能完全解释这个现象以及为什么我们的大脑进化得相对较大。[7] 但是大部分学者认为物种内的竞争是形成人类目前这一特定智商类型的重要原因。

如上所述，如果现在人们更强调合作而弱化竞争，那么如能暂时扭转这一偏见，其实对我们是有利的。下文我们将强调并突出人类在历史上相互竞争的那些方面，尤其关注我们的祖先参与的三大重要“游戏”：性、社会地位及政治。

性

一提起自然选择，我们马上就会想到“适者生存”，但是，相对生存而言，繁殖后代才是第一要务。保住性命固然重要，但是考虑到现存的每一种生物都是它们的祖先绵延不断繁殖的最终产物——尽管它们最终还是死于天敌的口中，但它们至少在死前留下了后代。从进化论的角度来说，这场游戏的本质是交配，而不是生存。

在谈论性这个话题时，我们总是会将注意力转移到性别差异上（甚至到了痴迷的地步）：男人和女人有着不同的性策略。确实，不同性别之间有很大的生理差异。这些差异也非常有助于我们理解人类的许多行为。但在这本书中，我们基本不会谈及性别差异的问题。[8]为了便于读者理解我们为什么要将男人和女人放在一起讨论，我们可以这么思考：当某一物种采取的是对偶式结合和一夫一妻制时，那么雄性和雌性自然就会相互结合。[9]当然，人类并非天生以对偶式结合，也并非天生采用一夫一妻制，但这看起来是最公平的形式。事实上，正如里德利所说：“人类在这一方面的需求非同寻常，再怎么强调也不为过。”[10]因此，性与生活的其他方面一样，我们的做法是将男性和女性看作是遵循同一基本本能的物种，只是侧重点略有不同。

对了，别忘了我们现在正在关注的是性竞争。合作育儿固然重要，但这不是我们现在关注的重点。

性竞争的主要形式是争夺配偶。就局部而言，这是一场零和博弈，因为在一个固定的社区环境中，可接触到的配偶数量是固定的，因此两性中的任意一方都面临来自同一性别的竞争。在一夫一妻制中，每一个想要与高质量男性结合的女性都不得不与其他女性展开竞争，同时，每一个男性也不得不先打败所有情敌，才能抱得美人归。

就像红杉竞争阳光一般，两性繁殖物种之间的竞争导致了物种进化。最好的例子就是孔雀绚丽的尾屏，[11] 它彰显了生理健康及遗传适合度。同样，对于人类来说，情敌之间的竞争意味着不论是男人还是女人，都热衷在择偶市场上给自己打广告。我们想向潜在的配偶展示我们的良好基因，及成为优秀家长的潜质。

这个逻辑并不难理解，但是这其中的含义令人惊讶。正如杰弗里·米勒在《求偶心理》(*The Mating Mind*) 一书中所描述的："我们的大脑在进化中不仅成了生存机器，还成了求偶机器。"我们许多独特的行为是出于繁殖而非生存的目的。我们有理由相信，人类的一些能力，比如视觉艺术和音乐，很大程度上就像孔雀的尾屏一样，是求偶的一种形式。

社会地位

社会地位传统上被定义为一个人在群体中的等级或是位置——也就是你在社会图腾柱上的位置。社会地位是衡量人的影响力及受尊敬程度的手段。社会地位越高，就会有越多人尊重你，你受到的待遇也就越好。

与上一章中提到的鹪鹛一样，人类的社会地位通常被划分为两种类型：优势型和名望型。[12] 优势型地位是通过威胁恐吓别人而获得的，地位较低的一方往往受到恐惧或逃避本能支配。而名望型地位是通过成为令人印象深刻的榜样所获得的（如梅丽尔·斯特里普），它来自人们的敬仰及效仿本能。当然，这两种地位并不互相排斥。举个例子，史蒂夫·乔布斯就是一个既享有名望，又处于优势地位的人。但是这两种形式存在策略差异，也有着不同的生物表达。一些研究者将它们称为"成为人上人的两种形式”。[13]

优势型地位显然是竞争的结果。竞争手段有时颇为恶毒并具有毁灭性，其目的是获取权力，通过武力来控制别人。由于在统治阶层中只能有一个人处于至高无上的地位，其通过打败所有对手一步步向上爬，取得至高无上的地位后还需打败所有篡位者以保住地位。

与此同时，名望型地位的竞争相对没那么激烈，至少表面看起来如此。[15]竞争名望型地位的目的是获取尊重，而尊重是无法通过武力获取的，而是出于仰慕者的个人意愿。但是，尊敬是有限的。这样说来，名望型地位就像是人气比拼，与世界各地各所中学的人气大赛有些相似，但是又要有趣得多。我们可以通过财富、美貌、运动天赋来获得名气，同样也可以通过幽默、艺术、智慧、得体的谈吐、魅力及善良获取名望。不过这些特质都是相对的。与其他大部分动物相比，每个人都是当之无愧的天才——但是这对我们同类间的竞争并无帮助。

我们还可以换一个角度思考名望型地位，即一个人在朋友圈或关系网中的“价码”（就像性吸引力是择偶时的“价码”一样）。因为不论在什么样的市场中，价格都要受到供需关系的影响。我们提供给别人的友谊是相似的，也是有限的，但是对友谊的需求则因人而异。名望高的人需要花时间和注意力来回应许多人的需求，许多想攀关系的人在他们的家门口排起了长队。而人们对名望较低的人的需求也较低，因此他们时常会友情提供帮助。每个人都想抬高自己的身价，努力变得更引人注目——通过学习新的技能，获得更多更好的工具，以及提升自己的魅力。

现在，我们争名夺利的结果在无意中带来了积极的“副作用”，比如艺术、科学及技术创新等。[16]但是追名逐利本身更像是零和游戏，这就是为什么即使是好友的成功也会让我们心生嫉妒、痛苦不堪。

政治

众所周知，亚里士多德将人类称为“政治动物”，但是事实表明，可以获此殊荣的不只是人类一个物种。[17]

1982年，灵长类动物学家弗朗斯·德瓦尔出版了颇具影响的《黑猩猩的政治》一书，该书将政治动机归因于非人类动物，这一理论引起了一时的轰动。[18]（该书还将“马基雅维利”一词带进了灵长类动物学领域。）德瓦尔的核心思想在于：人类的权力之争在结构上与黑猩猩是类似的。如果加以适当解释，黑猩猩的政治行为对我们来说其实是可以理解的。我们能在其中看到目标和动机，这与我们和同伴进行政治斗争时的目标和动机是一样的。

那么黑猩猩什么样的行为会让我们认为是具有“政治性”的呢？就像其他许多动物一样，黑猩猩的组织方式的基础是优势等级制度，即直线型等级制度，最强壮的处于顶端，最弱小的处于底端：强壮的黑猩猩习惯欺负弱小的黑猩猩以获取食物、配偶及其他机会。但是，仅仅具备优势等级这样一种简单而又直接的制度就称黑猩猩具有“政治性”也未免过于草率了。鸡也有同样的等级制度——以啄食能力排序，但是没人会指责它们是满腹阴谋诡计、不择手段的鸡。

所以是什么把这种僵化、近乎机械化的优势等级制度变得如此丰富多彩并富有政治性呢？答案只有两个字：联盟。盟友共同行使权力。看到这里，我们不得不再次引用德瓦尔在其新书《猿形毕露》（*Our Inner Ape*）中的一段话：

二对一的策略导致了黑猩猩权力斗争形式的丰富性及危险性。

联盟是其中的关键。没有哪个雄性动物可以长期独揽大权。[19]

换言之，如果你是一个黑猩猩群体中的雄性，光是成为强壮甚至是最强壮的雄性还不够。你还需要与其他强壮的雄性黑猩猩拉帮结派。你需要具备辨别、吸引、保持优秀盟友的能力，而且你还得足够聪明，这样在联盟形成、瓦解、冲突时，你才能处乱不惊、游刃有余。

政治之所以成为政治是联盟使然。如果无法结成联盟，朝着共同的目标迈进，那么一个物种只能在个体竞争上停滞不前——自私自利、相互倾轧。但是哪怕鸡群之间有一点点的合作关系，这个物种的政治生活也有机会变得五彩缤纷。

科学家记录了许多物种的联盟政治。显然，灵长类动物是政治性物种，除此之外，还有鲸、海豚、狼、狮子、大象及猫鼬。[20]但是，我们都知道没有哪个物种比人更有政治头脑。不论是大小还是复杂程度，其他物种的大脑在人脑面前都是小巫见大巫。我们的联盟也是如此，联盟有各种各样的形式和名称。在政府中，联盟以利益团体及政党的形式出现；在商场上，联盟的形式有团队、公司、行业协会及贸易组织；在中学里，我们把联盟称作小圈子或者朋友；在街头或者监狱里，联盟被称作团伙或者帮派。联盟可能小到两个人一起排挤第三者，通过投票把第三者赶下小岛，也可能大到全球性信仰。它们有自己的会员标准（不论是否正式），有能力纳新，也有能力踢出现有成员。

我们在联盟政治上花了很多时间。每当纠结该邀请谁来参加派对的时候，其实我们也是在耍政治手腕。当因为感到自己很受欢迎而加入教会，或是由于回报率达不到预期而离职时，我们都是在遵循自己的政治本能。寻找和加入团体，与各种各样令人头疼的人或事打交道，并且在必要的时候离开。这些行为对我们而言轻而易举，就像狼群出于本能集体狩猎一样。[21]

如果你读过亨利·基辛格或罗伯特·摩西的书，看过《幸存者》或《权力的游戏》，你就应该知道联盟政治有时是多么阴险恶毒。制胜战术常常包含了威胁、反威胁、背叛、欺骗甚至是暴力。“政治”经常被当作贬义词不是没有理由的。但是如果以为政治只是和暗中较劲、背后使诈有关，那你就大错特错了。握握手、拍拍背、互相拥抱也是常见之政治图景。

这个观点是由与尼科洛·马基雅维利同时代的巴尔达萨雷·卡斯蒂利奥内提出的，后者虽然名气不大，但是同样智慧过人。两者都写过关于如何游刃有余地行走在16世纪意大利城邦的政治场的著作。马基雅维利著名的《君主论》是为最高统治者而作，而卡斯蒂利奥内的《侍臣论》（*The Book of the Courtier*）是为那些在宫廷中溜须拍马、地位较低的贵族而写。虽然两者的主题相似，但是两本书在许多方面却大相径庭。马基雅维利强调人类政治残忍、非道德的一面，而卡斯蒂利奥内则强调人性中柔软、谄媚的那一面。卡斯蒂利奥内认为，理想的侍臣应该要彬彬有礼，在社交活动中优雅并得体，要擅长马术、作诗、音乐及舞蹈。[22] 他不应该阴险狡诈，通过威胁恐吓来操纵别人。侍臣应该通过自己的魅力、获得的赞美及珍贵的情谊来赢得他人的喜爱。[23]

马基雅维利及卡斯蒂利奥内的言论都是正确的。他们主张的这两种策略都有利于取得政治上的成功。但是，我们需要注意，尽管卡斯蒂利奥内的方法的公开竞争性较弱，但是两者的动机是相似的。并不是每个侍臣都可以成为国王的宠臣。你失则我得，所以其实两者的最终目标是一致的——想要成为人生各类竞争的赢家，这样的动机驱使人们成为奸诈狡猾的反社会者及魅力无穷的谄媚者。

结构相似性

这三种竞争类型——性、社会地位及政治，显然不是完美错开的。它们彼此交集，并且有共同的目标。有时赢得其中一项竞争有助于赢得另一项竞争。例如，通常社会地位高、有政治影响力的人，求偶成功的概率更高。反过来，拥有一个魅力四射的配偶也有助于提升自己的社会地位。

这三种竞争类型在结构上也具有重要的相似性。正如前文所提到的，不是每个人都可以在竞争中脱颖而出。在无规律可循的竞争中，竞争者很有可能会变得阴险狡诈。特别是在固定的社区中，配偶和朋友的数量是固定的，这时性和社会地位的竞争就变得尤其激烈。但是政治就是如此。尽管其实竞争者们可以进行政治合作，这样每个人就都可以分得一杯羹了，然而这只是竞争中的例外而非常态——对于我们遥远的祖先来说更是如此。在大部分情况下，不是你输，就是我输。不过一个联盟中的成员可以通过协作得到更大的利益——这也是政治让人如此着迷的原因之一。

另一个重要的相似性则是每种竞争都要求两种互为补充的技能：评估潜在合作伙伴的能力及吸引优秀合作伙伴的能力。在关于性的竞争中，我们孜孜以求的是配偶。在社会地位的竞争中，我们孜孜以求的是朋友及工作伙伴，而在政治中，我们孜孜以求的是盟友。

在评估他人时，我们会尽最大可能寻找其作为合作伙伴的价值，所以其实我们寻找的是他们身上的某些特征或品质。在评估配偶时，我们寻求的是他们的优良基因及他们成为优秀父母的可能性。在评估朋友及工作伙伴时，我们想要的是那些有技能、有资源，与我们合得来的人——并且越忠诚越好，而在评估政治盟友时，我们往往寻求的是与自己拥有相似品质的人，毕竟我们从朋友中选择盟友通常都是有目的的。

同时，为了吸引合作伙伴，我们需要为自己的特征打广告——因为我们希望在他们身上看到同样的特点。通过展示、强调甚至夸大这些令人欣赏的特征，我们提升了自己的价值，同时又能确保自己会被更多和/或更高质量的配偶，更多和/或更高地位的朋友及更多和/或更好的联盟所选中。所有的这些竞争都导致了军备竞赛。正如红杉为了阳光而竞争，我们为了获得潜在的配偶、朋友和盟友的关注而相互竞争。在每场竞争中，要取得胜利，就要打败所有对手。

在这样的情况下，我们很难遵循《马太福音》(第7章第1节)所说的："你们不要论断人，免得你们被论断?"恰恰相反，我们所进化的每一种本能都是为了可以随时论断他人，同时宣传自己，因为我们也会被他人论断。为了理解人性的竞争面，不妨把《马太福音》中的这句话反过来：随意论断他人，并且要以平常心接受他人论断。[24]

信号及信号发送

论断和被论断这两种活动都是通过信号传递的。

在进化生物学中，信号是指用来交流或是传递信息的任何东西。[25]例如，毫无瑕疵的皮肤或皮毛是身体健康的信号。把一只战功赫赫的比格猎犬与邋遢的杂种狗放在一起做比较，可以立见分晓。咆哮是进攻的信号——而咆哮的分贝则是动物体型大小的信号。

据说通过信号来观察事物是可靠的，毕竟它可以暗示信号发送者的特征，但有时信号也带有欺骗性。

欺骗性诱惑无处不在，能使鹬蚌相争，渔翁得利(更多有关欺骗的内容请见第 5 章）。这就是为什么最好的信号（也就是最可靠的信号）价值不菲。[26] 确切地说，它们的价值差异在于：要制造一个可靠的信号代价不小，而要制造一个假信号代价更大。[27] 例如，一只狮子发出的低沉咆哮代表着庞大的身躯，这种信号是可靠的，毕竟像老鼠这样的小生物不可能发出这种声音。

为了证明自己的特征值得欣赏，有时甚至有必要做一些冒险或浪费的事情。这就是所谓的“不利条件原则”。[28] 这个原则阐明了为何身体颜色进化为高对比度的物种拥有良好的防御系统，如臭鼬、毒箭蛙等。毕竟，如果缺乏自我防御能力，长相又格外显眼，很快就会成为别人的口中餐、腹中食。举一个与生物无关的例子，比如蓝色牛仔裤和西装裤。牛仔裤更加耐磨耐脏，而西装裤则需要好好保养——这就是人们认为穿西装裤显得更正式的原因。

在人类的社交圈中，可靠的信号及不利条件原理的最佳表现形式是语言。人们常说“说得好不如做得好”，[29] 说起来容易要付诸行动却难。所以，要展现你对于一个公司的价值，是和你说“干得好！”就行还是给你加薪呢？

在竞争场上，我们十分依赖可靠的信号——无论何时，信号都是我们评估潜在配偶、朋友及盟友的依据。例如，落难时能否陪伴在你身边，可以表明朋友的忠诚度。是否常常健身或参加体育活动，可以表明配偶的健康程度。选择集体文身以宣誓效忠组织胜过口头承诺。我们同时也利用这些可靠的信号向他人展示自己作为朋友、配偶及盟友的价值。

不过，有时我们发送及接收的信号，可能是无意而为。举个例子，我们可能也进化出了创造艺术的本能，并且将此作为标榜自己的艺术才华及有闲生活的方式（生存富余）——但是当我们创造艺术时，并不是抱着这个目的的。我们可能仅仅只是感受到了艺术之美（更多有关艺术的内容请见第 11 章），许多不可思议却又独一无二的艺术行为往往作为一种信号，体现了我们内心深处的逻辑。[30]

在实践中，由于反信号现象的存在，信号难以分析。例如，一个人的身份只可能是敌人、普通朋友或死党。普通朋友通常会用微笑、拥抱以及关心来嘘寒问暖或示好，这是表示自己是朋友而非敌人的信号。而死党们表示自己与朋友关系非同一般的方法之一就是表面上互损。如果你的死党和你一起吃饭却忘了带钱包，你估计会打趣称他是笨蛋。只有当你对两人之间的友谊足够自信时，才不会担心这会伤害彼此的感情，才敢如此开他玩笑，而普通朋友就不敢开这样的玩笑，对死党来说，这有时甚至会增进感情。

因此信号常常被划分为不同等级，从非信号到信号，再到反信号。局外人有时分不清非信号和反信号之间的区别。局内人往往可以理解这些信号的含义，但也仅仅是凭直觉做出判断。

在性、社会地位及政治竞争中，信号的使用往往会导致物种进化。为了打败其他竞争者，每个参与者都尽可能发送最有力的信号，而这就催生了一些真正伟大的作品：比如巴赫的协奏曲、高更的画作、莎士比亚的十四行诗和戏剧、洛克菲勒的慈善基金会，以及爱因斯坦的相对论。甚至有时，和红杉一样，为了翱翔蓝天，人类也会互相竞争，比如征服珠穆朗玛峰，建造金字塔和摩天大楼，发射火箭到月球。

展望未来

当我们想到祖先以及他们对我们的影响时，不妨也想想红杉效应。

面对激烈的物种内竞争，红杉能够冲出黑暗，做到傲视群雄。这与我们许多夸张的特点也有相似之处。

但是，问题在于，竞争没必要如此激烈。红杉生长得远远超出了它应有的高度。如果红杉可以合作，设置“高度限制”（比如 30 米），那整个物种就会优良得多。它们可以把浪费在猛长上的能量用在其他方面，比如结更多的松果以开枝散叶，说不定这样还能开发新的领土。在这样的情况下，竞争阻碍了物种进化。

不幸的是，红杉无法团结合作，无法推行“限高”政策，而且优胜劣汰也帮不了它们。树不可能为了物种进化得更好而限制自己的生长。即使有一部分红杉这样做了，也只会导致其中一棵红杉经历几次突变，打破常规，使劲生长以独占所有阳光。这棵霸王红杉会吸收更多阳光，打败所有竞争对手并且留下子孙后代，以确保下一代红杉更具竞争力——直到所有红杉都长得和现在这株红杉一样高。

但是人类并非如此。不同于其他物种，我们能够展望未来。我们想出了一些办法，可避免不必要的竞争。我们通过制定及执行规范来共同合作——欲知详情，请看下章。

3

规范

来自第三方的共同执行

我们大多数人都遇到过这样的情况：你正在排队买电影票，和朋友低声交谈着，做着自己的事情，这时几个陌生人看似无心地插队到了你前面。突然，你肾上腺素飙升，心跳加速，你感觉一股热流一下子从脖子涌到了脸上。“他们刚刚是插队了吗？”你心里思索着，在这样一个关键时刻应该做出怎样的决定：是针锋相对还是不了了之？[1]

一方面，他们的行为对你的生活并没有造成实质性影响。多花在排队上的时间也不超过一分钟。再说你此后再也不会见到他们。而且万一他们有暴力倾向呢？万一他们中有人要寻衅滋事呢？万一他们带了刀或者枪呢？多排一分钟队不值得你冒这样的险。

但是另一方面，他们违规了！你不能任由他们这样踩在你头上。有自尊心的人是不会容忍别人插队还轻易蒙混过关的。

在这样一种进退两难的境况下，我们生理上所产生的强烈本能是人类共有行为的一部分，是从我们的觅食者祖先那里继承而来的。这样的行为和反应在现代环境中可能毫无意义，但是由于我们的祖先时刻都在面对这样的境况，他们的本能因此不断进化，尤其当我们面对熟人而非陌生人时，当时适用于我们祖先的行为，现在也同样适用于我们。

正如前一章所说，红杉之间存在自由竞争。在自然选择的法则下，它们不可能“为了本物种的大局”而抑制自己的生长。人类则不同，我们有时可以预见未来，并共同协作以避免无谓的竞争。这是我们物种超强的能力之一——将无谓的竞争转化成有效的合作能力。例如，我们不会像头牛似的冲到队伍的最前端，我们会耐心且有序地排队。但是不时出现的那个插队者提醒我们，违规的诱惑无处不在，维持秩序实属不易。

对社会学家和人类学家来说，排队是一种规范（norms），即约束社会成员行为的规定或标准。这些规范既可以是宽松的、非正式的，如参加鸡尾酒会的着装要求，亦可是明文规定、严格施行的法律，如有驾照才可以开车上路。餐桌礼仪、体育精神、海洋法、美国税法、“罗伯特议事规则”（Robert’s Rules of Order）、图书馆内不得大声喧哗——诸如此类的众多规范都是人类文化的一部分。我们自欺欺人的主要原因之一来自打擦边球，甚至破坏规范的欲望，后文我们还将详细解释。

人类群体制定规范主要是因为大部分人能够因此受益。某些规范，尤其是那些自上而下的法律，通常具有压迫性或剥削性，最终将损害实施该法律的社会的利益。但是大部分规范——特别是那些自下而上的，来自基层的规范，往往是对社会有益的；它们是我们遏制竞争及促进合作的主要方式之一。换言之，为了我们自身的利益，我们才会集体克制。

在《债》（*Debt*）中，人类学家戴维·格雷伯讲述了毛利人泰伊·雷恩加的故事。这位“臭名昭著的贪食者”曾长期在新西兰海岸闲逛，向当地渔民索要他们捕到的最好的海鲜。由于在毛利文化以及许多其他文化中，拒绝他人乞食的请求是不礼貌的，所以渔民往往都表示同意，但是心里却越来越抗拒这样的无理要求。随着雷恩加不断索要食物，渔民们的怨气也不断加深，“直到有一天，他们忍无可忍，杀死了他”。

这个故事有些极端，但也告诉我们，遵守规范及执行规范有时是极具风险的博弈。雷恩加的不劳而获是对规范的挑衅，最终他也为此付出了惨重的代价。但是同时，那些杀死他的渔民也显然受到了另一规范的约束，即分享食物的规则。他们一直在遵守该规则，然而内心的怨气在不断滋生，甚至产生了谋杀的念头。真想对这些村民当头棒喝：“为什么你们就不能拒绝雷恩加的请求呢？！”但是同样，我们也该问问自己：“我们为什么无法容忍插队的人？”这些本能已然根深蒂固。

当然，遵守大部分规范并不需要付出血泪的代价。总的来说，违规所受到的惩罚根据情节轻重而定。举个例子，假如你裤子的拉链忘记拉了，不会有人以公开猥亵罪逮捕你，人们只会在一旁偷笑。对于程度较轻的违规行为，我们通常会睁一只眼闭一只眼，以免事态升级，惩罚加重。对于轻微违规者，我们不会诉诸体罚，可能只会翻翻白眼或板起脸表达不满。如果肢体语言达不到效果，我们可能会礼貌地制止违规者，或冲他们大喊，或要求他们当众道歉。

但是，潜在的惩罚时时刻刻都必须存在，否则“规范”一说无异于空话。托马斯·霍布斯曾说：“没有武力保障的契约只是一纸空文。”[2] 同样，不论你是否愿意将其称为规范，只有在行为本身具有实际意义时才存在惩罚的可能性。例如，在对领袖人物的个人崇拜之风盛行的社会中，批评领袖的行为常常会遭到大众排斥，批评者会受到来自群众而非领袖本人的惩罚，即使并没有明文规定“禁止批评领袖”。所以规范的本质并不在于语言文字，而是在于行为本身以及惩罚形式。

觅食者祖先

人类是地球上第一个制定实际规范的物种。虽然我们如今仍然处在一个充满各种各样规范的世界中，包括在复杂司法制度下严格实施的法律，然而我们的世界及思想起源更简单、更纯粹，而且仍然保持着早期的许多特质。因此，我们有必要先来了解一下人类作为一个物种的成长过程。

觅食，也被称为狩猎或采集食物，是我们的祖先在公元前一万年（农业革命发生以前）以前的生活形态。现在，我们能够勾勒出的“觅食生活图”实际上是现代觅食者的肖像，是那些将这种生活形态延续到20世纪及21世纪的人们的图像。这样的群体十分罕见，考古学家目前只知道存在20个这样的群体。毫无疑问，现代性在许多方面影响了他们，也许是因为接触了当下的文明，抑或是因为身处不利于农耕、贸易及其他“文明”目的的环境之中。即使如此，关于这种生活形态的数据也是一致的，而且也有足够的考古证据及论证加以证实，因此我们对于祖先的生活形态有了一个大致的认识。[3]

觅食者通常以20～50人为部落进行游牧生活。这里所说的“觅食”指的是他们获得食物的方式——也就是从自然环境中获取资源，而非通过农耕或畜牧。他们获取的食物热量大部分来自采摘的水果、坚果以及蔬菜，但是许多部落也通过捕鱼、狩猎及偶尔采集的其他食物来获取热量。尽管大家都认为捕获大猎物十分重要，但是这并不是人们获取热量的主要来源。

为了生存，觅食者必须有很强的相互依赖性。脱离部落一段时间相当于被宣判死刑。每个人都应该尽量自理，在力所能及的范围内为部落出力、互相帮助（禁止吃白食），但是在困难时期也可向部落寻求帮助。合作社会生活包含了在部落内分享食物，合力保护部落不受天敌或竞争对手伤害，以及在生病时互相照顾。男人、女人及儿童分工不同，但每一阶层内部的分工又是有限的。换言之，大部分男人的劳动内容相同，女人和儿童也是如此。人们可以自由交换物品，[4] 但与现代大规模经济体不同，物质交换所产生的收益少之又少。

每隔几周或几个月，部落都会在广袤的领地上迁移，将某一固定地点作为大本营。这样的迁移一年至少发生数次，通常发生在食物短缺或季节更替之时。由于游牧的原因，他们并没有多少财产，毕竟每个人只能拥有自己可随身携带的东西。在社交方面，他们会与周边的少数其他部落形成较宽松的组织。各个部落一般不将自己视为领地的拥有者。虽然部落之间的竞争也时有发生，有时甚至导致死亡（通常发生在男性之间），但是全面开战的情况较为少见，且一般发生在人口密集且资源丰富的地区。何时迁移以及如何与其他部落往来等重大决定需要全部落公开协商，每个人都有发言权。当大多数人表示赞成时可通过决议，反对者有权自由离开部落。

觅食者通常采取随父居模式，这意味着男性往往一辈子都待在自己所属的部落中，而女性到了一定年龄就会迁移至其他部落。因此相邻部落之间有着许多亲属关系。尽管他们多年来实行一夫一妻制，但男人与女人往往并不是“择一偶，度一生”，因为其间还不时掺杂着不忠行为。典型的两性关系一般会孕育出一个或多个小孩，而父亲至少头几年会与母亲共同承担养育的责任。

虽然有时生活并不如意，但觅食者仍十分享受大把的闲暇时光。与农民相比，他们更加富有情趣，聊天、打趣、玩耍、唱歌、跳舞、艺术创作及社交都是生活的一部分。

这种游牧觅食的生活形态最显著的特点之一，就是强烈的平均主义，这也将他们与黑猩猩的生活方式及现代生活方式区分开来。一个部落中的主要政治人物往往是成年男性，有时也包括成年女性，不过这取决于该部落是否奉行人人平等的原则。与觅食者相比，黑猩猩和农民群体（以及工业化达到一定程度的社会）中的等级制度更严格，对于由权威直接统治的容忍度更高，群体中的不公现象也较为明显。但是，等级制对于觅食者来说是陌生的。尽管觅食者部落中都有自己的领导者，但这些人都是群众出于尊重自发做出的选择，其一般也是部落中的年长者（“长老会”）而非身强力壮的男性领导者。

觅食者实行平均主义主要是为了防止某个个体或联盟独揽大权，并刁难部落中的其他成员。因此他们对那些标榜自我，将自我凌驾于他人之上的苗头十分警觉，包括在群体内外颐指气使或欺凌他人、自吹自擂、渴求权力、拉帮结派，以及试图掌控他人的行为。如果已故的美国将军克里斯托弗·加兹登在那时就已出现，那么觅食者们会十分赞同他说的那句话：“不准践踏我的尊严。”

觅食者祖先习以为常的许多规范现如今已深深根植于人性之中，但也有许多社会规范以特有的方式被传承下来，善于适应使人类能够因地制宜制定规范，使人类的足迹遍布全球。

这样的“文化适应性”也让我们的祖先在大约一万年前发生了巨大的转变：从狩猎者、觅食者转变为农民、牧民。农民们有婚姻、战争及财产的规范，同时也有可粗暴对待动物、较低阶层的人或奴隶的规范。为了执行这些新的规范，农民们在加强供奉各种宗教中众神的同时，也发展出了较强的社会从众心理。

为什么要制定规范？

我们祖先坚持的平均主义可能是世界上第一条真正的规范。但为什么其他的灵长类动物没有像我们的祖先一样发展出这种独特的政治方式呢？

语言显然是一大因素。在固定的社会群体内，在没有可资使用的语言的情况下，要制定并遵守规范虽然困难，但也不是完全不可能的。比交流问题更重要的挑战是：如何确保群体内的每个成员，包括权力最大的成员，遵守群体规范。

在遵守规范时，把人类行为和其他有着相似行为模式的动物行为区分开来是十分重要的。在大多数情况下，动物选择不寻衅滋事的原因是它们不想因此受伤，而不是怕违反那些抽象的“反对暴力”的规范。同样，动物愿意与非亲属分享食物的原因往往也是期望未来对方能够投桃报李，而不是为了遵守“分享食物”的规范。真正的规范包含许多相关诱因。当我们对别人“做坏事”的时候，我们不仅担心来自对方的报复，也担心来自第三方的惩罚，这个第三方往往是由我们所在社会群体的其他所有人或至少大部分人组成的。[5]比如，尽管高大威猛的阿尔伯特可以轻易地从软弱无能的鲍勃那儿抢走些什么，而且不用担心遭到鲍勃的报复，却害怕来自整个群体的惩罚。因此，共同执行是规范的核心所在。这也使社会群体在奉行平均主义时能够遵守一定的政治秩序，觅食者独特的生活形态正来源于此。

如果你是因为害怕对方还击才克制自己不动手，就不能称之为规范。如果你是因为担心遭到某个危险政体报复才不敢公开与该政体对抗，那么也不能称之为规范。但如果你是担心邻居看不惯你，甚至与他人结伴欺负你，这就涉及规范问题了。因为这是来自第三方共同执行的行为，而这也是人类特有的行为。

保罗·宾厄姆将此称为“联合执法”，强调违反规则者所受到的惩罚来自某个联盟，也就是说，人们的行动是一致的。[6] 克里斯托弗·贝姆将之称作“反向优势等级”（reverse dominance hierarchy）。[7] 最强壮的大猩猩可以统治整个群体，而人类则不同，人类会团结起来一同对付最强大的成员，并让他们乖乖就范。两位思想家都认为，这种行为仅产生于人类社会的关键原因在于我们对致命武器的使用。

武器

武器之所以能成为决定胜负的关键，原因有二：首先，武器可将强弱双方置于同一水平线上。[8] 最早的武器无非就是尖锐的石头或大石头，但是同样足以致人重伤，甚至将人置于死地。若没有武器，身强体壮的一方轻易就可以制服另一方，而且不用担心遭到报复。即使某只孱弱的大猩猩趁另一只强壮的大猩猩睡着的时候发动突然袭击，多打一两拳或多咬一两口，这样的优势也不足以使其扭转局势。而有了武器，率先重拳出击者便有了决定性优势。一名弱者若用大石头砸向一名强者头部，或用尖石头割破其颈部，都可致其重伤或死亡。

武器打破力量平衡的另一个原因在于武器可投掷，如石头或长矛。[9] 攻击范围较远的武器使多对一的战斗变得更加容易。倘若没有这种武器，所有战斗就必须近距离徒手进行。那么超过 3 人的团伙在攻击一个单打独斗的人的时候，团伙中的第 4 人就会显得多余，甚至会妨碍其他人。当格斗对手是群体中的最强者时，即使是三对一，进攻者仍然会有受伤的风险。但是有了这样的武器，即使面对强壮暴虐的对手，三五成群的团伙只要用大石头或长矛将其团团围住，就可以轻易将其拿下，而且也不会有多少风险。

一旦有了武器，身体力量就不再是取得格斗胜利的最关键因素了。特别是如果你拥有政治技能——识别、加入甚至领导一个强大联盟的能力，那么这就会成为你能否取得成功的决定性因素。

所以，如果贝姆、宾厄姆等人的观点正确的话，那么正是对致命武器的使用改变了人类政治行为的发展轨迹。当我们的祖先学会如何集体杀害或惩罚他人后，一切就开始变得不同了。联盟的规模可能在一夜之间迅速扩大，政治的复杂程度也以指数方式增长。而一代代的人们为了跟上这一进度耗尽了智慧和精力。规范的数量也相应开始激增，从最初防止产生一手遮天的群体首领的规范，到今天根据不同环境所制定的新规范（例如网络行为规范）。

我们对遥远祖先的经历所做的推论多少有些凭空猜测的成分。但是不论曾经发生过什么，不论发生的顺序如何，如今对于人类这一物种，有一点我们是可以确定的：我们是社会动物，可以用语言来制定整个群体都必须遵守的规范，倘若有人违反，即使是最强大的成员也将面临来自集体的惩罚。不同群体之间有不同规范，不过有些规范适用于全人类——比如禁止强奸及谋杀的规范。[10]

虽然人类有了武器及集体惩罚的能力，但推行规范有时还是相当困难。然而这一事实被警察局、法院、监狱等现代机构掩盖，这些机构在经历了数千年的改革后，终于步入正轨，各司其职。但是对于我们遥远的祖先，以及现代社会中缺少强大监管和治理能力的人们来说，遵守规范着实不易。我们的大部分社交生活不会与法律诉讼或牢狱之灾有关，而是会受到社会规范的约束。这些行为略显尴尬，但也能起到一定作用。这就好比警察会管抢劫这类犯罪行为，乱插队的行为则由我们自行处理。

这也是为什么在激励人们遵守规范方面还有两个关键措施：流言蜚语及名誉声望。

流言蜚语及名誉声望

对于普通人来说，流言蜚语十分不受欢迎，但是对于考古学家来说，情况则大不相同。流言蜚语意味着在别人背后说三道四，而且内容往往涉及他人的缺点或错误。目前我们研究过的每个社会都具有这种特性。[11]尽管流言蜚语往往尖酸刻薄，而且伤人，但它也是减少不良行为的重要手段，尤其是对于有权有势的人而言。举个例子，假如有朝一日某霸权被颠覆了，那么该国国民怨声载道可能是很大一部分原因，人们经常在私底下悄悄议论“最高领导人”的斑斑劣迹。

凯文在之前的一份工作中就体会过流言蜚语的强大力量，当时他和他的伙伴不小心雇了一个恶霸。他们并没有马上意识到这是一个错误，毕竟那个恶霸的不良行为也是慢慢暴露出来的，而且与他在该公司的影响力大小成正比。但是大家都发现他不是一个好人后，却没有一个人愿意站出来当面指责他。他已经变得过于强大，而冒险与他针锋相对没有好处。

凯文与合作伙伴最终决定采取的解决方案是散布流言。凯文与合作伙伴在私底下通过反复讨论后一致认为，必须把那个恶霸清除，并且他们需要合作完成这个任务。恶霸最后确实被逼走了，但是所花时间比预计的要长得多，并且结果也十分不确定。要是这个恶霸的影响力再大一点儿，或者行为举止再收敛一些，结果就会大有不同。

这样的剧情每天都在各类人群中上演着，从工作团队到教会团体及各类政党。在许多情况下，制造流言是人们齐心协力排挤某个成员的手段。

虽然流言蜚语并不会使被议论的对象受到正式惩罚，但这种手段仍是相当有效和不容忽视的，因为它会对人的名誉造成极大伤害。败坏名声的威胁对不良行为起到了遏制作用，这在很难进行直接惩罚或是惩罚代价较大的情况下更为适用。当然，正是因为流言蜚语具有败坏他人名声的强大力量，所以这一手段常常被人们滥用。但是，当我们谈到遵守规范时，这种潜在的有效制裁机制必须被谨慎对待。

对名誉的渴望也激励着人们遵守规范。与违规者，尤其是与有权势的违规者对抗是有风险的。多管闲事、惩罚他人或许于己不利。但是在混乱中趁机赢得名声就很值得。驱逐违规者的人会因其领导能力得到人们的赞美。毕竟如果是你，你会选择站在哪一队呢？是选择跟随坐视不管的人，还是伸张正义的人？

当人们开始监督并评判他人——包括个人行为及对违规者的惩罚力度时，规范的制定及执行就发展成了活力产业。

元规范

凯文的故事告诉我们，要落实规范是不容易的，因为施罚者面临被报复的风险。这看起来似乎并不值得，但是人们还是想方设法执行各种各样的规范。我们怎么才能解决这个难题呢？

罗伯特·阿克塞尔罗德是最早开始正式研究这个问题的科学家之一。这位政治学者及博弈理论家建立了一个简单明了的相关规范行为原则。[12] 他发现在大多数情况下，人们并没有惩罚违规者的动力，因为这其中涉及权衡利弊，包括实施惩罚时需要付出的代价。

但是，阿克塞尔罗德真正伟大的贡献在于：他告诉我们，我们必须在这一原则的基础上加上一条附加规则，不惩罚违规者的人也应受到惩罚，这一原则才会对好人有利。阿克塞尔罗德称之为“元规范”。

元规范强调各群体应鼓励遵守规范的成员惩罚违规者。鼓励方式是萝卜还是大棒并不重要。阿克塞尔罗德采取的是大棒方式，认为纵容违规者本身就是一种违规行为，需要受到惩罚。但是通过积极奖励那些帮助惩罚违规者的成员，也能达到相同的目的。

许多学者也做了大量的实验，让被试者参与各种游戏，允许被试者违规并相互惩罚，以印证阿克塞尔罗德的结论。有充分证据表明，在现实世界中，确实有实行元规范的社会。例如，在美国，如果目睹犯罪行为却知而不报是违法的。

微妙却重要的规范

正如前文所说，人类制定了各种各样的规范来约束个体行为，比如禁止杀人、强奸、攻击或偷窃。但这些并不是本书需要探讨的内容。本书关心的是那些隐形的规范，那些连自己在违规时都很难察觉的规范。

一般说来，有些犯罪行为是故意犯罪。举个例子，如果你与某人的配偶关系不错，无伤大雅。但是如果你是想搞暧昧或是带有性企图与其接触，那就不大合适了。将人的主观意图而非行为作为惩罚的理由，规范得以更精准地约束群体的行为模式，避免产生祸端。（然而因此禁止人们发展友谊又显得愚不可及或不近人情。）事实上，规范人的主观意图的同时，各种各样的欺骗方式也在滋生，我们将在第 4 章中对此进行探讨。

本书的论点之一为：这些约束我们主观意图的较弱规范难以察觉，尤其在违规者就是我们自己的情况下，因为我们的脑中形成了一块盲区，即脑中的大象。因此，认真对待这些规范是有代价的，提醒自己要遵守规范意味着我们需要面对许多社会压力。倘若我们可以逃避惩罚，那么随意违反这些规范确实可以给我们带来好处。

自我吹嘘

显然，我们所有人都喜欢时不时地自我吹嘘一番，所以偶尔适当地自夸或炫耀是可以为人们所接受的。甚至在某些情况下，人们会欣赏擅于自夸的人——比如穆罕默德·阿里。但是在大部分情况下，我们不喜欢那些过分自以为是的人。这归因于觅食者对优势等级的憎恶，因为自我吹嘘是提升自己在群体中的影响力及优势的一种方式。举个例子，如果丹尼尔·卡尼曼到处吹嘘自己是诺贝尔奖得主，那我们就要小心了。我们得想一想：为什么他一定要告知别人自己高人一等呢？因此，对于谦虚的人我们赞美有加，而对于傲慢无比的人，我们希望有人挫一挫他们的锐气，灭一灭他们的威风。

但需要注意的是，吹嘘和炫耀的欲望是很强烈的。我们需要人们去关注我们身上的美好品质、技能及成就，不然他们怎么会选择我们当朋友、伴侣及合作伙伴呢？我们想让别人看到我们所参与的慈善捐款活动，拥有的政治关系网，以及在艺术、运动及学业上的成就。如果可以的话，我们大概会把每次捐款、升职加薪或是结交的重要人物都发表在脸书上。但是由于人们不喜欢看人吹嘘，所以我们行事需要更谨慎些——关于这个问题，我们将在下一章进行探讨。

溜须拍马

一个地位高的人选择某人作为伴侣、朋友或是合作伙伴的决定，会被看作是对被选中者的一种认可，并提高此人的社会地位。这就是人们想要赢得地位高的人青睐的动机之一。

但是，要达到这一目的，方式不止一种，有些方式为人们所认可，有些方式则不被接受。比如，如果你是在真实地“做自己”，那么就完全没问题。如果你本身就很优秀又讨人喜欢，那别人也会理所当然地喜欢你、尊重你。人们比较厌恶的方式有：溜须拍马、谄媚、卑躬屈膝、阿谀奉承。同样，人们也很排斥通过金钱、恭维或是潜规则上位。这些策略都是为人们所反感的，或者被视为非法的，因为这些策略在某种程度上破坏了人们正常的社交秩序。我们更希望名人们青睐某种产品是由于真心喜欢，而不是为了钱。我们认为老板们应该提拔那些工作出色的人，而不是那些与老板关系亲密的人。

尽管如此，各色诱惑仍层出不穷。

子群政治

正如人们常常违反“反对吹嘘”“反对溜须拍马”等规范一般，“反对发展子群政治”的规范也时常遭到破坏。在一些现代化的大城市中，如华盛顿，人们的政治参与度较高，政治观点也相对激进。但是政治禁忌在小群体中尤为严格。例如，在大部分工作场所，人们认为公开发表“政见”是不恰当的，甚至对整个群体都是一种威胁。好战派系的存在往往会使一个群体四分五裂，或至少会削弱集体的力量。

当然，就像自我吹嘘一般，个人的政治行动也会带来一定的好处，这也是禁止子群政治规范存在的原因。但同时意味着该规范会频繁遭到破坏，尤其是暗地里遭到破坏。

私心

或许在所有的规范中，反对私心的规范所覆盖的范围是最广的，它可以将自我吹嘘、溜须拍马及政治行为一网打尽，其触角甚至可以延伸到所有亲社会理由（prosocial reasons）。这也是本书论点的关键。想象一下，当我们为了满足私心做了某事并遭到质疑时，我们的回答往往很不自然。比如，为什么你和女朋友分手了？“我想找一个更好的。”为什么你想当医生？“因为这个职业的薪水高且受人尊重。”为什么你要为校报画卡通画？“我希望人们会因此喜欢我。”这些问题的真实答案我们都心知肚明，但是我们却避而不谈，反而只会一味强调看上去更崇高、更纯洁的动机。

结语

在第2章中，我们指出人类与所有动物无异：热衷于竞争、自私自利。因为竞争是大脑进化的重要动力。在本章中，我们讨论了人类与动物的不同之处，即懂得用规范来避免物种内的不必要竞争。

细心的读者会发现，这两者并不能和平共存。特别是当规范的制定与执行能够有效制约竞争时，人们投机取巧的动机就会相应减少。举个例子，假设我们的祖先成功地执行了“无政治”规范，将所有的政治行为都扼杀在摇篮里。在这样的情况下，大容量并精通政治的大脑就显得毫无价值了。事实上，大容量的大脑极难伺候，它会消耗我们身体静止能量的1/5。所以，理论上，成功执行的规范本应缩小人类大脑容积。

但是，我们的大脑显然没有缩水，而且还越变越大。而这一切的发生并非忽略了我们所制定的规范，而是因规范而产生。欲知详情，请看下章。

4

逾矩

规范执行者与规范逃避者的对决

人人都会越规逾矩。

我们还是直接摊开来说吧，不做无用的抵赖。确实，有些人逾矩的次数少些，我们钦佩有加。但没有人能保证一辈子都不耍一些滑头。毕竟世上条条规规太多，一一遵守难免有违人性。

对于重大规矩，大多数人不敢越雷池一步，如抢劫、纵火、强奸、谋杀等，但是我们时不时会违反一些轻微的社会规范，比如我们会撒谎、闯红灯、私拿办公用品、报假税、违章掉头、奉承老板、搞婚外情、吸食软性毒品等。比如，这本书的两位作者都承认，上述错事至少做过一半。[1]

为什么要越规逾矩呢？原因很简单：逾矩让我们在免于付出应有成本的情况下同等受益。美国国家游泳队队员卡尔利·吉荷说："几乎100%的精英竞技游泳运动员都在游泳池里小便过，对此有人会矢口否认，有人会坦然承认，但每个人都干过。”[2]为何？毕竟在训练中途停下来上卫生间太麻烦了。

我们的祖先也经常逾矩。我们是怎么知道的呢？证据之一便是我们的大脑会为识别逾矩行为做出特定的调整。[3]例如，当把人们放在一个可以进行作弊的场景中解答抽象逻辑题时，答题者的解题能力就会大大提高。这是进化心理学的一大结论，经夫妻搭档的研究团队勒达·科斯米德斯和约翰·托比推广后，现已广为人知。[4]

当然，倘若我们祖先的大脑需要进化，以提升对于逾矩行为的识别能力，那是因为其同伴时不时想行骗逾矩，而其同伴也是我们的祖先。于是，祖先［和原人们（protohumans）］便深陷进化军备竞赛之中，无法自拔，正所谓道高一尺，魔高一丈，行骗逾矩行为层出不穷，行骗逾矩侦察辨识能力也更上一层楼。

人类大脑做了调整之后，也会帮助我们顺利行骗和逾越规范。不论是偷窃、偷腥或撒谎，逃脱惩罚最简单的方法便是隐匿行踪。大脑对此类逾矩行为会做出特定的调整反应，比如高度警惕他人的目光，尤其是聚焦到自己身上的目光。我们能很快觉察到人群中盯着我们的目光。[5]数十次的反复实验表明，被注视着的实验者逾矩概率相对较低——即使注视着他们的目光来自漫画。[6]人们身处相对敞亮的灯光下（相对于昏暗的灯光而言），[7]或是联想到上帝正目睹一切时，逾矩概率也更低。[8]

影响逾矩行为的因素中，也许羞耻感及因羞耻而引发的种种相关行为更为重要。当被他人发现自己的行为不检时，一种恼羞成怒的感觉就会油然而生，此时羞耻感就出现了。[9]我们在羞耻之时，比如沦为丑闻主角时，就会掩面低头，甚至避免和外界有任何接触。正是因为我们害怕羞耻，我们才不会违规逾矩，也正因为如此，我们才会掩盖痕迹，避免东窗事发。

但需要留意的是，如果我们过多关注逾矩者如何掩过饰非，我们将忽视一种有趣的逾矩方式：公开逾矩。

想想以下两种不同的逾矩场景：

1. 考试作弊。考试时，你溜进厕所，偷看手机上的答案。

2. 在公众场合喝酒。在美国的大部分地方，公众场合喝酒是违法的。对此，长久以来的对策是将酒瓶裹在棕色纸袋中。

在第一种场景中，你的目标很简单：不让监考老师发现你作弊。老师向来公正，要成功作弊，必须尽可能谨小慎微。

然而，在公众场合喝酒的动机则隐晦多了。把酒瓶藏入纸袋根本糊弄不了所有人，尤其糊弄不了警察。如果警察想以在公众场合饮酒之名立案，他们大可径直走过来，闻闻你鼻息间的酒精味，然后逮捕你或发传票。但警察通常懒得为难你。

原因何在？

这便是本章所要研究的一个谜团：为何人们只需稍花心思便能顺利逾矩？再次声明，这并不适用于所有形式的逾矩行为。一旦牵扯到人命时就另当别论了。但在多数情况下，一点点粉饰，用些许无花果叶，便可以让公正的天平失衡。

预先声明

在生活中，我们总是热衷于将逾矩行为上升到道德的高度加以讨论。但是，我们在本章和本书余下的部分继续谈论逾矩这一行为时，一定不能分心。行为规范自有其应该谈论的时间和场合。但是，我们希望本书不做任何道德评判，这样我们才可以坦然承认自己的坏习惯和动机，而不用责备自己尚未达到理想的标准。我们需要在本书中认识真实的自我，而非理想的自我。

此外，根据不同的道德标准，部分违规行为也谈不上“错误”，例如，人们常举的一个例子是软性毒品的使用问题。不论吸食毒品是对是错，大部分地方都视之为逾矩行为，吸毒者仍需躲躲藏藏。因此需要再次声明，我们不做道德评判。我们关注的是人们如何违规、如何逃避规则，而非他们的行为究竟是善是恶，或规则是否公正。

公有信息

在著名的童话故事《皇帝的新装》中，两个刚进城的骗子主动提出要为国王做一件奢华的新装。事实上，他们根本没有什么“新装”，但他们告诉国王，只有愚蠢无能的人才看不见新装。为了体现自己的智慧，皇帝佯装看到了新装，一众随从也是如此。凡是见过“新衣”的人都说：“多么华美的衣裳啊！”最后，皇帝在镇上巡游时，突然有个小孩直言不讳地道出了真相：“皇帝没穿衣服！”顷刻间，谎言不攻自破。如果一个天真的孩童看不见衣服，那就说明衣服根本不存在。众人这才回过神来：原来自己上当受骗了。

要理解这个童话故事以及我们接下来要说的内容，重点是理解公有信息这一概念。[10] 信息要在特定群体中成为公有信息，仅仅让每个人都知晓并不够。每个人还要知道其他人也都知道这个信息，而且还要确信其他人也知道自己知道这个信息，以此类推。简单而言，公有信息是“公开的”或“显而易见的”信息。

政治科学家崔时英在其著作《理性的仪式》（*Rational Ritual*）中，借助电子邮件的功能解释了公有信息这一概念。[11] 假如你在邀请朋友参加聚会时同时使用了“发送”和“抄送”的功能，则这个信息会成为公有信息——因为每个收件人都可以看到其他收件人。但如果使用“密送”功能发送，虽然每个收件人仍会得知聚会的信息，但这并非公有信息。我们将这类通过“密送”方式传播的信息称为私有信息。

公有信息和私有信息产生的效果截然不同。在《皇帝的新装》中，镇上的人都知道国王被愚弄了，但重要的是，这一信息尚未公开。每个人都看到皇帝一丝不挂，但同时每个人都不知道其他人是否相信骗子的谎言——于是，没有人愿意冒着被视为傻子的风险说出实话。然而，当天真的孩童说出每个人内心的想法之后，特意保持缄默的默契被打破了。于是，真相就像决堤的洪水一样，从私有领域涌向了公共领域。

公有信息就如同公开向大众宣布，而非私下告诉某个个体。如同一个同性恋者完全公开其性取向，而非处于未出柜的状态（即使其他人都怀疑他/她是同性恋）；如同每个人都安然觉察到尴尬的气氛（甚至还可以一笑了之），而非悉数有意视而不见。公有信息指完全“记录在案”的信息，每个人都可以公开获取或谈论。

或者还可以换一种思维。低调或保密的唯一标准为：信息的知情人数。事实上，保守秘密的标准有二：知情人数，以及公开度[12] 或共有度。秘密可以广为人知，但并未公开——如未出柜的同性恋者的性取向，或是皇帝一丝不挂这一事实。

逾矩的关键在于谨慎。为了逃脱惩罚，必须保密，不让他人发现真相。有些情况只会涉及保密这一个维度，例如考场上作弊的唯一标准是不让特定的人，即监考老师发现。相反，你在大街上喝酒，什么人知道或有多少人知道并不重要，重要的是该行为的公开程度。这也是为何一个薄薄的褐色纸袋却能让结果有天壤之别的原因。

如果你肆无忌惮地举着一瓶开了盖的啤酒招摇过市，警察很可能就会找你麻烦。因为此刻你明目张胆的违法行为不仅让警察发现了，而且所有路过的市民也有目共睹，这其中不乏一本正经的道德纠察队、易受影响的孩子以及忧心忡忡的家长。警察忽视偷偷摸摸在公开场合喝酒的人尚可蒙混过关，但若对堂而皇之在大庭广众之下喝酒的人也视若无睹，则必定会招致猛烈的批评，因为在场的所有人都会指责他玩忽职守。褐色纸袋并不能瞒过警察的眼睛，但却为其提供了恰如其分的借口，使其免受来自公众的严厉谴责。

小心驶得万年船

“票！我要票！有要出票的吗？！”

美国约有一半的州认为黄牛交易是非法的，尤其是未经授权在音乐会或运动赛事入口处公然倒票的行为。[13]这也是为何倒票者不按常理，嚷嚷着买票来招揽生意的原因，毕竟买票是完全合法的。如同将酒包裹在褐色纸袋中一样，这一行为也糊弄不了执法者，警察和现场安保人员对发生在自己眼皮底下的交易都心知肚明。但这些倒票者对这极易被识破的伪装行为却屡试不爽，从中谋利。这又很好地证明了，只要谨慎一点儿即可蒙混过关，免受道德谴责与法律制裁。

注意，专业的规范执行者，例如警察、教师、人力资源经理等，其工作职责都是确保人们遵守规范，因此他们都具备强烈的合规动机。尽管如此，在日复一日的工作中，他们往往疏于监督，懒得自找麻烦。

面对轻微的违规行为，有时仅是考虑到可能随之而来的繁重文书工作，警察便可能就此作罢。[14]

与此同时，对我们这些非专业人士而言，执行规范的动机便更微弱了（详见第 3 章）。我们可能要与同伴乃至上司对质，同时我们又缺乏官方赋予的执行权。如此看来，执行规范对我们这些普通人而言似乎并无益处，稍不留意，我们便会陷入麻烦之中。

执行规范不仅需要发现违规行为，还要对该行为提出成功的指控，与其他群体成员对所发生的罪行进行一致指控。例如，尽管联邦探员缺乏足够的证据证明托尼・索普拉诺是黑手党，但他们完全相信自己的直觉。同理，尽管你确信老板剽窃了你的创意，但你必须要能说服你老板的老板，相信这一点。通常而言，现场目击者很容易发现犯罪行为，但要说服其他远离犯罪现场的人就困难多了。

对于潜在的逾矩者而言，我们可能从中汲取的教训便是：任何阻碍执法（或控诉）的行为都能提高逃脱惩罚的概率。此时就需要谨小慎微了。谨小慎微有多种具体方式：

- 借口。可作为信手拈来的托词或不在场证据。
- 谨慎交流。保持低调。
- 打擦边球，而非直接逾越规范。
- 微妙行事。在重视个人名誉的社会里，公开侮辱他人足以挑起暴力事件。相反，如果以含蓄的方式为之，避免过于明显，则通常不会带来麻烦。

这些技巧都遵循一个原理，即避免违规逾矩行为全面升级为公有信息，加大指控的难度。

下面让我们详细分析这些技巧。

借口：信手拈来的托词

1527 年，英国国王亨利八世 38 岁，急需一个儿子继承王位，但其与西班牙裔的凯瑟琳王后婚后一直无子，而他能生育的时间也所剩不多了。宫里人尽皆知，亨利八世想迎娶年轻的安妮·博林为妻。不幸的是，亨利与凯瑟琳的婚姻受前任主教特许生效，现任主教也无意将他们的婚姻改判为无效。

国王需要的便是一个言之有理的托词，以掩盖其真实意图。在与凯瑟琳成婚近 20 载后，国王突然“发现”凯瑟琳在新婚当夜并非处女，二人的婚姻随后被宣布无效。

该托词本身着实蹩脚拙劣，但鉴于亨利八世的国王身份，托词无须过于言之凿凿，他手中的权力足以让多数人臣服。亨利八世借这一托词与罗马天主教决裂，并引发了英国的宗教改革，借英国教会新主教之手达到了自己的目的。[15]

托词可以有效地绕开违规的禁区且适用范围极广。借合理的解释，表明清白，加大指控难度。托词无须糊弄所有人，只要表面够合情合理，看起来有人会上当即可。

社会生活中随处可见托词。烟草店把吸烟器具如烟斗、烟枪、电子烟等统统以“烟具”的名义兜售；经理“自愿”辞职，因为希望“有更多时间陪伴家人”；酒店会提醒顾客在扔掉旧毛巾前要“考虑环境”，但究其根本，重点并不关乎环境，而关乎成本。但若直接要求客户为酒店节约运营成本，就违背了酒店“客户至上”的原则。为了掩盖其真实目的，只好找一个托词。[16]

谨慎交流

共谋，[动] 共同制订秘密计划，以达到某种违法或不良目的。

英语中“*conspire*”（共谋）一词的来源很巧妙，前缀源自拉丁语“*com-*”，意为“共同”，后面的“*spirare*”意为呼吸。

想象一下，有两个贵族正在密谋暗杀国王。他们鬼鬼祟祟地在皇宫的某个过道会合，交头接耳密谋着行动计划，他们打算“同呼吸，共命运”。他们低声交谈着，隐隐约约地提到什么“计划”之类的东西，而完全没有提到“刺杀国王”之类的直白字眼。他们匆匆结束会面之后就分别离开了。

这两个贵族在谈话时为何如此谨慎？首先，他们不希望引起他人的注意。倘若有人看见他们在窃窃私语，他们也希望没人听到他们谈话的声音。倘若真有人听到了他们的声音，他们也希望没人听清具体内容。倘若有人听清了具体内容，他们则希望被听到的内容语义含糊。再退一步讲，即使他们的谈话被某人偷听到并搞明白了意思，他们也仍希望该计划只是私有信息，而不是扩散开来，成为公有信息。

想象一下，两个在城堡巡逻的士兵碰巧听到了这两位贵族的对话。二人都怀疑其中必有阴谋，但或许他们都曾受到国王的虐待，所以听了对话后反而暗自窃喜。他们不会公开支持这一叛国图谋，但鉴于图谋叛变的贵族轻声细语，二人因此可以假装没听到。相反，倘若这两个贵族公开高谈阔论，密谋就成了两个士兵间的公有信息，他们可能不得不逮捕密谋者。

如果陈述者谨慎而语，对话含蓄隐晦，内容含糊，陈述者十有八九准备保守秘密，避免其泄露出去，以逃避责罚。这是通用的经验之谈。具体形式包括：

- 肢体语言。点点头，不经意的一瞥，意味深长的微笑，眼珠子滴溜溜一转，友好地碰一下手臂。通常而言，由于第三方难以解读和引用，所以肢体语言比口头言语更具隐秘性。崔时英在《理性的仪式》中写道：“使眼色的意义在于其他人不清楚其中的含义。”[17] 我们将在第 7 章深入探讨肢体语言。
- 隐晦交流。使用语义晦涩的词，在保证目标听众可轻易领会的前提下，将居心叵测的窃听者拒之门外。这也是为何人们创造并使用大量俚语，用以指代不良的、引人质疑的，或是非法的行为。类似“约炮”（一夜情）、“420”（大麻）、“玩一把”（赌博）这样的暗语数量激增，部分原因是想先人一步，逃避当局（父母、警察，或好事之徒）的检查。[18]
- 巧妙的潜台词。绕着弯儿说话，含沙射影，旁敲侧击，这样既能传递信息，又留有足够的语义回旋余地，事后还可以矢口否认。例如间接性威胁：“你这漂亮的脸蛋要是出了事，就可惜了。”或是提议不良行为，如谈及嫖娼时：“想找找乐子吗？”抑或是谈及毒品：“想玩得嗨一点儿吗？”

- 象征。伊迪丝·沃顿在小说《伊桑·弗洛姆》中巧妙地用晚餐中的泡菜和甜甜圈来隐喻主人公之间的性爱关系。如果用得恰当，隐喻能团结力量，对抗腐败政权。如果一个反抗运动与某种特定颜色挂钩，人们可以身着同样颜色的衣服，以支持反抗运动。这样既能对抗统治阶级的打压，又能保护自己。
- 非正式语言。通常而言，言语越正式，信息越有可能口口相传，越可能被“记录在案”。反之，非正式言论则经常不会被“记录在案”。

即使只有两个参与者，上述技巧仍然适用。想象一下：一个男人在数次约会之后，向女方提出了做爱的请求。[19] 如果他公然问道：“今晚共度良宵怎么样?”这会让双方尴尬，此后发生的一切都会难以推责。但如果问得委婉一点儿：“今晚要不要过来看看我的蚀刻版画?”双方都相当清楚提议的真实含义，但关键是双方的想法并没有上升至公有信息的地步。男方并不清楚，至少无法完全确定，女方是否接收到了他的性暗示。

但还有一个问题：若双方各自都领会了这一提议的含义，为何还要考虑其是否为公有信息呢？为了再现这一场景，我们可以想象一下：一群人坐在舞台的边厢里，急切地想听到约会中的情侣的对话。这对情侣就是在这群观众面前进行了隐晦交流，意在交换信息——提出发生性关系，同时给出答案，但是不希望该信息成为公有信息。真实的观众也罢，假想的观众也罢，都是如此。他们都无须刻意提醒自己面前有一群假想观众。人们为了保留颜面，在苦练数年之后才学会了既能表达隐晦的信息，又不失颜面。

我们还可以用假想的观众来模拟一下其他违规场景，无论观众是偷听或是通过某种方式间接了解到了现场信息。假设有一个犯罪团伙的老大对手下说："照顾一下那位朋友。"这时，他面对的观众是日后可能会对他或他手下进行审问的执法人员。当然，采用这种含蓄的语气说话，他所说的话也可能会被手下误解。一些"格杀令"可能未被执行，而一些无心的话语却会被意外地解读为杀人灭口的命令。这就是在黑暗地带做生意的代价。

打擦边球

现实生活中的规范存在许多灰色地带，边界模糊。这是因为，制定出人人满意的标准是不可能的。维特根斯坦曾提出这样一种著名的论点：永远无法用清晰的语言定义"游戏"。这亦适用于所有复杂的文化概念，包括规范。

灰色地带正是越规逾矩者试探边界点、打擦边球并挑战极限的地方。例如，美国联邦通信委员会有规定，对播出有伤风化节目的电视台征收罚款。但究竟如何定义"有伤风化"？在雅各贝利斯诉俄亥俄州案中，最高法院法官波特·斯图尔特拒绝定义"淫秽"一词，他声称"我看到的时候自然认得出来"。正是因为缺乏准确的定义，绕过规则打擦边球便成为可能。

《宋飞正传》以屡屡挑战电视节目的尺度而出名。在这个声名狼藉的节目的其中一集里，人们比赛谁能保持最久不手淫。巧妙的是，节目始终未出现"手淫"一词。该话题是如此展开的：

（乔治缓缓走入镜头，看起来郁郁寡欢）

……

杰瑞：怎么了？

乔治：我被老妈逮着了。

杰瑞："逮着"？逮着你做什么了？

乔治：是这样……我当时一个人……开车经过我父母家，把车还给他们，我进去待了几分钟。房里一个人也没有——应该都工作去了。我看到我妈买的一本《魅力》杂志，便随手翻了起来……然后，就这样自然而然地……

这算不算得体？"我看到的时候自然认得出来。"如果运用这一标准，便很难对上述情况做出判断，因为这还得取决于审查员如何看待对话中暗示的行为。

其他我们乐于打擦边球的规范包括着装规定、消极怠工、私下调情、在小社会团体中玩弄权术等。

小罪过

人们喜欢关注名人和拥有权力的人，原因之一便是想看他们是如何逃脱责罚的。史蒂夫·乔布斯经常对员工出言不逊，这是出了名的。约翰·肯尼迪的情妇数量之多，远远超出历史学家们所能确定的数量。[20] 辛普森被怀疑杀人却无罪获释。

我们有时会自我安慰，苛刻的首席执行官和风流的总统我们望尘莫及。但至少就逾矩行为而言，二者间的差距大多仅为逾矩程度上的不同。名人或许可以违反重大规范而不担责（有时甚至是谋杀），但平凡如我们也能逾越边际规范，而不受罚。

我们会自吹自擂、偷懒怠工、在背后散布谣言、说人坏话。我们也会坑队友、奉承领导、暗送秋波、私下调情、玩弄权术、利用他人以达一己之私欲。总之，我们是自私的，但还没到无可救药的地步，只是距最高行为规范还有一点儿距离。

但我们当然不会四处张扬自己自私的一面，不会在完全公开的场合八卦或偷懒。（即使肯尼迪也不敢在杰奎琳面前放肆，只敢在门窗紧闭的私密场所出轨。）自吹自擂时，我们会尽量伪装得委婉谦虚。我们不会直接说出自己的智商或工资，因为这在旁人看来是粗鄙无理的。但如果智商或工资实在太高，值得一吹，我们便会寻找其他办法让他人知晓——例如故意夸大其词，或是入手抢眼的奢侈品。我们会借他人名气，谦虚地抬高自己。我们会穿上突显身材的衣服来炫耀好身材，或让他人充当我们的发言人介绍一番，替我们吹捧自己。

在陷入诸如教堂、办公室，或同伴之间的小规模权力之争时，我们也会动用类似的谨慎策略，为己谋利。我们试着培养盟友，削弱对手力量；我们沽名钓誉，不想承担失败的责任；我们为能从中得利的政策摇旗呐喊，置集体利益于不顾；我们说着漂亮话迎合他人。当然，我们不会公开表达。我们不会向对手直言：“我现在就在拼命损害你的利益。”我们往往以为每个人着想为由，掩盖我们的真实动机。

结语

逾矩而不受罚需要耍点儿小聪明，这有助于解决第 3 章最后提出的问题：如果规范的目的是减少竞争，那么人类还要硕大的脑袋何用？合理的解释之一是：规范往往只需部分执行而已，所以我们仍需要硕大的脑袋来搞清楚如何逃避规范。事实上，规则逃避者和规则执行者深陷与对方的智力之争（就如猫鼠游戏一般），而这促使彼此不断提升智力水平。

下一章将着重讨论一种尤为巧妙的行骗方式：自我欺骗。这也有助于解决本书的核心困惑：为何我们对自身的一些动机毫无察觉？

5

自欺

是自我防御，还是操控手段？

红色的奶蛇原本是完全无毒的，偏偏身上带有纹路，伪装成致命的银环蛇。一些兰科植物不能分泌花蜜，却拟态为可以分泌花蜜的花朵，以吸引蜜蜂传粉。[1] 数十种生物能利用眼点蒙骗其他动物，让它们产生一种被注视的错觉。负鼠、蜥蜴、鸟类及鲨鱼会“佯装死亡”，以躲过只对活物感兴趣的捕食者。寄生细菌甚至也会试图蒙骗过关，其细胞膜上会“携带”某种分子，“混装”为宿主细胞，以愚弄寄生体的免疫系统——这就像微观版的“披着羊皮的狼”。[2]

进化生物学家罗伯特·特里弗斯说道：“欺骗是生物根深蒂固的本性之一，发生于各个层级的生命体——从基因到细胞，从个体到集体。无论如何，似乎都不可或缺。”

当然，人类这一物种也不例外。毋庸赘言，鉴于进化逻辑的竞争性（自私性），欺骗不过是人类的本性而已。欺骗使我们不用全权负责却可以从中获益。确实，所有社会均规定不得撒谎，但我们只要动点儿小脑筋，不被逮住即可。我们不需要赤裸裸地撒谎，只需要稍微耍点儿滑头或篡改一些事实就好。

以上所言一目了然。但令人困惑的是，我们不仅会欺骗他人，而且会欺骗自己。我们的大脑会自动处理外部世界的图像，习惯性地扭曲或无视关键信息，甚至对其进行颠覆、丑化。从表面上看，这似乎只会产生适得其反的效果。我们经常认为这种行为是“异想天开”的或对其“选择性无视”，更形象一点儿说，就是“她在自欺欺人。”

特里弗斯在其著作《愚昧者的愚昧》中称自欺为人类精神生活核心中“令人叹为观止的矛盾”。他说，我们的大脑“不断地搜寻信息，而后摧毁它”：

> 一方面，随着感官进化，我们能无比精细、准确地观察外在世界……如我们所愿，对外在世界的感受越真实，我们在这个世界中就越游刃有余。可一旦这些信息传输到大脑，我们的意识就会经常对其进行扭曲和欺骗。我们拒绝直面现实。我们攻击他人身上的某些特质，而这些特质其实源自我们自身，后又被投射于他人身上！我们压抑痛苦的记忆，编造出截然相反的剧情，粉饰不道德的行为，不断强化自我观念，从而形成一套自我防御机制。[3]

人类自欺的场合层出不穷，最常见的莫过于运动场。拳击运动员在对抗时会刻意忽视身上的伤痛，马拉松运动员也会不断欺骗自己——身体还没有那么疲惫。[4]一项针对竞技游泳运动员的研究显示，懂得自我欺骗的运动员在重要赛事中往往表现更佳。[5]

自我欺骗的另一个常见领域是个人健康领域。也许你想当然地认为，既然健康关乎快乐，关乎寿命长短，因此大脑肯定会最为客观严肃地处理与健康相关的信息。不幸的是，多项研究表明，我们经常扭曲或忽略关于自身健康的关键信息，目的是想给人一种自己比实际情况更为健康的印象。[6] 例如，一项研究对被试者进行了胆固醇测试，数月后追踪被试者对测试结果的记忆情况。测试结果表明，胆固醇偏高、最有可能患病的被试者记错测试结果的概率最高。在他们的记忆中，测试结果比实际结果更好（如更健康）。[7] 吸烟者倾向于屏蔽吸烟有害健康的信息。[8] 艾滋病（获得性免疫缺陷综合征）[9] 的传染风险总是被低估，相关人士也拒绝接受艾滋病毒检测。[10] 我们还会自欺欺人地认为自身的车技、社交能力、领导力、运动水平十分优秀。[11]

以上研究结果和其他众多证据都清晰地表明，人类的大脑在处理外界信息时是不合格的，这就像搬起石头砸自己的脚，自讨苦吃。如果大脑蕴藏着这个世界的图谱，存有这些并不准确的图谱有何意义呢？

传统解释：自我欺骗是一种防御行为

总的说来，解释自我欺骗行为的学派分为两类，第一类我们称之为传统学派，该学派认为自我欺骗是一种防御机制。

西格蒙德·弗洛伊德及其女儿安娜·弗洛伊德是这一学派的知名代表。弗洛伊德父女认为，自我欺骗是一种用于自我保护的大体上出于潜意识的应对策略，尤其是为了应对不遂己意的冲动。[12] 例如，我们会有意抑制痛苦的思想和记忆，使之隐匿于潜意识之中；我们也会将不愿接受的自身负面特质转而投射到他人身上；我们还会编造合理的动机掩过饰非（详见第6章）。

根据弗洛伊德父女的说法，大脑利用这些防御机制缓解焦虑等精神痛苦。20世纪中期，奥托·费尼切尔之后的心理学家将这一防御机制的目的重释为保护自尊心。[13] 这也是如今我们司空见惯的体面解释：我们欺骗自己是因为无法直面现实。我们的自我、自尊都是脆弱的，必须躲避可能产生焦虑的信息。例如，我们可能在即将举行的赛事中败北，或是我们可能身患癌症。

《电台实验室》（*Radiolab*）节目中有这样一集，首位对自我欺骗行为展开实验研究的心理学家之一哈罗德·萨克曼做出了如下解释：

> **萨克曼：**（消极压抑的人）目睹了世上的所有痛苦，认识到人们恶意相待，他们会坦诚面对自己的一切，自己的弱点、恶行。问题在于，他们是对的。我们如果帮他们，也许是在纵容他们犯错。
>
> **罗伯特·克鲁维奇**（电台主持）：我们需要做的也许就是不再隐藏内心深处认为正确的想法，对自己坦诚。
>
> **萨克曼：**我们太容易为现实所伤，于是上帝赐予了我们一件礼物——扭曲事实的能力。[14]

传统学派的解释或许带有点儿诗意，但忽视了一个重要的对立面：既然自然有进化一说，那如此设计我们大脑的目的何在？[15] 信息是人类大脑的生命线，忽视或扭曲信息并非无伤大雅的小事。若是出于维护自尊之由，大可直接强化大脑的自尊机制，提高面对威胁性信息的抗压能力，此举或许更为有效。同理，若想减轻焦虑，更直接的做法是降低大脑面对压力时的感知力。

运用自我欺骗的方法来维护自尊或降低焦虑反而更似敷衍仓促的干预方法，最终只会弄巧成拙。这就好比冬日为了取暖，拿着电吹风对着取暖器使劲吹一样。取暖器的度数自然会上升，但这并不意味着室内真的暖和了，人还是冻得发抖。[16]

或者，想象一下，你是一名指挥千军万马的将军。在一次战役之中，敌我力量悬殊，你被大量敌军团团围住，根本没有突围之路。你对着一张巨大的作战图苦苦思索。突然，你发现，在地图上抹去挡住部队去路的山岭，或在环绕的群山之中画出一条生路，简直易如反掌！找到突围之路自然会让你如释重负。但地图并非你足下所立的疆域，无论你如何在上面涂抹，群山仍屹立不倒，敌军仍在四面环绕。逃避现实反而会雪上加霜，把你推向错误决策的深渊。

习惯异想天开的将军很快就会败给脚踏实地的对手，我们的大脑亦是如此。比起提供精神慰藉，自我欺骗的行为需要一个更合理的解释。

新学派：自我欺骗是一种操控手段

近年来，心理学家（尤其是进化心理学家）对自我欺骗提出了一种更具说服力的解释。传统学派认为自我欺骗主要表现为内向性、防御性、自我打击性（如将军涂改地图），新学派则认为其主要表现为外向性、操控性、自我服务性。

特里弗斯所著的《愚昧者的愚昧》以及罗伯特·库尔茨班所著的《人人都是伪君子》是新近出版的新学派的代表作，新学派的创始人是经济学家、诺贝尔奖得主[17]托马斯·谢林。谢林因其合作与冲突博弈理论而为世人所熟知。

1967年，谢林出版的《冲突的战略》一书探讨了其命名的“混合动机博弈”(mixed-motive game)。不同场景下都有两个或两个以上的参与者，参与者的利益既相互重合，也有所区别。相互重合的利益驱使参与者携手合作，有所区别的利益则将参与者置于对立面。如果你听来耳熟，这是因为人类（包括我们的祖先）数千万年来都在参与“混合动机博弈”。每天如此，而我们的大脑也为此而生。谢林还告诉我们，混合动机博弈会刺激人们做出有悖常理和直觉的行为。

懦夫游戏便是一个典型的例子。经典玩法是两个少年相向驱车笔直极速而行，先转向的一方为败。[18] 这本是比拼勇气的游戏，谢林却出了一招，可助你赢得比赛：面对对手时，拆掉方向盘，举着方向盘向对手挥舞示意，并加速向对方猛冲过去。如此一来，对手便知道你决心已定，视死如归，除了长驱直行外无路可退。除非他也不要命，否则他不得不先行转向，输掉比赛。

这个策略乍看之下有悖常理。因为通常情况下，限制自身的选择并非上策。但在谢林记录下的混合动机博弈中，有悖常理的动机虽限制了选择，并导致一系列看似荒谬的行为，但实为上策。例如：

- 关闭或限制沟通渠道。比如，你知道有人会来电求助，所以你关掉了手机。再如，你知道与人面对面交流更为困难，所以你宁愿通过电子邮件交流。
- 接受未来受罚的可能性。谢林在书中写道：“教科书里提到，公司享有两大法律特权，即起诉权和被告权。难不成有人想当被告吗？但被告权包含做出承诺的权利：借钱、签合同，与潜在的利益受损方做生意。成为被告时，这些权利似乎反过来会成为负担，但若未成为被告，这些都是做生意的前提要求。”[19]

- 忽略信息，亦被称为战略性忽略。例如，遭到绑架时，你可能会选择不看绑匪的脸或不打听其姓名，因为绑匪一旦知道你可能在事后向警方指认他，是不会轻易放你走的。在某些情况下，信息反而会成为累赘。
- 怀有执念。如果你是一名坚信自己的部队能够打胜仗的将军，那么哪怕毫无胜算可言，敌军也可能因被你震慑而退缩。

换言之，混合动机博弈中存在可以奖赏自欺的激励机制。

这其中不乏矛盾之处。一般说来，根据决策理论，选择和信息越多，就越有利。而谢林却提出，在一些情境下，限制甚至阻挠自己是获胜之举。何出此论？

其实，消除这一矛盾的方法是直截了当的。经典决策理论说得对：自我毁灭就其自身而言是毫无价值的。其价值在于让其他参与者确信你想毁灭自我。在懦夫游戏中，你之所以获胜，并非是因为你无法转向，而是因为对手相信你无法转向。同理，身为受害者，你并非因为看清了绑匪的脸而受害，而是因为绑匪认为你看清了他的脸而受害。如果你能看清绑匪的脸，又不让他察觉，形势便逆转了。

由此可以推断，暗自忽略某个信息，或私下坚持错误的信念，这些都毫无益处可言。战略性忽略及其相关行为所产生的全部价值在于：他人坚信你一无所知，并基于这一点做出反应。正如谢林所言：“无知在最广为人知时，效果最明显。”[20] 无知需要引起注意，为人所知。

此外，自我欺骗若要产生预期效果，前提是对手会考虑你的所思所想。例如，你无法愚弄大自然。龙卷风向你袭来时，无视它毫无作用，龙卷风毫不在乎你的想法。自我毁灭的前提是对手具有思考能力。通常而言，你的对手一般是其他人类，但理论上这也可以延伸到聪明的灵长类动物，以及假想中的未来机器人或外星人。面对竞争对手或公众时，企业或城邦也会使用这类自我毁灭策略。可以说，自我欺骗只能在社会情境下对社会群体产生作用。

谢林、特里弗斯、库尔茨班等人的观点可谓影响深远。他们的观点可归纳为：我们人类必须自我欺骗。拒绝玩这种心理游戏的人理论上是处于劣势的。我们经常策略性地忽略看似关键的信息，轻易相信难以成立的谬论，然后大肆宣扬这些人为修改后的错误想法——因为这些都是胜者之略。

正如特里弗斯所言，“欺人者自欺以欺人”。[21]

我们为何相信自己的谎言？

但是还有一个重要的问题悬而未决：倘若自我欺骗的目的是给别人制造某种假象，我们为何还要自我欺骗呢？相对于直截了当的谎言，自我欺骗会有什么好处呢？

原因不胜枚举，但最主要的一点就是撒谎太难成功了。首先，撒谎对人的认知能力有很高的要求。比如，哈克贝利·费恩为了圆谎费了九牛二虎之力，但最后还是屡屡被揭穿。当我们面临质问，还要快速做出回应时，难度就更大了。正如马克·吐温所言：“你只要说实话，那么你什么都不用预先记着。”[22]

除去认知要求，我们必须克服被抓包的恐惧心理，这也会加大撒谎的难度。如果一方发现对方在对自己撒谎，自然就会动怒。这种反应和发现别人撒谎时的反应一模一样。即便双方都是刻毒之人，但是一方一旦发现另一方撒谎，撒谎的一方也会遭到报复。[23] 因此，除了变态或撒谎成性的人之外，我们大都不敢厚颜无耻地直接撒谎。同时，出于恐惧，我们生怕一不小心谎言就会被戳穿。撒谎之后，我们会心跳加速、浑身燥热、直冒冷汗、坐立不安，甚至还会出现眼皮直跳、神经性痉挛、倒吸凉气、声音发抖等症状。[24]

由此可见，要让他人信以为真，最好的方式莫过于假戏真做。在玩懦夫游戏时，冲着对手大喊："看，我把方向盘都拆下来了！"并不会起多大作用，只有让对手亲眼看到方向盘真的被你拆了下来，他才会相信。同理，说服别人我们持有某种信念的最佳方式是自己将该信念深植于心。别人并不是傻瓜。别人知道我们动辄就会对他们撒谎，于是他们便会用鹰一般的眼睛时刻盯着我们，找寻欺骗的蛛丝马迹。他们会分析我们的一言一语，会将之与数天前、数周前，甚至数月前我们说过的话做对比，仔细观察我们的面部表情及行为举止，确保没有破绽，与我们所说的动机相符。

重点在于，大脑并不像我们所想象的那样绝对私密，他人也可以窥见我们的部分想法。鉴于大脑的半可读性，自我欺骗可谓误导他人的最有效方法。因为这谈不上刻意为之，因而尚谈不上谎言，却能产生与谎言相似的效果。特里弗斯说道："如果连我们自己有意识的大脑都无从知晓真相，那么旁观者就更不会知道真相了。"[25]

准确地描摹外部世界并非人类大脑的一切职能所在。大脑不断进化，帮助我们的身体，最终帮助我们的基因在世界上生存并大展宏图。世上不仅有岩石、松鼠、飓风，还有其他人类。如果我们生命中的大部分时间都在与他人打交道（我们确实也已经这么做了），竭尽全力说服他人（我们确实也已经这么做了），我们的大脑为何不能像一等公民一样，接受于社会有用的信念，同时接受可以准确反映世界的信念呢？

面具戴久了就会成为你的脸。[26] 扮演一个角色太久，你就会成为那个角色。假装某事为真，时间一长，你可能就信以为真了。[27]

顺便提一下，这也是政客成为研究自我欺骗的绝佳案例的原因。其个人的信念所承受的社会压力是巨大的。所以，从心理学的角度分析，与其说政客们是在“撒谎”，不如说他们早已假戏真做，反复欺骗自我。[28] 撒谎也罢，自我欺骗也罢，两者都会误导他人，但自我欺骗远比撒谎难被抓包或遭起诉。

实践中的自我欺骗

在混合动机背景下，至少有 4 种自我欺骗的方式能帮助我们领先于对手。我们将这些方式拟人化为 4 类典型人物：疯子、效忠者、啦啦队长、欺骗者。

疯子

疯子说道：“无论如何，我都要这么做。滚开，别挡道！”

当我们投身于某种特定的行为之中时，其他参与者的动机通常也会发生改变。这就是拆下方向盘就能赢得懦夫游戏的原因，这也是商人、黑帮老大、运动员和其他竞争者千方百计要从心理上战胜对手的原因。

里克·拉艾告诉我们，如果运动员无法以疯子的那种劲头参赛，他们就会处于劣势：

> 比赛中，当运动员发现实力相当的竞争者身上微乎其微的疲劳症状时，他们会为自己打气，继续坚持。（如马拉松运动员会想：“看到他在喘气了吗？他快不行了。只要再多坚持一会儿，你就能打败他了。”）因此，运动员在面对对手时会隐藏（自身的负面）信息。只要你显露出一丝一毫“疲惫的信号”，对手就会窥见胜利的机会，并继续坚持。[29]

这也是美国总统理查德·尼克松在越南战争中使用的策略。他告诉白宫幕僚长鲍勃·霍尔德曼：

> 鲍勃，我把它称作疯子理论。我想让越南民主共和国的人相信，为了结束战争，我会不择手段。我们可以直接把这一句话透露给他们：“老天爷，你知道尼克松要被越共搞疯了。他生起气来我们谁都控制不了——而他手上正握着核弹发射器。”两天不到胡志明就会到巴黎请和了。[30]

当然，尼克松的计划未能如愿以偿，但他的推断确实没错。疯子确实让人感到害怕，我们特别吃这一套，因此我们也略显疯狂。

效忠者

“当然，我会遵从您的信念。”效忠者如是说，以示忠诚，博取信任。

从很多方面来看，信念只是一场权力的游戏。这也是为什么分手也罢，工作纠纷也罢，我们总是不分青红皂白地相信朋友的一面之词，即便我们心知肚明，其他人的说辞说不定也具有同等说服力。也正因为如此，盲从对于宗教团体而言，是至高无上的美德，而对于社会、职业或政治团体而言，盲从或多或少也起着一定的作用。在一个团体的基本信条岌岌可危时，那些仍能坚守信念、坚定不移的人，那些仍能为其摇旗呐喊，仍能对质疑之声视而不见的人，一定能获得团体成员最大的信任。那些甘冒风险，盲从公司信念的员工，一定会赢得同事，尤其是管理层的好感，而且一定会晋升得更快。

事实上，我们经常认为，在人与人的交往中，信念越是荒唐，证据越是不牢靠，坚持己见者就越忠诚。打个比方，员工因为薪水高出其他公司一倍而留在某家公司，就谈不上“忠诚”，因为这只不过是在进行自我利益的考量后做出的选择。同理，一个男人别无他选，只能和现在的女朋友交往，也算不上“忠诚”。只有在面对巨大的诱惑而不为所动时，那种情感依赖才称得上忠诚。同理，如果真理本身就足以令我们信服，那么追随这一真理亦非忠诚。只有当某一样东西除了忠诚之外，别无其他任何理由让我们信服时，那才是忠诚。

中国有一个著名的寓言故事很好地说明了忠诚在信仰中的作用：

> 赵高位高权重，但仍渴望更大的权力。一天，皇帝上朝时，赵高当着文武百官的面牵着一只鹿上朝，口里却说：“这真是一匹好马啊！”皇帝因视赵高为师，信以为真，也认为那是一匹好马，众朝臣也频频点头称是。但仍有朝臣或保持缄默，或表示反对。赵高以此排除异己，不久后就谋杀了当时拒绝指鹿为马的所有朝臣。[31]

如果指鹿为鹿，赵高的诡计自然无法得逞。因此，真理并非检验忠诚度的上策。

啦啦队长

啦啦队长的口头禅是："这是真的。别磨蹭了，相信我！"

这种自我欺骗是一种宣传手段。库尔茨班写道："有时错误也是有益的。如果你对某种并不正确的东西深信不疑，而其他所有人都跟着你信以为真，那么你也就具有了策略性优势。"[32]

所以，啦啦队长的目标是改变他人的信念。我们越是笃信某物，越容易说服他人信以为真。一个相信自己战无不胜的政客比如实评估自己实力的政客更具号召力。踌躇满志的创业者即使完全没有自信的资本，也比精准衡量个人能力的创业者更能吸引投资者和追随者。

在个人健康方面，当我们全盘否定或刻意歪曲所获得的信息时，其作用似乎在于自我保护，即免受病痛信息的干扰。我们之所以要自我保护，目的在于树立正面的社会形象。由于人类在不断进化，当自我受到威胁时，我们会觉得受伤。就个人而言，错误解读自己当下的健康状况于我们毫无益处可言，而他人若错误估计我们的健康状况，我们便能从中获益。而改变他人信念的第一步便是自己接受该信念。史蒂夫·乔布斯的同事比尔·阿特金森曾谈及乔布斯的自我欺骗之举："他已预先接受并内化了这一信念，所以可以在他人心中植入他的愿景。"[33]

欺骗者

在面对他人的指责时，欺骗者可能会如此回应："我真的不知道你在说什么，我的动机是单纯的。"

在第 3 章我们谈道，是否有违常规取决于施事者的目的（动机）。

例如，与人为善值得肯定，但若出自求宠讨好之心，则有奉承之嫌。同理，体贴待人亦是良善之举，但若怀有男女私情，则为调情，不甚妥当。诸如吹嘘、炫耀、奉承、说谎、玩弄权术，以及大部分利己行为，都属于因居心不良而犯下的小罪。但当我们对自己隐瞒行为的动机时，他人便很难控诉这些轻微的逾矩行为。详见下章分析。

除了动机之外，判断是否违规逾矩的另一标准是知情程度。清楚某个越矩行为有时会引发相应的道德或法律义务。[34] 例如，朋友在商店里顺手牵羊，而我们视若无睹，我们就会沦为共犯。这也是为什么我们会干脆说自己完全没看见，或者事先给自己预留免责抵赖的空间。如此一来，日后遭到质疑时，我们才可以坦然推责。

需要重申的是，在上述所有例子中，自我欺骗之所以奏效，是因为他人试图窥视我们的内心，并根据自己寻得的蛛丝马迹，或认为自己寻得的蛛丝马迹行事。自欺方能欺人，自欺方能操纵他人。自欺可能是为了震慑他人（如疯子）、赢取信任（如忠诚者）、改变信念（如啦啦队长），或洗脱嫌疑（如欺骗者）。

当然，这些目的也可能相互重叠，因此任何一种自欺行为可能同时兼具多种目的。儿子被指控谋杀，母亲却坚信儿子是清白的。那么，她在面对儿子时，扮演的是忠诚者的角色，面对陪审团时，扮演的则是啦啦队长的角色。坚信自己势在必得的职业拳击手，在面对粉丝、队友及其他支持者时，扮演的是啦啦队长的角色，面对对手时，扮演的又是疯子的角色。

模块化

自我欺骗的好处在于可以在特定情境下误导他人。但这需要付出什么样的代价呢？

上文已提及，最大的代价是决策不当。将军虽然把山脉从地图上抹去了，却也把部队带上了不归之路。同样，自我欺骗者可能会因为错误的信息或信息不全，采取错误行动。

幸运的是，我们无须承担自我欺骗带来的全部后果。在通常情况下，我们的大脑对于真相至少略知一二。换言之，自相矛盾反倒成了我们仅存的尊严。

乔纳森·海特在其著作《象与骑象人》中写道："要理解心理学中最重要的思想，就应该理解人类的心理是分成若干部分的，有时彼此还会互相冲突。"他这样解释道：

> 我们想当然地认为每个人的体内只住着一个人，其实，在某种程度上，每个人的体内更像是住着一个委员会，心怀不同目的的委员被聚集在了一起。[35]

心理的区分方式有数十种之多。《圣经》将其分为脑和心；弗洛伊德提出了本我、自我、超我的概念；伊恩·麦吉尔克莱斯特将大脑分为善于分析的左脑和习惯整体思维的右脑；[36] 道格拉斯·肯里克认为人的内在包含7个"次级自我"：保安人员、强迫症患者、团队合作者、积极进取者、活跃的单身汉、好配偶、养育后代的父母。[37] 广受年轻人喜爱的皮克斯动画电影《头脑特工队》也将大脑刻画为由5个不同情感的人格组成的委员会。

这几种方法孰优孰劣，暂时还难分伯仲。它们只不过是以不同方式切分同一个复杂的系统而已。实际上，大脑的复杂程度远非委员会可以比拟。心理学家称之为大脑模块化。现代心理学家认为，大脑并非一个单一的程序或小型委员会，而是由成千上万个不同的部分或“模块”组成的混合体，每个模块各司其职，独立负责具有细微差异的信息处理任务。一些模块负责较低级的任务，如感受视域、收缩肌肉等，一些模块负责中级操作，如步行、列举动词的词形变化等，而较高级的模块（本身由许多低级模块组成）负责处理较复杂的任务，如识别欺骗者[38]，管控个人的社会形象等。

大脑由许多系统构成，系统之间相互联系，又各自独立。人工智能研究专家马文·明斯基为此提出了一个著名的概念，即“心智社会”。[39]大脑和社会一样，可以根据不同目的对其进行划分。如美国社会的划分标准包括政治派系（自由党和民主党）、地理位置（城市和乡村，沿海和内陆）、出生年代（婴儿潮一代、失落的一代、千禧一代），而大脑亦可根据不同方式进行划分。

海特强调，这些不同的系统无法时刻保持一致。某个系统可能知晓某一事实，但其在其他系统中却处于完全被隐藏或阻断的状态。不同系统对世界的认知模式也有可能相互冲突。

盲视这一现象可以很好地说明这个问题。盲视非常罕见，但是相关记录颇多。盲视通常是由脑部损伤所引起的，如中风。盲视患者和先天眼盲的人一样，声称自己看不见任何东西。但是，当我们向他们展示识字卡片，并强迫其猜测卡片上的文字时，他们的表现还不错，完全不是胡乱猜测。由此可见，尽管控制意识的系统仍被蒙在鼓里，大脑的其他系统完全可以接收视觉信息。[40]

因此，在自我欺骗时，大脑中负责评估潜在行为的系统仍可保持一整套相对准确的信念，但又将这些准确的信念与管控社会印象相关的系统（如意识系统）相隔绝。换言之，我们可以按照屏蔽于可言说的自我意识之外的信息行事。反之，我们也可以和自我意识一起相信某种信息，而又将该信息屏蔽于控制协调肢体的系统之外。

例如，不论一个人如何狂热地相信天堂的存在，她仍然会惧怕死亡，因为她大脑最深层、最原始的系统（负责自保的系统）对来生一无所知。自保系统也没必要对来生有所了解，因为自保系统与抽象概念无关。自保系统按自动模式运作，而且极难推翻（从自杀的难度来看可见一斑[41]）。这种大脑分工是一种良好的心理设计。正如心理学家道格拉斯·肯里克和弗拉达斯·格里斯克维西斯所言："尽管我们能意识到个人行为的某些表层动机，但我们大都无法察觉那些深层次的进化层面的动机，它们深深植根于幕后，植根于大脑原始机制的潜意识运作中。"[42]

正是大脑的架构使我们得以做违心之事——我们的所思所想和所作所为并不相同。多亏大脑独立运行的系统，我们可以同时做到部分知情，部分不知情。[43]

自我斟酌

自我斟酌可谓至为重要且至为巧妙的心理博弈，其目的在于操控他人。大脑习惯于赋予潜在的有害信息较少的心理突显性。自我斟酌有别于明目张胆的自我欺骗，后者指的是我们主动向自己撒谎（并相信自己的谎言）。自我斟酌亦有别于策略性忽略，后者会尽量无视潜在的有害信息。

想象一下，大脑就像是由各个小模块、系统和次级自我组成的社会一样，内部一直喋喋不休，而这正构成了我们内在有意识和潜意识的精神生活。而自我斟酌便是大脑不同部分权衡定夺的集合体。当大脑中的某部分需要处理敏感信息（例如希望在某次互动中占上风），大脑并不会大张旗鼓地将之上升到意识层面。相反，我们会隐隐约约感觉不安，直至我们真的占了上风，才得以欣然结束谈话。我们从未完全意识到“抢占上风”这一动机，但这一结果却得以在暗中达成。

信息之所以敏感，是因为其可能影响我们的自我形象和社会形象。于是大脑其他部分便会悄声密谋以避免信息过分突显，尤其是在意识层面。对此，弗洛伊德父女是正确的：自我意识需要保护。这并非由于我们很脆弱，而是为了避免大脑其他系统接收到有害信息。

自我斟酌非常微妙。当我们试着将某个想法压至“心灵深处”，或“置之脑后”时，其实我们就是在运用自我斟酌对潜在的有害信息进行处理。当我们把更多的时间和精力用于处理积极的、自我肯定的信息，而忽视有失体面的信息时，那也是自我斟酌在发挥作用。

回想一下，当年你在校报上发表了一篇精彩的文章，或是在婚礼上进行了一场感人肺腑的演讲，俘获了众人，你的心头是否曾经涌上一股自豪之感？这就是因为你的大脑在告诉你：“这一信息对我们有好处！突显这一信息吧，将其置于正中央、正前方吧。”你会回味良久，沉浸于愉悦的气氛之中。这些神经回路经过奖励刺激后，便能在日后任何相关时刻再次浮现。

现在我们再来回想一下一些相反的情形：你不曾善待过至亲，或者你在孩提时代曾因为偷窃被抓过，又或者在工作时，你把汇报会搞砸了。当时你是否感到愧疚呢？这便是大脑在告诉你，不要沉溺于过往。将其束之高阁，回避它，无视它。惩罚这些神经回路，这些信息便被抛诸脑后了。[44]

结语

总而言之，我们的大脑会有选择地阻断信息，以帮助我们在社会博弈中脱颖而出。如果我们大脑的大部分系统尚未意识到我们有意违反社会规则的行为，他人便更难察觉并对此进行责难。尽管我们也因此更难提出最佳策略，但权衡之下，利大于弊。

在进行自我欺骗时，最重要的是隐瞒动机。下一章我们将讨论这一自我欺骗的特殊形式。

6

脑中的大象

新闻秘书的概念体操

理性只能是激情的奴隶，除了侍奉和服从激情，不能假装自己尚有别的差事。

——大卫·休谟[1]

一个人做任何事情不外乎两个理由：一个好的理由，一个真正的理由。

——J. P. 摩根[2]

我们首先来简要回顾一下此前我们提出的几个观点。在第 2 章中，我们指出无论是人还是其他物种均深陷自然选择的泥潭，难以自拔。自私行径、竞争行为反倒屡屡获得嘉奖。在第 3 章中，我们对社会规范进行了审视。我们看到，规范固然可以限制自私的冲动，但与此同时，规范又是脆弱的、难以施行的。在第 4 章中，我们看到，恰恰因为规范是脆弱的、难以施行的，所以人类千方百计地利用种种微妙的途径招摇撞骗，而其在很大程度上则表现为对不良行为睁一只眼闭一只眼。在第5章中，我们对“自欺”这样一种最为微妙、最令人着迷的规避规范的方式进行了深入探讨。正如罗伯特·特里弗斯所言：“欺人者自欺以欺人。”所以其他人很难发现或者指责我们的一些隐藏的不良行为。

这些本能和秉性就构成了脑中的大象。它们是关于我们自己、我们的行为和我们的心理的事实，但这些又是我们羞于承认和无法直接面对的。这并不是说我们完全自私和自欺到了无可救药的地步，而是说凭着自私的本能行事时，我们经常会受到嘉奖，但是承认自私之后则大不相同了，而且我们的大脑对这些激励机制早已有所预期。

在本章中，我们将要把目光转向其中一种自我欺骗的方式：我们会策略性地忽略自己的动机。换言之，我们并非总是明白我们行为背后的“原因”是什么。但是，在下文中我们将会发现，我们肯定会假装知道我们行为背后的“原因”。

“我想去拿一瓶可乐”

20世纪60年代和70年代初，神经科学家罗杰·斯佩里和迈克尔·加扎尼加进行了一些实验，这些实验堪称心理学史上影响最为深远的实验。正是凭借这一系列的实验，加扎尼加才开启了其辉煌的职业生涯，也一跃成为认知神经学之“鼻祖”，[3]也正因为如此，斯佩里最终于1981年获得了诺贝尔奖。

就其实验方法而言，这些实验是较为传统的：先在被试者面前快速展示一张图片，再问一些问题，等等。这些实验之所以与众不同，是因为被试者是一些患者。此前，因为身患某些疾病，这些患者接受了胼胝体切开术，这是一种切除连接患者左右半脑神经的手术。于是这些被试者就有了一个共同的绰号：裂脑人（split-brain patients）。

在斯佩里和加扎尼加之前，没有任何人注意到裂脑人有什么特别之处。他们行走没有问题，过的似乎也是正常人的生活。无论他们的医生还是他们的至亲，甚至是患者本人，都没有注意到有何异常。

但是，确实存在异常，而这正是斯佩里和加扎尼加试图揭示的。

为了理解他们所做的实验，我们首先来了解一下人脑的两个基本特点。第一个特点：每个半脑分别处理来自身体另一侧的信号。所以，左脑控制的是身体的右侧（右臂、右脚、右手等等），而右脑则控制着身体的左侧。在处理来自耳朵的信号时也是如此：左脑处理来自右耳的声音，反之亦然。对于眼睛来说则会复杂一点儿，但是结果是当患者正视前方的时候，右侧的所有东西（处于视域右侧的东西）是由左脑来处理的，而左侧的所有东西都是由右脑来处理的。[4]

第二个特点：患者在接受胼胝体切开术之后，两个半脑再也无法分享信息了。在一个正常的（全）脑中，信息自由地在两个半脑之间来回流动，但是在裂脑中，每个半脑都变成了与外界隔绝的孤岛，这就像同一个头颅之下有两个截然不同的人一样。[5]

斯佩里和加扎尼加设置了各种各样的实验情境，其中一个情境是请右脑做某事，让左脑对其进行解释。

在一个情境之中，他们向一个裂脑人同时快速展示了两张不同的图片，每个半脑一种图片。比如，左脑看到的是小鸡的图片，而右脑看到的则是雪地的图片。然后研究者让患者伸出左手，指出一个最能反映他所看到的图片的词。由于右脑看到的是雪地的图片，所以左手指向了一把铲子——因为铲子和雪密切相关。

这并没有什么奇怪的。但是，接下来，当研究者们请该患者解释一下为什么他选择了铲子时，问题就出现了。一般来说，解释或说话是左脑的功能，所以研究者们就让左脑处于一个较为尴尬的情境中了。看到雪地的只有右脑，而且指向铲子也是右脑单方面的决定。左脑完全是不知情的，但是研究者们却要让左脑来对某种它完全没有参与的决定做出说明。

从左脑的角度出发，唯一合理的解释是“我不知道”。但是患者给出的答案并非如此。相反，左脑说是它选择了铲子，因为铲子是用来“清理鸡笼的”。换言之，左脑由于没有理由可给，就临时编造出了一个理由。它假装自己参与其中——它选择铲子是因为看到了小鸡的图片。左脑漫不经心、一本正经地给出了一个完全符合人们期待的答案，其实它并不知道自己是在编造答案。加扎尼加说道：“左脑给出答案时用的并不是猜测的口吻，完全就是在陈述事实。”[6]

在另一个情境之中，斯佩里和加扎尼加通过患者的右脑（左耳），让患者站起来，走到门口。患者刚离开椅子，他们就大声问患者在做什么，此时被要求作答的是其左脑。这同样也让左脑陷入了一种尴尬的境地。

现在，我们知道患者为什么从椅子上站了起来——因为这是研究者的指令，是通过其右脑下达的指令。但是，患者的左脑对此一无所知。但是，患者并没有如实说“我不知道我为什么会站起来”这个真实的答案，而是现场编造了一个理由，并把它当作事实说了出来：

“我想去拿可乐。”

自圆其说

这些研究表明，大脑可以不费吹灰之力地对其行为进行解释，我们将大脑的这种解释称为自圆其说。自圆其说有时又被神经科学家称为“虚构症”，即虚构故事，但并非故意骗人。虚构并非严格意义上的谎言，但也不是实话。

人类会对所有的东西自圆其说：信仰、记忆、对外部世界的“如实”陈述。但是，最容易自圆其说的似乎是我们自己的动机。在对心理之外的事物进行虚构时，我们持开放的态度，愿意去核对事实。人们可能会和我们争论：“然而，事实并非如此。”但是，当我们对自己的动机进行虚构时，其他人就很难对我们进行质疑了——至少在心理学实验室之外的地方是这样的。正如我们在第 3 章中看到的，我们总是倾向于把我们的动机描绘得很高大上，尤其是在涉及遵守规范的问题时。

我们不妨把自圆其说称作一种“认识伪造”。如果有人请我们对自己的行为做出解释，他们想了解的实际上是我们真实的、潜意识里的动机。所以，当我们自圆其说或虚构时，我们给出的其实是虚假理由。我们把它们当成我们精神机制的如实说明，但实际上它们完全是无中生有的结果。

“动机”和“理由”

“动机”这个术语指的是我们行为的潜在原因，无论我们是否知道这些原因的存在。“理由”则是我们对自己的行为做出的口头解释。理由真真假假，有时则真假难辨，或半真半假。

我们甚至可以从残疾否认（disability denial）[7]患者身上找到有关自圆其说的颇具戏剧性的例子。这是一种罕见的功能紊乱症，偶尔由右脑中风而引起。一般说来，右脑中风之后，患者的左臂就瘫痪了。但是，奇怪的是，患者完全否认自己的手臂出了任何问题，而且会编出各种奇奇怪怪的理由或虚假理由，对手臂为什么耷拉在那里，为什么毫无生气做出解释。神经科学家拉马钱德兰回忆说，有此症状的患者玩起了概念体操游戏：

> “啊，医生，我不想动手臂，因为我有风湿病，我不想动肩膀，动一下就会痛。”另一个患者则说：“啊，医学院的实习生一整天都在给我扎针，现在我真的不想移动手臂了。”
>
> 我请他们把双手都抬起来时，其中一名患者把右手高高地举在了空中，看到我一直盯着他那只毫无生气的左手的时候，他解释道：“嗯，你也看到了，我用左手稳住身体，这样我才能把右手举起来啊。”[8]

除了百般抵赖这个颇令人费解的问题之外，这些患者无论在精神上，还是在智力上，都是健康的，与常人无异。事实就摆在那里，无论怎么和他们解释，他们都始终无法相信自己的左臂已经瘫痪这样一个明摆着的事实。除非实在无法否认，否则他们会一个劲儿地虚构，一个劲儿地找理由，一个劲儿地编造虚假的理由。

与此同时，我们其他人，即健康的全脑人，每天都要面对他人要求我们解释自己的行为这种问题。为什么会开了一半，你就气冲冲地走了？为什么你和男朋友分手了？为什么你没有洗碗？为什么你不投票给奥巴马？为什么你是基督教徒？上述每一个问题都要求我们给出一个理由，出于责任，我们大多数时候都给出了理由。但是，我们的解释有多少合理的成分呢？又有多少是虚假的呢？自圆其说的倾向到底有多普遍呢？

见识一下“新闻秘书”

对于脑部损伤被试者的相关研究，我们还是要小心，不要妄下结论。中风患者和裂脑人喜欢虚构并不意味着健康的全脑人也是如此。大脑是一个极其复杂的器官，无论是中风还是手术后，大脑在受损后都会做出一些奇怪的行为，这种现象并不奇怪。

那么，大脑天生该做的是什么呢？

加扎尼加从多年的研究（包括后期对健康患者所做的研究）之中得到了这样一种结论：所有人的大脑中都包含一种他称为“阐释者模块”[9]的系统。该模块的功能在于通过阐释来说明我们的经历：将过去和现在的信息结合在一起的故事，把个人与外部世界结合在一起的故事。这个模块会根据它所能获得的信息，尽其所能地进行阐释。对于全脑人而言，由于信息可以在两个半脑之间自由地流动，所以该模块所做出的阐释往往很有说服力。但是，无论是由于脑部损伤或者是其他任何理由，当信息流动受阻的时候，该模块就被迫编造出生硬的、不可靠的阐释，甚至是纯粹的胡诌。

与阐释者模块有关的关键问题是：它究竟为谁阐释？是为了内部观众，即大脑的其他部分，还是外部观众，即其他人？答案是两者兼而有之，外向功能出奇的重要，但时常没有得到应有的重视。这使得许多思想家，包括丹·丹尼特、乔纳森·海特、罗伯特·库尔茨班赋予阐释者模块一个更容易记忆的名字："新闻秘书"。

"新闻秘书"

加引号的时候，"新闻秘书"指的是可以向我们（尤其是第三方）解释我们行为的大脑模块。但不加引号的时候，新闻秘书指的则是与总统或总理有关的一种工作岗位。

我们的意思是，从结构上而言，阐释者模块在大脑中的作用和现实生活中新闻秘书为总统或总理所做的工作是相似的。海特在其著作《正义之心》中写道：

> 如果你想看看事后推理怎么运作，只需要观察总统或总理的新闻秘书是如何答记者问的就够了。不论政策多么糟糕，新闻秘书总能找到办法赞美或维护它。然后记者们会挑战其言论，他们会引用政客所说的自相矛盾的话，甚至直接引用新闻秘书前几天所说的话。有时，当新闻秘书在搜寻正确的措辞时，你会听到一个尴尬的停顿，但你绝不会听到这样的话："嘿，说得好！也许我们是应该反思这项政策。"

新闻秘书不能那么说，因为他们没有权力制定或修订政策。他们只是被告知政策是什么，他们的职责就是要找到证据和论点来向公众说明政策的合理性。[10]

新闻秘书及其同道中人（公关团队）一样，在组织与外部世界的边缘找到了一个有趣的位置。一来他们非常贴近真正的决策者，所以他们知晓某些重要的细节；二来他们又不够贴近真正的决策者，所以他们并不了解事情的全貌。事实上，许多表现极其出色的新闻秘书与总统接触极少。[11] 但是，在答记者问时，至关重要的是，他们不能刻意强调何为基于内部消息的答案，何为有根据的猜测，他们不会说："我认为本届政府是这么处理的。"他们说的话应具有权威性，他们应该像裂脑人的左脑一样，信誓旦旦地宣称："我想去拿可乐。"事实上，新闻秘书会不遗余力地利用这种模糊性，希望自己有根据的猜测能被听众当成事实。他们的职责就是给出或真或假的解释，让听众真假难辨。

新闻秘书也成了总统与无孔不入、专挖敏感信息、可能极具破坏力的记者之间的一道缓冲带。你还记得我们说过，"有时知情其实是很危险的"吗？新闻秘书可以利用自己的无知，可以将其作为一种优势、一种策略，而这正是无所不知的总统所不具备的优势。新闻秘书越不知情，越不可能不小心因为媒体背叛政府。威廉·贝利是电视剧《白宫风云》中的新闻秘书一角。他说："当我是整个屋子里知道得最少的人时，我的工作表现才最为出色。"

这也就是新闻秘书的作用如此危险的原因——即便谈不上道义上的危险，也有阐释学意义上的危险。其作用在于做出虚假解释，而且必须让那些解释滴水不漏，难以察觉，既谈不上真正的撒谎，但又能巧妙地编造出有利于其雇主的事实。

新闻秘书和公关团队之所以存在，是因为他们对于其雇主而言具有极其重要的作用。他们是组织在其生态系统之中面临混合动机激励机制时做出的一种自然反应。库尔茨班、丹尼特等人提出的观点，是我们的大脑对于同样的激励机制做出的反应，是我们发展出的一种类似于总统的新闻秘书的模块。

我们大脑的“新闻秘书”首要的职责就是避免承认我们的阴暗动机——小心翼翼地绕开脑中的大象。正如总统的新闻秘书永远都不会承认总统之所以推行某一项政策是希望能够再次当选，或者是为了安抚其资助者，我们大脑的“新闻秘书”也不愿意承认我们做事纯粹是为了私利，尤其是当这一切会损人利己时。我们只要有这类动机，明智的做法就是不能让我们的“新闻秘书”知道，这才是上策。

再者，这也是让我们觉得有些不舒服的地方，从真正意义上说，其实我们是自己意识中的“新闻秘书”。换言之，我们所认同的那部分意识，我们有意识的那些部分（“我”“我自己”“我有意识的自我”），是真正面向外部观众玩弄事实的部分。

这和我们通常的想法大相径庭。在日常生活之中，我们有一种强烈的倾向，那就是把自我当成心理的终极决策者——铁腕君主，或者是丹尼特所说的心理的主宰，又或者是心理的核心执行人。[12] 正如哈里·杜鲁门对自己总统任期内的表现所做的一番评价一样：“我责无旁贷。”我们经常认为自我也是如此。但是，过去 40 年的社会心理学发展告诉我们，与其说自我像一个贵族，不如说更像一个新闻秘书。从许多方面来看，其职责并不在于做出决定，而仅仅是捍卫那些决定。“你并不是大脑的国王。”史蒂文·卡斯说道：“你只是国王身边那个说着‘那真是一个最明智的选择，陛下’的那个神龙见首不见尾的人。”

换言之，即使我们自己也并没有获得我们大脑内部信息和决策的特权。我们认为我们自己很擅长反思，但那只是一个幻觉。从某种意义上来说，我们对于自己的意识基本上就是陌生的。

或许最能理解这一结论的就是提摩西·威尔逊了，作为一名社会心理学家，他职业生涯中有很长一段时间是在研究反思的危险。从1977年[13]发表的一篇颇具影响的论文开始，直到2002年出版《最熟悉的陌生人》后臻至其事业的巅峰，威尔逊细数了种种例子，说明我们其实对自己的思想知之甚少。

威尔逊发现并讨论了“适应性潜意识”，即意识之外的心理，但是它们同样也缔造了我们的各种判断、情感、思想，甚至行为。威尔逊写道：“尽管人们的反应是由适应性潜意识引起的，但是，它们并没有特权，它们也无法了解原因，只能对其进行推断。”他接着说道：

> 尽管人们拥有的信息浩如烟海，但他们对于为什么会做出这样的反应的原因所做的解释，和生活在同一种文化中的纯粹的陌生人所做的解释一样，根本谈不上精确。[14]

所以，这就是处于我们心理问题核心的关键花招：我们假装自己处于主宰地位，对于别人而言是如此，对于自己而言也是如此，但是这不过是我们自己的想象而已。我们假装自己是一个独一无二的知情者，而事实上，我们和陌生人一样，有时只能靠猜测。我们声称了解自己的心理，而威尔逊却告诉我们，我们是自己“最熟悉的陌生人”。

结果，我们每一次在给出理由的时候总是存在着这样一种风险，即我们纯粹是在编造。每一个以“因为”开始的句子，每一个对于“为什么”所做的回答，每一个对于动机所做的解释——上述的每一点都是值得怀疑的。并非所有的一切都可以自圆其说，但是每一种都可能自圆其说。

偷偷绕过守门员

对于那些真正想了解我们真实心理状态的人而言，“新闻秘书”模块带来了一个问题。它就像是守门员或信息经纪人一样，帮助大脑的其余部分（“政府”）隐藏秘密，从而将最积极、最具防御性的一面呈现给外部世界。我们就像是大脑内部的同伴——要了解政府的所作所为，但是，“新闻秘书”却控制了那么多的信息流，因此它是一个臭名昭著的舆论导向专家。

所以，我们在本章所面临的挑战，以及本书后面章节所面临的挑战就是偷偷绕过守门员，[15]透过“新闻秘书”的烟幕弹，窥视我们内心最真实的想法。我们已经看到了一种颇富成果的方法：研究裂脑人和中风患者。在这些患者身上，“新闻秘书”从部分意义上来说是无计可施的，其苦于没有重要的信息来源，而其他人身上的“新闻秘书”则有。但是，还有一种由来已久的绕过守门员的方法——对其进行误导。

对于社会心理学而言有一个极其令人震惊的事实：许多实验是基于“误导”的。我们似乎有这样一种感觉，即整个领域都是基于让“新闻秘书”分心，以揭示其自圆其说的行径的。

在一个经典的研究之中，研究者让被试者带着三盒“不同的”洗衣粉回家，然后问他们对于精致衣物而言，哪种洗衣粉效果最好。[16]这三种洗衣粉其实大同小异，但是被试者对此完全不知情。而且，最重要的是，三个盒子的颜色并不相同。第一种是淡黄色的，第二种是蓝色的，第三种则是“带着些许黄色斑点”的蓝色。

被试者们在评价这三种洗衣粉时，对前两种表示了担忧，他们显然都倾向于第三种。他们觉得黄色盒子里的洗衣粉“太浓”了，会把衣服洗坏。

用了蓝色盒子里的洗衣粉之后，他们的衣服看起来很脏。而第三个盒子（带着些许黄色斑点的蓝色）里的洗衣粉则很“细腻”，对精致衣物“特别好”。

这个实验和裂脑人实验一样，我们（有特有信息的第三方）知道真正的原因是什么。被试者们其实就是喜欢蓝黄色的盒子而已。但是，由于他们的任务是评价洗衣粉的好坏，所以他们认定洗衣粉真的有所不同，他们的“新闻秘书”被骗之后就开始编造理由了。

在涉及其他产品的对比研究中，如葡萄酒、长筒袜等，其结果是类似的。[17] 这些实验里的欺骗成分在于：明明是一样的产品，但被当成是“不同的”产品呈现给了被试者，其目的在于研究人们对于包装、卖相、品牌和其他框架性的效果会带有多少偏见。在每一项研究中，被试者的“新闻秘书”总是会编造理由，使被试者的选择趋于合理：“啊，这种葡萄酒甜多了”，或者“这种长筒袜真顺滑”。但是，由于产品本身是类似的，我们知道，原因就是他们是在自圆其说。[18]

在一个更具欺骗性的实验当中，研究者向男性被试者出示了几组女性的面部照片。研究者要求被试者指出他们认为更具魅力的女性的脸。被试者并没有注意到的是，在他们选择了照片之后，研究者通过“变戏法”的方式把其他照片放在了他们手里，即他们拿到的其实并不是他们所选的照片。接着，研究者就让被试者来对自己的“选择”做出解释。不仅有相当一大部分参与者没有注意到研究者更换了照片，而且在拿到了不一样的照片之后，往往会对自己的“选择”进行自圆其说。“我觉得她看起来像我的姨妈，她比其他人看起来漂亮。”或者“她魅力四射。如果我在酒吧里碰到她，我一定会找她，而不找别人搭讪。我喜欢耳环！”（其实被试者挑的是另一个女人的照片，一个没有戴耳环的女人。）甚至在最佳条件下——挑选时间无限、每组女性的头发颜色不同、风格迥异——

也只有 1/3 的被试者意识到自己被骗了。在大多数实验当中，被试者的“新闻秘书”欣然对被试者并没有做出的选择进行自圆其说。[19]

另一个技巧就是用统计的方法来测试假理由。具体的做法是把人分成两组，组与组之间略有区别，然后观察一下组与组之间对其行为是如何做出自相矛盾的解释的。理查德·尼斯比特和提摩西·威尔逊在我们此前提及的 1977 年的研究论文《言传更甚于知识》(Telling More Than We Can Know) 之中给我们做了很好的演示。被试者被分成了两组。每组都需要观看一个短片，短片中有一位老师，操着外国口音，被试者需要就外表、举止和口音对这位老师打分（确定这位老师的整体受欢迎程度）。两组的唯一区别在于师生的关系。在一组中的这位老师很热情友好，而在另一组中的这位老师则是冷冰冰的，而且充满敌意。但除此之外，他的外表、举止和口音都是一样的。

老师热情友好的一组，被试者显然更喜欢这位老师——由于这一个性的影响，所以被试者对这位老师其他品质的评分也随之提高。但是，当人们问到该老师的整体受欢迎程度是否影响到对其品质的评价时，被试者们极力否认存在这种现象。事实上，许多被试者称，其实刚好相反——是因为老师的外表、举止和口音决定了他们是否喜欢这位老师。换言之，被试者们“看”不到其实是老师的行为影响了他们的判断，所以他们就编造了虚假的理由，对自己为什么会有这些看法做出了解释。[20]

现实生活中的自圆其说

在实验室中人们是怎么自圆其说的，我们已经看过。现在我们来看一看在不受控制的世界里的这种行为。

我们先从凯文的侄儿朗东入手吧。情况是这样的：现在是晚上 8 点，朗东应该上床睡觉了。他 3 岁，妈妈正在教他用便盆小便。妈妈问他在上床睡觉之前是否要上洗手间。朗东说不用，妈妈亲了他一下，关了灯，关上了门。5 分钟之后，他喊道："妈妈，妈妈，我要尿尿！"妈妈把他带到了洗手间，然后送他回到了床上。但是 5 分钟之后，他又叫了起来："妈妈，我要尿尿！"

此时，我们可能就会产生怀疑了。显然，朗东并不想去上洗手间。这种行为也并非出现在他一人身上。在育儿论坛上，有些妈妈说，正在学习自行尿尿的孩子三番五次要求上厕所。如果你不理会的话，他们就会故意尿床（当然只是尿一点点），以证明自己真的想尿尿。但是他们骗不了任何人。肾功能正常的人不会那么频繁地上厕所。这个刚刚学步的孩子只是不想睡觉而已——这才是他真正的动机。他们只是用"尿尿"这个借口来拖延上床睡觉的时间而已。这是一种借口、一种托词，也是一个虚构的理由。

当然，成人使用虚假理由时要狡猾多了，而且完美到很难抓现行。成人的"新闻秘书"是训练有素的专业人士，经过多年的历练之后，他们的技术已经炉火纯青了。首先，他们知道如何对可能存在的因素自圆其说。所以，当我们这些外人心存疑虑的时候，我们几乎是无法证明那是一个虚假的理由的。人们总是说服自己的内心相信自己说的都是真话，有时他们甚至会费尽心机来证明这一点——这一点和用故意尿床来"证明"自己真的尿急的蹒跚学步的孩子几乎没有什么不同。

本书的两位作者也可以从亲身经历中举一些例子。比如，罗宾经常说他的学术生涯的主要目标在于"宣扬"其思想，促进学术进步。但是，接着他就开始意识到，当他的思想真的得到"宣扬"却没有说明具体出处时，他的想法就变得复杂起来了。他一方面会觉得生气，觉得上当受骗了。但如果他的主要目标真的是想促进全世界知识的发展，那么他的思想在得到广泛宣传之后，他应该大肆庆祝才是——无论是否有人说明他才是这些思想的创造者。但是，更为诚实一点儿的结论应该是：除了学术进步这种大公无私的高尚情怀之外，他个人也注重学术声誉。

在 23 岁生日之后，凯文被诊断患有克罗氏病。有一段时间，除非家人好友问及，否则他根本不想谈论这个话题。对此他所做的解释是他只是一个“个体”，他不想满世界宣传自己的病。后来，为了治病，他开始严格控制饮食：绝不食用加工食品和精制的碳酸饮料。他的饮食是如此健康，所以很快他又自信满满的了，于是，突然之间，凯文非常愿意和他人分享自己的诊断结果，因为这样他才有机会吹嘘一下自己的饮食习惯。“我只是一个个体，我不想满世界宣传自己的病”瞬间被置之脑后了。你看，现在，他就在这本书里和完全不认识的人说起了自己的病情以及自己的饮食习惯。

这两个例子说明，最有效的自圆其说的途径之一就是：说话宜半真半假。换言之，我们会专门挑那些最容易为社会所接受的理由，并把丑陋的一面掩盖起来。罗宾真的希望宣扬自己的思想，凯文也确确实实是一个个体。但是这两种解释都不是全部的事实。

我们只要把标准放宽一点儿，就可以找到许许多多类似的例子。要说某一个理由是假的其实很难——关键在于整体；我们永远都不能肯定，但是，我们在此要请读者们用自己的常识和生活经历来告诉我们。大家都知道这种事情时有发生。但是，哪怕其中一些例子确实滴水不漏，我们也希望它们能够让我们看到，人们是如何自圆其说的，或者是如何滥用自圆其说的：

- 父母经常说，按时上床睡觉“对孩子们有好处”，但是其实这么做对父母也有好处：因为这样父母才能腾出一两个小时，清静清静。当然，许多父母真的相信按时上床睡觉对孩子们是有好处的，但是由于这对父母本身来说也是有好处的，所以我们怀疑父母并没有说出全部的事实。

- 人们经常夸大小恙来逃避不想参加的社交活动。比如，“我今天不是很舒服”经常被人们当作请假的借口。或者，不想开会的时候，人们会说“我很忙”。当然，这些理由本身确实有真实的成分，但是，人们经常夸大其词，而其他的理由，如“我就是不想去”往往完全不被提及。

- 免费下载版权资料（歌曲、电影、书）的人经常给自己的侵权行为找理由：“不要脸的公司早就把艺术家的利润压榨光了。”事实上，这些人中的大多数都不会渴望到百思买（这也是一家同样不要脸的公司实体店啊）把他们家的CD（激光唱片）或者DVD（数字化视频光盘）偷走，这就说明，对他们的行为可以做出一种不同的解释，因为在网上，他们觉得自己是匿名的，所以他们根本不怕被抓。

关键的一点就是，我们对于自己的行为可以找出许多不同的理由，但是我们往往习惯强调和夸大美好的、高尚的动机，而低调处理丑陋的、自私的理由。[21]

我们的结论

在本书中，我们目前所关注的大多数是理论方面的内容。我们大费周章地解释我们为什么经常会隐瞒自己的动机，经常欺骗我们自己。但是，仅仅知道隐性动机是存在的，并不能告诉我们这些隐性动机有多么普遍，也不能告诉我们它们有多大的影响。因此，我们必须把目光投向外部，投向我们的行为和机构。

在接下来的章节之中，我们会探讨生活中的许多不同领域。对于每一个领域而言，我们都会展示清晰可见的动机（我们自己所说的动机），而这是不足以解释我们的行为的，一些完全不同的动机可以更好地解释我们的行为。

大家在阅读本书的第二部分时，可以自由一点儿，不必按照顺序。可将每一章看作独立的、自成一体的，你可以根据自己的兴趣来阅读，你可以跳过不感兴趣的内容。我们把目录的内容重述如下：

（不过大家可别忘了最后还有第 17 章：结语。）

好也罢，坏也罢，本书所涉及的领域是极其广泛的。在我们所讨论的大多数领域之中，本书的两位作者相对而言只能算得上是业余作者。我们已经尽了最大的努力去学习相关文献，但是，我们所能看的书只有那么多。无疑，我们会错过很多重要的信息。所以，我们所得出的许多结论，尤其是那些尚有争议的结论，都是从每一个领域的专家那里借鉴而来的。当然，我们意识到，有部分专家的观点其实不一定和行业目前的共识一致。而且我们还应该注意到，共识也不是真理。如果读者们看出我们对于文献来源和论据有所选择，那也确实如此，我们真的是有所选择的。所以，我们可能在很多方面是错的，不仅细节方面有问题，而且在主要的结论方面也会有问题。

我们的主要目标是证明隐性动机是普遍的、重要的，所以动机不仅仅是对替代理论的小纠正。替代理论称，人们大多数时候是根据他们所说的理由来做事的。因为这个目标，我们没有必要面面俱到，说什么都是对的。事实上，我们希望读者可以接受我们所说的内容的 70%——只要能够做到这一点，我们就心满意足了。说得不对的地方，恳请各位不吝赐教，指出我们的问题。但是，哪怕会有各种各样的修改，我们也希望我们提出的整体论点是能够经受住考验的。

说了这么多，现在就开始探讨具体的行为和机构吧，我们先从肢体语言入手。

THE

ELEPHANT

IN THE

BRAIN

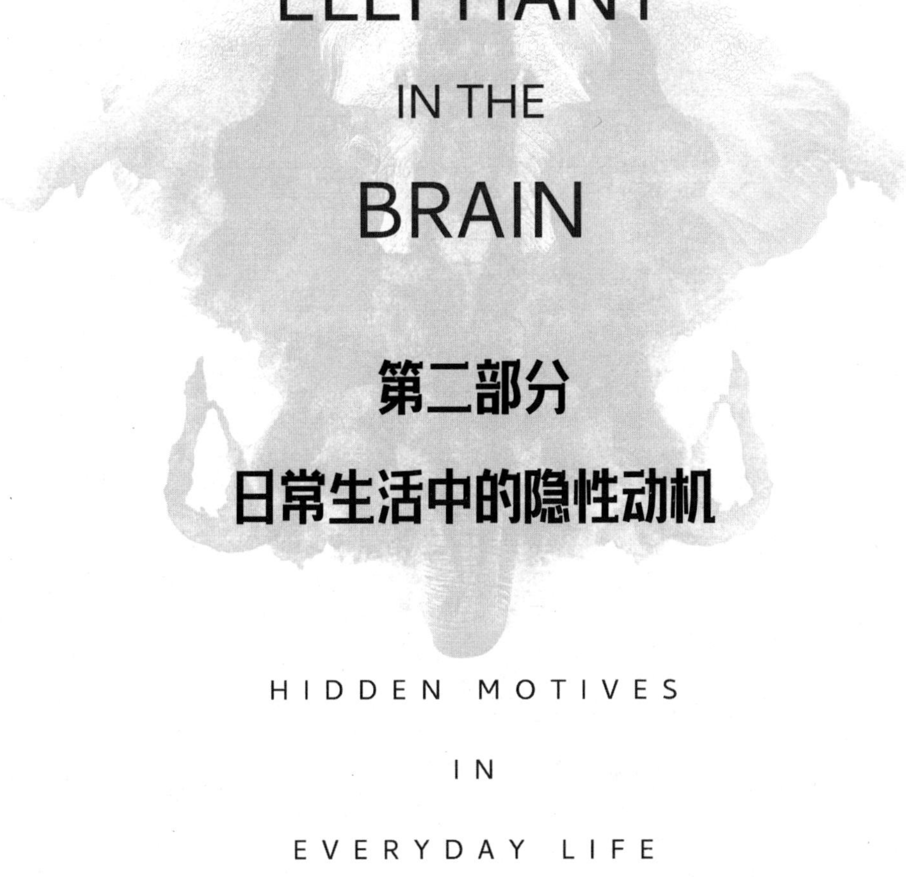

第二部分

日常生活中的隐性动机

HIDDEN MOTIVES

IN

EVERYDAY LIFE

7

肢体语言

无声的双人舞：信号与线索

在整个美国，但凡是上学的孩子，从上幼儿园的第一天起直到中学毕业的那一天，都得花费成千上万小时练习语言交流的技巧。学习听、说、读、写，为的就是可以表达自己的思想，揣测他人的话语。但是，如何运用肢体语言进行交流呢？在这个方面，孩子们哪怕是一个小时的训练都没有接受过。

有人说“超过 90% 的交流是非言语交流。”[1] 这种观点确实是错的，但是，人们一直在以讹传讹。这种荒谬的说法至今仍有市场，一部分原因是这其中也不乏真知灼见。换言之，对于作为“社会人”的我们而言，肢体语言十分重要。肢体传达了我们情绪中的重要信息——宁静与不安，兴奋与无趣，自豪与羞愧。同时，肢体也传达了我们对社会的态度——信任与怀疑，自信与自我怀疑，亲密无间与相敬如宾，忠诚与反抗。并且，我们会利用肢体语言去配合一些最有意义的活动：交朋友、谈恋爱和协商自己在有等级的组织中的位置。

肢体语言

我们在谈及“肢体语言”时，所指的不仅仅是手臂动作和身体姿势，而是泛指所有形式的“非语言交流”。事实上，我们把这些术语当作同义词来使用。这个概念包括面部表情、眼球行为、碰触行为、对空间的使用，还有一切需要用到声音的情况：语调、音色、音量和说话风格。[2]

甚至在年幼时期，我们就能明白非言语交流技巧的重要性。例如，一项针对 60 名幼儿进行的研究发现，善解人意的幼儿（从孩子和成年人的照片中可以看出）深受同学们的喜爱。孩子越机灵，越容易成为活动的热门人选。[3]这只是相关性问题，但与此同时，我们也可以从个人经历中发现，善于察觉他人的肢体语言是多么重要。

那么，为什么我们的课程中并没有肢体语言的内容呢？

我们把这个问题暂时先搁置一旁，来思考另一个同样令人疑惑的问题：大部分人对于我们身体所发出的信息几乎毫无察觉。[4]当然，我们知晓其中部分信息，但是对其的了解程度远不如我们对于言语信息的了解程度。既然非言语交流至关重要，我们应该对其非常敏感才对，然而事实恰恰相反。我们经常不假思索，就知道手脚和身体应该如何摆放，应该露出什么样的表情，什么样的表情最应景，什么时候应该绽放笑容，自己该占据多少空间，什么时候应该调整语调，什么时候应该进行眼神交流，什么时候应该移开目光，了解他人上述行为的含义并对此做出反应。昔日的物理学家、如今的心理学家列纳德·蒙洛迪诺在其著作《潜意识》一书中说道："即便不是大多数，至少也有相当一部分非言语信号的收发是自动的，而且发生于我们的意识与控制之外。"[5]

我们碰巧忽略了部分肢体语言。不仅如此，在很多情况下，我们似乎是刻意忽略部分肢体语言的。我们认为，人类的一举一动，关键在于自然。所以，一旦肢体语言变成了刻意的表演，就会让人感到不真诚，甚至有可能让人感到怪异。想象一下，一位热情洋溢的售货员一见到顾客就紧紧搂着他们的肩膀，一个劲儿地套近乎，对你体贴入微，你会怎么想？或许，她是看了肢体语言指南之类的书籍才这么做的。所幸的是，这并非常态，而是例外。大多数肢体语言是自发的。

我们不仅对自身的肢体语言毫无察觉，而且对他人的肢体语言也是如此。当然，前者尤胜于后者。你可能会告诉自己的伴侣："我很确定萨利并不喜欢我。"但是，当别人问你为什么会有这样的印象时，你的大脑却一片空白。"我不知道，我只是这么觉得而已。我无法确切说明为什么自己有这样的感觉。"甚至是查尔斯·达尔文也明白这个道理。他在非言语交流的开创性著作《人类和动物的表情》中写道："人们不用刻意分析，便能立刻知悉言下之意、言外之意，这每每令我惊讶不已。"[6]我们一般能够了解他人肢体语言的大致含义，但是要辨识某种令我们印象深刻的行为，确实颇费工夫。

然而，问题始终是"为什么？"，为什么我们对于这些信号总是毫无察觉呢？

我们的回答是意识的反应过于缓慢，无法应对令人目不暇接的肢体语言的交替更迭。敌人朝你扑过来的时候，你的身体必须马上做出反应；哪怕是数亿分之一秒的迟疑都可能带来致命的后果。[7]同时，意识可关注的范围也过于狭小。我们只能同时关注屈指可数的几件事情。但是，为了能够在人头攒动的人群中自由穿行，我们的大脑需要同时关注几十个、上百个，甚至是上千个细节——大脑只有在潜意识状态下才能做得到。

但这只是答案的一部分。即便我们承认意识无法实时处理肢体语言，也无法解释我们为什么仍然对自己的肢体语言几乎毫无察觉。我们的“自我”（“新闻秘书”）也可以对所发生的事情有更好的了解，哪怕只是后知后觉而已。确实，那些受过肢体语言专业训练的人都是这么做的，如演员或者审讯员。所以，要想得到更全面的答案，我们就必须解释，为什么我们的心智似乎会默认忽略身体的意图。

鉴于我们在第一部分所做的讨论，所以我们在本章中得出的结论也就不足为奇了：人们无视自己的肢体语言是一种策略性的选择，因为肢体语言会在无意中暴露我们丑陋的、自私的和好胜的意图。承认身体发出的信号“在某些人看来是危险的”。亚历克斯·彭特兰和特拉西·海贝克说道：“因为这相当于承认我们受一些卑鄙的动物天性所左右。”[8]好吧，那只好顺其自然了。我们是受一种动物天性支配：人类天性。

信号与线索

从生物学角度看，信号是动物（“发送者”）使用的一种行为或特征，目的在于改变另一种动物（“接收者”）的行为。[9]

一些信号具有欺骗性，主要用于操控“接收者”，但大多数信号是诚实的，于发送者和接收者均有利。[10] 例如，雄孔雀展示奢华惊艳的尾屏，以向一只或多只雌孔雀炫耀自己的健康和健美，信号的收发双方均可从中受益，成功求偶。

线索与信号类似，同样可以传递信息，但它只于接收者有益。[11] 换句话说，线索所传递的信息是发送者希望隐藏起来的。有时，我们将人类世界里的线索称为“蛛丝马迹”——如扑克题材电影《赌王之王》其中一个角色一旦拿到一手好牌，总是会下意识地打开一包奥利奥饼干。其他线索或“蛛丝马迹”还包括手心冒汗（说明紧张）、呼吸急促（说明喘不上来气），舒缓动作，如搓脖子（说明紧张或不适）。[12]

线索对于研究肢体语言的人来说非常重要，特别是那些希望读懂别人的心思、揭穿别人谎言的人，如扑克玩家或审讯员。但是，在本章中，我们主要关注的是真诚的信号，也就是说，重点是那些可以帮助收发双方协调其行为的特征或信号。

真诚的信号：为什么行动比语言更有说服力

不，我无法向你解释这支舞蹈。如果我能把这支舞蹈说出来的话，我就不用跳了。

——伊莉多拉·邓肯[13]

肢体语言和口头语言（词汇）的不同之处至少体现在一个关键的领域。在口头语言中，符号与意义的匹配大多是随意的。词汇具有花哨、空灵的特征，它们并不依附于任何实在的东西。美国人在表示“感激”时使用“thank you”，而不是“merci”“arigatou”，或是“uggawuggawugga”的唯一原因是大家都这么说。

但是，肢体语言在大多数情况下却并不是随意的。[14]相反，非言语行为的意义与功能与它们所要传递的信息是相关的。例如，如果我们内心很激动的话，那么我们在身体上也会有所表现：哇哇大叫，挥舞着双臂，上蹿下跳。[15]或者，如果我们对某样东西感兴趣，我们就会把眼睛睁得大大的，盯着我们感兴趣的那个东西一个劲儿地看，似乎想更好地获取视觉信息。词汇会因语言不同而不同，但肢体语言并非如此，大多数肢体语言在各种文化中都是通用的。[16]例如，在任何一个社会中，闭眼都不会表示感兴趣，因为所谓感兴趣就意味着渴望关注和进一步了解。[17]同理，闭上眼睛或者是看向别处可能包含厌恶的意味，如腻烦或恶心。

而问题在于，肢体语言不仅仅只是一种沟通方式。它同样也有自己的功能，能够带来实质性的后果。假设我们气势汹汹地冲向一个人，那么我们最好做好打架的准备。鉴于有这样的结果，我们认为，比起口头语言，肢体语言从本质上说是一种更为诚实的语言。所以，说一套是一套很容易，但是做一套像一套却很难。

这是发出诚实信号的准则，我们在第 2 章中就已经提到过。[18]传递信号的代价更高，所以想要造假很难。说得更明白一点儿就是，人们需要与众不同的高昂代价——虚情假意地传递信号比真心实意地表现更难。[19]

试想一下，雄性树袋熊是如何通过求偶信号来吸引雌性树袋熊的？体型更大、更健康的雄性树袋熊能够发出更深沉、更大声、更频繁的求偶信号，这既是因为体型大的雄性树袋熊有更大的胸腔，同时也是因为，与那些体型更小、更瘦弱的树袋熊相比，它们更不惧怕竞争对手或捕食者。所以，从这个方面来看，发出既大声又频繁的求偶信号所付出的代价更高，因此与众不同。它们发出这样的信号需要付出巨大的代价（甚至是体型大的、健康的树袋熊也要冒着成为天敌腹中餐的危险），但是，对于体型小的、瘦弱的雄性树袋熊来说，这么做所要付出的代价更高。这有助于证实它们的诚信，确保雌性树袋熊能够以此为依据来选择自己的配偶。

话题回到人类，我们发现，相当多的肢体语言中隐藏着诚实的信号。例如，开放的姿态可能使人更容易受伤害，相对于平和的环境而言，紧张的环境中的人们更为危险（要付出的代价更高）。所以说，开放的姿态是展现自己惬意状态的一个真诚的信号。同样，如果你感觉自己受到某人的威胁，那么你去拥抱他就是很不明智的，要确保拥抱是表现信任和友情的真诚信号。

所以，正是这种特征（真诚）使得肢体语言成了协调最重要活动的理想媒介。它过于直截了当、过于诱人，以至我们无法说谎。所以，在攸关生死与求偶的问题上，最理智的办法是闭上嘴，让身体去说话。

现在，让我们把焦点放在人类是如何利用真诚的肢体语言去应对社会生活中那些危险局面的问题上。我们知道，人类对于不同领域有不同的理解力。对你而言司空见惯的事情，对他人来说可能具有很大的启发性，反之亦然。“如何读懂肢体语言”之类的书籍之所以大受欢迎，恰恰是因为我们所有人并非都对此有准确的直觉。

性

早在我们的祖先开口说话以前，人类的交配活动就已持续了上百万年,所以用肢体语言去配合这个重要的活动也就不足为奇了。当然，性交本身大都是非言语的，大部分前戏也是如此：调情、挑逗、忸怩作态和公然诱惑。

所有文化都鼓励人们在性方面保持“矜持”。无论男女，对自己的性欲望都不应过于张扬，性行为应在私密空间内进行。[20] 这些行为规范对于保持和谐至关重要，尤其考虑到我们彼此对于他人的性行为总是虎视眈眈：夫妻双方会看着彼此，前任嫉妒着现任，父母不准尚未成年的孩子发生性行为。尽管如此，我们常常发现自己得在不是那么私密的场合谈“性”说爱，于是我们只能费尽心机，规避“性矜持”准则。为此，我们只能偷偷摸摸地调情，身穿“诱人”的服饰，或相约去一个不为人知的地方幽会。[21]

典型的一夜情通常是这样的：艾莉森和本初次在酒吧相遇，当晚他们便发生了性关系。对于为什么艾莉森会被本吸引，而本又为什么会被艾莉森吸引这个问题，我们暂且不谈。我们感兴趣的话题是：假设他们相互吸引，那么他们是如何传递这样的信息并且约好一起回家的呢？在短短的几个小时内，他们是如何从陌生人发展为情人的呢？

可能在“我觉得你很可爱”或者是“你有男朋友吗?”和“想要和我一起回家吗?”这类话题上，他们都向对方做出了几个明显的暗示。但是在通常情况下，这些信息是不会通过言语传达出来的，自始至终，这就是一场无声的双人舞——在小心翼翼的试探之中，两人的亲密关系迅速升级。[22]

首先是眼神交流。很少有行为能够像给对方抛媚眼这样如此直观地传递出“我被你吸引了”的信息。两人的眼神交流越密切，时间越长，就越能够展现双方对彼此的兴趣——这是用一种能令人感到足够舒适的方式去展现自己的兴趣，至少对他们双方而言是这样的。（请注意，第三方很难察觉到双方的眼神交流，因此眼神交流自然成了小心翼翼交流的理想手段。）除了眼神交流之外，还会有“我愿意进行更深层次的交流”之类的肢体语言。例如，艾莉森可能放下双臂，魅惑地笑了笑，随后把身体转向本。[23]

即使是在交流中，艾莉森对本说的话可能都不及他们肢体语言所传递的信息重要。双方有了默契与好感之后，就连姿势都越发相像。他们挨得越来越近了，跨入了彼此的私密空间，而这通常是陌生人不愿意去逾越的底线。[24] 他们甚至开始触碰对方了。一开始可能只是轻轻地碰一下后背、肩膀、手肘，随后移向了唯有亲密无间的人才能触碰的区域：手、腿、脖子。火候一到，他们便会相约迈向舞池，让肢体接触进一步升级。他们想（通过大脑）看看自己的身体是否合拍？[25] 如果舞步协调，水乳交融，那么，在这个夜晚，接下来他们想做的事就有戏了。

现在，如果这是一部爱情喜剧的话（这里的重点是喜剧），在艾莉森脱口而出“带我回家！”之前，本似乎仍然对艾莉森的挑逗毫不知情。但是，说出这样的话，我们一定会觉得很滑稽，因为大多数人都不需要用言语来传达这样的信息。

所有信息都表明两个人实际上都想和对方回家。在大多数情况下，其中一方或双方都不会真正了解他们自己全部的意图。恋爱之所以刺激，之所以具有戏剧性，关键在于你得费尽心思去解读对方发出的自相矛盾的信号。例如，女性有时候会本能地“扭怩作态”，试着去隐藏或者是弱化自己的兴趣，所以这就要求男性在求爱时付出更多的努力。[26]

性嫉妒也是一种放诸四海而皆准的心理，[27] 因此就形成了人人都想看好自己的配偶的现象。[28] 例如，一对情侣外出约会，通常会使用“亲密信号”（牵手、搂肩等）来展示两人之间的亲密关系。这些信号不仅仅是给对方看的，而且也是给第三方（潜在竞争对手）看的。一个研究小组曾采访了一些正在排队买电影票的情侣。他们发现，如果采访者是男性或采访涉及私人问题时，男性被采访者会将采访者视为潜在的情敌，并发出更多“亲密信号”。[29]

爱在云端?

费洛蒙（或译信息素）是一种由动物分泌出体外，被其他动物通过嗅觉器官（鼻子）察觉，从而对其行为产生影响的化学信号。对于许多物种而言，如蚂蚁、蜜蜂、猪、狗，这都是一种重要的交流机制，而且经常在吸引异性方面发挥重要作用。例如，为了让母猪发情，农民也会购买费洛蒙。但是，在人类异性相吸的过程中，费洛蒙又扮演着什么样的角色呢？[30]

研究结果十分有趣。女性被试者被要求去闻不同男性穿过的T恤衫，结果显示：她们更容易被那些具有互补免疫系统（这可能使她们未来的孩子受益）的男性吸引。[31] 同时，比起异性恋者身上的汗味，男同性恋者会更喜欢其他男同性恋者身上的汗味。[32] 这种现象是否是由特定的费洛蒙所引起的呢？科学界对此尚存争议，但是可以肯定的是，人类之间的相互吸引至少有一些化学元素参与其中，而这样的效果往往又不为人所知。[33]

政治

在另一个领域，肢体语言同样发挥着惊人的核心作用，那就是政治领域。非语言交流通过传递信任、忠诚、领导力、同胞情（当然也包括不信任、背叛和对抗）等信息，可以为我们提供与盟友协调一致又多姿多彩的工具——尽管我们经常并不了解自己究竟是如何使用这些工具的。

和性领域的肢体语言一样，政治领域的肢体语言可谓由来已久，根深蒂固。正如我们在第 1 章所见，灵长类动物间的社交整饰行为不仅仅是出于卫生考虑，它同样也具有政治作用。通过相互拨弄毛发上的尘土和寄生虫，灵长类动物结成了同盟，而这种同盟将来在其他场合必定会派上大用场，如当与族群内的其他成员进行对峙时等。

当然，相对而言，人类毛发较少，所以我们并不需要花费大量时间关注他人身上的尘土和寄生虫。[34] 但是我们也同样会利用距离和触摸建立友谊，创设社会纽带。[35] 或许人类行为中和社交整饰行为最为相似的是背部按摩、帮人掸掉衣服上的灰尘、帮人梳头和其他美发行为。“在传统文化中，”罗宾·邓巴写道，“例如，非洲南部有一个昆申人的狩猎及采集部落。在那里，女性形成了特色鲜明的美发团体，成员们彼此编辫子，但概不对外。”[36] 我们同样也会互相拍拍打打、搂搂抱抱、握握手、搂搂肩膀、亲亲脸颊。男孩儿经常扭打嬉闹，而女孩儿则通常玩“拍手游戏”。这和灵长类动物之间的社交整饰行为一样。和别人相处愉快时，我们会情不自禁地碰碰他们，也不介意他们与我们有肢体接触。但是，一旦我们感到有敌意时，比如我们的个人空间一旦受到侵犯，便如惊弓之鸟。

当然，从政治意义上来看，肢体语言远远不只是近距离接触，毕竟人类是这个星球上最具政治性的物种。当我们觉得自己受到威胁时，我们通常会采用警惕或防范的姿势。我们会耸着肩或者是交叉双臂。我们会稍向前倾，坐着，双脚紧紧抓地。一旦矛盾激化，我们便会迅速起立。相反，和值得信赖的朋友相处时，我们会放松戒备，保持开放和容易受到攻击的姿势，掌心毕露，肩膀放松，脖子也暴露无遗。联邦调查局审讯员、肢体语言专家乔·纳瓦罗说道："我一直都有这样的印象，总统通常会身穿 Polo 衫到距离白宫 40 公里的戴维营，解决穿着正装无法解决的问题。通过向他人展现自己的腹侧（脱下外套的时候），他们释放出这样的信息，'我对你已经不设防了。'"[37]

眼神同样也具有政治意味。例如，当我们察觉到威胁时，我们就会眯起眼，而我们在看到朋友或是一个友好的陌生人时，便会快速地点点头，"两眼放光"。[38] 局势变得紧张时，我们通常会看向自己的领导（真的就是把目光投向领导），为的是寻求他们的指导，判断他们的反应，随后追随他们的指引。

一般来说，任何一种模仿或照搬他人行为的做法，如在舞池里模仿领舞者的舞步、宗教仪式上常见的一呼一应的咏唱，都说明领导者具有一呼百应的能力。例如，在现代职场中，结束会议的指令通常是老板发出的，老板很可能是第一个站起来的人。在老板发出"散会"的信号之前，任何下属擅自起身离会都是失礼之举。

语言的隐喻用法也包含许多非言语政治信号。[39] "turn our backs" 的字面意思是"转过身去"，其寓意就是背叛。"open up" 指"敞开心扉"，吐露心声。和家人朋友相处时，我们感到 "warm"（温暖）和 "close"（亲密），但是遇到我们不喜欢的人，我们则会"冷脸相向"

（cold shoulder），置之不理。在冲突面前，我们不是“立场坚定”（stand firm），就是“做出让步”（give ground）。肢体语言甚至在许多现在已经变得完全抽象化的词的词源学中有所体现。例如“confrontation”（冲突）一词源自拉丁语，意思是“顶脑壳”（foreheads together）。[40]

对比一下“握手”和“吻手礼”这两种问候礼仪也会令人茅塞顿开。握手是如今西方国家最流行的问候方式，而吻手礼则是18世纪和19世纪流行于欧洲贵族之间的问候方式（但从那之后便不流行了）。[41] 两者都是表示信任和友好的行为，但其政治含义各不相同。握手具有相称性且表示双方平等，这是平等者之间的礼仪。但是，吻手礼却不具备相称性，亲吻者与被亲吻者具有明显差异，且从属于被亲吻者。亲吻者需要将他的嘴唇贴在另一个人的满是细菌的手上，而与此同时，他需要低下自己的头，甚至可能跪下。这种举止是唯命是从的象征，当某人出于个人意愿做出这样的动作时，则有暗表忠诚的意味。即便迫于无奈行此礼，它所释放出的也是一种强有力的政治信息。例如，国王和教皇会“邀请”他们的臣民站成一排，参与当众亲吻指环庆典，每个人的忠诚和顺从都可以在这场令人注目的庆典中展现出来，由此将领导者的权势昭告天下。

我们最后再举一个例子说明非言语政治行为。想象一下，你和好友外出就餐。聊着聊着，你们开始八卦了，开始对某些不在场的人评头论足。但是在说坏话之前，你的好友会鬼鬼祟祟地往身后瞧一眼，靠近你，压低声音。这些非言语线索表明：对于接下来要说的话，你必须保密。他这么做是相信你不会把这些话传出去，因为一旦这些话传出去，他就会遭殃。

社会地位

突然之间我们明白了，每一个音调、每一个动作都与地位有关，没有一种行为是偶然为之，或真的‘毫无动机’。真是滑天下之大稽，但同时又令人大惊失色。我们所有藏起来的小心思均昭然若揭。

——基思·约翰思通[42]

在我们的身体所发出和收到的所有信号之中，最难以察觉到的是与社会地位有关的信号。但其实我们所有人都痴迷于地位，人人都煞费苦心地想提升地位、攀比地位、捍卫地位、炫耀地位。这是人类生活中颇具讽刺意味的一面。

由于自身的优势地位，地位高的个体对于自己的社会处境不会过于担忧。[43]比如，他们不容易受到攻击。一旦受到攻击，也有人来帮助他们。所以他们的肢体语言比较放松。他们谈吐清晰，行动自如，姿态开放，而地位低的个体往往需要不时观察周边的环境，谨防威胁，而且随时准备对地位高的个体表示尊重。因此，他们警觉地环顾四周，说话结巴，小心翼翼，姿态保守。

地位高的个体也喜欢吸引更多的注意力。谦卑者往往把自己视为局外人。但是，自信者则巴不得全世界都把目光集中在自己身上。在动物王国里，这种“看着我！”策略又称警戒态（aposematism）。[44]就其本质而论，这是一种诚实的信号。喜欢抛头露面的自然容易招致攻击，除非他们足够强大，能够自卫。如果你是大草原上最强悍的雄狮，就放手做吧，把整个心脏嘶吼出来都无所谓。珊瑚礁蛇、毒跳蛙这样有毒的动物色泽鲜艳，也是同样的道理。它们看起来可能不是那么强悍，但浑身上下充满了攻击性。

在人类世界中，人们的一系列行为也蕴含着这种警戒态，比如穿着色彩艳丽的服装，戴着耀眼的首饰，走起路来，鞋子啪啪响。大领子、夸张的头饰、奢华的发型，把音乐开到震天响，大摇大摆地招摇过市，其行为再明显不过了："我就是爱显摆，我就是了不起。"但是地位不仅仅是个人属性或态度。从本质而言，地位是一种协调行为。当两个人地位悬殊时，双方都必须调整各自的行为。[45] 一般来说，地位高的人占据的空间大一些，眼神交流的时间久一些（稍后详述），停顿的时间少一些，打断别人的次数多一些，一般互动的节奏和基调都是由他们来确定的。[46] 地位低一点儿的人一般在上述任何一个领域都会尊重地位高的人的意见，会给予他们更多的空间，无论是物理空间还是社交空间，都是如此。比如，在行走时，为了保持同步，地位较低的人必须调整步伐，与地位较高的人保持一致。

大多数时候，这种潜意识的地位协商都进展得非常顺利。但是，当人们对于各自相对的地位有不同看法时，非语言协商就无法进行了，结果就导致了我们所说的社交尴尬，有时还会导致生理尴尬。我们大多数人都有过这种令人不快的经历，比如，有时我们和一个与自己有竞争关系的同事面对面坐着，有点儿手足无措的感觉，手脚都不知道该往哪里放，不知道什么时候才轮到自己说话，也不知道如何及何时结束这种尴尬。

一种特别的潜意识行为是我们会根据谈话对象的地位调整我们的语调。在一项研究之中，研究者用一种信号处理技术，对《拉里·金现场》中的 25 个访谈进行了分析。研究发现，拉里·金会通过调整自己的发声模式来适应地位较高的嘉宾，而地位较低的嘉宾则会主动调整自己的发声模式来适应拉里·金。[47] 有一个类似的分析还可以预测美国总统的选举结果。在辩论的过程中，两位候选人的相对社会地位对比（通过声调调适测量）即便不能预测谁能在选举人团投票中获胜，也能准确预测谁能在大众投票中获胜。[48]

人类和我们在第一章中谈到过的阿拉伯鸫鹛一样，地位一般分为优势型与名望型两种。处于优势型地位的人可以威慑他人，如普京或金正恩。优势型地位可以靠武力、侵略和惩罚获得。处于优势型地位者在场时，主导我们行为的是回避本能：恐惧、顺从与求和。[49]

但是，名望型地位是因为个人成就或品格而获得的地位，如梅丽尔·斯特里普或阿尔伯特·爱因斯坦。在声名卓著的人身边，主导我们行为的是趋近导向本能。我们会受其吸引，并渴望与其共事。[50]

根据在某个互动情境中的地位的不同（优势型或名望型），参与者将采用不同的肢体语言。在眼神交流之中，这一点尤为明显。

在优势所主导的情境之中，眼神接触是一种侵略性行为。所以，处于优势地位者可以随心所欲，想瞪谁就瞪谁，而从属者则不得直视处于优势地位者。处于优势地位者与从属者进行眼神接触时，从属者应该首先移开眼神，继续保持直视无异于直接挑战。现在，从属者就无法避免完全直视处于优势地位者。从属者要认真观察处于优势地位者的一举一动，这样才能明白他们的意图。（比如，是不是该离他们远一点儿？）所以，从属者只能"偷偷"瞄上一眼，快快瞄上一眼。[51] 你可以把个人信息当作处于优势地位者试图垄断的关键资源。他们用眼睛获取群体中的其他成员的个人信息，但同时又试图阻止其他人获取相关信息。

但是，在名望所主导的情境之中，眼神接触被视为一种天赋：注视某人被视为提携的象征。在名望主导的情境之中，地位较低的个体隐而不见了，而地位较高的个体则沐浴在镁光灯中。[52] 在这种情况下，注意力而非信息，才是关键资源，地位较低的崇拜者把无限的注意力投向了地位较高的名人。

当然，在许多互动之中，优势和名望都在发挥作用，因此，地位就成了人类交往之中很难捉摸的一个领域了。比如，琼是首席执行官，在她主持的会议当中，她通常是会议室里最具优势、最有名望之人，员工们必须通过情境决定哪种目光接触才是合适的。琼在讲话的过程中，希望获得关注（名望），此时，员工们就应该直视她。但是，话音落下时，员工们必须重新将其视为处于优势地位者，此时，从属者就只敢偷偷瞄上几眼，不敢斗胆侵犯她的隐私，但是仍然希望能够对她可能对会议内容做出的反应做一个判断。

无论是在倾听的过程中，还是在说话的过程中，社会地位都会影响我们目光接触的方式。事实上，判断一个人是否处于优势地位最好的办法就是看“说话时的目光接触”与“听话时的目光接触”之比。心理学家称其为视觉优势比。

想象一下，你和一位同事出去吃午餐。轮到你说话的时候，你只直视了同事一小会儿，就把目光移开了。同样，轮到你听他讲话的时候，你也花了一小会儿的时间进行目光接触。如果你在说的时候和在听的时候进行目光接触的时间是一样的，那么你的视觉优势比就是 1.0，这是高优势。如果你说话的时候，目光接触较少，那么视觉优势比就小于 1.0（一般介于 0.6 左右），这是低优势。[53]

在《潜意识》一书中，蒙洛迪诺对一些研究发现进行了总结。[54]

> 数据中令人震惊的是，我们不仅会下意识地根据我们在等级制度中的地位调整我们的注视行为，而且我们会一直这么做，频

度也相当准确。来看一组数据样本：在对话时，预备军官们显示的比例是 0.61；[55] 参加《心理学入门》课程学习的本科生在与一个他们认为不想上大学的高三学生交谈的时候，得分是 0.92；而在与一个他们认为被一所著名医学院录取为化学专业研究生的优等本科毕业生交谈时，得分则是 0.59；[56] 某领域的男专家在与女性谈到本领域的主题时，其得分是 0.98，而在与女专家谈到该女专家的专业领域时，其得分是 0.61；女专家在与非专家的男性交谈时，得分是 1.04，非专家的女性在与男性专家交谈时，得分是 0.54。[57] 这些都是针对美国人的研究。或许在不同的文化中，数字会有些变化，但现象是类似的。

我们的大脑几乎可以毫不费力地这么做。我们也极少有意识地问自己："我的手臂应该怎么抱？我是否要开始或终止眼神交流？我应该使用什么样的声调？"我们自然而然地掌握了这一切，因为我们那些精于此道的祖先混得比那些不精于此道的祖先好多了。

我们为什么意识不到肢体语言

现在让我们回到最初的问题：为什么会有那么多非语言信号是在意识的镁光灯之外发生的？

我们在本章中讨论了 3 个社会生活领域，即性、政治和地位，这些领域之中充斥着主宰我们行为的种种规范。[58] 我们希望在上述每个领域中都能有所成就，但这经常会与其他人的利益相矛盾，而且很容易就会导致冲突。这就是为什么会有这么多规范用于协调这些领域之中的行为，这也是为什么我们作为个体必须不遗余力，小心翼翼地行事。

作为沟通的媒介，肢体语言为我们提供了一种掩护。相对于口头语言，肢体语言更加模棱两可。虽然肢体语言的整体模式是统一的，但是任何一种孤立的行为都会有不同的阐释。[59] 这种模糊性，正与我们在此前的章节中看到的一样，是一种特点，而非一种缺陷。我们试图将我们的意图隐藏起来，不让别人发现。

想想看，有多少我们难以启齿的话语是通过身体“说”出来的？当众宣称“我是这个屋子里最重要的人”是多么愚蠢、多么粗鲁啊！我们完全可以在沙发上玩耍时或者在与别人交谈时直视他们，悄悄地传递出同样的信息。同样，“我迷上了你”太过于直接，对一个刚刚认识的人，这种话不好直接说出口，但完全可以用一个微笑、不舍的一瞥，或者轻轻地碰一下手腕传递出同样的信息，给自己留一点余地，万一被拒绝了，也不至于激怒对方。

关键的问题在于，相对于口头信息，非言语信息是很难捉摸的。这样，一旦出现不妥当的情况，也不至于受人指责。比如，在一次工作会议中，彼得可能会使用非言语信息来使其竞争对手吉姆边缘化（比如，在吉姆说话的过程中不理不睬）。但是，如果有人指责彼得的举止过于“政治化”，他就可以快速予以否认，说指责者误读了当时的情形。后来，在一个派对上，他用肢体语言与一个女性打情骂俏。如果他的妻子指责他的行为，他很可能会解释说他只是想表现得友善而已。

彼得自己可能并不完全知道自己在做什么。在工作场合，他可能只是认为，“吉姆老是把事情弄得一团糟”，而不认为自己的行为是在耍“政治”手腕。同样，在派对上，很可能他真的觉得自己只是表现出友善而已，而没有任何打情骂俏的主观意图。但是，在两个情境之中，他的行为都是值得怀疑的。无论他是否承认，看着吉姆被炒鱿鱼，彼得心里可能也会有点儿高兴。另一方面，他在内心深处可能对那位女士感兴趣，他想知道，如果他继续“展现友善”的话，两人之间到底会发生一些什么。

如果彼得认真进行反省的话，他很可能就会发现，其实在自己的内心深处隐藏着这些动机，但是，有必要引起别人对这些动机的注意吗？他的“新闻秘书”对这些动机知道得越少，一旦有人提出指责，他便越容易予以否认。与此同时，他大脑的其他部分也会妥善处理他的个人利益。

由于与口头语言相比，第三方难以引用肢体语言，因此，肢体语言有助于将真实的自我隐匿起来，从而保护自我。如果彼得直言不讳地告诉同事，“我希望公司炒吉姆的鱿鱼”，同事可能一转身就会将这个信息传出去，办公室里可能早就沸沸扬扬了。同样，如果彼得请和他打情骂俏的对象出去喝一杯，有人肯定会悄悄告诉他的妻子。真的如此的话，彼得就有麻烦了。

这就是非言语交流的魅力之所在。它使我们得以图谋不轨，甚至与他人共谋，而不至于被人攻击、指责、在背后悄悄议论，或者触犯规则。这就是为什么我们策略性地选择忽视我们自身的肢体语言，这也有助于解释，为什么我们不想将其教给我们的孩子。[60]

当然，并非所有的非言语信息都是禁忌。我们完全了解，眼皮都抬不起来的时候就说明我们真的是累了，张开双臂意味着我们觉得自豪，微笑意味着我们感到开心。承认这些肢体语言的意思或在交谈中对其评头论足并不会让我们感到紧张。但是，有人一旦指出我们那些与性、政治或地位有关的肢体语言的含义，我们就会变得不自在，变得结结巴巴。就像是杀人犯罪嫌疑人在审讯过程中突然变得坐立不安一样，一旦有所隐瞒，我们就会变得很不自在。

8

笑

探究社会关系的利器

人是一种奇怪的生灵，行为怪异，然而纵使千奇百怪，其中最为奇怪的莫过于人类时常会莫名其妙地迸发出一阵阵颇富韵律的喘息之声和咕噜之声。此时，我们的面部会扭曲，也会前俯后仰，花枝乱颤，那样子仿佛陷入了深深的痛苦之中。然而，在我们看来，这一奇特的行为非但与痛苦无关，而且它所代表的是我们迫切寻求的快乐之巅。我们往往会成群结队地聚在一起，渴望与众人一起经历这样一种感觉。而我们的朋友、爱人、上司能否给我们带来这样一种愉悦感也成了我们评判他们的标准之一。

笑[1]是一种与生俱来、人皆有之的能力。笑可以分为很多种，或低声轻笑，或哈哈大笑，或咯咯傻笑，或放纵狂笑。我们一出生，在还没有学会说话和唱歌之前，就已经学会笑了。[2]甚至对于那些天生失明、失聪的孩子来说也是如此。虽然他们无法效仿自己父母或者兄弟姐妹的一些行为，但他们却本能地会笑。[3] 并且，虽然每种文化都有其独特的语言和唱腔，但无论是在偏远的乡村地区还是繁华的大都市，笑声听起来都是一样的。就像人们经常说的：笑声与笑声之间根本无须翻译。

笑是一种情不自禁的行为，无须刻意为之，是大脑自然而然做出的反应。从这个方面来看，笑和呼吸、眨眼、颤抖、打嗝、哆嗦以及呕吐这样的潜意识行为是一样的。但不同之处在于，呼吸等行为只是生理行为，而笑却是一种潜意识的社会行为。[4] 笑可以用于调情、结交朋友、嘲笑敌人、探寻社会规范以及划分社会群体。这是对包含着各种人际意义的种种社交提示做出的回应。我们的大脑中存在着些许任性且从容的“自我”。虽然这部分的自我是有意识的、刻意的、存心的，但却无法决定我们应当在何时做出回应。[5]

还有一点更为奇怪，我们居然不知道笑到底意味着什么以及我们为什么要笑，而我们的这种“无知”简直令人难以置信。不管是专家还是普通人都对此做了大量的假设，但这些假设大多是存在问题的。2 000 多年来，许多西方思想大师完全误解了我们人类为什么会笑这样一个问题，其中不乏柏拉图、亚里士多德、霍布斯、德斯卡特斯、弗洛伊德和达尔文等名家巨擘。

笑的简史

1930 年以前，哲学家约翰·莫雷尔便提出了笑与幽默的三大理论。[6]

第一种理论叫作“优势论”（superiority theory）（代表人物有

柏拉图、亚里士多德、霍布斯以及德斯卡特斯[7])。根据这一理论，笑从根本上来说是刻薄的，只是嘲笑、嘲弄、鄙视的一种形式。这一理论还指出，我们之所以会嘲笑他人，主要是因为我们觉得自己高人一等。可是对于一些问题，这一理论无法给出相关答案。比如说，为什么挠痒痒时我们也会笑？而为什么当我们碰到大街上的乞丐时却又笑不出来呢？

第二种理论叫作“释放论”（relief theory）（代表人物有西格蒙德·弗洛伊德以及赫伯特·斯宾塞）。这一理论认为笑是一种生理过程。当我们的“神经能”被大脑唤醒时（“神经能”主要用于处理可察觉到的威胁或消极情绪），我们就会笑。但紧接着，我们便不再需要这种神经能。为了消除这些过剩的能量，我们通常会笑到抽筋。也就是说，笑 = 紧张 + 放松。这一理论的主要问题在于，我们的大脑中根本不存在“神经能”这样的物质。我们大脑的运作过程不同于水压的过程，它是与化学和电相关的，一些类似于“神经能”的物质根本不需要通过笑来分解，比如说像肾上腺素和皮质醇这样的荷尔蒙。

第三种叫作“失谐论”（incongruity theory）（代表人物有伊曼努尔·康德和亚瑟·叔本华）。这一理论指出，当我们感到出现心理落差或喜出望外时，我们便会笑。失谐论阐释了为什么人们在讲笑话时，首先要做一些铺垫，然后再抛出一个包袱：铺垫可以让听者心生期望，从而在包袱出现后有心理落差。而这一理论的主要问题就在于它没能向我们阐明为什么这样一种不协调会使我们笑出声来[8]以及我们是如何在社交当中使用这些声音的。

稍后我们就会发现，这些理论都有一定的道理，但它们未能把握笑的真谛：笑其实是一种进化的社会行为。

令我们颇为吃惊的是，尽管我们每天都在笑，可是对于我们的显意识来说，笑却是如此陌生。尽管“我们”无法理解或者控制笑，但我们的大脑却是这方面的专家。我们的大脑知道什么时候该笑，笑点在哪里，并且在大多数情况下运行得很完美。只有个别时候，我们才会发出一些不合时宜的笑声。而且，我们的大脑还本能地知道如何去解析别人的笑声，那就是要么跟着别人一起笑，要么就做出一些适当的反应。但对于“我们”内在的显意识来说，笑却是如此神秘。

从表面上来看，笑就像玩游戏一样有趣，能够表达我们的喜悦之情。在和父亲玩躲猫猫时，孩子会不停地发出咯咯咯的笑声，这可能是天底下最天真无邪的笑声了。但在前几章里我们已经知道了，“无知”经常会起到一种掩盖的作用。为了更好地向他人隐瞒一些事情，我们的大脑可能会事先向自己隐瞒一些东西。而这一点恰恰说明了笑也有其隐藏的神秘一面。要知道，当我们肆无忌惮地谈论像种族、性、政治以及宗教这样一些禁忌类话题时，我们总是会拿幽默当作借口。我们总是会嘲笑一些与我们不同的人或者不在我们身边的人。我们能幽默地谈论一些事物，但在与他人面对面交谈时，我们是绝不会这样做的。而有关笑比较矛盾的一点便是：它可以让我们在社交环境中如鱼得水、轻松惬意，而其意义及意图似乎就存在于我们内心深处的盲点里。

本章我们将对笑进行揭秘：解开笑中隐藏的密码，并尽可能清晰地进行阐述。（我们发现，原来答案既简短又令人满意。）接下来，让我们看一看笑更为神秘的一面，以探究我们的大脑到底对我们隐瞒了什么。

有关笑的生物学

我们为什么会笑？

在现实生活中，我们听完一则笑话后便会哈哈大笑。而当有人问我们为什么会笑时，我们可能会说："因为这个笑话很有趣啊。"也就是说，我们感知到了一些能让我们发笑的事物，而这一点是符合"刺激—反应"模式的。这一模式能够对我们的许多行为做出解释，特别是对于一些潜意识的行为。并且这一模式还具有巨大的直觉吸引力。就像我们开心时会笑，难过时会哭一样，我们笑是为了回应由幽默引发的心理状态。

顺着这一思路，我们或许想对幽默心理学做一番探究。《笑的内涵》（*Inside Jokes*）的作者已经对此话题进行了卓有成效的探究。鉴于我们想研究的是笑的特殊目的，所以我们没有必要白费精力来研究幽默。其中部分原因是：不管"幽默"是什么，我们都无法理解，为什么我们在回应外界刺激时会发出咯咯咯的笑声。除此之外，我们还需要搞清楚的是，当我们面对像挠痒痒、枕头大战和过山车这样一些非幽默引起的刺激性行为时为什么也会笑，以及当我们还是孩子时，为什么在探索像雪、水以及树叶堆这样的一些新物理环境时也会笑？

为了更好地对笑进行阐释，我们要把目光投向幽默心理学以外的领域。首先介绍一下来自马里兰大学的神经学教授罗伯特·普罗文。普罗文并不是第一个试图给笑"解码"的人。早在半个世纪前，以马克斯·伊斯特曼为代表的理论家就已经提出了解决方案。但他们提出的都是一些脱离实际的理论，而普罗文的研究则更多地巩固了我们对于笑的理解。

20 世纪 90 年代，普罗文注意到，相关文献里有关笑的理论都是人们凭空猜测的，缺乏一些真实的数据。所以他决心通过实证研究来解决这一问题。他的研究同时在实验室和"活生生的生活场景"中进行，如当时美国的商场、公园，以及其他公共场所。他决定把笑当作一种动物行为来进行研究，即笑和犬吠与鸟鸣并无不同。普罗文写道："我和 3 个本科生助手将本着珍·古道尔到贡贝河自然保护区研究大猩猩的精神来展开我们的都市狩猎之旅，我们将研究自然栖息地中的人类。"[9]

普罗文的这一实证性生物研究有几个重要发现。最为重要的发现是：和独处时相比，处于社交场合时我们更爱笑一些。普罗文估计，处于社交场合时，我们要比独处时多笑 30 多次。[10] 但这并不是说我们独处时就不会笑。显然，我们独处时也会笑。但我们不得不承认笑声是专门为社交场合所设计的，至少也是在社交场合里才能得到充分彰显的。这也就是为什么一些电视和广播节目制作者会给他们的节目专门设计"笑声声道"。甚至事先录制好的笑声也会糊弄我们的大脑，让我们相信我们处在某种社交语境中（其实不然），从而引发我们更多的笑声。[11]

第二个有关笑的重要发现是：笑实际上是一种发声方式、一种声音。在动物王国中，声音是一种主动交流方式（active communication）：眼镜蛇会发出嘶嘶声以吓走捕猎者；狗会汪汪叫以示警告；雄性鸟类会通过鸣叫吸引雌性鸟类；幼鸟会发出喳喳声提醒父母自己饿了。在所有这些例子里，动物之所以发声是因为它们希望有人能够听到自己的声音并且试图提前让对方获知一些信息，而笑也是如此。普罗文研究了公共场合中的 1 200 个声音片段，最令他感到吃惊的是陈述者笑的频率要高于聆听者，大概要多出 50%。但如果我们将笑看作一种消极的反应，那么这一发现便说不通了，但恰恰是因我们知道笑是一种主动交流行为，所以一切就明了了。我们知道，就连婴儿都知道如何使用笑声向对方表达自己的情绪。普罗文将母婴之间的交流行为称为“二重唱”。在这一行为里，母亲首先会做出一些刺激性的行为（比较典型的就是触摸和挠痒痒），紧接着，孩子就会对此做出回应，要么是大笑着喊道：“还要！还要！”，要么就是大哭、反抗或是愤怒地喊道：“够了！不要再弄了！”。[12] 耶鲁大学早期所做的一项研究也表明，母亲要比一些陌生人更容易通过挠痒痒的方式逗乐婴儿。[13] 婴儿发出的这种笑声不仅仅是一种下意识的生理反应，更是一种用来调节社会交往过程的信息。

最后一个关键的发现是：其他一些物种也是会笑的。其中不乏一些灵长类动物，但不是所有的灵长类动物都是如此。确切来说，我们发现，5 种类人猿会发出笑声，其中包括红毛猩猩、非洲猩猩、倭黑猩猩、黑猩猩以及人类。这一点向我们暗示了，在 1 200 万年至 1 800 万年前，我们这 5 个物种有着共同的祖先。与此同时，笑的声学特征也向我们证实了这一进化理论。研究人员通过分析每种不同类人猿的笑声录音重建了物种关系的系谱图，这一系谱图和遗传学里的系谱图是一样的。也就是说如果两种物种的关系越密切，那么它们的笑声也就越相似。[14]

在很多相同的情况下，熟悉的同伴在给自己挠痒痒或是和其他猩猩打闹时，我们的猿类表亲也会像人类一样发出笑声。[15] 由人类抚养长大的黑猩猩露西便是一个很好的例子。人们发现露西在喝酒后会不停地笑，而且还会对着镜子里的自己不停地做鬼脸。[16] 这一切都表明，黑猩猩和人类一样，群处时要比独处时笑得多。[17]

所有的这一切都表明笑起着一种具体的生物作用，植根于动物的交流当中。但到底是何种信息如此重要，使得我们远古的猿类祖先专门创造了“笑”这样一种内在信号来传达它呢？

笑代表“闹着玩”

无论是对人类或是他们的灵长类亲戚来说，笑都是严肃与嬉戏的边界线。

——亚历山大·科津采夫[18]

在我看来，那些编写了有关笑与喜剧之大作的博学的哲学家其实从未见过婴儿。

——马克斯·伊斯特曼[19]

传说，阿基米德在公共澡堂里产生了有关浮力的灵感；牛顿在苹果树下恍然大悟，茅塞顿开；美国记者及流浪智者伊斯特曼在和婴儿玩耍时灵光一现，发现了笑的真谛。他在其1936年的著作《笑的喜悦》中是这样描述的：

> “我来教你如何逗乐婴儿。首先你得先冲着他笑一个，然后再冲他做个大大的鬼脸。如果这个婴儿大到能够认出鬼脸的话，那么他也会跟着笑。但如果你没有先笑，而是突然冲着他做大大的鬼脸的话，他可能会害怕地尖叫。所以只有当这个婴儿处于玩乐状态时，他才可能对一件可能让他感到恐慌的事笑。”[20]

这段话的关键信息是笑声必须与嬉闹的情绪相伴相随。如果婴儿当真了，那么你冲他做鬼脸时，他势必会大声尖叫。但如果婴儿知道你是闹着玩的，那么你对他做鬼脸的话，他就会笑。正如伊斯特曼所说："由于幽默的定义、智慧的理论和对于滑稽笑声的解释都没能对嬉闹的情绪和当真的情绪做出区分，所以它们都站不住脚。"[21]

在动物学家看来，嬉闹是动物（特别是幼小的动物）探寻世界和练习技能的一种行为方式，这些技能对它们日后的生活至关重要。嬉闹是一种自愿且非功能性（"非实用性"[22]）的活动，常见于安全且放松的情景之下。[23] 而且这一行为在动物王国里极为常见。每一种哺乳动物都热衷于嬉闹，如摔跤和佯装撕咬等。许多鸟类也是如此，而爬行动物和两栖动物偶尔也会乐在其中。

虽然我们人类总是习惯自己和自己玩耍（比如说独自一人玩乐高玩具），但仔细想一想，我们会发现，通常都是在有其他人在场的情况下我们才笑得最开心。所以，在"嬉闹"这样一种情景下，笑到底起着怎样的交流作用呢？

来自英国的人类学家格雷戈里·贝特森有一次在动物园偶然发现了笑的交流作用。当时他以为两只互相打闹的猴子就要真的打起来了，但其实不然，也就是说它们只是佯装打架。贝特森还发现，为了打得更逼真一点儿，这些猴子必须找到一种方式，告知对方自己的目的只是"闹着玩"。言下之意，如果"闹着玩"这一信息无法得以传递的话，那么其中一只猴子可能就会误解另外一只猴子的意图。由此，最开始简单的打闹很容易就会升级为一场真正的打斗。[24]

当时，贝特森并没有真正搞懂猴子是如何将"闹着玩"这一信息传送给对方的，但他知道它们一定有自己独特的表达方式。此后，生物学家在仔细研究这些嬉闹信号之后发现，除了灵长类动物在使用这种嬉闹信号之外，其他一些动物也在使用。而且对于“我们只是闹着玩”这一重要的信息，许多物种都有其独特的表达方式：[25]狗通常通过“匍匐”这一动作来传递“闹着玩”这一信号，它们往往前腿前伸，脑袋低垂，然后将臀部撅在半空；[26]黑猩猩则通常会使用面部表情来传递这一信息，它们会学人类微笑的样子，将嘴张得大大的，[27]又或者弯下腰来，从两腿间观察玩伴。[28]而且除了使用一些特别的动作以外，许多动物还会通过缓慢的移动或是一些夸张、不必要的动作来传递这一信息，这似乎是想要毫不含糊地告诉它们的玩伴：如果真有危险，我就不会这么明显地浪费精力了。所有这些信号只不过是想让对方知道我们心情愉悦，出发点是好的而已。

我们人类也会笑，但不仅仅是笑，我们的笑通常伴随着笑容、夸张的肢体动作、呆萌的面部表情（比如眨眼）和高分贝且激动的“佯装的尖叫声”。所有这些都向我们传递着同一种信息，那就是“我们只是在闹着玩”。正是因为有了这样一种信息，我们才得以与他人安全地进行社交，特别是当我们的嬉闹方式让人觉得接近于真正的危险时。

事实上，根据语境的不同，笑声的含义可以分为两种，两者息息相关。比如说我们在对自己的行为进行自嘲时，我们仅仅是为了让我们的玩伴知道，虽然我们的行为看起来可能会有些挑衅的意味，但我们只是在和他们闹着玩。孩子假装打了成年人或其他孩子之后，我们经常也会听到这种笑声。[29]当然了，成年人在善意地取笑别人之后也会发出这样的笑声。这一行为的含义等同于“只是开个玩笑”或是短信中☺这个眨眼的表情。然而，如果某个人的行为让我们发笑，那么此时的笑就不再是有关“意图”那么简单了，而是说明那是我们的

“感觉”。这种笑声说明：“我感觉你可能是在和我闹着玩；我知道你只是在开玩笑”。这是一种回应性的笑，是对外在刺激的一种本能反应。笑话及其他形式的幽默就属于这样一种外在刺激，我们在被别人挠痒痒、相互追逐或捉迷藏中吓了一跳时，在捉迷藏中被他人逗乐、追逐或受到惊吓时，也会发出同样的笑声。[30]

这两种笑声都是为了安定人心，也就是想告诉对方：“尽管表面上看起来很逼真，而且也挺危险，但我纯粹是在闹着玩。”在这里，“尽管”所引导的从句是至关重要的。闹着玩的时候，我们不会连续不断地从头笑到尾，除非其中隐藏着某些可能令人不悦的因素。而且和所有交流行为一样，笑必须与当时当地的情境相关。[31]比如说，大家安安静静地玩着大富翁游戏的时候，很显然大家都是安全的，都很开心，此时就没有必要刻意强调这一点了。只有在没有笑声，大家可能会当真或可能发生危险时，我们才需要强调“我们只是在闹着玩”[32]。

所以，要引人发笑，“危险”这一因素相当重要。但危险并非引发笑声的必然因素。比如说，一些无伤大雅的双关语也会把我们逗笑。[33]但危险确实在这当中发挥了一定的作用。举个例子，如果我们在有孩子的场合讲了一个黄色笑话，此时一语双关就显得特别有意思了（“要解开几道门帘才能弄进一个灯泡呢？”“两道。”）。如果不够危险、刺激，那么说话的人便不会达到其预期的幽默结果。《玛玛杜克》和《家庭马戏团》这两部连环画的作者就由于不够大胆，在内容的描绘上有些放不开手脚，调动不了人们的情绪，因此许多人评价说，这两部连环画的内容太过乏味。

第一次开枪的凯文

我第一次开枪时便感觉到了枪的反冲力，事实上，我的第一反应是狂笑不已。我觉得这么说可能有些疯狂，但是我觉得有以下几个原因：在我所处的文化里，枪是禁忌，我从小到大都没有摸过枪，所以，长大后第一次站在射击场上时，我感觉自己颤巍巍地站在安全与危险的心理边缘。紧接着，那一声枪响和由此产生的强劲反冲力令我震惊不已，一时之间我陷入了深深的恐惧当中，这种恐惧和跳伞运动员第一次跳伞时所产生的那种恐惧并无不同。我很快意识到我竟安然无恙，而且我的大脑对此的反应竟是哈哈大笑。这样我便可以通过笑来告诉我的朋友我很安全也很畅快，并且我还想再开一枪。

嬉闹信号理论还向我们解释了，为什么在许多情况下我们笑不出来。比方说，如果你看到一个小丑在楼梯上摔了一个趔趄，滚了下来，你可能会咯咯咯地笑个不停，因为你知道他只是在逗趣而且并不会伤到自己。但如果摔倒的是你年迈的祖母，就另当别论了，因为此次意外可能会给她造成严重的伤害。所以只有当你连忙跑过去并且确定她安然无恙后，你才可能笑得出来。当然了，她要是能先笑就更好了。事实上，通过笑的逻辑学我们已经明白了，为什么是祖母的笑引发了我们的笑，而不是我们的笑引发了祖母的笑。因为如果是祖母先笑的话，那就意味着她觉得自己没问题，那么你也就可以放心了。但如果是你先笑的话，那么她可能就会觉得你这个孩子不懂事。她都没有向你发出“安全”的信号，你怎么能自顾自地感到放心呢？除非你是个麻木不仁的傻瓜。那只能说明你完全不顾及她的安危。

考虑到以上这些因素，我们现在已经能够很好地看待笑与幽默之间的关系了。几乎在所有搞笑的情境里，幽默这一要素都先于笑出现，是幽默引发了笑声。但如果我们退一步，并且用一种更为开阔的视角来看的话，我们会发现两者发生的顺序恰恰是相反的。事实上我们首先会产生一种笑的渴望，然后让幽默来实现这一渴望。[34] 因此，我们可以将幽默看作一种艺术形式，它是一种受制于某种风格局限性，但能引人发笑的方式。幽默大师一般只能通过抽象语言和图像等方式达到幽默效果。如果幽默大师还得通过挠痒痒这样的身体接触方式来博观众一笑，那他根本就算不上一个名副其实的幽默大师。而且，作为幽默大师，他是不能通过自己的笑声来感染观众的。

从这方面来看，掌控好幽默就如同开保险箱一般，需要遵循正确的开箱步骤，而且还需要精准无误。首先，我们得有两三个同伴。[35] 接着，我们必须将情绪的指针拨到“嬉闹”那一边。然后我们需要将一切小心翼翼地糅合在一起，这样的话，似乎指向“严肃”方向的指针就能够快速地拨回“嬉闹”那边了。只有这样一步步地做下来了，我们才能够最终释放出锁在“保险箱”里的可贵笑声。[36]

至于如何才能让喜剧演员的幽默与笑的“保险箱”实现完美结合，不同的文化可能有不同的约束标准。也可以说是这些文化所要求的“组合密码”不同，即通过他们自己文化里的独特方式对“嬉闹”和“当真”下定义。如果这样的话，一种文化里的幽默可能就无法打开另一种文化的“保险箱”。但由于我们每个人大脑中的核心开锁机制是一样的，所以不管是从字面上还是隐喻上来说，我们的大脑在出厂前都是被设置成可以直接被逗笑的。

笑的神秘面

在所有我们看来很有趣的事物当中，都存在一种元素。如果我们对此当真且足够敏感，对其给予足够关注的话，那么这一要素将会使我们感到不悦。

——马科斯·伊斯特曼[37]

如上所述，人们对于笑的意义及目的可谓是一无所知（至少在我们学习这门科学之前是这样一种默认状态）。可我们的这种无知源于何处呢？为什么人类的自省在此时居然一点儿作用都发挥不了？

这一切不仅仅是因为笑是一种潜意识的行为，且不受意识控制，而且是因为，我们都知道退缩也是一种潜意识的行为，但我们却十分清楚地知道自己这样做是为了躲避他人的攻击。因此我们需要更加深入地探究，为什么人们对笑一种无知。

如上所述，“无知”可能是一种策略，可能是我们的大脑在试图隐瞒什么。但是，笑声看似完全是无邪的、光明正大的：“我们只是在闹着玩!”

或许让我们感到不适的并不是笑的本质，而是我们笑的方式。在这一点上，笑和金钱是一样的。我们大可大大方方地“承认”钱是物品交换的媒介，[38]但如果让我们向全世界展示我们的信用卡对账单，我们难免会感到尴尬。《纽约时报》曾经报道塔吉特百货公司能够通过观察一名女性最近的购买记录来推测她是否怀孕。报道一出立即在隐私捍卫者之间引起了一阵骚动。[39]我想我们都清楚为什么会发生这样的骚动。

同样，如果我们的大脑记录下所有能使我们发笑的特殊情景的话，我们可能也会感到十分紧张，这种紧张程度就好比要让全世界审查我们的信用卡记录一般。正如普罗文所说："笑是……探究社会关系的利器。"[40]但大多数的情况下，我们都不希望被探测的对象是自己。因为我们渴望自己的隐私得到保护，自己合理的推诿得到肯定，而我们对于笑与生俱来的这种无知便能够起到掩饰作用。

为了探究笑到底揭示了什么（可能是我们更想把这些东西隐藏起来），我们需要去考虑两种重要的因素：规范和心理距离。

规范

当我们年幼时，我们的嬉闹总是和生理世界有关。我们嘲笑的对象一般也是和我们的身心有关的。比如我们逗乐婴幼儿的方式主要包括佯装攻击（挠痒痒和追逐打闹）、佯装危险（看护者将孩子抛到半空再接住）、故意吓唬他人（捉迷藏）。

然而，随着年龄的增长，我们逐渐把注意力转向了社交世界以及与其相伴相生的危险（这些危险是围绕着各种各样的规范而产生的）。在第3章里，我们谈到违规逾矩的后果非常严重。而且一旦我们违反了规范，我们便总是会提心吊胆，担心哪天会被抓，担心受到相应的惩罚。所以当我们发现有人要违反某一规范时，我们便会扪心自问："这会是威胁吗？我需要插手管一管这件事吗？"在这样的情形之下，我们的行为可能带来真正的危险。因为稍有差池，同伴就会否定我们，权威人士就会指责我们，而且情况甚至会更糟糕。你们是否还记得那个因为太爱占他人便宜而掉了脑袋的毛利村民？

但有惊无险才其乐无穷。过山车正因为有惊无险才触发了我们身体的愉悦神经。以身试“法”，有惊无险，才会触发我们社交的愉悦神经。[41]

想象一下，一个年仅 5 岁的小女孩儿，特别热衷于与大便有关的各种玩笑。她知道在其他人面前做相关动作甚至谈论相关话题都是不礼貌的，而且她也知道如果自己真的这么做了，一定会受到惩罚。但与此同时，她可不想被这些规矩唬住，她很想试探一下。她心想：坏了规矩，后果真有那么严重吗？当然了，她要是真弄脏了自己的裤子，那么她可能就会感到不好意思了。到时候，她可真笑不出来了。但如果她只是放了个屁，那么她很快就会发现这并不会给她带来多大的威胁，她的父母也可能只是冲着她皱皱眉，而不会勒令其回到自己的房间。所以虽然当众放屁会有点儿冒失，但这并不会给当事人带来多大的威胁。一想到这儿，她不禁哈哈大笑。对于这个小女孩来说，放屁坐垫可能更有趣一些。因为这种坐垫能够模拟放屁的声音，而且不会带来其他不良影响。

然而，这个小女孩到达一定的年龄之后，她便会发现自己已经没有什么机会学习这些身体规范了，它们不再是她的快乐之源、嬉闹之沃土。不久后，她毕业了，慢慢步入了成人世界。而在这样的一个世界里，人们关心的通常都是与社交规范、性规范以及道德规范有关的事物。它们像一个无穷无尽的宝藏一样，令人心驰神往。它们为数众多、细致入微，所以我们永远都无从知晓所有的边界和边缘案例。这些规范之所以令人心驰神往，还因为它们总是随着环境以及人们态度的变化而变化。每隔几年，人类的礼仪规范就会更新。幽默也是如此。它必须不断更新以跟上规范不断变化的脚步。喜剧里的笑点可以突然变成痛点和文化创伤，反之亦然；风云变幻的政治图景可以使一项曾经极其严重的指控变成嬉笑怒骂式的玩笑；科技创新，如手机，颠覆了我们以往所遵循的规范，并且促成了一些新的规范形成。而这当中只有一部分的规范成了书面规章。然而墨迹未干，这些规范便落伍了。所以，这些规范会因不同的社区和情境而大相径庭。用精确的术语谈论性爱规范是不合时宜的。同样，在严肃的语境之中，谈论性爱规范也是不合时宜的。所有这些因素叠加在一起，我们就有了相互逗乐和嬉笑的素材。

从最宽泛的意义上来讲，至少有两种方式能让我们利用违反规范之险来制造喜剧效果。第一种是佯装踩线、越界，而后迅速撤回安全地带，而没有真正触犯规矩。第二种便是真正地跨过这一边界并违反这一规范，然后就像第一次跳到雪里玩耍的孩子一样大叫："哇，这里很安全，真是太棒了！"

接下来让我们看一个有关调侃违反规范的例子（虽然没有完全违反）。

玛丽：你管开飞机的黑人叫什么？

约翰：嗯……不知道……

玛丽：不就是"飞行员"吗？你想什么呢？你这个种族歧视者？！

在这个例子里，幽默主要是通过试探性地违反有关种族主义的规范来实现的。玛丽做了铺垫之后，约翰就开始有点儿不自在了，生怕朋友口无遮拦，信口开河。好在玛丽抛出包袱之后，非但不突兀，反而让人倍感轻松惬意。原来她根本不是在讲一个带有种族歧视色彩的笑话。她纯粹是在闹着玩！随之而来的当然就是哄堂大笑。[42]

这个玩笑利用了种族主义规范，起到了有惊无险的效果，而后安全着陆，引人大笑。从这种意义上来讲，这一笑话最终强化了这一规范。但是，如果其他笑话没有见好就收，还是会触犯这些规范，而且必须通过其他方式安全着陆，有时把握不当会颠覆这些规范。

笑的真正危险之处在于，我们每个人认为的规范有所不同，我们对规范的重视程度也有所不同。一人视为神圣之物的东西在他人看来也许只是笑柄而已。所以有人违反规范我们却开怀大笑，这其实削弱了他人所尊崇的那些规范。因此不难理解，为什么那些肩负维护恰当行为规范的人总想着抑制笑声和幽默，比如说像乡村女教师、宗教领袖、柏拉图《理想国》里所描绘的卫道士，以及在 2014 年提出禁用双关语的官员们。[43]

如果两个人因为同样的理由被同一个笑话逗乐了，那么他们的关系就会更进一步。但如果我们嘲笑了另一个人所尊崇的神圣之物，那么欢乐和嬉戏的气氛便会烟消云散。

心理距离

大脑通过笑还向我们“透露”了另一种敏感信息，那就是我们是如何看待沦为我们笑柄的那些人的。我们越是对一个人漠不关心，那么一旦不幸降临到他头上时，我们就越有可能嘲笑他。

事实上这里有两个重要的变因。第一个变因就是痛苦的程度。对于小灾小病，我们会哄堂大笑，但是，要是某人摔断了骨头，我们就不会这么做了。不过，相对于死于非命的人，我们还是会嘲笑摔断骨头的人。

第二个变因就是心理距离。[44] 如果我们和一个人有较远的心理距离的话，那么我们在理解他们的真实感受时就会迟钝一些，甚至可能把自己的快乐建立在他们的痛苦之上。梅尔·布鲁克斯说过："悲剧是我切断了我的手指，而喜剧是你一不小心掉进下水道淹死了。"[45] 按照这一衡量标准，朋友要比熟人更亲近一些，而熟人又要比敌人更亲近一些。但我们对于心理距离的一个感觉取决于很多其他的因素。比如说，相较于现实生活里所发生的事，那些发生在小说里的事则会拉远我们的心理距离；相较于实景剧，卡通喜剧离我们的生活更遥远一些；相较于近代史，古代史对我们来说更遥远一些。《南方公园》中的人物曾经开玩笑说："艾滋病是否由来已久，可以当作笑话看?"这在他们看来是十分有趣的。[46] 或者就像卡罗尔·伯内特所说："喜剧就是悲剧加上足够的时间。"[47]

这两种变因加在一起决定了当我们了解到他人的不幸遭遇时会有多大的痛感，以及是否会产生怜悯之心。如果对方和我们很亲密，那么我们便会感同身受，痛彻心扉。但如果是一个和我们素不相识的人不小心刮伤了自己的话，那么我们很可能会无动于衷。当然了，在这两者之间还有一些其他有趣的边缘案例：和我们关系要好的朋友不小心把酒撒到了腿上或是我们的某个表亲做了一件傻事不小心把胳膊给弄骨折了。在面对这样一些边缘案例时我们是否会笑呢？这都要看我们和正在经历这一痛苦过程的那个人的亲密度如何了。

想象一下，有3个人气颇高的女中学生站在学校过道的储物柜旁。这时，她们那个不怎么受欢迎的同班同学玛吉从旁边路过时不小心绊倒了，她手上的书和试卷撒得到处都是。3个女孩儿非但没有上前帮忙，还开怀大笑，对她指指点点。

显然，这样的笑声是不礼貌的，甚至有些咄咄逼人。在有人受伤时，从人道主义的立场出发，我们的第一反应应当是停止嬉闹，严肃对待此事，并主动上前查看对方有无大碍。然而这群女孩儿的笑声却告诉我们，她们根本就没有把玛吉的遭遇当一回事，而且还将她的痛苦当作笑话—— 一个纯粹的取笑对象。

值得注意的是，此处的笑声和我们之前所谈到的笑声并无不同，它们都象征着同一种心理，那就是："不管刚才发生了什么，反正我现在感到很安全"或是"我感觉这样做有点不对劲，但这与我无关"。正是在这样一种背景下，我们的笑听起来如此无礼与刻薄。

我们得小心，不要轻易对这 3 个女孩儿的行为做出道德评价。首先，我们当然可以毫不客气地批评她们这种将自己的快乐建立在别人的痛苦之上的行为。但这并不是问题所在，因为我们每个人都会做出同样的事。接下来让我们看一下"达尔文奖"这个网站，该网站创建的目的在于"纪念那些为了改良人类基因库而牺牲了自己生命的人"。网站记录了许多触目惊心的死法，有的颇具讽刺意味，有的愚不可及，有的两者兼而有之，而有的纯粹是为了搞笑，而这些死亡方式在我们看来是比较可笑的。而且虽然网站上所描绘的那些意外事故都比玛吉不小心摔倒这件事要严重得多，但在我们看来，这些事故却饶有趣味。这可能是因为我们和这些受害者素不相识，所以我们无法做到感同身受。好也罢，坏也罢，人类天生如此。

接下来，让我们再看一个更令人不安的例子。我们总是喜欢用"肥皂掉了千万不要捡"这句话来调侃发生在监狱之中的男性罪犯间的性侵行为。但如果冷静下来想想的话，要不是这些玩笑在道德上还算过得去，我们可能就会觉得有些倒胃口。因为不管受害者是谁，我们都应当对性侵这一行为进行强烈谴责。然而事实却是，当受害者是无辜的公民时，我们的大脑可能会向我们传递"危险"的信号。可当受害者是被定罪的囚犯时，我们的大脑便停止发送此类信号了。这可能是因为我们和囚犯的心理距离和生理距离都十分遥远，所以我们往往不会给予他们朋友、邻居般的关爱和照顾。

所以当那些人气颇高的女孩儿嘲笑玛吉时，她们脑袋里所打的算盘和我们嘲笑发生在监狱里的性侵事件和“达尔文奖”网站时打的算盘是一样的。[48]

如果我们坚持要针对这些女孩的行为说教一番，也应当把重点放在嘲笑这一行为可能给受害人带来更大的伤害这一点上。只有当笑这一行为并不会产生任何伤害或者可能带来些许好处的情况下，我们才会选择笑。所以当我们看到自己的朋友不小心将葡萄酒洒在衬衫上时，我们最好不要笑，除非我们的朋友自己先笑了，而且给了我们一个明确的信号——“没事了”。当然了，我们也可以冒险先发制人，说不定我们这一笑还可以缓解尴尬的气氛。其实也没什么大不了的，但我们一定要掌控好笑的度，一旦发现朋友有点儿不悦时，我们可就得打住了，以免让朋友更难受。

取笑这一行为也遵循类似的规律。取笑他人指的是以开玩笑的方式嘲笑对方，拿别人的痛苦说事。这种行为通常伴随着朗朗的笑声。在这里我们要谈的就是善意的取笑和恶意的取笑了，两者之间的关系十分耐人寻味。善意的取笑可以增进彼此之间的关系，而恶意的取笑则会削弱双方之间的关系。善意的取笑只会带来一点点不适。这是因为，我们的热情以及我们与对方之间的亲密关系抵消了我们事先给他们造成的不适，这时对方从笑中感受到的便是关爱，而不是嘲讽。而取笑陌生人则是一件比较困难的事，这主要是因为我们与他们之间的关系还没有好到足以抵消这种不适的程度，这也就意味着，我们取笑的对象必然是那些和我们亲近的人。那么，是什么给予了取笑这样一种力量，去拉近人与人之间的关系呢？最重要的一点便是当事人需要察觉到对方只是在和自己开玩笑。

然而，当这样一种取笑给对方带来了极大的伤害或者说它无法与善意以及亲密感相抵消时，它就会变成一种恶意。如果我们和对方的关系不够亲密的话，那么这种取笑就可能变成一种欺凌或纯粹的虐心行为。由于欺凌者真心觉得自己这样做是有适当的理由的（他们的内心想法是："我只是在跟你开玩笑，你就不能配合一下吗？"），所以这样一种欺凌对于他们而言并不是十分过分的行为，但这对于受害者来说却是极度痛苦的（详见下一章）。

需要再次强调的是，我们的大脑都是自发地做出这些行为的。我们自己几乎不会刻意地去考虑人与人之间的亲密程度以及不适程度应该如何把握这样的问题。但我们的大脑会思考，它们的这种思考是自发且下意识进行的。正如普罗文所说："正因为笑是一种下意识的行为，所以才成了我们探究社会关系的利器。"

因此，我们会使用笑来对社交边界进行测量和校准，其中包括像测量"规范"这样的行为边界以及一些群体成员边界（谁值得我们同情？同情的程度如何？）。但这样一种校准是微妙的，因此我们还要拥有否定的能力。

笑的否定作用

我们并不需要对笑进行口头阐述或解释。事实上，我们笑往往都是为了尽力避免言语交流与口头解释。

——亚历山大·科津采夫[49]

眨眼的意义就在于并不是每个人都知道其中的含义。

——崔时英[50]

想象一下，一个 14 岁的天真孩子渴望了解有关性的知识，那么他会如何表现出这一点呢？或者回想一下，当年你是怎么做的呢？你可能只在上学期间接触过一些基本的性知识，所以这个话题对你来说可能很朦胧，你的脑海里会冒出大量亟待解决的问题。比如说：我到底得等到多少岁才能讨论性这个话题？我能在不同的人面前毫不避讳地谈论这个话题吗（包括我的朋友、爷爷奶奶、弟弟妹妹或者其他形形色色的人）？性的哪些方面是真正充满危险的，而哪些方面仅仅是禁忌而已？适宜行为、偏差行为以及出格行为之间的划分标准又是什么呢？

要知道，成年人是不会对以上这些含糊不清的问题做出确切的回答的。所以我们应当从哪里入手寻找答案呢？

你可能已经发现了，虽然成年人不会直接谈论性，但他们很喜欢拿这一话题开玩笑。如果你竖起耳朵仔细听他们谈话的内容，你可能会搜集到一些零星的信息，将这些信息拼凑在一起，或许就能够找出比较清晰准确的答案了。

你可能会对《宋飞正传》第 51 集中“竞赛”的剧情比较感兴趣。在这一集里，剧中人物打赌说看谁能坚持最长时间不“手淫”。而在这段对话里，他们并没有直接明了地提及“手淫”这个词，但你也不是一个刚出娘胎的孩子了，你很清楚他们在讲什么。他们闪烁其词，就是不说“手淫”这个词，但是一个个却哈哈大笑，所以你也能够猜个八九不离十。首先，这是一个禁忌话题，你绝对不可以在祖母面前谈论这一话题。其次，在那些美国主流电视观众看来，这是一个可以接受的普通话题。虽然社会可能不会完全接受这一话题，但这并不会导致你被贴上“异常分子”的标签。违规归违规，但还算无伤大雅。

因此，笑揭示了语言羞于启齿的边界。在我们探索社交世界的边界时，幽默发挥了十分重要的作用。由笑引发的种种现象向我们阐明了对我们来说原本比较模糊且很难精确把握的问题：安全与危险的临界点是什么？适宜的行为和冒犯性行为之间的区别是什么？谁值得我们同情，谁不值得我们同情呢？事实上，笑让我们明白了我们人类所设定的一些规范以及其他一些社交边界，但它们并不像刻在石头上的字那样精准。相反，它们是随着语境不断变化的，就像随风飘扬的沙尘一般。

语言并不会分割这个任务。因为这一任务太过精准，太容易留下话柄，太过于“历历在目”，这些东西会让人感到压抑，特别是当规范太过严苛时。而为了能在这样一种环境下进行交流，人类这样一种聪明的灵长类动物开始使用“媒介”，这种“媒介”能够为我们留出一些“空间”，使我们免受来自他人的谴责，并反抗那些坚持说我们应当为此承担责任的人。

笑或许可能没有语言那么富有表现力，但它具备两大属性，可以让它轻松游走于敏感话题之间。首先，笑是相对坦诚的。对于一些我们并不是很在乎的规章制度以及我们并不是由衷认同的价值观，我们可能只是嘴上对其表示赞同，并不会付诸实践。可笑就不同了，笑是不会撒谎的（至少不像语言那样），因为它是一种潜意识行为。詹姆斯·乔伊斯曾说：“笑中包含了真理。”[51] 其次，笑是可以表达否定含义的。这样看来，笑给我们提供了一个安全的港湾，一种脱身之计。如果有人说我们笑得不合时宜，我们只要轻描淡写就能解释过去："我不是很懂她什么意思"，"好了，放松一点，只是开个玩笑"。我们可以非常有自信地予以否认，因为我们并不是很清楚我们的笑代表了什么，或者我们为什么会觉得某些事物如此有趣。这是我们的大脑自然而然做出的反应，因此"我们"可以假装与此事无关。

在很多时候，喜剧演员比尔·伯尔总是喜欢先发制人，使用"放松警惕"这个梗作为挡箭牌。在谈到喜剧演员有可能因为自己说的笑话而受到攻击时，比尔是这样说的：

> 每当我看到有喜剧演员道歉时，我就会很担心。假设攻击者就在我面前，我会对他这么说：仅仅是因为你把我说的话当真了并不意味着那是我的本意。你不是我肚子里的蛔虫，不可能知道我真正的意图。如果我在开玩笑，那么我就只是在开玩笑。[52]

在另一次的访谈当中，他又这样说道："我认为，抨击喜剧演员的表演会冒犯他人，这是不公平的。"[53]比尔的粉丝说，他们之所以喜欢比尔就是因为他的坦诚，这样一种粗暴直爽、毫不避讳的坦诚简直就是喜剧界的一股清流。

那么，到底是怎么回事呢？比尔到底是在开玩笑还是在陈述事实呢？

笑的美妙之处就在于它模棱两可。这种特性为比尔和其他喜剧演员提供了一个安全港湾，他们既可以坦诚地谈论禁忌话题，又可以不受惩罚。正如奥斯卡·王尔德所说："如果你想让人们知道真相，请先让他们大笑，否则他们一定会报复你。"[54]

9

交谈

聆听者与陈述者的博弈

在语言学家和进化心理学家看来，人类语言的起源问题是一个令人着迷的谜。早在 1866 年，为了避免辩论双方凭空猜测、[1]相互猜疑，巴黎语言学会不得不禁止讨论此话题。然而，在这一章里，我们要将我们的语言官能看作“天生的”，这样我们才能关注一个虽然不同但却与此相关的问题，那就是：到底是什么促使我们真正地去使用我们的语言官能（比如说在一些比较随意的交谈当中）？首先我们会谈一谈人与人之间的交谈，然后再谈一谈大众传媒和学术界里的对话。

分享信息

据估计，人类处于清醒状态时大约有 1/5 的时间是在交谈，[2]而且交谈的形式各异：我们会提出问题、发号施令、做出承诺、宣布规则，甚至漫骂。多数时候我们都是在闲聊，偶尔也会讲一些故事或是吟诵诗歌；我们会争吵、自夸、奉承、威胁、开玩笑（这其中不包括语言的欺骗性用法[3]）。但对于大多数的观察者来说，分享信息这一功能是最为突出的，可以说这是语言交流当中名副其实最重要的一个功能。[4]因为不管我们是在陈述事实、解释原理或是传递信息，我们都是在分享某种特定的信息。我们所写的大部分东西，比如书、博客、使用手册、新闻稿件、学术论文都属于这一类，就连聚在一起八卦也是分享社交信息的某种特例。

在非语言交流中也有类似语言的信息分享功能——“指示”。食指可以表示“看那边”的意思，或者我们也可以用双手捧着一个有趣的东西给其他人看——“有趣吗?”9~12 个月大的婴儿会做出这样的动作。[5]他们不是想求助他人，而是想用自己的方式来将大人的注意力转移到有趣的事物上来。大人们真的转移了注意力之后，他们也就心满意足了。人类大多数的言语行为恰好也是如此。

如今，我们一不留神可能就会夸大信息分享的价值。我们之所以痴迷于语言的这一功能，有一部分原因是它是我们所有最伟大成就的基础，特别是对于我们这些生活在大型工农业文明社会里的现代人来说。正是语言使我们积累了文明与智慧，接触到了数学、科学和历史，也使我们得以更好地经营企业、治理国家。艾萨克·牛顿曾说过:“如果说我看得比别人更远些，那是因为我‘站在巨人的肩膀上’。”而对于我们来说，语言也是在过去的语言的基础上不断进行改进的。

我们使用语言的这样一种本能并不会自行进化，从而帮助我们完成科学研究或是缔造帝国。当我们面对这些令人生畏的现代奇迹时，应当小心谨慎，以免它们遮蔽了我们的思想。[6]至少在 5 万年前，在人类成为地球的主宰之前，我们祖先的语言系统就在不断进化了。[7] 随着交谈动机的深挖，我们要牢牢记住，我们的祖先是在竞争性环境中求生存和繁衍的困兽。无论他们怎样使用语言，其目的都是帮助自己实现与生理相关的目标，并不断使自身的效率超过同伴。

成本与收益

要理解任何一种行为，首先要理解其成本与收益结构。交谈是双行道，所以我们要探究“听”和“说”这两种行为的成本与收益。

接下来，我们将重点介绍心理学家杰弗里·米勒以及计算机认知科学家让·路易·德萨勒在这方面的一些见解。他们各自出版了一本书，分别叫作《求偶心理》(*The Mating Mind*) 以及《我们为什么要交谈》(*Why We Talk*)。在这两本书当中，两人就陈述者与聆听者之间的“礼尚往来”这一话题发表了一些引人深思的见解。在他们看来，陈述者和聆听者将交谈看作严重受制于经济学及博弈论的交易（礼尚往来）。[8]

“听”相对简单，首先就让我们来看一看“听”这种行为吧。聆听的成本低廉，[9] 但好处颇多，可以让我们感同身受。这并不是聆听的唯一益处，但却是重要的益处。作为聆听者，我们需要通过其他人的眼睛去看这个世界，通过他们的耳朵去聆听，通过他们的大脑去思考。比如说，如果你的朋友比你先发现老虎，他可能就会大叫“小心！”以示警告，你也由此逃过一劫。再比如，如果你的祖母能清晰地记得 60 年前族群里所发生的一切，而那时你还没出生，那么她就能跟你分享相关的故事，你也就不会再犯前人犯过的错误了。

但如果我们过于关注听的收益的话，那么我们就会误以为语言的进化几乎是无法避免的。但事实上，据我们所知，复杂的语言进化只会出现在一个物种中。[10] 接下来，让我们来看一看这种“礼尚往来”的另一面——“说”。我们先来看一看“说”所需要耗费的成本。

有人天真地认为，“说”根本不需要任何成本——无非就是在我们把思想变成句子时，声带会振动，神经元会被激活而已，但这仅仅是冰山一角。考虑得更周全一点儿，我们会发现，说话其实耗费了两种更大的成本：

1. 机会成本：失去垄断信息的机会。正如德萨勒所说：“如果一个人总是想着将最新的信息传递给他人，那么他将丢失作为第一信息人的优势。”[11] 如果你告诉别人你发现了一片新的浆果地，那么原本属于你一个人的果子就会被众人一抢而空。同样，如果你教别人如何制造一种新工具，那么过不了多久，每个人就会复制出一模一样的工具，到那时，你的工具就不再具有吸引力了。

2. 率先获得信息的成本。为了增加谈话的趣味性，我们往往会在交谈前费时费力地搜集相关素材。[12] 有时这么做的潜在风险是巨大的。而且对于一些事情，我们仍无法给出相应的解释。比如说，一个探险者在经历了艰辛的探索之后好不容易发现了一些可贵的信息，但为什么她的第一选择却是赶回家向他人传递这千辛万苦才获得的消息，而不是默默将其藏在心里呢？

考虑到这两种成本，我们觉得制胜法则似乎是放轻松，保险起见，还是让别人费心费力地搜集新信息吧。他们总归是会和我们无私地分享这些信息的，那么我们为什么还要自己费心呢？

但这并不是人类的本性，我们不是懒惰且贪婪的聆听者。相反，我们非常好奇，而且乐意与他人分享我们的好奇。那么为什么我们会想要说话呢？人类有一个习惯，那就是会和他人分享我们所获得的信息，而这样的话，信息就会失去一定的价值，所以我们得先找到一个足够大的益处去抵消由此产生的成本。如果陈述者在交谈中只给出了少量的信息，赠予的礼物少之又少，那么聆听者会做出什么样的反应呢？

说话的收益：互利互惠？

有一种答案，尽管不够全面，但是直截了当：陈述者的好处在于有所回报，他们的内心活动往往是："如果你有办法回报我，那我就会和你分享一些信息。"[13]

我们不妨将其称为"互惠交换理论"。按照这种观点，陈述者和聆听者是两种可以互换的角色。就好比两个生意人在路上偶然碰上了就开始互换货物一样。乍看之下，这种角色互换似乎是想通过提供足够的好处去抵消陈述者的成本，最后达到两者收支平衡的状态。但仔细观察一番就会发现，我们无法用这一理论来解释一些令我们感到困惑的行为。

困惑一：人们并不会随时追踪交谈中所产生的"负债"

如果说话这一行为是一种恩惠，那么我们可能就会认为，陈述者为了获得相应的信息回报而随时追踪聆听者。[14] 但这种记账的做法似乎只适用于像分享食物这样比较简单且考虑周到的恩惠，并不适用于像交谈这样略显复杂且模棱两可的情况。该用 10 件琐事还是 100 件琐事来换取一则有料的八卦？对于这一点，我们无从得知。

实际上，在与他人进行交谈时，我们是不会去时刻追踪这些所谓的“负债”的。这就好比我们并不会憎恨那些话很少的朋友一样。反之，我们会无拘无束地与他人交谈，在这一过程中，我们所要求的只不过是有人听、有人能理解而已。我们甚至还可以不求任何回报地对着一屋子人讲话，也可以不求回报地写上一篇供数百万人阅读的文章。[15]

困惑二：人们更渴望诉说而不是聆听

如果谈话仅仅只是为了交换信息的话，那么我们可能就会成为贪婪的聆听者或者吝啬的陈述者。[16] 但恰恰相反，我们发现人类更渴望抓住每一次说话的机会。[17] 事实上，为了发出自己的声音，我们经常争先恐后。比如，我们常常会打断别人的话或者用自己的声音盖过对方的声音。而且，当我们聆听他人说话时，我们并不怎么在意对方说的内容，其实我们满脑子想的都是接下来我们自己应该说些什么。

而出于对谈话礼仪的考虑，我们不得不克制自己说话的冲动。如果说话是一种给予的话，那么“无私的”一言堂就是一种不失礼的行为。但事实恰恰相反，说太多或者“成为麦霸”都是一种粗鲁的行为，而邀请别人加入谈话或是询问宴请对象有关的爱好反而是一些比较合乎礼仪的行为。

这样一些与我们预期相反的事实不仅仅反映在我们的行为当中，还反映在我们的器官构造当中。下面这段文字同样引自米勒：

> 如果说话是语言的成本而聆听是语言的收益，那么承担信息利他主义责任的说话器官将永远处于基础的、保守的状态，永远只能口齿不清地喃喃自语。相反，获得了信息的耳朵则会进化成一个大型助听器，这个助听器可以旋转至任何方向以吸收所有由我

们同伴提供的有价值的信息，尽管同伴可能心不甘情不愿。而事实恰恰相反：人类的耳朵和类人猿的耳朵一样，几乎一成不变，不曾进化。而我们说话的器官却有了大幅度的进化。由此，适应新环境的重担也就落到了说话而非聆听上了。[18]

上述引文告诉我们：人类从说话中所获得的收益似乎要多于从聆听中所获得的收益。

困惑三：关联标准

根据互惠交换理论，谈话应当自由自在、恣意发挥，交谈双方轮番分享新信息，交换互不关联的信息。比较典型的例子是这样的：

A：我跟你说，亚力克斯和詹妮弗终于订婚了。

B：哦，谢谢。你知道总统正准备通过一个新的医疗法案吗?

A：嗯，我听说了。

B：你已经知道了啊。那……你知道大学路那里刚开了一家希腊餐馆吗?

A：哦，我还不知道呢。谢谢。

当然，交谈者也可能会顺着话题提出一些问题。但一旦他们的好奇心得到了满足，他们可能就会想要分享自己所掌握的一些新信息，就算这些信息与之前谈到的话题毫无关联。

但人类之间的交谈其实并不是这样进行的。相反，我们发现，交谈者因为关联标准的存在而感觉受到了限制。[19]一般说来，我们所谈论的内容一定要和当时当地的话题或任务密切相关。当然，交谈时，我们可以天马行空，但是理想的状态应该是信马由缰。一个人若是频繁转换话题或过于唐突，那么就算是他能提供一些有用的信息，别人也一定会觉得他很粗鲁。

困惑四：交换次要信息

互惠交换理论的最后一个问题在于，人类似乎很喜欢在信息交换的过程中忽视一些最有利可图的信息。比如说，从信息交换的角度来看，这会使利益最大化，但是两个人初次见面时一般不会谈论他们所知道的最重要的话题。而且在面对亲朋好友时，我们一般也不会问像“你此生最大的教训是什么？”这样的问题，我们自己也不会主动提供这样的信息。虽然我们偶尔也会这样做，但在大多数时候，我们更喜欢和人们聊一聊最近的新闻（稍后详述）、新电视剧等等，然后就一起舒舒服服地沉浸在闲聊的快乐之中。

解决方案：性和政治

米勒和德萨勒认为，要解开这些困惑，就不能再把交谈看作是信息交流的一种形式，我们应当努力看到说话所能产生的收益，而不仅仅只是关注在将来能获取更多信息的这一收益。[20]

具体来说，在这两位科学家看来，说话其实就是为了炫耀。为了给听众留下深刻的印象，陈述者会不断地说出一些令人印象深刻的话。这恰恰说明了陈述者在付出了上文所说的代价之后是如何获得补偿的：不是实物补偿，不是信息互换的方式，而是提升了其在聆听者眼中的社会价值。

根据米勒的理论，陈述者主要是想给他们潜在的配偶留下深刻的印象，而根据德萨勒的理论，陈述者主要的听众是他们潜在的盟友。虽然这两种理论看似矛盾，但就整体而言，两者其实是相互兼容的。德萨勒的盟友论所涉及的范围更广一些，所以我们常常把米勒的求偶论视为盟友论的一个特例。换句话来说，配偶其实只是一种特殊的盟友——我们与配偶结为盟友，目的在于生儿育女，而不在于获得社会、专业或者政治方面的利益。[21]

你可以想象一下，每个人都背着一个装满了工具的神奇背包。你可以随时从包里拿出一个工具，一旦你拿出一种工具，它就立马会被复制（这就是它的神奇之处），但那个原始工具仍保留于你手。每次你取出一个工具的时候，就会获得一个相应的副本，但你只能得到你所拥有的工具的副本。这样看来，背包工具分享的过程和我们大脑分享信息的过程一样：在付出的同时，我们并不会丢失原本属于我们的东西。

想象一下，你碰到了一位老同学，我们姑且叫他亨利吧。你们俩开始交换工具。总而言之，你可以对亨利采取两种态度：把他当作你的生意伙伴，或是把他当作你的潜在盟友（说是配偶也可以）。如果你是把他当作你的生意伙伴的话，那么你会更多地关注每次他会拿出什么样的工具来与你进行交换，也就是说，你希望他与你交换一些你没有的工具。而如果你把他当作潜在盟友的话，你就不太会关注他有哪些具体的工具。相反，你更关注的是对方背包的容量。因为当你和他合作时，你需要及时得到他背包里的所有工具。即使每一次对方都给予你一些有用的工具，你也会觊觎对方的背包。如果你不能直接看到对方背包里有些什么，但是他能在你的要求下拿出各种工具，你就可以通过他拿出的各式各样的工具来判断其背包的容量了。对方拿出的工具越多，就说明他背包的容量越大。也就是说，你要寻找的其实是一个装满了工具的背包，这些工具必须是全新的且有一定的用处。如果你的老同学亨利不断地用一些新的、有用的工具来取悦你，也就说明他想通过这样的方式来证明自己背包的质量及其作为盟友的价值。

交谈也是如此。交谈双方既把彼此看作贸易伙伴，也看作潜在盟友。通常，我们认为陈述者会为了给听众留下深刻的印象而告知对方一些新的且有用的信息。但是事实本身是次要的，对于陈述者来说，他们更需要证明自己是一个有吸引力的同盟者，也就是说，陈述者更渴望向对方炫耀自己的“背包”。

作为一名陈述者，你可以通过很多种方式来展示自己的技能：你可能像一本行走的百科全书那样熟知许多话题；你可能很机灵，匆忙之中就能推断出一些新的事实并做出相应的解释；你的视觉和听觉很灵敏，能够注意到其他人所忽视的一些事情。当然了，你也有可能接触了大量颇有价值的信息源，所以对新闻、八卦以及流行趋势都了如指掌。但只要你有能力给聆听者留下深刻的印象，他们就不会特别关注你是如何做到这一点的。而且如果你是可靠的信息来源，那么你就有可能成为联盟中的优秀成员，特别是当联盟碰到一些无法预见的情况时。换言之，聆听者并不关心你和他们分享了什么样的工具，他们真正垂涎的是你的背包。

我们还可以换一个角度来看这个问题。一般而言，在聆听者看来，陈述者所说的每一句话都包含了两层含义，分别是表面含义（text）和潜在含义（subtext）。“我这儿有一个新信息”表达的可能是表面含义，而“我就是知道这个信息的人”则是其潜在含义。有时候，表面含义比潜在含义更重要，比如某朋友向你透露的一个股票信息。[22] 但在大多数情况下，潜在含义比表面含义重要。比如，你在面试一名求职者时，绝不是为了从对方身上学到一些新的专业知识，可你还是会和对方讨论相关话题。因为你得通过交谈来衡量他的工作能力，弄清楚对方是聪明的还是愚蠢的，他是否具有团队精神，以及其“背包”的容量和实用性。[23]

在一些比较随意的谈话中，聆听者既能接触到表面含义，也能接触到潜在含义。从某种程度上来说，我们所关注的是表面含义，也就是信息本身，但是我们也关注潜在含义，即陈述者是否具备潜在盟友的资质。这样看来，谈话对交谈双方来说都是一次面试，我们每个人都是在“应聘”朋友、爱人以及领导者这样的“职位”。

所以，谈话从表面上看似乎是在尝试进行信息分享，但从潜在含义上看，我们发现，谈话不仅能让陈述者充分彰显自己的才智、观点、地位以及智慧，还能让聆听者快速地找到合适的盟友。接下来，让我们看一看交谈当中所隐含的两大动机。

爱人与领导者

米勒认为“人类的求爱方式大多是与语言相关的”。[24] 而且他还猜测，大多数夫妻在结婚生子前（如果他们真的会这么做的话）就已经通过交流说出了近 100 万个单词，[25] 这一交流量无疑是巨大的。选择配偶的风险极大。所以我们在做这一抉择之前会想要更多地了解我们的另一半。通常来说，我们都是通过语言来获得一些有关对方的显性信息的。比如，我们会直接跟对方说：“能和我聊聊你的童年吗?”但我们所获得的大部分信息都是在聆听对方说了些什么以及观察他们说话的方式之后推断出来的。威廉·莎士比亚写道:“整个世界是一个舞台。”通过这一描述,莎士比亚不仅想告诉我们世界作为舞台的广阔性,更想彰显自己的语言造诣以及其良好的遗传基因。

而对于全世界的领导者来说,交谈以及演说技巧都是十分宝贵的特质。当然,我们也需要勇敢、大度、强健的身体以及广泛的政治人脉。但最重要的一点还是要会说话。如果一家公司的首席执行官是公司里最不善言辞的人,那么是不会有多少人愿意在这家公司工作的。同样,我们也不会为那些说话结结巴巴、喜欢喃喃自语而且思维混乱的政治家投出宝贵的一票。我们需要的是那些思维敏捷且能证明自己拥有这种能力的领导者。[26] 罗宾斯·伯林曾写道:“在绝大多数社会里,要成为领导者,首先得拥有高超的语言技能。”[27]

我们总是争先恐后地想成为潜在的爱人或潜在的领导者,而这也向我们进一步解释了,为什么在交流想法的时候语言就变得复杂了。这或许就是语言学家约翰·洛克所说的“言语之羽毛”(verbal plumage):[28] 比起平淡的说辞,人们更易记住那些华丽的说辞。

困惑再次袭来

说话是为了炫耀“背包”,这种理论解开了我们此前的一些困惑,这些困惑是互惠交换理论无法解释的。比如，它解释了为什么我们更愿意不停地表述自己的观点而不是安静地坐在那里“自私地”聆听别人的想法？交谈的主要乐趣不在于信息交换，而在于其产生的潜在价值。换句话说，我们交谈是为了找到优秀的“盟友”，或者把我们自己作为优秀的“盟友”给推销出去，而为了在这场“战役”中获得荣誉，我们必须开口说话，也必须炫耀我们“背包”里的“工具”。

再比如，为什么人类不会记录交谈中的“负债”？对此，“背包”理论也给出了很好的解释：因为在交谈中根本就不会产生负债。说话这一行为本身就是一种奖励（我们的言论会在一定范围内得到他人的赞赏）。你可以同时和 10 个或 100 个人分享信息，而且如果你充满自信、能言善辩，那么在潜在内容层面你也会获得相应的奖赏。

但为什么陈述者的谈话内容还要与话题相关呢？既然陈述者传递的是一些高质量的信息，那么为什么聆听者还要关注信息与话题的相关性呢？一种比较合理的解释是：要记住一些细节末节的东西，再一股脑儿地倒出来，其实易如反掌。对于百科全书里的内容，陈述者可以倒背如流，但我们无法察觉到他传达信息的那种天赋。同样，当你第一次遇见一个人时，你更想从对方身上观察到这样的天赋，而不是去交换你们彼此在人生当中所获得的重要信息。换句话说，聆听者通常会比较愿意聆听那些能随着话题的展开侃侃而谈的陈述者，而不是那些已经准备好了话题继而把话题引向自己熟悉的领域的陈述者。

如果我们再回过头来看看“背包”理论的话，就会发现关联的重要性。如果你的兴趣点主要在交易上，你可能就会问对方：“你的背包里有什么对我有用的工具吗？”如果这时你的伙伴拿出了一些你从没见过的工具，那么你便会万分感激并思考如何去回报他。然而每个人都会有一两个令人吃惊之处，所以真正的考验在于你的盟友是否能够不断地拿出一些你从未见过，而且和你现在所面临的事情相关的工具。举个例子，你对你的盟友说："我正在建一个鸟巢。"对方回答道："太棒了，我刚好有一把木锯。"对方的回答正合你意。所以你接着问："那我怎样才能把这些木头拼在一起呢？"对方会说："别担心，我这里有专门的胶水。"这真是太棒了，你心想。你又满怀希望地问："我可能还需要一个喂鸟器。"听罢，你的盟友沉思了一分钟，然后在"背包"里翻来翻去，最终找到了一个大小刚好合适的塑料喂鸟器。而这时你感到非常震撼。他似乎拥有所有你需要的物品，而且在你正好需要的时候提供给了你。你猜想他的背包里一定装满了许多有用的物品，所以你会选择继续与对方交易，你会越来越渴望能与对方进行合作，继而进一步了解他背包里还装有哪些能让你大吃一惊的物品。[29] 这一点是符合人类心理的：我们通常都会希望我们的盟友拥有一整个沃尔玛超市，而不仅仅是一些琐碎的小东西。[30]

"背包"理论还让我们明白，如果聆听者认为他们所获得的信息是最新的且极具价值的话，他们是会如实反馈给陈述者的。而在互惠交换理论里，我们会习惯性地贬低对方所提供的信息，而这只是为了少"亏欠"对方一点。在对方给我们提供相关信息时，我们可能会冷冷地说上一句："我已经知道这个信息了。"哪怕事实并非如此。这时的我们就像故意贬低旧戒指价值的当铺老板一样（事实上这枚戒指价值不菲）。这主要是因为陈述者无法直接看穿聆听者的心思，所以他们无法做出相应的判断。我们发现，聆听者是绝不会欺骗陈述者的。反之，他们往往很乐意去赞赏陈述者的一些独到见解，而这种赞赏并不是获得信息后的一种回报，而是对陈述者的一种尊重。在他们看来，陈述者是他们的盟友而不是交易伙伴。[31]

名望

为了解释交谈这一行为，我们运用了政治学术语，即货比三家、寻找盟友。正如我们之前所谈到的，陈述者总是会试图展现其作为盟友的价值，而聆听者则会评估陈述者是否有资格成为其潜在的盟友。这是谈论“名望”（我们在第2章中介绍了这一概念）这一更为笼统的概念的一种方式。而且虽然我们会从多种角度去看待“名望”一词，但我们也将“名望”视为“一个人作为盟友的价值”的同义词。

现在，我们知道“能言善辩”和“能说会道”能提高一个人的声望（当然了，还有很多种提升方法）。而我们所拥有的最重要的“工具”就是对他人的尊重与支持。所以，你不仅可以通过展现自己惊人的能力（比如能说会道、能言善辩）来获得声望，你还可以通过标榜出类拔萃的人选择你作为盟友来提高自己的声望。这样的话，那些有声望的人可能会更愿意和你交谈或者告诉你一些其他人还不知道的重要事情。在这种情况下，你实际上得益于他人的名望（二等名望），聆听者也可以通过这样的方式沾到光。

对于我们远古时代的祖先来说，他们只有在进行面对面交谈的时候才会进行这样一种政治活动。打个比方，你正在和一个人进行面对面的交谈，如果你对对方所谈论的内容很感兴趣的话，就会立即试着去和对方建立关系或者加深你们之间的关系。但如果你对对方所谈论的事物毫无兴趣的话，便会试图与其保持距离并且淡化你们之间的关系。

而在现代社会里，印刷术、电视以及互联网在不断快速发展，这让我们拥有了更多能与他人交谈、聆听他人谈话以及与他们扯上点儿关系的机会。因此，如今我们拥有各式各样的交流形式，也更能获得一些得益于他人的名望。现在，让我们详细讨论一下两种更为宽泛的对话形式吧：新闻和学术研究。我们在新闻和学术研究中的动机与我们在私人谈话中的动机有很多相似之处。

新闻

比起那些只看报纸的人，那些什么都不看的人的受教育程度更高一些。

——托马斯·杰斐逊[32]（据称为其所言）

如今，人们对于新闻有一种前所未有的痴迷。我们再也没有耐心等着报纸每天送到家门口，也没有耐心每天等到 6 点准时收听电视广播。每天的 24 小时，我们随时能获得最新资讯，因为我们的口袋或钱包里就装着迷你电脑，我们会时不时地掏出来刷新一下。虽然我们查阅新闻的方式改变了，但对于新闻的关注度却一点儿也没有降低。米切尔·斯蒂芬斯曾在其经典著作《新闻的历史》（*A History of the News*）中这样写道：

> 大概 275 年前，人们还没有发明收音机、电视、卫星和电脑。人们的大多数信息都是在咖啡馆里获得的。而让我们惊讶的是，即便是在那样一个时代，英国人就已经认识到，人们对于新闻的渴望达到了痴迷的程度。但是渴望新闻的不只是英国人。比如说，在公元前 4 世纪中叶的时候，德摩斯梯尼也曾说过，他的雅典同

胞们十分热衷于交流信息……观察家们总是说文盲和半文盲对于新闻极为关切。[33]

为什么人类一直这么痴迷于新闻呢？如果有人问我们为什么会对新闻有如此浓厚的兴趣，我们经常说："与时俱进是一种美德。"比如说，1945 年，纽约曾爆发了一起报社罢工事件。社会学家伯纳德·贝伦森向其同胞们提出了这样一个问题："人人都得读报。这一点非常重要吗？"几乎每个人的回答都是："是的，非常同意"。而且大多数人都提到了公众事务世界的"严肃"性。[34] 据斯蒂芬斯称，贝伦森了解到：

读者还会将报纸用作其他不甚高尚的用途，比如说：他们会通过阅读报纸来获取一些有关于电影、股票和天气这样比较实用的信息；他们会通过阅读报纸追踪名人的生活（小到新闻故事里的人物，大到专栏作家）；他们会将报纸作为"打发时间"的消遣之物；他们会将报纸里的内容作为与他人交谈时的谈资。[35]

这样看来，我们的祖先通过追踪新闻来获取实用信息的做法是可以理解的，就像如今我们也会通过阅读报纸来获取电影、股票和天气等实用信息一样。毕竟，他们和我们现代人不一样。作为现代人，我们可以轻而易举地上谷歌搜索一些相关信息，但我们的祖先却无法做到这一点。需要注意的是，能够在谷歌上快速搜寻到所需要的信息并没有削弱我们对于新闻的渴望。除了新闻之外，现在我们读得最多的可能就是社交媒体上的帖子了，即使其中只有一小部分内容具有实用价值。

还有一些线索表明，我们人类在利用新闻的时候，并没有尽到自己作为一名优秀的公民应当尽到的义务（尽管我们会找出一些冠冕堂皇的说辞）。比如说，在投票时，对于一些有用的信息，我们总是置之不理。这些有用的信息包括关于特定政策的具体细节、正反观点以及每个政客对于不同政策的态度。相反，我们似乎是将投票看作一场赛马比赛，我们只是简单地表达自己支持或反对不同的候选人，而不是下大力气想要搞清楚谁应该获胜（详见第16章关于政治的讨论）。

我们对于信息来源的准确性总是漠不关心。虽然金融博彩市场可以给我们提供一些及时、精准且公正的信息，但在谈论许多无关商业的问题时，我们还是会任由一些合法的障碍阻碍类似信息传播。[36] 几年前，罗宾获得了一条可靠的信息：华盛顿特区有一家大型媒体公司组织了一个团队，耗时数月，对声名显赫的专家们预测的准确度进行打分。然而，调查结果显示，这些所谓的专家所做出的预测其实非常离谱，紧接着该项目便被取消了。如果消费者关心的真的是这些专家预测的准确度的话，那么此类“曝光”事件会更多——我们最好去寻找并关注那些能够精确预测的为数不多的真专家。相反，只要这些专家够迷人，口齿够伶俐，和我们心有灵犀并且有高尚的血统，我们就会被他们自信且专业的表象蒙骗，并对此深感满意。

如果我们把阅读新闻看作获取有用信息的途径，那么交谈行为中的这些模式就让人有些费解了。但如果我们是将阅读新闻看作比小型谈话还要更为宽泛一些的交谈的话，这些模式还是有其存在的意义的。就像在面对面的谈话当中，我们必须谈论时事一样，在这样一种更为宽泛的新闻对话中，我们也必须围绕若干个热点话题展开讨论。这些话题的中心必须突出且范围不能太广，因为政策分析者认为，只有讨论近两个星期内的新闻才是有意义的（这里涉及我们前面所讲的相关性标准）。

对于我们这些新闻消费者来说，我们往往会争先恐后地赶在他人之前了解有关这些热点话题的信息，这样我们交谈起来才不至于云里雾里的，这样我们的言谈才会给人留下更深刻的印象。我们更喜欢阅读一些由知名人士所撰写的新闻或是有关知名人士的新闻，因为这可以帮助我们更好地了解并且贴近他们的生活。

专业报刊的出版量正在缓慢下降，但业余写手的异军突起正在缓解这一现象（不是在质量上，就是在数量上）。想想那些一直在写博客或者在推特和脸书上分享链接的人，他们花了多少时间呀！他们当中没有多少人获得了经济上的回报，但他们一直在以另一种方式得到补偿。

学术研究

人们总是会忽视一些更为重要的事，转而忙于一些不那么重要的事，这一点对我来说是多么不可思议。

——罗伯特·特里弗斯[37]

大学、智库以及企业实验室里的研究者总是厚着脸皮解释，为何他们的经费如此庞大：我们所做的研究为人类看待重要问题提供了更多视角，并能使人们更深刻地理解这些问题，同时引发了更多的创新，也促进了经济的发展。而事实也是如此。但我们可能还是夸大了研究给我们带来的好处，[38]我们完全有理由怀疑这些研究真的就是学术界发展的主要推动力吗？

和新闻以及私人交谈一样，在学术“对话”中，夸夸其谈，想给他人留下深刻印象的人并不在少数。[39]虽然研究者们有时不愿承认这一点，但我们还是可以清楚地发现，他们是渴望获得学术声望的。为了获得这样一种声望，他们会和有声望的导师一起工作，攻读著名学府的学位，在著名期刊上发表文章以及获得著名机构的资助，然后再利用声望在知名机构里找一份安稳的工作。正如米勒所说："科学家们只在会议上争取发言的机会，而不是聆听的机会。"[40]

但所有这些现象只是从供给侧解释了，为什么学者都想要做研究、出成果。那么做研究有什么样的要求呢？我们发现，研究学者对于研究的潜在价值并不过于苛刻，他们更注重的同样也是声望。对于大多数的赞助机构和用户来说，研究的"表面内容"（对现实做出了什么样的阐释以及其所提供的信息的重要性和实用性）似乎没有"潜在内容"（该研究体现出了研究者具有怎样的声望以及这种声望是如何再一次反映在赞助机构和用户身上的）那么重要。

打个比方来说，有些教授在某些研究领域成就卓著，大学生趋之若鹜，哪怕学费贵一点儿，他们也愿意上有这些教授的大学（同样，未来作为校友，他们也愿意捐更多的钱给这样的大学），就算他们当中很少有人真正地研读过这些教授的文章或是参与到教授的研究工作当中（甚至很少有学生会在挑选学校时认真比较每个大学的研究质量）。还有一点我们需要知道的就是：教授的声望和他的教学水平几乎毫无关联。

尽管如此，还是会有一些学者热衷于阅读这些教授的文章并在自己的作品里引用相关研究。这也是一种消费。和新闻以及日常交谈一样，这样的研究性"交谈"通常都会聚焦于一些最近比较热门的话题。然而，一个领域越受欢迎，相关研究的可靠性也就越低。[41] 这些热门话题可能风靡数十年，而与这些话题无关的研究往往会遭到忽视（尽管没有任何证据说明它们的价值低于热门话题相关的研究）。事实上，越是冷门的领域越有可能产生亮点，只不过它们与时兴的话题有些格格不入而已。[42] 于是，那些研究内容不与热门话题相关的研究者们的引用率自然就不高了（即使其中少数人也会有重大且有趣的发现）。

一般来说，如果资助机构不预付研究经费，而是像X大奖赛或美国国防部高级研究计划局（DARPA）超级挑战赛那样预先设计好项目，只提供奖金，[43] 那么它们很可能可以以更低的成本获得预期的研究成果。[44] 当然，从资助机构的角度来看，设置奖金存在一大问题，那就是无论获胜者是谁，资助机构都必须给钱，因此它们也就少了审时度势的机会。这样一来，资助机构与研究者之间就少了很多的交流机会（和赞助商与艺术家一样的交流机会）。毕竟交流的机会多了，资助机构才有望在与研究者的互动中获得声望。

最后，让我们看看学术论文评审专家。他们的工作就是评估相关研究是否可以出版并获得相应的资助。评审专家或许可以称得上学术声望的最重要把关者，所以我们希望他们只批准那些最优秀的论文和申请书，也就是说，只批准那些最有价值的“表面内容”。不幸的是，在他们身上，我们也发现了存在于政治物种身上的那种偏见。他们似乎更加关心研究的声望指数以及这些指数是如何影响他们和他们的机构的，而不是研究本身的内容和社会价值。

首先，这些评审专家一般很难在“何为优秀”这一问题上达成一致意见，而且他们的评判标准极具个人风格。[45] 与其说他们录用的是“优秀”作品，不如说他们认可且偏爱那些早已声名卓著的行家里手（一看名字不就知道谁是行家里手了吗？而如果遇到盲审，调查一番或者根据自己对本研究领域的了解，稍加猜测便可知道作者是谁）。比如说，有一项研究表明，论文发表不久后换上不知名的作者姓名和机构名，再次投给同样的期刊，其中只有 10% 的论文会被发现曾发表过，而在剩下 90% 的论文里，换了新作者名的论文被采用的概率只有 10%。[46]

当然了，同行盲审时确实也会采用新研究者或圈外研究者的论文。但就其长期经验而言，罗宾认为在这些例子里，评审专家通常看的是投稿者能否给他人留下深刻的印象。也就是说，评审专家十分注重文章脉络是否清晰、文字是否讲究，即论文是否涵盖了每一个可能产生歧义的要点和细节。他们十分偏爱那些看似高深的论文，但绝不会关注该论文能带来怎样的长期社会效益。

为了提高期刊论文录用与发表的准确性，人们提出了不同的改革方案，如在评审过程中抹去结论部分等。[47] 但此种改革方案束缚住了期刊的手脚，使它们无法挑选出一些声望更高的作者的论文。长此以往，我们也可能会对此类期刊丧失兴趣。

书中的大象

也许你们还不够清楚，其实本章主要解释了我们编写和出版这本书的“隐性”动机。说得直接一点儿就是，我们想要给你们留下深刻的印象并且获得相应的声望，希望我们目前为止所谈到的这些内容能够证明我们“背包”的容量和质量。

罗宾是一名学者，而通常来说，衡量一名学者的标准就是其发表论文的数量及其影响因子，所以我们希望这本书能为罗宾的简历锦上添花。与此同时，作为一名学术圈外人，凯文主要把这本书当作一个面子工程，这可能不会对他的工程事业产生多大的影响（编写软件会让他获得更大的声望），但他也很想让自己的名字变成铅字，印在书的封面上。

当然了，我们这本书还是挺有趣的，大家可以在闲暇之余阅读本书并参与许多饶有趣味的话题讨论。与此同时，我们也希望你们能够好好享受我们的劳动果实，并从中学到一些有用的东西。但不得不说，如果著书立说无法提升我们的名望，我们何必大费周章呢？[48]

毫无疑问，我们在满足这一动机的同时也做了许多权衡，甚至放弃了一些听起来更高尚的动机，比如让我们的读者从本书中获得最大的价值。本书可能略显冗长，毕竟，陈述者就是啰唆，所以我们或许可以努力使本书的语言更加简单明了、通俗易懂、易于消化。当然，这么做也可能影响本书的学术性。而且我们本可以将这本书作为免费的或是便宜的电子书来自行出版的，但我们还是选择了在一家著名的出版社出版本书的纸质版。毕竟，我们也是注重学术声望的。希望读者们可以原谅我们的这些小小罪过，因为我们竭尽所能放弃自私的动机，尽量不说教或避免过度说教。

10

消费

“一忘皆空”的场景联系

1930 年，经济学家约翰·梅纳德·凯恩斯发现，在 19 世纪至 20 世纪初的这 100 多年间，创新与经济发展的势头十分迅猛。由此他在一篇名为“子孙后代之经济潜力”（*Economic Possibilities for our Grandchildren*）的文章中做了相关预测。想必大家对这些预测都耳熟能详了：21 世纪的经济发展将给我们带来极其丰富的物产，既唾手可得，又价格低廉，而这将满足我们人类所有的物质需求。进入 21 世纪之后，工人每周最多只需工作 15 个小时。工作之余，工人们有大把时间接受艺术的熏陶、娱乐，也可以抽出更多时间陪伴朋友与家人，即有望拥有高品质的生活。[1]

2030 年就在不久的将来，但我们都心知肚明，要实现凯恩斯所预测的“休闲社会”仍然任重道远。实际上，我们当中的大多数人现在的工作时长和 100 年前的祖先的工作时长是一样的。[2] 然而，正如许多观察家所指出的：现今最贫困的人群也要比过去的国王、王后过得滋润。

既然这样的话，那么我们为什么还要如此勤奋地工作呢？

我们中的大多数人或许已经意识到了，答案无非是我们深陷于激烈的竞争当中，无法自拔。或者，用我们在本书中使用的术语来说就是：我们深陷于竞争性信号的博弈之中。要知道，不管经济发展的势头有多迅猛，性和社会地位的供给都是有限的——而赚钱和消费仍能帮助我们更好地争取性和社会地位。[3]

通过购买物品来炫富的这样一种行为被称作炫耀性消费。言下之意是指人们购买东西并不是为了满足自我，而是为了炫耀和攀比。直到 1899 年，托尔斯坦·凡勃伦发表了其里程碑式的著作《有闲阶级论》后，人们才开始理解这样一种动机。[4] 他在书中对消费者的消费行为做出了更多的阐释，其中大多数观点具有开创性。时至今日，人们依然认为炫耀性消费不足取。

我们总是会质疑那些社会等级比我们高两到三级的人，特别是那些暴发户，真的有必要铺张浪费吗？他们真的有必要住在 1 万平方英尺[①] 的房子里吗？真的有必要戴价值 3 万美元的百达翡丽手表或者开价值 50 万美元的保时捷 Carrera GT 超级跑车吗？当然没有必要，而且那些“奢侈品”有的并不实用，只是我们自己很难发现这一点罢了。[5]

在一名来自印度加尔各答贫民窟的母亲看来（她有 6 个孩子），我们的消费习惯同样张扬、荒唐。这就如同我们看待沙特王子一样：真的有必要在橄榄园餐厅花上 20 美元！！让成群结队的厨师、服务员、碗碟收拾工以及洗碗工为我们服务吗？要知道在加尔各答，一个家庭一整周

① 1 平方英尺≈ 0.093 平方米。——编者注

的食品支出可能都不足20美元。当然了，对于我们自己来说，我们从不会觉得这是一种炫耀性消费。要是有朋友喊我们出去吃饭，我们多么希望自己总能爽快答应啊！如果因为嫌贵而屡屡谢绝对方的好意，我们肯定会因此感到羞愧。吃完饭之后，如果桌子上还有两片面包没吃完，我们肯定不会觉得那是一种铺张浪费。我们只会想："为什么要打包呢？不嫌麻烦吗？"为了两片可怜兮兮的面包而让服务员打包，一定会让你觉得自己很傻。

实际上，我们大家都是炫耀性消费者，只是程度不一罢了。可我们炫富可不仅仅只是为了彰显我们的财富和社会地位。

财富之外

不妨想一下，为什么我们都喜欢买一些所谓环境友好型的绿色产品呢？要知道，电动汽车通常比燃油汽车贵；用土豆做的一次性叉子也要比用塑料做的叉子贵，而且还容易弯曲或折断。

传统观点认为，消费者会出于对环境的考虑而选择购买那些所谓的绿色产品，而不是选择那些更便宜、功能更多或者更奢侈的非绿色产品。那么，这种行为是纯粹利他主义吗？对此，我们深表怀疑。

为了找出其中的一些隐性动机，弗拉达斯·格里斯克维西斯带领一组心理学家于2010年展开了相关实验，希望能发现其中的一些隐性动机。[6]首先，他们让被试者在两种价格相当的产品中做出选择：一种是非环保系奢侈品，另一种是环保系非奢侈品。他们先是让被试者在两款车之间做出选择。这两款车都是价值3万美元的本田雅阁，一款是非环保型高端车型，配有运动型V6发动机、皮座椅、GPS（全球定位系统），以及其他一些奢华的装饰品，而另一款环保型车型则完全没有炫酷的配饰，但配有一个更为环保的混合发动机。他们还让被试者在两种家用吸尘器（大功率型和可生物降解型）和两种洗碗机（高档型和节水型）之间做出选择。

在关于会购买哪种产品的问题上，控制组被试者更偏爱那些非环保型的奢侈产品。而由于实验组被试者事先已有了寻求地位动机，[7] 所以他们对于每种产品的环保型版本都更感兴趣一些。

在另一组实验里，格里斯克维西斯和他的团队先是设置了两种不同的购物场景，然后在不同的场景下询问这些被试者是会购买环保型产品还是非环保型产品。他们要求其中一个小组想象自己是在网上进行购物，也就是在具有私密性的家中购物；要求另一个小组想象自己是在公众场合购物，也就是在实体店购物。他们发现，在公共场合购物时，那些事先就已有寻求地位动机的被试者会更偏爱那些环保型产品。但在网上购物时，他们则更偏爱那些非环保型产品。显然，从这里我们可以看出，他们的动机并不是仅仅只是保护环境那么简单，而是想让其他人看到自己在保护环境。[8]

可想而知，大受消费者青睐的丰田普锐斯混合动力车型制造商，在设计这款独特的车身时是考虑到了这一点的。虽然，一般来说“封闭式”汽车的受欢迎程度要高出很多，但在面向美国市场时，丰田公司选择了生产掀背车而不是普通的“封闭式”汽车。[9] 那么为什么要同时改变发动机和车身呢？可能是因为独特的车身能让汽车看起来更显眼一些吧。[10] 而且无论是驾驶时还是停在路边时，普锐斯都十分具有吸引力。但如果普锐斯看起来和凯美瑞的车型别无二致，那么就不会有什么人注意到它了。

我们对于炫耀性消费的讨论主要是关于人们是如何使用这些产品去彰显财富和社会地位的。但在有的时候，我们想要彰显的可能是更深层次的一些东西。比如说购买混合动力车的人可能并不是想要炫耀自己的财富，而且比起一辆标准的燃油车，普锐斯可能花不了他们多少钱，普锐斯也没有宝马或者雷克萨斯那些高端品牌出名。但普锐斯所彰显的是其亲社会的态度，也就是说，他们想要向我们展示的是他们是好邻居，是负责任的公民。他们在暗示我们：我们愿意抛弃所有的奢华以保护我们的地球母亲。这是一种炫耀性的利他主义行为（详见第 12 章）。

消费者还热衷于彰显以下优秀特质：

- 对于特定亚文化的忠诚。波士顿棕熊队的帽子上写着："我支持本土冰球队，推而广之，所有粉丝和支持者也支持本土冰球队。"AC/DC 乐队的 T 恤衫上写着："我始终和硬摇滚粉丝以及硬摇滚所代表的反文化价值观站在同一阵线。"这些产品的作用相当于为社会成员贴上了标签。
- 摆酷、装时尚、炫耀自己"最潮"。故意显摆自己拥有最时尚的东西或者拥有最热门的新科技产品，充分彰显自己时尚达人的身份——你比其他任何一个人都更早知道流行趋势。
- 聪明才智。魔方不仅仅是一种便宜的塑料玩具，它还可以标榜主人的聪明才智，说明主人具备分析能力，而且勤奋好学。

除了以上这些特质，[11] 我们所购买的产品还可以彰显我们的其他许多特质，比如热爱运动、志存高远、注重健康、循规蹈矩或保持真我本色、年轻或成熟、开放或保守，甚至是我们的政治立场。举个例子来说，蓝色牛仔裤所彰显的其实就是一种平等主义。这是因为牛仔裤便宜又耐穿，保养成本低，他人很难辨别出你拥有多少财富以及社会地位的高低。[12]

要想彰显这些特征，不仅可以通过我们所购买的这些产品本身，还可以通过向他人讲述这些产品的由来以及购买它们的原因。由于我们所讲述的故事不同，所以同样的产品可能会传达出产品所有者不同的特征。举个例子来说，有 3 个人买了同一款跑鞋：爱丽丝可能会说，她买这双跑鞋是因为它们在《跑者世界》(*Runner's World*) 杂志上的评价很高，以此彰显其责任心以及她对跑鞋的运动性能的关注程度；鲍勃可能会说，他买这双跑鞋是因为它们不是童工生产的，以此彰显他对他人福祉的关心；卡罗尔可能会吹嘘自己是在打折的时候入手的，这样就可以彰显其勤俭持家的秉性以及善于"淘宝"的天赋了。

我们常常会和他人讨论我们买的东西，这同样也说明，除了有形的东西之外，我们还懂得通过服务和经历去彰显我们的优良品质。[13] 比方说我们去加拉帕戈斯群岛游玩了一趟，但我们不可能像拎手提包一样把这次旅游"拎"给别人看，所以我们会选择其他方式。比如说频繁地讲述旅途中的趣闻逸事，买一些纪念品回家或是在脸书上晒几张照片，这样也能达到类似的炫耀效果（当然了，我们从旅途中收获了愉悦感，但成就感则源于我们能与朋友以及家人分享这次经历）。购买经历还可以让我们彰显一些无法轻易用有形物质彰显的特征，比如说冒险精神或者勇于尝试新事物的勇气。曾有一名 22 岁的女性花了 6 个月的时间背着背包，独自一人穿越了整个亚洲。她向世人充分展示了自己的好奇心、开放的心胸以及勇于挑战的勇气。而有些方式不用花费那么多的时间和金钱也能让世人感受到一个人的这些特征（尽管可能不是那么强烈），比如说吃奇怪的东西、看外国电影、博览群书。

作为消费者，我们意识到了许多这样的特征信号。我们知道如何通过一个人买的东西去对其做出判断，也知道我们自己所购的物品会给别人留下什么印象。令人惊讶的是，我们很少能够意识到自己的采购决定在多大程度上会受到这些显摆动机的影响。

衣服合身的时候，没有人会注意到。但是，当一样东西与周围的环境格格不入时，我们便会突然感到不适。当一件事物与我们的社会以及个人形象相称或是不相称时也是如此。任何与我们的社会地位不符以及有违亚文化的东西均会让我们产生反感，除非有充分的理由或事出有因。想象一下，如果你是一个有权有势的公司老总，你会背着高中时代的旧书包去上班吗？如果你是一个放荡不羁的艺术家，你会拿着《金融时报》去参加“开麦之夜”（一种开放式的现场表演）吗？如果你是一个蓝领工会成员，你会在餐厅里点上一份加了豆腐的羽衣甘蓝色拉吗？请见谅，这些例子都是我们杜撰的，目的就是便于大家理解我们的观点。如果你看到这些例子时感到不舒服，那就对了，因为我们每个人都在小心翼翼地构建自己的生活，一心只想给别人留下一系列特别美好的印象。[14]

非炫耀性消费

为了更好地理解我们有多少消费是受炫耀动机驱使的（也就是炫耀性消费），我们不妨来构想一个完全没有炫耀性消费的世界吧。

假设有一个强大的外星人来到了地球，他想把我们玩弄一番，开心一下。外星人挥舞着一个设备，该设备能够重组整个人类。他只需要按下设备上的红色按钮，一道冲击波便会炸毁整个地球，而人类也会随之重组。这次爆炸不仅会改变我们的大脑，还会改变我们的基因，影响几代人。

这个外星人希望人类发生的改变是很奇怪的。但我们应当感恩，要知道其他星球的情况更糟。这个外星人想要我们忘却彼此拥有的东西，但与我们心理相关的其他一切保持不变，特别是我们仍能够拥有自己所有的物品。但在那次大爆炸之后，我们便对其他人拥有的一切无感了——不论是他们的衣服、车子、房子、高科技产品或别的什么。并不是说所有这一切已经隐而不见了，我们仍能够感知和触碰到这些物品，只是说我们不会再在意它们了，我们再也不能通过其他人拥有的一切来对其做出判断了，同时，再也不会有人对我们评头论足了，再也不会有人对我们的穿着做出评价或是注意到我们多久没洗车了。[15] 不得不说，这次爆炸使每个人拥有的一切不再那么显眼了。而且不论事实是否如此，我们自己是可以完全意识到这些改变的，我们完全可以感受到这个外星人对人类这个物种所产生的影响。

我们把这一现象称作"一忘皆空"（Obliviation）（请不要和《哈利·波特》中的"一忘皆空"咒混为一谈，该咒语会抹杀所有记忆）。现在有一个关键问题，那就是"一忘皆空"是如何改变我们人类作为消费者的行为的？

首先，我们不可能在一夜之间发生翻天覆地的变化。早在遭到这个外星人袭击之前，我们每个人都有一些根深蒂固的习惯。而且就算有些习惯不再有意义，它们仍能在我们身上存留很长时间。就这样再过几年，或者说隔一代人或者两代人的话，我们的生活将大有不同。

由此带来的一个严重后果就是：随着我们对某类产品的需求慢慢减少，这类产品会慢慢消失。杰弗里·米勒在《超市里的原始人》一书里对我们平时所购买的物品进行了分类，一种是我们日常所需的，像剪刀、扫帚和枕头这样一些物品，另外一种就是我们买来进行炫耀的，像珠宝和品牌服饰这样的私人物品（如表 10-1 所示）。[16] 显然，在一个“一忘皆空”的世界里，“炫耀”类物品是毫无意义的。[17]

但大多数的产品都同时兼具个人价值和炫耀价值。我们都知道汽车是一种交通工具，但在大多数情况下，它更是一种象征，象征着一种让人垂涎欲滴的社会地位（想象一下，当你买了一辆新车的时候，就算不是一辆高档车，你的亲朋好友一定还是会两眼放光，不停地对你说上一些奉承的话）。在“一忘皆空”的世界里，我们仍会将车看作一种交通工具，但我们在购车的时候只会关注它的功能性、可靠性、舒适度以及价格——价格越低越好。在那样一个世界里，昂贵且不实用的悍马将丧失其所有吸引力。雷克萨斯、宝马以及其他一些更为高档的汽车则会继续因其上乘的质量而备受重视，虽然今天的消费者也愿意斥巨资购买这些奢侈品牌——但是过不了多久，这些东西就会贬值。

表 10-1 私人物品 vs 炫耀性物品

私人物品	炫耀性物品
剪刀	珠宝
扫帚	品牌服饰
毛毯	手表
床垫	鞋
清洁用品	车
内衣	手机
汽油	餐馆
人寿保险	客厅家具

服装也是一种半实用半时尚的产品。在“一忘皆空”的世界里，时尚元素价值尽失。现今那些令人眼花缭乱、种类繁多的服饰最终可能寥寥无几。要知道，你一个人在家的时候，是不会穿紧身牛仔裤或是上乘的丝绸衬衫的，你会穿一些像T恤衫、运动裤和拖鞋这样既舒适又不贵的衣服和鞋。而在宴会上或是办公室里穿着运动裤到处溜达同样也是不合时宜的。但在“一忘皆空”的世界里是不会有人注意到这一点的，所以我们还是可以这样做的，不是吗？

在“一忘皆空”的世界里，住房方面也会发生很大的变化。现实中的我们会很在意自家房子会给来家里做客的亲朋好友留下怎样的印象，[18] 所以在购房的时候，我们会在心里默默地问自己：“我们的朋友会怎么看这个地方呢？够档次了吗？周围的社区如何？”同样，在我们买地毯、装饰画以及家具的时候，也总是希望自己所购买的东西能得到他人的赞赏。

当然了，我们在做决定时不可能完全顺着别人的意愿，也不可能首先考虑他人的想法，毕竟我们买房子是给自己享受、给自己住的。在“一忘皆空”的世界里，我们完全不需要去关心别人的看法，所以我们的所作所为会大不相同。我们大可以买上一栋便宜一点儿的小房子居住，那样的话连维护的时间都能省下不少。我们还不用经常打扫房子，不用装那些花里胡哨的东西，而且花不了多少钱就可以把房子布置得舒舒服服。而在现实世界中，为了取悦那些来访的客人，我们总是会将客厅装饰得奢华无比，而实际上其利用率非常低。在“一忘皆空”的世界里，客厅将不复存在或者已有了其他用途。院子也会修小一些，花园景致更注重欣赏性和维护的便利性。如今很多房子的庭院，甚至前庭都闲置了，完全成了鸟儿的栖息地。

产品多样性

或许“一忘皆空”带来的最惊人的后果就是产品的多样性将会丧失殆尽。

在日常穿着这样一个问题上，如果我们身处“一忘皆空”的世界里，那么我们会优先选择那些功能性最强且最舒适的衣服。而且我们会成天都穿同样的衣服，就算与家人、朋友或是同事撞衫了，我们也不会觉得尴尬，因为我们根本就意识不到这一点。[19] 而现实世界里的人却认为和其他人穿一模一样的衣服是一件极其羞耻的事情。在他们看来，千篇一律的衣服压抑了人的个性。但要知道，“个性”其实就是“显摆”的另一个名字而已。[20] 为了把我们自己和其他人更好地区分开来，在穿着上，我们往往追求与众不同。我们之所以会在现实世界里选择那些与众不同的衣服也是想要告诉其他人：我就是我，我的穿着我主宰。而这种想法在那个“一忘皆空”的世界里却显得一无是处、毫无价值。

这一标准同样适用于像车和房这样一类物品。如今，很多人害怕和其他人住一模一样的户型。在他们看来，整个社区的人居住在一模一样的房子里，开一模一样的车是一件有失尊严的事。这营造出了一种极权主义社会的氛围，而生活在这样一种社会里，每个人都不得不做出同样的选择。但在“一忘皆空”的世界里，我们的选择不会受到专制政府的限制，而主要取决于我们自己的态度。

我们之所以会转而选择那些标准化的产品，还有一个无法抗拒的原因，那就是标准化的产品要便宜得多。我们都知道产品的成本分为固定成本和边际成本（单位成本）。固定成本指的是设计产品和建造工厂时所产生的那种成本，而边际成本指的是原材料的价格以及工厂在运营中所消耗的能源和劳动力成本。如果一个工厂生产了 10 000 件产品供应细分市场的话，那么其最终产品的成本就会受到预付的固定成本的影响。但如果该工厂生产了 1 000 万件一模一样的产品的话，那么他们只需要分期偿还产品的固定成本，而且其最终成本还会陡然下跌。

打个比方，同样是黑 T 恤衫。一边是你花 4 美元就可以在亚马逊上买到的恒适牌（Hones）T 恤衫；[21] 另一边是一款独立设计、私人定制的 T 恤衫，你得花 20 美元才能在零售网站 CustomInk 上买到（价格整整高出 5 倍）。如果我们所有人都愿意穿和别人一样的黑 T 恤衫的话，那么制造商就会以极低的成本在同样的织布机上源源不断地生产出同样材质的黑 T 恤衫。

考虑到分销成本的话，实现物品多样性的成本就更高了。比如说我们在购买衣服时其实不仅仅是在为衣服的材质买单，也是在为一种机会买单——一种能够在众多最新款式中进行挑选的机会。零售商往往必须舍弃或是以超低价销售一些过季商品。现在很多大城市都有各式各样的精品店，每种精品店都服务于不同的细分人群，所有这些多样性最终会叠加在一起。而通过规模经济以及集中分销的方式，像好市多和宜家这样集中性的仓储量贩店可以在标准化的商品上为消费者提供更高的折扣。如果我们不是炫耀性消费者，也不是那种会小心翼翼地挑选符合我们身份或个人形象的时尚单品的人，那么我们就能够购买很多采用规模经济生产方式生产的产品了。

当然了，在"一忘皆空"的世界里，绝大多数社会产品还是会有分类的。市场上仍然会销售各式各样的服饰（服饰制造商会根据不同的气候特征来决定使用什么样的材质）。对于一些富人来说，他们还是偏爱价格更高、质量也更好的产品（在他们看来，开司米做的衣服毫无时尚感可言，但穿在身上却很舒适）。“一忘皆空”型消费者认为像扫帚和枕头这样的一些私人物品也应当是多种多样的。大多数产品的多样性将在不久后变成某几种标准模式。

在此我们不妨讨论一下，如果我们平常买的产品种类不多，价格低廉且标准化程度更高的话，那么我们会拿省下来的钱干什么呢？我们会把这些钱全部存入银行以备不时之需吗？你可以想想我们之前所谈到的：外星人的入侵只会让我们忘掉他人拥有什么。关键在于，我们不会完全丧失评价他人的能力。所以，在“一忘皆空”的世界里，我们还是会竭力给他人留下好的印象（但不是通过炫耀的方式）。我们还是会运动，还是会在健身房健身，还是会买书看（这样我们就可以和他人讨论有关内容了），还是会给慈善机构捐款（见第 12 章），还是想从著名学府获得高等教育的学位（见第 13 章）。我们人类是一种想给别人留下深刻印象的生物，所以我们很有可能会将我们省下来的积蓄（不一定是全部的积蓄）花在其他一些活动上。

广告

暂且先不管这个所谓的“一忘皆空”的世界，让我们回到现实世界里来看看最后一个问题：广告是如何影响我们这些炫耀性消费者（一群喜欢用产品来彰显自己优越性的生物）的。

事实上，广告之所以可以诱导我们购买一些物品，是因为其所遵循的几种机制，但并不是所有机制都会勾起我们的显摆本能。其中大多数机制对我们的定位都是因购买私人物品而获得了个人愉悦感的理性消费者。

其中有一个机制简单且明确，那就是提供信息。当你了解了某种产品的特性、在哪里可以买到它及其价格之后，那么你购买这个产品的概率就变大了。比如说，你只要搜索一下“上网买鞋”，这时，Zappos 广告就会突然跳出来。而这个广告只是想告诉我们 Zappos 是一个在网上买鞋的好地方。哪怕你不是炫耀性消费者，这种广告也会影响你的消费行为。

广告的另一个重要机制就是做出承诺。有时，公司会直白地以“保修”的形式做出这些承诺。同样，公司也经常会以一种间接的方式塑造品牌的整体形象，这就是“品牌承诺”。像迪士尼这样的公司就以“合家欢供应商”著称，久而久之，客户们便对其产生了信赖，认为迪士尼一定是如其所承诺的那样。可一旦迪士尼辜负了客户的期望，比如其出品的电影中夹杂着脏话，那么消费者就会感到愤慨，以后也就不愿意再购买其产品了。所以公司一旦做出了承诺，不管是直接的承诺，还是间接的承诺，就必须砥砺前行，努力兑现承诺。而消费者也会做出理智的回应，会从注重声誉的公司那里购买更多的产品。

但是，至少有一种广告类型是无法用这些通俗易懂的机制做出解释的。想一想科罗娜啤酒的广告：一对魅力非凡的夫妇懒洋洋地躺在海滩上，周围是洒满了阳光的大海，微风轻轻地拂过他们的发丝，他们手持科罗娜啤酒，无忧无虑。广告语是：找到属于你的海滩。

这是一则十分耐人寻味的广告。因为这则广告既没有谈到科罗娜啤酒的口感、价位、酒精成分或是它与一些其他啤酒的不同之处，也没有做出任何承诺，而仅仅只是把科罗娜啤酒和沙滩上放松的场景联系在了一起（这样一种联系是很随意的）。[22] 科罗娜啤酒本身并不拥有一些比其他啤酒更让人放松的特征，我们完全可以用同样的广告来宣传百威啤酒和喜力啤酒——只是这可能会和这些品牌之前一直用来推销其产品的方式相冲突。

让我们将这样的广告称为生活方式广告或形象广告。生活方式广告试图将一种品牌或是产品和某种特殊的文化联系在一起，而供应商则会利用这样的广告去兜售包括酒、苏打水、车、鞋、化妆品、手机以及时尚的服饰在内的产品。受到限制之前的香烟广告其实也是带有一些生活元素的。比如臭名昭著的万宝路香烟广告的主角就是一个身强体壮、自力更生的牛仔。事情的发展总是让人捉摸不透，这样一个牛仔的形象本可以用来兜售骆驼牌服饰或是好彩香烟的，但为什么会用来宣传万宝路香烟呢？这其实和科罗娜啤酒的海滩广告是一个道理，万宝路广告中的牛仔形象只是为了宣传其商品而随意做出的选择。

一种流行的观点是，这样的广告之所以吸引眼球，是因为它能唤起个人的情感共鸣。[23] 伊万·巴甫洛夫曾用“响铃”这样一种随意的刺激物去训练狗，“铃声一响”就意味着有东西可吃。而生活方式广告也是基于同样的道理，这些广告利用了一种积极的情绪，将消费者和一种品牌或是产品联系在一起，就像科罗娜广告里所展现出的那种惬意感，以及万宝路广告里身强体壮且具有男子汉气概的硬汉形象。这些广告只需在我们的日常生活中循环播放多次，便可在不知不觉中使这些印象渗透进我们的潜意识里。然后，在我们购物的时候，这样一些积极的联想便会出现，重返我们的大脑，我们也就会更倾向于购买那些产品。换句话说，根据相关解释，这些广告就是在给我们洗脑，而它们是将我们当作个体进行洗脑。

那么为什么生活方式广告会对消费者产生如此大的影响呢？关键在于巴甫洛夫的条件反射训练。但考虑到我们在本书中看到的一些案例，一定还有一些潜在的社会原因在其中发挥着作用，这完全在我们的意料之中。

为了更好地理解生活方式广告中所包含的社会成分，我们需要研读一下社会学家菲利普斯·戴维森在1983年发表的一篇极具影响力的文章。戴维森对于人类的感知以及行为是如何受大众媒体操纵的（这里所说的大众媒体不仅仅只是指广告，还包括各种宣传活动、政治话语以及新闻时事报道）这一研究内容颇感兴趣。他注意到人们总是声称自己不会受到某种特定媒体影响，却认为其他人会。打个比方，当纽约市民从一个攻击其他州长候选人的候选人那里收到一则消息时，他们认为这则消息只会对他们的最终选择产生微乎其微的影响，但却认为这则消息对其他普通纽约市民的影响要大得多。[24]

戴维森将这称为“第三方效应”，这一效应让我们明白了生活方式广告是如何影响我们的。科罗娜啤酒之所以会用“找到属于你的海滩”展开广告攻势，可能并不是想直接将你视为目标受众（因为聪明如你，你怎么会被这样的广告操控呢？）。但是它可能通过影响你身边的人，间接使你成为目标受众。[25]而且就算你知道科罗娜只是一个啤酒品牌，而不是一种生活方式，可一旦你认为这则广告会改变你身边的人对于科罗娜啤酒的看法，那么这则广告就已经对你产生影响了。比方说，当你受邀去参加一场庭院野餐时，你可能会更愿意带一些能够吸引其他客人眼球的啤酒，所以在这样的背景下，你最好带一些广告语为“让我们冷静下来”的啤酒，而不是广告语为“让我们狂欢一整夜”的啤酒。

而且只有当我们观察入微的时候，我们才会注意到这种“第三方效应”。这可能是因为我们总是想当然地认为广告是直接将我们这一个别的购买者作为其目标受众的，并且我们往往很难察觉到那些间接因素。不得不说，这是脑中的大象的一种温和的表现方式，而我们自己却不愿意承认这一点。在其他条件相同的情况下，我们往往会认为我们之所以购买一种产品，是因为我们有这个需要，而不是为了给其他人留下某种印象，或者操控朋友的印象。我们想让自己看起来很酷，但却又希望这种酷看起来是自然而然且毫不费力的，而不是费尽心机装出来的酷。

尽管我们对“第三方效应”的了解还不够透彻，但“第三方效应”普遍存在于各大广告之中。下一次你看到人气产品的广告时，你可以思考一下这则广告是如何对你的“显摆”本能产生影响的。

这种影响可以是很微妙的。打个比方，在2009年，纽约地铁站里张贴了一则有关公众健康的广告。这则广告向我们展示了一幅颇为震撼但略显恶心的画面：将一瓶含糖可乐倒进一个杯子里，然后眼睁睁地看着原本咖啡色的液体慢慢变成一滴滴冒泡的油脂。有谁会希望自己的身体里充满这样的油脂呢？这则广告还附有一句可以扩大宣传效果的广告语：“你是否正在将这样的物质倒入你的身体？”[26]

从表面上来看，这则广告似乎是将我们看作一个个体以吸引我们的眼球。但事实上，它是在劝告我们：“饮用含糖饮料会增加我们变肥胖的概率。”作为社会人的我们总是喜欢用别人购买的东西对别人评头论足，我们也可以反观一下这则广告可能给社会带来的影响。这则广告连续播放了整整3个月，上百万的纽约人都看到了这则广告，也就是说，大多数同龄人和你一样看过这则广告。这样一来，你还会带苏打饮料去参加朋友的生日派对吗？在开大会的时候，你还会大口大口地喝碳酸饮料吗？你就不会感到难为情吗？冒泡的油脂这个画面从此深深地烙进了我们每个人的脑海里，我们平时最好还是喝水或是无糖汽水。我们知道，同龄人会在无形中给我们施加巨大的压力，而广告商却知道怎样将这样一种压力为己所用。

有些读者可能会想当然地认为自己对这些生活方式广告是免疫的。

当然，凯文这么多年来也是这样想的，直到有一天他看到了一则有关艾科男士香水的广告。这则广告和艾科香水推出的其他许多广告如出一辙：[27] 一位年轻男性在喷了香水后，一大群极具魅力的年轻女性突然纷拥而至。显然，这则广告对于很多观众来说或许是具有正面效应的，但在凯文看来则恰好相反，而这并不是产品本身的错。艾科香水香气迷人，人们喷了之后浑身上下洋溢着怡人的香味。但是其文化联想足以让凯文对这个产品敬而远之。这告诉我们，随意的形象是可能会让客户敬而远之的。但是，透过同样的一些原则，我们知道其他的生活方式广告一定也在发挥着相反却积极的影响。这样的影响可能会越来越弱，并且越来越难以被发现（特别是对于一些策略性的自我欺骗者来说），但它们仍然在无形中影响着我们所有人。

★ ★ ★ ★ ★

我们此前一直在谈论的一个假设就是：生活方式广告（形象广告）是通过“第三方效应”而不是巴甫洛夫式的条件反射训练影响我们的。那么有什么证据可以证明真的存在这种效应呢？

让我们来看一下根据这一假设所做出的一些预测，看一看它们在现实世界里是否也可以得到证实。

预测一：人们将利用生活方式广告来销售社会产品而非个人产品

如果生活方式广告首先遵从的是巴甫洛夫式的条件反射训练模式的话，那么，可以想象所有产品都会对其大肆加以利用，甚至连扫帚、花生酱和汽油这样一些纯个人产品也概莫能外。打个比方，人们在营销利洁时清洁剂时可能会把它“包装”成一种高端奢华的产品：这是名人雅士、上流社会专属的清洁剂。正是有了这种清洁剂，房子才一尘不染。于是，消费者们一看到利洁时就会联想到奢侈的生活，接着他们也会心甘情愿地掏出腰包，花大价钱购买这种产品。

但我们很少看到个人产品打出这样的广告。相反，经验告诉我们，人类越容易以某种特别的产品来定义一个人，那么这种产品在进行广告宣传的时候就会越来越多地利用其文化形象与生活方式之间的联想。[28] 而在有些时候，我们的评判对象未必是有形的产品。比方说，如果我们喷了香水的话，可能就会有人向我们问东问西；如果我们去度假了，回来后我们可能就会一直想和别人分享旅途中的趣闻乐事；其他人可能很难“看到”我们拥有的数字音乐库，但是“你最喜欢的乐队有哪些?”，只需这样一个寻常的问题，相关的信息便会浮出水面，进而得到评估。

预测二：观众越多，他们的趣味越相投，生活方式广告的效果越佳

如果生活方式广告完全遵从的是巴甫洛夫式的条件反射训练模式的话，那么广告商唯一关心的问题就是，到底有多少观众在看这则广告？广告商不会关心这些观众是否知道其他人看没看过这则广告？你可能是地球上唯一看过科罗娜啤酒“找到属于你的海滩”那则广告的人，但如果这一切是按照巴甫洛夫式的条件反射训练模式发挥作用的话，那么这则广告还是能说服你去购买产品的。

如果生活方式广告是按照“第三方效应”来发挥作用的话，你关心的问题可能就是，还有没有其他人看过这则广告？因此，如果这则广告是在众人面前播放的话，你就更容易受到影响。因为你自己不仅得看过这则广告，而且还得确保其他人也已经看过这则广告了。

而这就是超级碗广告和直邮广告的不同之处了。超级碗通过一次电视广告就能将信息传送到 5 000 万个家庭之中，[29] 而直邮广告是通过邮寄传单的方式将信息分别传送到 5 000 万个家庭中去的，而这些人都是互不相识的。[30] 要知道，超级碗的观众总数要超过其部分之和，因此，生活方式广告的广告商也更愿意为此支付巨额广告费。

这一点是崔时英在研究不同的电视节目以及产品种类的广告费用时发现的。在热门电视节目中插播广告比在冷门电视节目中插播广告更贵。而且为了吸引更多观众，那些兜售社会产品的广告商也愿意在播放像超级碗这样关注度极高的电视节目期间为这类广告支付额外费用，而其中大量的广告其实都是在兜售社会产品。[31]

预测三：部分生活方式广告会将非潜在客户的第三方作为其目标人群

如果生活方式广告完全遵从的是巴甫洛夫式的条件反射训练模式的话，那么向那些非潜在顾客打广告就显得毫无意义了，因为他们既没有能力也不可能购买产品。所以有些品牌商会尽可能地将其目标人群定位为潜在顾客，也就是说，如果这些观众中只有 1 万人买得起你的产品，那么为什么还要花更多的钱向 100 万人做广告呢？但如果生活方式广告是按照“第三方效应”发挥作用的话，那么面向更多观众（包括潜在顾客和非潜在顾客）进行的广告宣传可能就会显得更有商业意义一些。[32]

而向非潜在顾客打广告是为了引发人们的嫉妒心理。米勒认为，许多奢侈品牌进行广告宣传就是出于这个目的。他表示：“宝马车的大多数广告观众与其说是潜在的宝马车购买者，不如说是潜在的宝马车向往者。”[33] 就算没有多少人真正买得起宝马车，宝马车仍然出现在热门电视节目或发行量巨大的杂志上。这么做的真正目的在于强化宝马车在那些非购买者心中的形象：宝马是奢侈品牌。为了达到这一目的，宝马车需要在大众媒体上进行广告宣传，这样的话，不论是穷人还是富人就都能够看到这则广告了。富人也就会知道，穷人正在被不断地灌输一种理念：拥有宝马车乃社会地位之象征。

有鉴于此，我们觉得自己受到了广告宣传的操控，而事实也是如此。但是这样一种宣传策略也可以被用于高尚的目的。比如说，美国海军陆战队就将军营宣传成能够增强体质、历练品格的地方。因此，招兵广告不仅面向新兵，而且还可以让普通民众知道，在这里服役的士兵都具备强健的体魄和优良的品格。这样，这些士兵在还乡之时便会受到尊重，还能找到体面的工作，当然了，好处还有很多。

★ ★ ★ ★ ★

总的来说，我们同属于炫耀性消费者，表现方式林林总总，而且非常微妙，不为众人所知。广告商在进行广告宣传时意识到了这一点，而且在广告中也利用了这一点。广告不一定要利用人们的非理性情绪，也不一定对人们进行洗脑，让我们去购买一些没用的东西。相反，它可以先创造出一种存在于更为广阔的文化里的联想（不仅仅是在我们的思想里，也可以是在第三方的思想里），然后将产品转化成一种“词汇”，一种我们可以用以表达自我、彰显自我优势的“词汇”。

11

艺术

被毁的《蒙娜丽莎》还是艺术吗?

人类亦是动物。这是本书的核心主题之一，然而这一点却常常在日常生活中被我们忽略。我们总是轻易地迷失于人与动物的诸多不同之中：语言、推理、音乐、技术和宗教。但是，哪怕人类是独一无二的，人类和所有动物的行为均需历经同样的形成过程：自然选择、性选择、残酷的生存竞争与繁衍。

本章的主题是艺术。艺术是最独特、最著名的人类行为之一。人类的艺术创作由来已久。1.5 万 ~ 3.5 万年前，欧洲早期人类就已经能够绘制洞穴壁画、雕刻维纳斯塑像。[1] 约 4 万年前，与欧洲相距半个地球的印度尼西亚出现了最早的岩石艺术。[2] 继续往前追溯，10 万年前，红色赭土雕刻诞生于南非；而使用红色赭土进行身体彩绘的年代可能更加久远。[3] 同时，进行艺术创作也是人类的共性。[4] 这个星球上的每种人类文化都包含艺术创作，其形式可以是绘画创作、发型设计、人体装饰、住房装潢、木刻根雕，也可以是音乐和诗歌创作。

艺术是进化论思想家的一个大难题。艺术创作不仅昂贵、费时费力，[5]还没有实际用途[6]。艺术不会将食物送上餐桌，不会照看你家孩子，也不会在夜间为你供暖——至少无法直接做到。因此，从表面上看，艺术似乎是一种浪费时间和精力的行为。自然选择并不善待此类浪费行为。那么，我们进行艺术创作的本能是如何进化而来的？

艺术是什么？

这诚然是个十分重要的问题。并且，作为本章的主题，有关"艺术"定义的问题尤为重要。但是，坦白而言，我们想跳过关乎艺术定义的铺天盖地的争论。苏格兰哲学家沃尔特·布莱斯·加利对艺术所做的评论十分著名。他把艺术称作"本质性争议概念"，意指人们永远无法就艺术的定义完全达成共识。[7]我们的目的仅是调查人们为何会创造艺术、享受艺术，而并非试图改变任何人对于艺术为何物，尤其是艺术应为何物的看法。

然而，对于本章中将涉及的艺术行为，我们需要加以描述。并且，在此，我们将怀着宽广的胸襟，把许许多多种不同的艺术形式都挂靠在"艺术"的大旗下。这些形式包括：

- 视觉艺术，诸如洞穴艺术、油画、石刻和平面设计
- 表演艺术，诸如音乐、舞蹈、戏剧、电影和喜剧
- 语言艺术，诸如诗歌和小说

- 人体艺术，诸如时尚、刺青、饰品、化妆用品和珠宝
- 家庭艺术，诸如室内设计、园艺、烹饪和手工装饰

如要斗胆给艺术下个定义，我们倾向于采用埃伦·迪萨纳亚克的定义。即：任何“特别制造”的事物都是艺术。也就是说，艺术不是出于某种功能性或者实用性目的，而是为了引人注意和供人欣赏而制造的事物。[8] 例如，陶罐是极具功能性的物品，因此它不是“艺术”。但是考虑到罐身的绘画、凿刻和独特的形状，或罐身具备的其他非功能性装饰元素，我们还是把它归为“艺术”。

进化论心理学家杰弗里·米勒在他的著作《求偶心理》中给出了一个可能性较大的答案。米勒指出，虽然生态选择（生存的压力）憎恶浪费行为，但是性选择却经常对它青睐有加。你可能会想起第 2 章中曾出现过的这种逻辑，即我们偏爱尚有余力浪费时间、精力和其他资源的配偶。其中的价值不在于浪费本身，而在于浪费行为代表了一种生存富余（健康、财富、精力水平等诸如此类的资源），潜在配偶所具有的生存富余。

为了领会这种思想的力量，让我们再一次走进非人类的世界。

艺术：适应还是进化副产品？

人类用双足行走是一种适应行为：由自然选择进化而来并/或保留下来的一种功能性特征。然而，我们的阅读能力却不是一种适应行为，因为自然选择对阅读能力之发展并无影响。阅读只不过是其他适应行为，如视觉、语言、工具使用等的副产品而已。[9]

那么艺术呢？它是一种适应还是一种副产品？许多进化心理学家都认为艺术是一种适应。换句话说，由于艺术能够使人类体魄强健，所以艺术是在自然选择的过程中进化而来并/或被保留下来的（包括性选择）。[10]并非所有人都认同此观点。史蒂芬·平克就是一个反对者。他对于音乐的评价广为人知。他说音乐是“听觉世界的芝士蛋糕”，令人愉悦但却没有特别的用处。[11]虽说如此，多数进化论思想家还是以这样或那样的方式把我们创造艺术和享受艺术的本能归结为适应性进化。

我们认为艺术即适应，现简述如下。首先，它是人类的共性：每种文化都创造并享受艺术。[12]第二，艺术代价高昂：艺术创作费时费力。[13]但是，自然总是以咄咄逼人之态淘汰一切代价高昂的行为，除非它们能够提供利于生存或繁衍的条件证明自身价值。换言之，如若一个代价高昂的行为普遍存在，通常说明这是一种正选择压力。[14]最后，从进化论的角度看，艺术由来已久，其存在时间之久足以让自然选择检验出它的魔力。[15]

需要注意，这并不意味着存在所谓的艺术基因。艺术兴许是作为某些适应的副产品诞生的。但是，相比于艺术代价高昂却经久不衰的事实，它的起源问题并不那么重要。这也就表明艺术是一种适应。

园丁鸟的故事

如果我们不承认园丁鸟的行为和我们自身的行为相似，那么它们简直是这个星球上最令人诧异的生物之一了。

园丁鸟科共有 20 个种类，分布在澳大利亚和新几内亚的森林和灌木丛中。[16] 园丁鸟的独特之处在于它们名字中的“园丁”二字——雄园丁鸟会建造精致的求偶亭以吸引雌园丁鸟。不同种类的园丁鸟建造的求偶亭规模不一、形态各异。有的求偶亭如同林荫大道，长长的通道两旁是由垂直的树枝构成的围墙。其他求偶亭的形状更似五朔节花柱，由一棵小树苗支撑起环形结构。最令人印象深刻的当数广阔的露台式求偶亭，建筑师是娇小的褐色园丁鸟（身长 10 英寸）。这种求偶亭离地达 9 英尺，开口大到连“大卫·爱登堡都能爬得进去。”（米勒语）[17] 首次发现这种结构的动物学家们无法相信它们是由如此娇小的鸟类建造的。于是他们猜测必定是当地居民建造此亭，供孩子们在其中玩耍。[18]

仿佛这些建筑壮举还不足以给人留下深刻印象，雄性园丁鸟又迈出了令人难以置信的一步——装饰求偶亭。从中可以明显地看到它与人类艺术的相似之处。某些园丁鸟用嘴反复反刍蓝色“颜料”，涂涂画画，装饰求偶亭的墙面，其他园丁鸟则搜集了许多稀有夺目的物品，如圆鹅卵石、蜗牛壳、花瓣、亮晶晶的昆虫甲壳，并且花费数个小时一丝不苟地在求偶亭四周进行装饰。缎蓝园丁鸟偏爱蓝色物品：羽毛、浆果、花朵，甚至是瓶盖和圆珠笔之类的人工制品。

雄性园丁鸟建造求偶亭的目的只有一个：吸引雌性园丁鸟。至关重要的是，雌性并没有将求偶亭作为下蛋和养育幼鸟的场所。同雄鸟交配之后，雌鸟会飞到树上去建造属于她自己的杯状巢穴（比求偶亭小很多），并且独自养育雏鸟，无须配偶的任何帮助。

那么，从雌鸟的角度看，雄鸟存在的意义只是提供一方的基因罢了。这听起来貌似是一种浪费。它们为什么不像许多其他鸟类一样共同养育雏鸟？然而，事实上，雄性园丁鸟提供的绝不仅仅是廉价的精子，重点在于它提供的是身经百战的精子，这是加盖了大自然批准印章的精子。此印章可证明该雄鸟身体强健，言下之意就是基因良好。要建造并装饰一座求偶亭，一只雄鸟必须将大量闲暇时间用于扫荡整片森林，寻找所需物资，并一丝不苟地将其摆放清楚。当装饰物颜色褪去，它就得搜集新的物资。同时，它还要保卫自己的求偶亭免受情敌袭击。情敌对亭子虎视眈眈，伺机破坏它，偷走那些更加夺目的装饰物。[19]“在繁殖季节，”米勒写道，“雄鸟日复一日，几乎是一整天、一整天地投身于亭子的建造和维护当中。”所有这些努力的回报是更多的交配机会。一个成功的雄性园丁鸟可以在单个交配季节中同多达 30 只雌鸟进行交配。[20] 当然，另一方面，那些求偶亭较为逊色的雄鸟吸引不到任何雌鸟，它们低劣的基因自然就传不到下一代了。

从雌雄双方的角度思考这种行为很有启发意义。雄鸟阐释了不利条件原理（handicap principle）的好处。[21] 建设求偶亭是一项艰巨的工程，但这恰恰又是关键所在。如果没有难度，那么每只雄鸟皆可办到。健壮的雄鸟只有通过完成那些不够健壮的雄鸟做不到的事情才能展现自己的强健体魄。以缎蓝园丁鸟为例，由于蓝色饰品在大自然中十分罕见，因此，雄性缎蓝园丁鸟致力于搜集蓝色饰品而非其他颜色饰品，能够证明自己更加健壮。就连一只病恹恹的雄鸟都能够用绿色或棕色饰品装饰它的棚屋，这种颜色在森林中随处可见。但只有最为健壮的雄鸟才能够找寻到足够多的蓝色饰品吸引潜在伴侣。因此，雄鸟之所以搜集蓝色饰品并非不畏艰难险阻，而恰恰是因为有了艰难险阻，它们才搜集蓝色饰品。

相应地，雌性园丁鸟的行为表明了具备评判雄性追求者作品鉴赏力的重要性。[22] 一只雌鸟会拜访多达 8 只雄鸟，然后再选择中意之雄鸟并与之交配。[23] 如若没有“货比三家”，或许它在不经意间就得到了一个体质较差的配偶。因为鸟类生存的环境不尽相同，这种鉴赏力就显得愈加重要。如果一个缎蓝园丁鸟群恰好栖息在蓝色物资丰盈的森林中，那么即便是一只较为弱小的雄鸟也可能搜集到许多蓝色饰品；若是在一个蓝色物资较罕见的环境中，这种饰品则分外夺目。只有通过货比三家，找到最具吸引力的饰品，雌性才能够确保自己找到了最健壮的雄性进行交配。

人类艺术

上文阐释了园丁鸟和人类艺术之间存在的有趣的相似之处。但是，二者之间也有重要的区别。

其中一点显著的区别在于，在人类这样的物种中，雄性并不垄断艺术创作，雌性亦不独享艺术鉴赏。雌雄两性醉心于艺术创作，也乐于欣赏艺术。就文中的讨论而言，创作艺术的目的是求爱。那么，人类的艺术求爱则是双向车道：男性女性都可以通过自己的艺术创作给彼此留下美好印象。[24]

这种解释放在像人类这样的物种身上顺理成章。像人类这样的物种，即便是雄性也要为后代付出许多，因此人类在挑选伴侣时也要更费心。

但是，更大的差异在于，人类艺术不仅是求偶炫耀——昭示艺术家作为潜在配偶的价值，还能进行全方位资质炫耀（fitness display），即展示艺术家的健康、精力、活力、协调能力和综合适应力。[25] 资质炫耀可用于追求配偶，当然也能够达成其他目的，如吸引盟友或威慑对手。[26] 人类会运用艺术达成上述各种目的。例如，在《一千零一夜》中，谢赫拉莎德因巧舌如簧，善于讲故事而逃脱绞刑，得到国王的欣赏。相反，玛雅·安吉罗写诗不是为了赢得比尔·克林顿的爱慕，而是为了给他留下深刻的印象。结果，她真的给克林顿留下了极其深刻的印象。因而，1993 年，克林顿邀请她在自己的就职典礼上表演。人类借艺术威慑对手的情形较为罕见。虽说如此，我们仍旧找到了一些例子：涂鸦（帮派在墙上涂鸦以说明那是自己的地盘）以及脱口秀（戏剧表演者运用智慧来羞辱诘问者）。其中的要点在于，艺术展示能够给人留下深刻印象，而人类想要加深自己给他人印象的理由不胜枚举。

重点是人类艺术家无须意识到上述动机。[27] 我们在本书中已多次看到，人类对于遵照潜意识动机行事早已驾轻就熟，在面对此处讨论的有违伦常、有悖常理的炫耀行为时，尤其如此。是否意识到我们将艺术用于资质炫耀无关紧要；艺术确实可以起到炫耀资质的作用，这才是重点。它帮助艺术家和观赏者双方达成了一个既有用又重要的目的，所以人类既有创造艺术又有欣赏艺术的本能并非意外之事。

姑且不论那些长篇大论的哲学论述，关于艺术为何物和应为何物的民间智慧比比皆是。有人认为，艺术主要在于描绘美的一切，在于创造愉悦。还有人认为，艺术关乎自我表达或与观众交流——给观众传达只有通过艺术才能获得的观点、情感和经验。艺术应当使人们挑战极限、力争影响政治变革。这些目的并不相互排斥，它们同资质炫耀理论也并非不兼容。毋庸置疑，欣赏艺术常常能够唤起我们深深渴求的强烈情感，例如崇敬和对美的欣赏，并且艺术创作常常能给我们带来一种强烈的成就感和纽带感。

本章中，我们意在说明人类进行艺术创作的动机之一是“炫耀”。正是这一动机极大地塑造了人类艺术本能的诸多具体表现。一方面，艺术家想要通过艺术进行炫耀；另一方面，观赏者把艺术作为评判艺术家的一种方式。这是人类欣赏艺术的一个很重要的原因。只有当我们甘愿把艺术看作是对资质的炫耀时，才能够完全理解艺术活动的所有现象。

鉴于艺术创作极其费力、格外引人注目，我们必当解释艺术家和观赏者是如何在创作艺术和欣赏艺术时获得具体益处的。归根结底，艺术是动物行为。因此，我们需要资质炫耀这样的理论来解释，艺术如何提高人们生存和繁衍的能力，以证明其价值。尤其是在原始社会背景下，我们的祖先忙于觅食，艺术（“民间艺术”）如何证明自身价值？

为了更好地理解只有资质炫耀理论才能解释的现象，我们需要区别艺术作品的“内在”属性和“外在”属性：

- 内在属性即“存在于”艺术作品本身的属性——观赏者在观赏作品时可以直接感知的属性。我们也可以把它们当作感知属性。一幅画作的内在属性或感知属性包括了画布上的一切可见事物：色彩、纹理、笔触等等。[28]
- 相比之下，外在属性是存在于作品之外的属性——消费者无法直接从作品中感知的属性。这些属性包括艺术家的身份、创作技巧、花费的时间、“原创”程度、材料的价值等等。例如，在欣赏画作的时候，消费者可能会留心艺术家是否抄袭了某张照片。由于它不会影响我们对于画作的感性经验，因此它是一种外来属性。

在明确了艺术作品的内在属性和外在属性之后，我们可以对艺术的传统观念（任何形式的艺术：美感、交流等）和资质炫耀理论的最大不同之处进行探讨了。传统观念把艺术的价值极大程度归结于它的内在属性，以及通过感知和思考等内在属性而获得的经验。例如，美感通常被认为是艺术作品本身带来的体验。根据传统观念，艺术家运用技巧和表现力创作出实物供观赏者感知和欣赏。而艺术作品的大多数外在属性不过是创作的过程中应运而生或是创作完成后的有感而发；在传统观念里，它们对于交易无关紧要。

与之相比，在资质炫耀理论中，外在属性对于艺术体验至关重要。按照资质炫耀理论，艺术主要是艺术家自身的展现，是艺术家精湛技艺的体现。往往是外在属性决定了作品是卓尔不群还是平平无奇。卓尔不群的作品能达到使艺术家和观赏者共赢的目的。如果一件艺术作品实物（内在）精美，但是创作过程轻而易举（抄袭相片而作成的画），那么我们会认为这幅画作的价值远远低于一幅需要更高技巧的相似作品。例如，一项研究发现，消费者如果被告知同样的艺术作品不是由单个艺术家独立完成的，而是由多个艺术家共同创作的，他们会认为该幅画作价值平平——因为他们并非仅仅根据最终成品来评价作品，而是通过艺术家对作品付出的努力而做出评价的。[29]

假设有一家专门收藏世界艺术名作复制品的“复制品博物馆”，那么外在属性就显得尤为重要。如果复制品足够精确，那么它们同原作将别无二致。也许艺术家和艺术系学生更想看原作，而根据传统观点，我们其他人应当十分乐意参观此复制品博物馆。由于复制品比原作便宜，所以花费不多，但可以欣赏到的作品种类多多了，而且它就在家门口，而不是散落在世界各地：巴黎、伦敦、威尼斯和纽约。当然，复制品博物馆根本不存在，而这个主意听起来似乎也有些傻里傻气[30]——但这恰恰是我要说的重点。我们对于复制品的蔑视强有力地表明：除带来情感共鸣和智力体验之外，我们对艺术往往别有所图。

莱昂纳多·达·芬奇的《蒙娜丽莎》之所以闻名于世，原因在于画作美轮美奂的细节和超现实主义的背景，当然还有画中主人公神秘的微笑。卢浮宫防弹玻璃背后展出的《蒙娜丽莎》原作是世界上吸引最多游客前来观赏的画作。但是当研究人员杰西·普林茨和安格利卡·塞德尔让被试者假想：如果《蒙娜丽莎》已烧毁，只余灰烬，他们的选择是什么时，80% 的受访人员说，他们更愿意参观原作的灰烬，而不是一幅可以以假乱真的复制品。[31] 这值得我们思考。

外在属性的重要性

假设一位艺术家朋友邀请你去欣赏她的新作。“勉强算得上是一个雕塑吧。”她说道：“平滑的漩涡，点缀着小刺。绚烂的粉色和橙色。还挺抽象的，不过我觉得你会喜欢的。”听上去很有趣的样子，所以你就去了她的工作室。到了工作室后，你看到，房子当中有个底座，底座上面摆放着的就是这尊雕塑。雕塑十分精致，形似贝壳。你的朋友说得没错，它很美。但是你走上前仔细一瞧，心里便开始嘀咕了：说不定这就是一个贝壳。是她刚从沙滩上捡来的？还是她亲手制作的？这个问题必然成为你欣赏这幅“雕塑”的核心问题。在此情景下，你的感性经验固定住了，无论这一雕塑是何来历，底座上的东西显然十分养眼。但是其作为艺术的价值全然仰仗于艺术家的技艺。如果它是她从海滩上捡来的：没劲。如果它是她用 3D 打印技术制作的：酷。如果它是她用大理石手工凿刻的：哇哦，真了不得！

这种欣赏艺术的方式——考虑物品内在属性之外的特质以评价艺术家的努力和技艺，在我们的艺术体验中十分普遍。对待任何我们认为是“艺术”的作品时，我们在乎的远远超出它所提供的感性经验。具体而言，我们在乎它的创作过程，以及创作过程中所展示出的艺术家的精湛技艺。

我们重视艺术作品的原创性。我们珍视原创作品，鄙视衍生性过强的作品。撇开原创性不谈，无论衍生性作品可以给我们的感官或者智力带来多大的愉悦，我们仍旧嗤之以鼻。如此，我们再一次违背以艺术来评价艺术家的想法。如果艺术是感性经验，那么艺术家在创作时，是否抄袭了另一位艺术家应当是无关紧要的。然而，在评判艺术家的技能、努力和创造力方面，这一点却有天壤之别。

“我们发现诸如此类的事物具有吸引力。”米勒说道：“它们的缔造者定然具备吸引人的高级资质，诸如：健康、精力、耐力、眼手协调力、身手敏捷、智力、创造力、获得稀有材料的能力、学习高难度技能的能力和大量的闲暇时光。”[32]

相应的，艺术家通常使用不能改进成品内在属性的更加复杂、难度更高的技巧以证明自己的资质较好。“从进化论的观点而言。”米勒写道：“艺术家们所面临的最根本挑战，是通过创造出资质较差的竞争者无法完成的作品来证明自己的资质，从而证明自身的社交魅力和性吸引力。”[33]艺术家们通常会牺牲表现力和准确性，以创作出更令人“印象深刻”的作品来展示自己的资质。

我们在表演艺术中不难发现这种牺牲的影子。譬如，电影几乎在所有的技术控制方面都胜过现场戏剧表演。电影的导演可以吹毛求疵地对光线、布景设计和镜头角度进行调度。他们可以一遍又一遍地要求重拍，直到演员将一切都呈现到位。人们可以拉近镜头捕捉极为微妙的动作和面部表情。错误之处通常由剪辑师在后期制作中进行修补。并且，制作完成的影片通常效果极佳。这也是电影成为当代最受欢迎的戏剧和喜剧媒体形式的原因之一。但是，观众们仍然会观看现场戏剧表演。即便只能坐在后排，即便一张门票足够看上好几场电影，他们也心甘情愿为此买单。为什么呢？某种程度而言，因为现场表演是在不利条件下进行的。在容错度极低的情境下，演出结果愈加令人印象深刻。类似情况可见于现场音乐会（假唱令人反感）和脱口秀表演、即兴表演和系列戏剧表演。即兴表演，即便是临时准备的表演也无法和事先录制好的作品相提并论，更谈不上完美无瑕，但是却能够将艺术家的才华展现得淋漓尽致。

不利条件原理的另一适用情况：由于受制于某种艺术形式，反倒独具魅力。严格遵循格律和韵律的诗人不会使用不符合条件的词语。用大理石进行艺术创作的雕刻家不允许自己使用腻子或者胶水弥补过错，而观赏者对此类作品欣赏不已。我们欣赏艺术，并不是我们不计较艺术家执着于诸多限制，而恰恰是因为有了这种局限，他们才更显得才华横溢。

外在属性发生变化

通过观察“自然实验”，我们也可以发现艺术被用作资质炫耀：如在外在因素（生产）有所改变，而余者大体不变的历史情境中。传统上，人们认为人类之所以欣赏艺术、欣赏美，仅仅是内在属性在起作用。如果内在属性维持原样，那么，即便是外在因素改变了，我们的欣赏体验也不应该有所改变。然而，事实上，我们的欣赏体验却有了天翻地覆的差别。

想想龙虾——戴维·福斯特·华莱士在他的同名散文中讲述了一个引人深思的龙虾故事。“直到19世纪左右”。华莱士写道：

> 半句不假，龙虾就是低级食物，是只有穷人和关进收容所的人才会吃的东西。在美国建国初期，哪怕是在对囚犯最严苛的地区，一些殖民地甚至制定了法律，禁止一周内多次给囚犯提供龙虾。因为此举被认为是残忍的、非同寻常的，无异于逼迫人类食用老鼠。龙虾的等级如此低的一个原因是旧时新英格兰的龙虾太多了。当时有人是这么描述的：“多到令人难以置信”。[34]

当然，今天，龙虾已经远远没有那么多了，而且价格也非常昂贵。现在龙虾早已被视为一种珍馐美味：“比鱼子酱的价格就略低那么一点点”。

欧洲人对于肤色的审美也发生了相似的变化。在大多数人都在户外工作的年代，古铜色皮肤是低级劳工的象征。与此对比，浅肤色则成了拥有许多财富的一种标志：只有富人有经济实力一直待在室内或者打着遮阳伞保护皮肤。后来，工作场所搬到了工厂和办公室，浅肤色随处可见，变得平庸，而且只有富有的人才能做到有钱又有闲，享受日光浴。[35]

回过头来，准确地说，龙虾和晒太阳可能算不上“艺术”。但是，我们对它们也有审美体验。并且，它们阐释了，在面对外在因素的改变时，我们的审美品位是如何发生深刻改变的。可见，曾经廉价而唾手可得的事物变得稀少而难求，因此更加珍贵。然而，典型的情况是，外在因素的改变往往意味着人们更加容易获得某种物品，而非更加费力。

工业革命以前，大多数物品都是手工制作的。显然，那时的消费者们喜爱收藏技术上完美无瑕的艺术品。例如，油画和雕塑因写实性而弥足珍贵，这是指它们描绘物体的准确度。在观赏者看来，写实有两个作用：其一，提供了罕见而愉悦的感官经验（内在属性）。其二，展示了艺术家的精湛技术（外在属性）。二者之间并无冲突。在许多的艺术品，尤其是手工作品中，这点都适用。匀称、流畅的线条与光滑的表面，对几何形式的完美重现——这些都是技术娴熟的艺术家的印记，而这也恰恰是人们所看重的。[36]

接着，自 18 世纪中叶开始，工业革命带来了一整套新制造工艺。先前只能手工制作的产品，即劳动和技术密集型产品现在可以用机器进行制造。艺术家和工匠对制作过程具备了前所未有的控制力。瓦尔特·本雅明是一名 20 世纪二三十年代的德国文化评论家。他把这称作“机械复制时代”，而这个时代颠覆了审美感知。[37] 物品内在属性的完美不能够成为它的价值。例如，花瓶现在可以制作得比以前更加平滑、匀称——但是这种完美却成了廉价、大规模生产的象征。因而，能够买得起手工制品的消费者们开始偏爱手工制品，这种偏爱不是因为人们忽略了作品中存在的缺陷，而正是因为它们有缺陷。

索尔斯坦·邦德·凡勃伦在《有闲阶级论》中对比了两只勺子：一只是昂贵的手工银勺，而另一只则是工厂批量生产的廉价铸铝勺。[38] 作为用具，两只勺子的功能是一样的：二者都可以稳妥地把食物送入口中。然而，使用者们对银勺的偏爱远远大于铝勺。这是否是因为银比铝更加美观呢？许多消费者可能会予以否定。让我们把这两只勺子展示给一个亚马逊森林来的未经驯化的觅食者看吧。这个人完全不了解现代制造业和不同金属的稀有程度。两只勺子皆经打磨，闪闪发光，吸引着觅食者的目光，令人赏心悦目；纹理和颜色的轻微差别不会带来什么影响。银勺可能更有分量，但是觅食者可能更喜爱轻些的勺子。最显著的差异在于：铝勺的制作遵循更加严格的标准，因而表面毫无瑕疵，然而由银匠捶打而成的银勺会有微小的瑕疵。观察了两只勺子所有的感知属性之后，觅食者可能会更容易选择铝勺。

觅食者所"缺失"的体验同勺子的物品属性无关。与现代使用者息息相关的关键体验完全是勺子的外在属性。我们知道铝既普通又廉价，但银既稀有又珍贵。我们还知道工厂出品的产品人人都用得起，而只有富人才买得起工匠手工制作的、细节考究的、独一无二的物品。一旦知道了这些事实，精明的使用者（那些细腻又有品位的富人）便开始强调银勺的种种优点。

摄影对现实主义画作审美造成了类似的严重破坏。数千年来，唯有写实的画作才能打动人。但现如今，画家们根本不能指望通过描摹这些画作给观赏者留下深刻印象。"针对于此。"米勒写道，"画家发明了新的流派，基于新的非表象美学：印象派、立体派、表现派、超现实派、抽象派。手工作画比写实性更为重要，绘画的笔触技巧自我终结了。"[39]

这些技术和美学潮流一直延续至今。每年，新技术都迫使艺术家和观赏者在"老掉牙的"高难度技术和简单却更精确的新技术之间做出抉择。摄影师不得不决定是否使用数码相机和图像编辑软件。音乐家不得不选择是否使用电子合成器进行音高修正。情侣们不得不选择用哪种珠宝装饰订婚戒指：天然钻石、合成钻石、摩星钻石还是人造钻石。[40]

作为艺术家和观赏者，我们通常渴望探索每种新媒介和生产工具在表达和美学方面的可能性。但是常常我们也会抗拒。当我们选择“老式方法”制作的物品时，（手写而非打印、私房制造而非商店购买、直播而非录播），我们实际上是在赞美一位艺术家的技艺和努力，我们的潜台词是艺术家的作品胜过机械过程生产出来的内在属性更为优越的产品。

我们对于艺术的标准也随我们对于给定艺术形式所涉及的外在属性的认知而演变。罗曼·马尔斯在他的设计播客节目《99% 不可见》（99% *Invisible*）中详细地探讨了这个想法。例如，在一期节目中，他聚焦于粗野主义这一活跃于 20 世纪五六十年代，以使用混凝土为特征的建筑运动，因为在这一运动中诞生了世界上背负骂名最多的一些建筑，现在已经臭名昭著。在大众眼里，粗野派建筑本质上就是冰冷、无人性甚至是丑陋的。但是，马尔斯说道：“就像任何艺术形式一样，人们越了解，越欣赏。”于是，不难想象，粗野主义在建筑师和建筑系学生中还是有颇多仰慕者的。“他们知道混凝土设计需要依靠大量的技术。每一个小小的细节都要提前计算，因为一旦混凝土浇灌下去，就没有回过头再做调整的余地了。”[41]

艺术的价值不仅仅在于其内在的美感和表现的内容。希望对于这一点，我们已经做了很好的说明。从根本上而言，它也是对艺术家的一种阐释，即资质炫耀。

在接下来的几个部分，我们将简要探索这个概念之下的一些更加有趣的结果。

为何艺术不切实际

适合度炫耀理论告诉我们，艺术正是因为不切实际才被称为“艺术”。

想想一把制作精良的菜刀：坚固、结实、锋利。为数众多的批评人士指出，名副其实的物品能带给人愉悦感，甚至是美感。但是，无论这把菜刀的制作工艺多么精湛，能给我们的感官带来多大的愉悦之感，除非它具有非功能性装饰元素，否则都不具备成为“艺术”的资质。

资质炫耀理论道出了其中缘由。自其发源伊始，艺术助人以展示生存富余；助观赏者以评估他人的生存富余。通过把时间和努力提炼成不具备功能性的东西，艺术家能以颇具成效的结果说明：“我对自己的生存足够自信；我有多余的时间和精力可供挥霍。”

浪费很重要。只有进行不服务于任何具体生存功能的活动，艺术家才能够展现生存富余。贮存食物、枪支和弹药的地下仓库可能造价昂贵且建造起来颇具难度。它可能可以极好地反映出建造者的技能和资源。但是它并不具备艺术吸引力。仓库反映了动物担忧自身生存的那种绝望，而非资源富余不知作何用途的那种从容淡定。

因而，不切实际是所有艺术形式的共同特点。但是，正是从那些刻意要让自己区别于与之密切相关且具有实际用途的事物之中，我们才清晰无比地看到了这些艺术形式中的这一特征。想象一下作为必需品的衣服同作为奢侈品的时装之间的差异吧。和一般的服装不同，时装往往不实用，不具备功能性，有时甚至很不舒服。阿利尚·卢里写道：“欧洲服饰的历史源远流长，然而这些服饰却不具备任何实用功能：拖地的袖子……粉饰后的假发——大小、颜色和纹理如同大型白色贵宾犬……令人腰部无法弯曲或进行正常呼吸的束身。”[42] 时至今日，我们仍旧借时尚之名这样束缚自己。例如，高跟鞋行走不便且对双足而言是一种酷刑，然而高跟鞋恰恰要传递出这样的信息：“我在乎时尚。”领带全然是一种多余的存在。当然，摇摆的耳饰和精致的发髻亦是如此。棉布和牛仔布之类的纤维织物，既耐穿又易于打理，地位却不如丝绸、蕾丝或羊毛等纤弱难洗的纺织品。还有化纤呢？拜托。[43]

当食物作为一种艺术形式的时候，也需要与仅仅提供营养和愉悦味觉的食物做出区分。例如，蛋糕的制作过程简单而且绝大多数蛋糕口感极佳。但是，即便它口感再好，若没有足够精致的装饰，也没有人愿意花上 1 000 美元购买一个婚礼蛋糕。高级料理和外卖也应当有所区别。高级料理艺术性的摆盘（一小枝新鲜的迷迭香）、精致巧妙的烹饪方式（食物上点燃的火焰）和特殊的成分（不是随随便便的柠檬，而是迈尔柠檬）。以上所述，无一能改进口感，但是我们仍旧喜爱。

鉴赏力

资质炫耀理论也有助于我们理解为何艺术鉴赏力（精明的观赏家或批评家的技能）是一项重要的适应性技能。

鉴赏力帮助我们理解闯荡世界的时候经常自问的一个问题："何为上乘之作?"和雌性园丁鸟一样，艺术也是我们选择伴侣（以及队友）的标准之一。然而，若缺失了区别"优""劣"艺术的能力，我们可能会错误地仰慕资质略逊、地位略低的艺术家。因而，雌性园丁鸟需要观察当地所有的求偶亭以磨炼眼力。人类亦是如此，我们需要观摩众多艺术作品以校准评价能力，学习上乘之作的评判标准。

货比三家和涉猎各类艺术才能使我们学会鉴别普通的技能（击打两块石头）和稀罕的技能（讲究的韵律）。未经历练的味蕾无法体会米其林星级餐厅的美味；未经训练的耳朵无法欣赏巴赫的天才式作品。只有习惯了穿皇家标准的服饰的公主，才能够隔着 20 床垫子和 20 床鸭绒被感觉到下面的一粒豌豆。如此而言，洞察力的重要性不仅在于区分优劣（艺术大师和泛泛之辈），同时也能够展现自身的资质。公主能够感觉到豌豆，即便是隔着床垫（不利条件），本身就是一件让人感到不可思议的事，这代表着她的高贵出身。

我们把难以置信的大量闲暇时间用于培养批判能力。对于艺术，或是任何形式的人类作品，我们闲坐一旁，只看不参与，这种情形极为罕见。相反，我们会探着身子，积极参与。我们热切地评估、思考、评价艺术，再看看别人的评论，向大家的标准看齐，进而使得自身的鉴赏力迈向新高度。即便对于某种艺术，我们并没有身体力行的打算，但我们依然热情不减。每个小说家都拥有上百个热切关注自己小说的读者，虽然这些读者从来没打算过要自己写一本小说。

因此，所谓鉴赏力，无论是对于艺术还是其他领域而言，归根结底是一种批判性的技能。但是，我们觉得这种技能理所应当，因为我们似乎能毫不费力地运用这一技能。想想吧，真正不起眼的人给我们留下深刻印象的情况很少。如果这样的事情的确发生了，我们会觉得自己上了骗子的当。光是展示出拙劣的审美能力就足以令人无地自容。我们不愿让人知道自己连孰优孰劣、何为大师、何为业余都分不清。由此可见，相互评价不仅可以展现一流的创作技艺，也可以展现我们的鉴赏能力。

人类社会的生活果然是层层叠叠。

12

慈善

有效利他与现实利他

几十年后被《纽约时报》称为“可能是世界上最富争议的伦理学家”[1]的彼得·辛格于1972年发表的一篇名为《饥荒、富裕和道德》（*Famine*，*Affluence and Morality*）的文章轰动了学界。文章的论述始于一个简单的假设：假设你看到眼前的浅水区里有一个小男孩马上就要溺水了，那么出于道义，你应该想尽一切办法去营救这个小男孩。如果你袖手旁观，看着他溺水而亡，那就是违背了良知。

文章写到这里并没有什么特别值得争议的地方。但是辛格继续论述道，对于发展中国家那些濒临饿死的儿童，即便他们与你相隔万里，你也同样肩负着拯救他们的道义。他们不是在你家后院忍饥挨饿的事实并不能成为你见死不救的正当理由。[2]

辛格的结论多少会让人感到不适，因为大多数人不会像帮助自家附近游泳池中溺水的男孩那样热切地帮助千里之外饥肠辘辘的儿童。本书的两位合著者肯定不会这么做。文章暗指，我们在每一次度假、购买昂贵的汽车、重新装修房子时，在道德上无异于眼睁睁地看着人们在自己面前死去。一项统计称，在美国，培养一个孩子上大学的费用足以拯救 50 多个生活在撒哈拉以南非洲的孩子的生命。[3] 是的，我们当中有许多人确实会尝试拯救急需帮助的人，但是我们也会把大把的钱花在个人享受之上。

辛格想要说明的无非就是人类简单的日常伪善行为——我们宣称的理想（帮助最需要帮助的人）和我们的实际行为之间（在自己身上花钱）的差距。通过强调这一点，他希望改变读者对于所谓“道德的”行为的想法。换言之，他在尝试解释道德。

不过，我们的目标只不过是调查人们的行为动机。但是，为了让人们看到脑中的大象，我们觉得还是应该把这种伪善记录在案。尤其是在本章中，我们将看到，即使是在做慈善的时候，我们也难免会流露出某些存有私心的丑陋动机。

有效利他主义

何为理想的慈善行为？了解这一点将有助于我们理解人们的理想和实际行为之间的反差。幸运的是，有人已经替我们完成了这项工作。

2006 年，霍尔登·卡尔诺夫斯基和伊利·哈桑费尔德还是美国康涅狄格州的对冲基金分析师。过了几年安逸日子之后，他们决定拿出自己的大笔存款捐献给慈善机构。但是，他们希望自己的捐款能够用到实处。于是，作为训练有素的分析师，他们拿出研究投资机会的那套方法来研究慈善机构，也就是查找数据。

在一些朋友的协助下，卡尔诺夫斯基和哈桑费尔德整理出了一份可靠的慈善机构名单，开始展开信息检索。他们想知道每家机构会把他们的捐款用在何处，更重要的是，如何衡量善款使用的成效？为了能够最大程度地发挥善款的效果，他们还想评估整个过程的成效。用金融学术语来说，他们寻求的是最大的投资回报率（ROI）——具体来说，在本例中，他们寻求的是捐款回报率（ROD），他们只是在为此做尽职调查而已。[4]

他们所联系的慈善机构给出的回复令人沮丧。有些慈善机构只是发回些精美无比的宣传小册子，上边印着喜笑颜开的儿童的照片，这些机构还信誓旦旦地附上了几句承诺：我们一定会把这笔钱用到实处。有些慈善机构则充满敌意。其中一家指责卡尔诺夫斯基和哈桑费尔德是某竞争对手派来窃取机密的人。（我们不妨静下心来想一想，慈善机构有什么“商业秘密”需要保守呢？）几乎没有一家慈善机构可以拿出经得起金融分析师推敲的过硬数据，也拿不出实实在在的成果。[5]

最终，他们明白了，他们没办法得到自己想要的数据，“因为慈善机构本身就没有这种东西”。[6]但是，卡尔诺夫斯基和哈桑费尔德仍旧认为数据很重要，而且他们认为其他捐款人也想看到这些数据。于是，二人于2007年辞去工作，设立了一个组织——“行善”（GiveWell）。这是一家致力于对不同慈善机构进行量化研究，并适时公布结果的组织，目的在于选出最为有效的慈善组织，也就是捐款回报率最高的慈善组织。它的方法宗旨和《消费者顾问》或《傻瓜投资顾问》相似。不过，它既不调查汽车和相机，也不调查股票和债券，“行善”调查的是慈善机构。

“行善”现在正致力于推广一项影响越来越大的有效利他主义运动。此运动的灵感源于辛格（还有卡尔诺夫斯基和哈桑费尔德等人），旨在改变人们为美好事业奉献时间、努力和金钱的方式。其他人行善凭的是热情和直觉，而他们靠的是推理和证据。这种方法讲求实际，依靠数据，其首要任务是寻求实效。为了决定如何给予，有效利他主义者以理性思考代替感性认知。

这个方法听起来足够可靠了吧，但是也可能会得出一些奇怪的结论。例如，2015 年，“行善”公布了效率最高的三大慈善机构：

1. 抗疟疾基金会（*The Against Malaria Foundation*），该机构为撒哈拉以南的非洲地区提供蚊帐。

2. 捐款直达（*GiveDirectly*）该机构直接把现金分配给急需用钱的人，没有任何附加条件！。

3. 血吸虫病防治（*The Schistosomiasis Control Initiative*）该组织旨在为血吸虫病感染者提供医疗服务。

这些绝非最广为人知或最具代表性的慈善机构。美国联合慈善总会（The United Way）、救世军（Salvation Army）或者是愿望成真基金（Make-A-Wish Foundation）等慈善机构的影响力都远远超过它们。但是它们收益颇丰。据“行善”估计，抗疟疾基金会每花费 3 500 美元就能拯救一条生命。[7]

你有可能认同也有可能不认同有效利他主义是做慈善的理想方式。其他姑且不说，该活动因为衡量“有效”[8]慈善组织的标准过于狭隘而备受批评。特别是“行善”只重视慈善行为影响力能够得到可靠衡量的慈善机构，这导致它忽略了慈善机构能够带来的模糊影响（政治或文化影响）。而且，有效利他主义研究严格地进行结果导向型研究，凸显了传统慈善机构在这方面的缺失。

如果想把钱捐给慈善机构，难道我们不希望自己捐得明明白白吗？这不正是我们的目的吗？不幸的是，放眼望向现实利他主义，我们却发现，高效地帮助他人并非我们的首要任务。

现实利他主义

表面上看，美国人相当慷慨。每年，10 个美国人当中就有 9 个人给慈善机构捐款。[9] 2014 年，捐款总额超过 3 590 亿美元——约为美国 GDP（国内生产总值）的 2%。[10] 除部分捐款来自企业或慈善机构外，超过 70% 的捐款来自个人——有男有女，他们给教堂捐什一税，捐款赞助公共广播，资助儿童医院以及回馈母校（如表 12–1 所示）。当然，并非只有美国人如此，其他发达国家的人民也很大方，只是程度略有不同罢了。

本章我们将重点讨论现金捐赠。人们也会捐献自己的时间（在流动厨房做志愿者）、专业技能（公益性工作），甚至献血、捐赠身体器官，如肾脏、骨髓等——且不论日常生活中那些大多未被记录下来的小小善举。我们把范围限定在捐款，因为它们已经得到了充分研究而且易于衡量，但是我们期望类似的论述也适用于其他形式的慈善。

表 12–1　2014 年美国慈善捐赠

单位：亿美元

资金来源			资金去向		
个人	2 590	72%	宗教	1 150	32%
基金会	540	15%	教育	550	15%
遗赠	280	8%	社会服务	420	12%

续表

资金来源			资金去向		
企业	180	5%	机构	4 200	12%
合计	3 590		健康	300	8%
			社会福利组织	260	7%
			艺术和文化	170	5%
			动物和环境	110	3%
			个人	60	2%
			合计	3 590	

资料来源：Giving USA 2015

现实利他主义与有效利他主义的差异竟然如此巨大，着实令人震惊。美国慈善机构款项的主要去向是宗教团体和教育机构。诚然，我们捐给宗教团体的一些钱最终用于帮助那些急需帮助的人们。但是大多数资金还是流向了礼拜活动、主日学校和其他一些与慈善活动无关的地方。捐给教育机构可以说效果更次（详见第 13 章有关教育的讨论）。总体而言，只有不足 13%[11] 的美国私人善款是用于帮助那些最需要的人：世界范围内的穷人。

国家层面的资源配置如此低效。除此之外，在进行个人选择的时候，我们的行为也颇令人困惑。例如近期有一项调查研究发现：[12]

- 大多数美国人（85%）表示他们关心非营利组织的运营情况，但一整年当中会对慈善机构分发礼物的情况进行调查的仅有 35%。
- 而在对慈善机构进行过调查的人当中，多数人（63%）的目的是核实自己意欲对其进行捐赠的非营利组织的真实性。

- 其中仅有 3% 的捐献者会进行比较研究以找到最适合捐献的非营利组织。

有时，连一家慈善机构的最基本信息都不知道，我们也乐于慷慨解囊。比如，其宗旨是什么？如何处理善款？“1997 年，戴安娜王妃逝世后两周内，”杰弗里·米勒写道，“英国人就向威尔士王妃慈善机构（Princess of Wales charity）捐献了超过 10 亿英镑的善款。此时，这家新成立的慈善机构还远远没有想好应该如何使用这些捐赠的资金，以及该机构的行政开销花费几何。”

若把捐款当作经济行为加以分析，我们便会清晰地看到，对于捐款所产生的效益，我们有多么不关心。无论我们做什么，其目的都不是使捐献回报率最大化。例如，在一项研究中，参与者被问及愿意支付多少钱购买拯救候鸟的网罩。有的参与者被告知这些网罩每年可拯救 2 000 只鸟，有的则被告知是 2 万只，而最后一组被告知是 20 万只。虽然预期的效果有十倍，甚至百倍的差距，但是三个小组的所有参与者愿意捐献的金额是一样的。[13] 这个效应被称作“范畴忽略效应”或“范畴不敏感效应”，该效应可见于其他诸多问题，包括清理受污染的湖泊、保护自然、降低道路交通伤害甚至是预防死亡。[14] 人们愿意伸出援助之手，但是他们愿意付出的资金数额同捐献效果不成比例。

人们还喜欢分散捐款，即把捐款分成多个小份额进行捐赠，捐往不同的地方，而非分成几份大额捐款，投入最有效的慈善机构之中。[15] 在资本市场（股票市场）中，投资者青睐于多元化投资，但是多元化却不适用于慈善“市场”。多元化投资的主要目的是帮助组合投资受益人对冲风险。但是社会（假设慈善受益人是社会）已然完完全全多元化。成千上万家资金雄厚的慈善机构几乎采取了所有可能的方法来帮助人们。个体捐献者分散或是集中捐赠对于整体分配的影响甚微。同时，有效利他主义者令人信服地证明了，某些慈善机构处理捐款的效果远甚于其他机构。给抗疟疾基金会捐赠 3 500 美元就能拯救一条人命，但是把这笔钱分开，然后捐给 100 家不同的慈善机构，可能就是纯粹的浪费。分散捐赠的金额甚至无法涵盖处理捐款的行政开支。

在评价与慈善相关的行为时，我们好像完全不在意总效率的高低。例如，富人们经常从事毫无技术含量可言的业余志愿者工作，并且因此声名远播。即便他们在公开市场上所创造的价值远比做志愿者工作创造的价值高，他们仍然愿意从事业余志愿者的工作。[16] 此处再次引用米勒的一段话：

> 分工才能提高经济效率，在商界如此，慈善界也当如此。但是，在世界上许多现代化都市，训练有素的律师、医生，还有他们的丈夫和妻子利用自己的时间去流动厨房为无家可归者服务，或者为老人送上食物。按照标准价格计算，他们的时薪可能比厨房工作人员和送货司机高出 100 倍。他们端汤的每一个小时本可以赚一个小时的薪水，这笔薪水足够雇佣专人在此负责端汤服务两周。[17]

如果我们尝试用捐献回报率最大化来解释与慈善相关的行为，这些行为是完全不合乎情理的。其中一定别有缘由，但是究竟是为什么呢？我们慷慨解囊若不是为了尽可能高效地帮助他人，那么我们到底想从中获得什么呢？难道仅仅只是没达到自己的目标？还是说我们另有所图？

“温暖光辉”理论

1989 年，为解释上述某些低效行为，经济学家詹姆斯·安德雷奥尼提出了一个不同模型，以解释人们为何向慈善机构捐款。根据安德雷奥尼的推论，我们的行为并非全心全意为了改善他人福祉，[18]还有自私的心理动机驱使我们行善：这会让我们快乐。例如，我们在大街上看到无家可归的人时会慷慨解囊。原因是，无论结果如何，捐献的行为都会让我们感觉良好。[19]

安德雷奥尼把这称为“温暖光辉”（warm glow）理论。它有助于解释，为什么很少有人会像有效利他主义者一样。以下有两种向慈善机构捐赠的策略，请思考：（1）设定一笔资金，每月自动给抗疟疾基金会捐款。（2）给每个乞讨者、教会和女童子军都捐赠一些钱。给单个慈善机构自动捐款可能能够更加高效地改善他人的生活，但是另一策略——广泛、随缘、少量的捐款，能够更加高效地带来那种温暖的、充满爱的感受。[20]“多样化”捐赠能够给我们带来更多机会，让我们自我感觉良好。

不过，若是要给我们的行为找出一个终极解释，温暖光辉理论只算得上一个权宜之计。[21]更加有趣和重要的问题是，行善捐款为何使我们感觉良好。从肤浅的心理动机（追求快乐）往下挖掘，支配我们行为的又是什么更深层的动机呢？

为了弄明白这个问题，我们将对影响慈善行为的 5 个因素审视一番。

1. 可见度。关注度越高捐款越多。

2. 同伴压力（攀比）。我们的捐献活动深受社会的影响。

3. 就近原则。我们更愿意帮助身边的人，而非其他地区的人。

4. 相关性。我们能够分辨什么人得到过我们的帮助。在可以看到他们的模样，听到他们的故事时，我们往往捐得更多；而如果我们看到只是数字和事实，那么我们就会捐得少一些。

5. 求偶动机。如果我们的脑海中预先植入了寻找伴侣的想法，那么我们往往会更加慷慨。

以上所列远远不够全面，但是把它们联系在一起，我们就能理解为何我们的捐款会如此低效了，以及为何在捐款时我们能感到温暖的光辉。让我们逐一审视每一种因素。

可见度

我们在行善时所体现得最显著的偏见可能就在于：关注度越高捐得越多。一项研究发现，当募捐者挨家挨户募集善款时，两个募捐者比一个募捐者募集到的善款更多。[22] 但是，即便只有一个募捐者，如果此人和捐款人有目光接触，那么捐款人捐赠的金额也会显著增多。[23] 与拿信封遮盖善款相比，让捐款人看到善款，他们也会捐得更多。[24] 甚至，抽象的程式化视觉图像也能够让人们更加慷慨。[25]

慈善机构知道，捐款人喜欢自己的捐款行为得到认可。所以慈善机构会向捐赠者敬献牌匾，以资表彰，捐赠越多，牌匾就会越大、越醒目。特别慷慨的捐赠者的姓名则会被镌刻在建筑顶部的石碑上以示铭谢。对于小额捐赠，慈善机构经常会回赠一些印有慈善机构标识的物品——别针、T 恤衫、手提袋、粉色丝带或黄色腕带，所有这些都可以让捐献者向同伴展示一番，以表示他们对崇高事业的贡献。（他们真的可以把自己的慷慨穿在身上。）就连献血者也可以拿着一张贴纸离去，上面写着："今天我献血了。"有些慈善机构会给捐献者举办盛大的捐赠活动——让捐献者们汇聚一堂，彼此认识。这些活动包括：赛跑、马拉松健走、慈善舞会、公益音乐会，甚至是像“冰桶挑战”这样的社交媒体活动。通过宣传捐献者的慷慨之举，慈善机构能够吸引更多人前来捐献。[26]

反之，若捐献行为无人认可，人们往往就不捐赠了。例如，匿名捐赠极为罕见。公共慈善机构中的匿名捐赠率仅为1%。[27]与此相似，在实验中，捐款之后，人们很少缄默不语。[28]而且，即便向公共慈善机构进行“匿名”捐献的人，其信息也不一定真的是隐匿的，对此我们仍然心存疑虑。“一个伦敦上流社会人士有一次对我说，她认识许多匿名捐献者。”米勒写道：“尽管他们的名字可能没有赫然刊登在各大报纸上，但是他们在自身的社交圈子里知名度很高……”[29]最起码，多数“匿名”捐献者会同自己的伴侣和密友讨论自己的捐赠。

通常，慈善机构把捐款分为不同等级，然后根据级别来宣传捐献者（而非根据具体的金额）。捐款在500~999美元之间的捐献者被称为“朋友”或“白银赞助人”，捐款在1 000~1 999美元之间的捐献者则被称为“赞助人”或“黄金赞助人”。因而，如果你捐献了900美元，那么你挣得的标签和某个仅仅捐献了500美元的人是一样的。不出所料，在这种分类形式的捐款活动中，绝大多数善款的数额都刚好为每个等级的最低金额。[30]换句话说，认可多少就捐赠多少，很少有人超出最低标准。

同伴压力

另外一个会对我们的捐献行为产生重大影响的因素则是同伴压力。

虽然捐献人常常否认存在这种影响，[31] 但事实证明并非如此。首先，募捐是行之有效的：有人请自己捐钱，特别是当朋友、邻居和爱人请自己捐钱时，人们还是会捐的。很少有人会自发捐款。在所有捐款中，95% 的捐款都是募集而来的。[32] 面对面的募捐，比如有人上门募捐，或在教堂里，有人拿着募捐盘请你捐款，比发邮件或者电视广告等无直接接触的募捐请求更加有效。[33] 当募捐者与自己关系密切时，人们尤其愿意捐款。[34]

当然，这其中的部分效果要归因于认可度：如果朋友们请求捐款，你会认为善款很有可能被用于高尚的事业。但是，如果陌生人来募捐，你很可能会怀疑，资金将被用于不正之道或者无法发挥其价值。即使一项慈善事业历经考验、全面细致，具备同伴压力的募捐，效果也会显著增强。例如，大学里，在发起募捐活动时，通常让同班同学彼此邀约。[35] 用这种方法募捐的效果甚至比让前室友发起募捐产生的效果更好。[36] 此处相关性最强的变量是捐款人和募捐人之间的社交距离。

当然，在生活中的许多领域，同伴压力都扮演了重要角色，但是它对于人们做出的慈善选择影响尤甚。对比一下捐款的方式和投资、购买之类的其他财务决策的方式。如果采取捐款的方式进行投资，那么 95% 的投资都是响应来自朋友、家人、教友的号召，甚至是电话另一端某个陌生人的邀约，但事实并非如此。当朋友或陌生人请我们投资时（“原始股投资机会”），我们常常投以怀疑的目光。同样，如果我们采取给慈善机构捐钱的方式进行购物，那么常见的销售方式则是挨家挨户上门推销或者是在室内销售，诸如卡特扣刀具展或者特百惠派对。然而，这种社交销售策略是例外而非常态，我们一般喜欢在不知名的市场中随性购物。

就近原则

我们往往乐于帮助同我们更近的人，这不仅仅是指距离上相近的人，还有社会关系上更加亲密的人。相比于遥远地方的人们，我们会更快地向当地社区的人们伸出援助之手。还记得彼得·辛格思维实验里面的那个溺水男孩吗？我们中的大多数人都会迫不及待地去拯救他，但是很少有人会以相同的热忱去帮助其他国家濒临死亡的儿童。部分原因是，人们认得溺水的男孩（详见下一章），但还有部分原因是距离。

乔纳森·伯龙和埃瓦·希曼斯卡称其为乡土观念（*parochialism*）。当参与研究的人被问及，在帮助本国人（美国）和帮助印度、非洲或拉丁美洲的儿童这几个选项中，他们更愿意做何选择时，人们明显地表示，他们更愿意帮助本国人。一位被试者称："既然我们国家也有如此多急需帮助的儿童，那我肯定优先帮助他们。"[37]

这些研究结果在实际捐款数据中得到了证实。2011年，美国人向慈善机构捐款2 980亿美元，据估计，其中仅有13%（390亿美元）被用于帮助外国人。[38]这可远非有效慈善应有的样子。即便是美国人中最需要帮助的那些人，基本上也比发展中国家的许多人的境况要好得多。

说句公道话，乡土观念是人性中无可避免的一部分，它深深地镌刻在我们的所有行为当中。我们对待亲密的家人比朋友好，对待朋友比陌生人好——所以我们常常先帮同胞，再考虑外国人，这也不足为奇。

相关性

根据辛格的论述，关于利他主义行为研究最确定的发现之一，就是我们更倾向于帮助认识的人——一个有名有姓的人，[39] 一个有"头"有"脸"、有故事的人。托马斯·谢林 1968 年首次对此现象展开研究，[40] 从那以后，此现象被称作可识别受害者效应（identifiable victim effect）。此现象的反面就是，我们更不愿意帮助身份不可识别的受害者。

筹集大量善款的慈善机构深谙此道，这就是为什么它们如此热衷于讲故事。"向您介绍利兹·辛特龙。"美国联合慈善总会的网站骄傲地宣称："他是乔治城大学的一名大三学生，这是一个非常典型的例子，它告诉我们，助一人梦想成真就是助众人取得胜利。"[41] 利兹的故事隐于她爽朗的笑容下，包含着许许多多的个人细节。作为每年筹集资金最多的一家慈善机构，美国联合慈善总会显然知道怎么做最有效。[42]

另一家善于利用人物细节的慈善机构是成交（Kiva.org）微贷款网站。捐献者可以通过这个网站给发展中国家的人们发放免息贷款。浏览网站便可看到各种各样的照片，每组照片都讲述了一个人的故事以及他的请求。例如，玛利亚是一名 44 岁的水稻种植户，来自菲律宾，她需要 325 美元购买肥料给庄稼施肥。[43] 这些照片上的人都有燃眉之急。

相比之下，抗疟疾基金会虽说每年能拯救成百上千个人的性命，但是它没有提供接受帮助的人的姓名或者是样貌，因为它所拯救的仅仅是数据性生命。由于拯救一条生命大致平均需要 500 张蚊帐，[44] 因此单个捐款人无法指着某个人说："我救了这个人的生命。"这种数据性慈善能够有效地挽救人们的生命，却不善于拨动人们的心弦。

求偶动机

最后一个影响我们慷慨行为的因素是，给潜在伴侣留下深刻印象的机会。许多研究发现，如果募捐者是一名颇具魅力的异性，人们更有可能捐钱，尤其是男性。[45] 如果旁观者是女性而不是男性，男性也愿意奉献更多捐款。[46]

心理学家弗拉达斯·格里斯克维西斯及其同事在 2007 年进行了一项十分有启发性的研究。[47] 被试者有男有女，所有被试者需要回答的问题都是：他们是否会参与利他主义活动。但是，研究者在询问此问题之前把被试者分成实验组和控制组，给每组人员指定了不同任务。研究人员给实验组的被试者植入了求偶思维。例如，他们要求被试者幻想一个理想的初次约会。[48] 同时，他们也要求对照组的被试者执行类似的任务，但是与浪漫动机毫无关联（并未植入求偶动机）。

与控制组的被试者相比，实验组的被试者（预先植入求偶动机）反馈的利他主义意愿明显更强烈。[49] 寻求一名浪漫伴侣的想法使得他们的行善愿望更加强烈。然而，他们想要的仅仅是引人注目型的善行，如教授贫困儿童或者在收容所当志愿者。当被问及默默无闻型的利他主义行为时，如缩短淋浴时间或者把人们遗落在途中的信件捎去邮局，实验组和对照组的被试者一样对此了无兴趣。

重在形象

鉴于上述种种证据，结论昭然若揭。匿名捐赠可以让我们获得心理上的奖励，但是对于大多数人来说，光是“温暖和爱意”并不够。我们同时也想让人们看到我们是乐善好施者。

格里斯克维西斯把此现象称为“炫耀慈善”。帕特里克·韦斯特把此现象称为“引人注目的怜悯之心”或“炫耀性同理心”。[50] 言下之意，光行善不行，而且要有行善之表象，这样才有干劲，因为唯有让人看在眼里，我们才能获得社会奖励。换言之，慈善值得标榜、值得炫耀。

如今，这也谈不上发他人所未发，表他人所未表了。已经有许许多多的观察者注意到，人们渴望自己的善行得到认可。“百万富翁才不会在意自己的钱是否被用于慈善事业，”萧伯纳如是说，“钱掏出去，他就心安了，社会地位就提升了。”[51]“拿掉利己主义，”拉尔夫·沃尔多·爱默生说道，“就等于阉割了捐赠人。”[52]

虽然从理论上说，我们承认这一点，但是当我们真的去捐钱或者帮助人们的时候，我们强烈地拒绝承认，此举是为了名声或者荣耀。如果心里想着声望而去捐赠，那就完全不是慈善之举了。事实上，许多人觉得唯一“真实”的慈善行为是完全匿名的慈善捐赠。[53]但是，我们多半不会匿名捐赠。我们都想着要搏个好名声（至少在潜意识层面上如此），因而，让我们沿着炫耀的动机再深挖一些。通过向慈善机构捐赠，我们具体想要给谁留下深刻印象呢？我们想要标榜的又是哪些品质呢？

让我们从第一个问题入手。正如格里斯克维西斯和米勒所说，我们想要吸引的首要对象之一就是潜在伴侣。在某种程度上，向慈善机构捐赠就是一种意在吸引异性的行为。[54]一毛不拔可不是性感之举。我们希望伴侣将来对我们慷慨，或者说，更重要的是，对子孙慷慨。请注意，帮助儿童的慈善机构尤为著名，如帕萨迪纳的儿童医院和愿望成真基金。

但是，我们不仅仅只是想要给潜在伴侣留下印象。在口口相传的过程中，无论男女，但凡听说一个捐赠人的慷慨事迹，都会留下深刻的印象。[55]例如，女士们会积极地传颂黛安娜王妃和特蕾莎修女的慷慨事迹，[56]而男士们则热切地称赞沃伦·巴菲特和比尔·盖茨的慈善之举。此外，过了更年期的女性（因此没有求偶动机）与其他年龄层的人相比，慈善之心不减，甚至还增加了几分。她们做志愿者、捐钱并且管理慈善基金——即便她们有着幸福的家庭而且再无生育的可能性。同时，人们会在简历和微型自传中宣传自己的慈善事迹，大学在招生时会询问学生的志愿服务经历，政客们在竞选时也会大肆宣扬自己的慷慨之举。（事实上，慷慨是领导人的一种珍贵品质，这一点放诸四海而皆准。[57]）换言之，慈善不仅可以给潜在伴侣留下深刻印象，也可在社交界和政界树立威望。

我们可以想象一下，换种方式进行上文提及的实验。不给人们植入求偶动机，而是尝试给他们植入加入某个团队或者提升自身社会地位的动机。例如，不要求被试者描述理想的浪漫之夜，而是让他们想象自己正在竞选当地政府的一官半职或者参加一家大公司的面试。接着观察他们参与（吸引眼球）慈善活动的意愿度。可以预见，植入此类社交动机的人员在捐款和进行其他自我牺牲行为时候的意愿同样也会上升。

另一个重要的问题是“为什么慈善会使我们更加有吸引力？更吸引伴侣、队友和支持者?”换言之，我们在捐赠、做志愿者活动或者其他活动时展示的哪些品质表现出了无私？此问题同样有几种不同的答案。

我们最爱炫耀的就是财富，或者，就志愿服务而言，我们炫耀的是空闲时间。[58] 实际上，慈善行为在对我们的受众“诉说”着这样一种事实:“我拥有的资源远远超过生存所需，我可以把它们奉献出去而没有丝毫的担忧。因此，我就是一个热心、高产的人类榜样。”这种逻辑也说明了我们为什么偏爱炫耀性消费、炫耀性运动技能以及其他的资质炫耀。假设所有条件都一样，我们更希望与我们交往的人（朋友也好，爱人或领导也罢）都是境况较好的。不仅仅是因为他们中的一些人的社会地位可以给我们带来“影响”，同时也意味着他们有更多的资源和精力可以聚焦于双方的共同利益。生存都成问题的人是不可能成为理想的盟友的。

慈善同时也帮助我们标榜亲社会倾向，也就是我们同其他人相联系的程度。（我们也把它称作“友好睦邻”。）例如，来对比一下慈善和炫耀性消费。两者都是炫耀富余财富的极好方式，但是消费具有自私性质，而慈善恰恰相反。当我们为高尚事业捐赠时，这种行为就会对我们的社交圈“说”：“看，我愿意把我的资源花费在为别人谋福利上。我同社会是一种正和博弈、合作博弈。”这说明了，为什么对于渴望当领导的人而言，慈善是如此重要。没有人想要同社会进行零和博弈、竞争博弈的领导。如果他们的胜利就是我们的失败，我们为什么要支持他们？相反，我们希望领导人具有亲社会倾向，会为我们着想，因为我们都身处社会之中。

这也是我们优先考虑帮助本地人而非“心怀天下”的一个原因。我们希望领导们为当地社区考虑，而非为遥远的急需帮助的人们考虑。从某种意义上说，我们希望他们着眼于家乡。在某些情况下，只考虑为远方的人谋福祉就踩在了反社会的边界线上。如果政客优先把纳税人的钱捐给印度农民而非当地项目，那么他们当选的概率就会很小。谨记前面的评论：“既然我们国家也有如此多急需帮助的儿童，那我肯定优先帮助他们。”

我们利用慈善来标榜我们的亲社会倾向。这有助于解释，为什么一般来说我们几乎不会自行进行研究以决定捐款去向。自行研究能够得出于己有利的信息，知道哪个慈善机构值得我们捐款。但是为了表明我们有多么亲社会，我们需要把钱捐给公众认为最为有价值的机构。想象一下，进行了一番研究之后，你确定最好的慈善机构是“全球碘网络”（Iodine Global Network），[59] 所以你为其开了一张 500 美元的支票，然后更新了脸书，提到了自己的这笔捐款。不幸的是，你的朋友们都没听说过这个网站。这真的是一家慈善机构吗？他们会觉得你之所以往那儿捐钱只是因为你姐姐在那里工作。种种怀疑会降低你因为支持这家慈善机构而获得的社会信用值。相反，如果你捐款给乳腺癌研究机构或者美国联合慈善总会，就没有人会怀疑那是你发自内心的好意。

做慈善还有最后一个能让我们标榜自我的品质：对他人福祉自发的、由衷的关心。这种品质有好几种名称——感同身受、人同此心、怜悯之心和同理心。我们看到他人遭受苦难后立刻决定伸出援手，此种行为向我们的同伴“诉说”着：“瞧见没，我多么多愁善感、乐于助人！一见身边人遭受苦难，我便情不自禁地想要改善他们的境况；因为我就是这样一个人啊。”这是一个极其值得标榜的品质：意味着你是一个极好的盟友。他人在你身边的时间越久，就越能分享你情不自禁的好意。

正是慈善的这一功能阐明了我们此前讨论中的许多迷惑之处。其一，它说明了我们的捐款为何如此随性。多数捐献人不会像制定商业计划一样制定捐献策略，然后执行它们。相反，我们在捐款方面很随性——例如，有募捐人找上门，或者看到无家可归的人在街上瑟瑟发抖，又或者在一场骇人的飓风或地震过后，我们往往会进行捐款。为何？因为面对这类事件时我们别无选择，因为帮助眼前人就是我们品格的一部分。[60] 这也有助于解释，为何当我们看到急需帮助的人的面孔和他们的故事时，我们更容易为之动容，而面对干巴巴的数据时，无论数据多么惊人，我们都很难被打动。

心理学家保罗·布鲁姆认为这是一个极大的缺陷。他说道：“同情心把我们的注意力集中在个体上，使我们在面对规模化的东西时既狭隘又不敏感。”[61] 常有报道称伯特兰·罗素说：“文明人的象征在于他是否有能力读懂一栏数据，然后啜泣。”[62] 但我们当中几乎无人能够对于数据有这样的真实感受。要是我们能多为理性而非感性而动容，我们就一定会做得更好。

但是，表现出同情和不自觉的怜悯获得的奖励也太大了。想想吧，哪一种人更可能遇到更好的朋友、同事和伴侣——是拿着一张电子数据表计算慷慨程度的“斤斤计较者”，还是当需要帮助的人们出现在面前时就情不自禁要伸出援手的“多愁善感者”？当大脑感知总体而言多愁善感者比斤斤计较者能成为更受欢迎的盟友后，大脑便会标榜我们多愁善感的一面。从全球层面来说，随性捐款的慈善可能不是提升人类福祉的最有效途径，但却是我们祖先达成此目的的最有效途径：找寻伴侣和建立强大的同盟关系网。

慈善的缺失形式

总结：向慈善机构捐钱的动机很多。我们想要帮助他人，但是我们也希望人们看到我们的善举。因此，在某种程度上，我们把慈善当作一种标榜美好品质的工具，尤其是标榜我们的财富和怜悯之心。

这一观点有助于解释，为何某些活动起到了助人的作用却没有人将其视为慈善之举。其中一个无声无息的活动就是面向遥远未来的捐赠。我们没有即刻把钱捐出去，而是把钱放在信托基金里利滚利，50 年或是 500 年后，当钱的数额远远超出了初始规模，再加以使用。这就被称作玛土撒拉信托基金（Methuselah trusts）。其中最有名的一只基金的创始人为本杰明·富兰克林。他临死前给波士顿和费城各捐了一笔 1 000 英镑的遗赠，并要求先把这笔钱投资 100 年，而后再用它资助当地孩子当学徒。[63]

就慈善作为助人的方式而言，玛土撒拉信托基金不失为一种潜在的好方法。但是很少有人给这种信托基金捐钱。某种程度上是因为帮助未来的人们无法展示我们的同情心和亲社会倾向。我们因捐赠所获的赞誉（来自同伴的）是因为我们在当时当地进行了捐赠，捐给当地社区的其中部分人。帮助在空间和时间上离我们过于遥远的人们也会使我们受到怀疑。

另一种默默无闻的慈善行为就是罗宾所说的边际慈善（marginal charity）。[64] 即使个人决定稍微（边际）朝着利他的方向倾斜一点。通常我们尝试把个人所得最大化。例如，一家地产公司打算建造一座新的公寓大楼。他们会搞出一些数字，计算建多高的楼才会使利润最大化——例如，10 层。但是开发商的最优方案未必是周边社区的最佳方案。比如，按规定，建筑许可证不容易拿到手，这也可能导致住房紧张。因此，开发商会把建筑设定为 11 层而非 10 层。虽然这会使利润略微减少，但是能为周边社区建造更多的公寓。

边际慈善在为他人创造价值方面效率极高。牺牲个人的些许利益就能成全他人的极大利益。换言之，捐款回报率高得令人难以置信。但是同时，边际慈善完全无法标榜美好品质。首先，你无法向他人展示你参与了边际慈善活动，几近隐身。其次，边际慈善完全属于分析型慈善。它不仅无法表露你当时当地的同情心，反倒显示出你善于玩弄经济规则。由于以上种种原因，虽然有的人践行边际慈善，但是它却不作为一种合乎情理的助人方式为人们所知晓、颂扬并获得奖励。

结语

辛格认为，在道德上，附近的溺水儿童和万里之外饥肠辘辘的人并无差别。他可能是对的。但是，拯救当地的男孩可以获得实实在在的社会奖励，因此这种善行更具价值。此行为的可见度更高，更易使人在当地社区声名远扬、吸引异性或结交新友。对比之下，通过寄支票为国外儿童购买食品得到的益处则相形见绌。

这是一个我们不得不接受的反常理论。助人最有效的慈善形式往往不是标榜捐献人优良品质的最好方式。如果二者必须选其一，捐献人常常会选择展示自我。

作为一个社会整体，如果我们想要把慈善事业做得更大、更好，那么我们应当想办法让慈善活动更有利于捐献人。有两大类方法可达成此目的——不过，罗宾和凯文也明白，尽管这两种方法十分有效，但言之容易，行之困难。

其一，更好地推广最有效的慈善机构。捐献者认为做慈善可以炫耀自己的财富、亲社会倾向和怜悯之心，因而，任何慈善宣传都可以作为一种信号，提升捐献者的价值。由此也可以鼓励人们进行更多的捐献。

另一种方式是学会颂扬有效利他主义者的优良品质。布鲁姆指出，人们动辄颂扬怜悯之心，但此举似乎有过于泛滥之嫌。这是我们千百万年来寻找潜在同盟时首要关注的品质之一，并且这种品质极为重要。但是，如今我们正走向一个越来越由数据驱动的技术化世界。数字扮演着更加重要的角色，因而或许我们可以更加欣赏“斤斤计较”的行善者。

13

教育

消费与投资

学生为什么要上学？

社会给出的标准答案是如此明显，此问题貌似毫无讨论价值。仿佛每一张学校成绩单和课程大纲都在大声疾呼：上学就是学习知识。学生听课和阅读，为的是学习解决特定问题的新知识和新方法。进而，他们要做项目、完成家庭作业以实践新技能，然后参加考试以衡量他们对于新知识的掌握程度。多年以后，特定的工作岗位会有相应的学历要求，这一切仿佛在说："显而易见，没人愿意让没上过医学院的医生给自己看病，也没人愿意开车行驶在没上过建筑学院的人设计的桥上。"

笼统说来，学生上学是为了提升自我，特别是着眼于未来的职业。[1]而雇主则十分乐意斥巨资聘请经年累月潜心提升自我的员工。此解释简单、明了，听起来有理有据，而且毫无疑问，这种解释确实也说明了一定的事实。但是我们知道这并非全部的事实。它也许是父母和老师在校董会上喜欢说的那一套，是立法者在签署教育新法案时惯用的说辞。而与此同时，在其他的场合（在和朋友喝酒时），我们大多数人也不会刻意否认学校也具备其他功能——并非如此崇高的功能。如此说来，我们在教育方面的“隐性”动机并没有被深深埋藏。但是，我们仍旧会迫于压力，对于能给人带来良好感觉的亲社会动机赞不绝口，如学习等。在公共场合尤为如此。

接下来 [下文大部分内容借鉴了布莱恩·卡普兰卓越的新书《教育的反面案例》(*The Case Against Education*)]，我们将展示为何“学习”无法代表教育的全部价值，我们还将为“学生为什么要上学”“雇主为何看重受过教育的员工”提供一系列不同的解释。

学习之谜

要跻身顶尖学府可谓困难重重，而且顶尖学府的学费相当高昂。例如，斯坦福大学的录取率不足 5%，一年光是学费就超过 4.5 万美元，还不含食宿费、书本费。[2] 然而，似乎人人都可以获得斯坦福大学的免费教育，前提是他们不要正式的成绩单和学位。如果你只是满怀敬意地坐在课堂上参加讨论，按时提交作业，大多数教授对你也好，对其他学生也罢，都会一视同仁。事实上，看到你热切地求学于己，他们已经倍感荣幸了。

作为本书作者之一的罗宾，事实上早在 25 年前就在斯坦福大学干过这种事了。当时他就职于邻近的 NASA（美国国家航空航天局）。当他向研究生院提出申请时，他的一位教授甚至为他写了推荐信。在这方面，斯坦福大学并无不同之处。大多数大学都是如此。但是，如果说顶尖学府的教育经历真的价值连城，那么，为何罗宾可以轻而易举地蹭课呢？显而易见，尝试这种想法的人屈指可数，根本成不了大患，因此也并未引起学校的注意。

请想一想，一名教师因为坏天气、生病或出差，取消了一堂课，结果会怎样呢？渴望学习者理应倍感烦恼才是，花了钱却没有获得自己应得的东西！但是事实上，一旦停课，学生们一般会欢天喜地，奔走相告。同理，对于能够“轻松得 A”的课程，学生们总是趋之若鹜，而通常他们对这些课程并无兴趣，而且这些课程与其职业规划通常也毫无关联。在这两种情况下，学生牺牲了难得的学习机会，而选择了取得学位的捷径。事实上，如果我们让学生们二选一：不拿学位但是获得教育和得到学位却无法接受教育，多数人都会选择学位——如果上学的主要目的是学习的话，这听起来似乎有些匪夷所思。

学生们重视学位却并不一定重视获得学位所需要掌握的每一个知识点和技能。这种现象再自然不过了。学位只不过是对他们所学内容进行粗略估量的一种手段而已。而在获得学位的过程之中，学生因为抵挡不住种种诱惑而走起了捷径。更为令人困惑的则是雇主们对于学位的重视程度。他们似乎只关心学位，而对于获得此学位所要经历的所有学习过程均不闻不问。对比雇主给完成学位的学生和中途辍学的学生所支付的薪资水平，便可见一斑。倘若雇主重视的是学习本身，他们所支付给学生的薪水应当与学生的在学年限成正比：年限越长，工资越高。然而，我们发现，雇主更关心学生在最后一学年的表现以及他们是否获得最终学位。此现象被称为“羊皮纸效应”——传统学位证书是用羊皮纸制成的，故得此名。

在当今的美国，学生们在高中或大学额外完成一年的学业，平均可为其余生增加11%的收入。但是，并非所有年级都是一样的。高中或大学前三年的每年（前三年无法获得学位）平均仅能增加4%的工资。但是高中和大学的最后一年，也就是学生们完成学位的年份，平均能够为学生增加30%的工资。然而与其他学年相比，毕业季的学习内容并不是特别多。看来，除了学生们的课堂学习情况，雇主们似乎另有关注点。

作为一名大学毕业生，足以使其受到重视，即便其所在岗位对正规教育毫无要求。例如，就拿酒保来说，相对于低学历的同事而言，拥有高中毕业证者的收入要高61%，而拥有大学毕业证者还要高62%。对于服务员来说，此比例分别为135%和47%。而对于保安来说，数据则为60%和29%。[3]然而高中和大学并没有传授多少对于成为酒保、服务员或保安有益的知识。为什么雇主愿意慷慨解囊，为毫无用处的学习买单呢？

学生和雇主的行为已然令人困惑。此外，我们从体系层面也找出了可疑之处，令人怀疑教育仅仅只有“学习”目的一说。

例如，学校担心教授的许多知识在实际工作中并无用处，而阅读、写作和算数显然十分有用。但是高中学生42%的时间都用于学习几乎派不上什么用场的科目，如艺术、外语、历史、社会科学，以及“个人提升”的课程，包括体育、宗教、军事科学和特殊教育。[4]数学往往更为实用，但是即便如此，许多数学课，例如几何学和微积分学，同多数学生的未来职业毫无关联。同样，除了将要投身科学事业的少数人，科学课程对大多数人来说在很大程度上也是一种浪费。

我们发现，大学对于不适用的学科也有着相似的容忍度。例如，超过35%的学生所学的专业知识在毕业后极少得到直接应用：传播、英语、人文科学、跨学科研究、历史、心理学、社会科学以及视觉与表演艺术。[5] 这些专业的学生有一些确实找到了对口的职业，但是绝大多数人则不然。工程专业的课程设置相对而言已经紧扣未来职业，但学校中教授的许多科目对工程专业的学生而言也用处不大。雇主们普遍认为自己不得不从头开始训练刚走出校门的工程专业毕业生。

（当然，生活不仅仅只是为了使自己成为一名高效的员工，而学校则能够令人信服地帮助学生在其他方面实现价值，例如，帮助学生成为“全面发展”或者“眼界开阔”之人。但是这种观点貌似是站不住脚的托词。学校的主要目的是帮助学生成为上述之人？对此，笔者深表怀疑。我们自问，“每天 6 小时安坐教室当真是培养全面发展、眼界开阔的人才的最好方式吗?”）

然而，所谓上学是为了“学习”一说还有一点更为令人困惑。事实上，即便学校教授给学生的是有用的知识，学生们也无法长久地记住这些知识，并在往后的生活中加以应用。为了通过期末考试，他们可能会临时抱抱佛脚。但是，如果若干年后再让他们参加同样的考试，他们的表现并不会比未上过这门课的学生好到哪里去。例如，多数高中生都学过两年外语，但是只有不到 7% 的成人表示，即便学过外语，他们讲的充其量也不过是“蹩脚”的外语（说得“好”的人还不到 3%）。在综合调查中，仅有 38% 的美国成人能够通过美国公民入籍考试；仅有 32% 的人知道原子大于电子，而只有不到一半的人能够算出，140 加仑[①] 汽油，如果每加仑汽油省下 0.05 美元，那么一共能够省下 7 美元。令人惊讶的是，几乎人人都学过这些基本知识和技能。

此外，即便我们记下了学校所教授的知识，几十年来的研究表明，

① 1 加仑 ≈ 3.79 升。——编者注

我们十分不擅长把知识运用于现实世界。在学校时，老师在课上教授例题，然后布置一道大同小异的题目作为家庭作业，多数学生都能够悟出二者的共通之处。然而，几十年后，几乎没有人能够可靠地辨识出某个来自复杂真实世界的问题同学校的例题具有共通性，然后成功地把所学知识运用其中。

学校的拥护者们通常辩护道：学校可以教会学生“如何学”或者“如何运用批判性思维”。然而这类说辞，虽说令人欣慰，但却经不起推敲。“教育心理学家们，”卡普兰写道，“一个多世纪以来都在评估教育背后隐藏的心智效益。他们最大的发现就是——教育是狭隘的。一般来说，学生们学会的只是你教授给他们的特定知识。”[6]

另一个制度层面的失败是一直以来，学校都没能运用好更行之有效的教学方法，即便这些方法已经问世数十年了。例如，一到对学生评级时，他们的学习就会受到负面影响，尤其是进行正态分布评级时。[7]家庭作业能够帮助学生学好数学，但是对于科学、英语和历史等科目则不然。[8]分散式、多样化和交叉式练习都有助于学生多方面发展、延长记忆和更好地掌握知识。尽管这种学习过程似乎缓慢而艰难，但是成效却更佳。[9]不过，大多数学校都频繁地给学生评级（通常是正态分布评级），布置家庭作业，而且一个劲儿地给学生灌输知识。这样一来，学生看似学得更快，但事实上恰恰相反。

推迟早晨上学的时间也能够使学生的学业进步，尤其是青少年的学业。[10]北卡罗来纳州学区将上课时间推迟了一小时，例如，从 7:30 推迟到 8:30，结果学生的成绩提升了 2%。[11]但是在多数学区，至少在美国是这样的，青少年的上课时间比儿童的上课时间要早。[12]

然而，学习之谜中最为令人困惑的则是教育为国家创造的价值远远比不上它带给个人的价值。数据有些混乱，但是我们可以从中看出端倪。对于每个学生来说，他们每多接受一年的教育，未来的工资预计可上涨 8%~12%。而对于国家来说，总体平均后，每个公民每额外接受一年教育，其工资仅能增长 1%~3%。[13] 如果上学能帮助每个学生提升未来的工资，那么我们期望看到的是每个学生的工资增长在国家层面进行叠加。但是国家貌似并没有因教育自己的公民而获得同样的益处。正如数据所示，效益并未叠加。

信号传递模型的解释

2001 年的诺贝尔奖颁发给了经济学家迈克尔·斯宾塞，因其提出的数学模型——信号传递模型为上述学习之谜做出了解释。[14] 其基本概念在于：与其说学生上学是为了学习有用的工作技能，倒不如说他们是为了向未来的雇主炫耀工作潜能。换言之，教育的价值不仅仅在于学习本身，还在于证明自己的资质。当然，在斯宾塞之前就有人提出过这一观点。不过，他之所以成名，在于他用数学的方法阐释了此观点。

在信号传递模型中，每位学生都有一种潜在的素质——未来的工作效率，这是未来的雇主期盼知悉的。[15] 但是这一素质在短时间内是无法观察到的，例如，让求职者参加一个简单的测试。因此，雇主把学生的学业表现当作替代品。这一招行之有效。在漫长的学业生涯中，学习较好的学生往往具备更大的工作潜力。当然，这不是一个完美的关联关系，还存在着许多的例外。不过，总体而言，学业表现有助于预测未来的工作表现，因此也有助于预测收入。

人们平时的言谈，仿佛透露出智商是学业和工作表现的关键因素。

但是，智商并不能够决定一切。智商测试既便宜又快速。然而，如果你光有智商，你的能力也就止步于此了。例如，倘若你天资聪慧但却懒惰，那么你的智商将无法为你的雇主带来多大的价值。正如卡普兰所说，最佳雇员具备一箩筐的素质——智商当然位列其中，但是责任心、细心、强烈的职业道德以及达成期望的雄心这些素质无论是在仓库、工厂之类的体力劳动工作场合还是在设计室、“办公农场”等脑力劳动工作环境中都同样适用。一个人的智商可以通过30分钟的简单测试得出结果，但是其他大多数素质却只能通过长期 的表现加以衡量。

想象一下，有一个22岁的大学毕业生到贵公司面试，你是她的面试官。你扫了一眼她的简历，注意到她大二的时候生物课成绩是A。从中你可以了解眼前的这位年轻女士的什么信息呢？当然，这并不一定意味着她很懂生物。她也许尚且记得相关知识，然而从数据统计来看，她极有可能已经忘却大半。更加准确地说，这个成绩说明她是能够在生物课上拿到A的那一类人。我们并非在无谓地重复上述内容。我们意在指出其中隐含的信息是她有快速、透彻地掌握大量新概念的能力，即达到此领域专家水平的能力，或者说至少她的能力胜过了多数执行相同任务的同学。（甚至这门课的成绩并没有严格遵循正态分布进行评级。多数教授都会对评分标准加以调整，使得其课程只有少数学生能够获得A。）除了说明她具有掌握新概念的能力之外，还能够说明她是能够一直游刃有余地把控工作的人。每一篇论文、每一个项目和每一次家庭作业都有最后期限，而她即便没有在规定期限内完成所有任务，也能够完成绝大部分。每场考试都会定在某个特定的日期举行，但由于她学得好、记得牢，所以她能在考试中出色发挥——当然，在进行这一切的同时她还有来自其他许多科目的繁重任务。如果她在其他科目中也拿到了好的成绩——哇！如果她还参加了许多课外活动（或者说数量不多但是级别很高的活动），那么她所取得的好成绩就显得更加难能可贵了。所有的一切都很好地证明了：一旦加盟贵公司，她一定会有不俗的表现，而这些都同她是否能够记得生物课或者其他任何课程的内容无关。[16]

换言之，受过教育的雇员一般而言会是更优秀的雇员，但是并不一定是学校使他们变得更加优秀。与之相反，教育的诸多价值都在于给了学生一个展示他们已有素质的机会。

卡普兰做了一个类比，这个类比对我们理解这一点多有助益。假设你从祖母那里继承了一颗钻石，然而你想转手把这颗钻石卖了。为了卖一个好价钱，你该怎么做呢？一方面，你可以采取措施改进这颗钻石，比如继续打磨或把它切割成更加美丽的形状。另一方面，你可以找一位专业人士对钻石进行鉴定，这位人士会出具一份鉴定书说明钻石的品质如何，这也会抬高这颗钻石的价格。因为大多数买家都不会鉴定钻石，而没有鉴定书，买家又会担心自己上当受骗。

关于教育的传统观点认为，教育通过提升学生的素质从而提升了学生的价值。那些未经过打磨的原材料，通过重塑和打磨使其更加吸引人。信号传递模型则说明教育是通过颁发资质证书提高了学生的价值。取一未知样本，进行测试和衡量，然后评估等级，使得其价值清楚明白地呈现在买家面前。

当然，两种处理方式并不互相排斥。虽然劳动经济学家往往轻视此信号传递模型，但是在教育社会学家看来，该模型家喻户晓，其解释也广为人们所接受。没有人声称信号传递模型能够解释教育的所有价值。课堂上当然会有某些学习和改进的过程，而且有些对于雇主来说十分重要。对于技术和专业领域来说尤为如此，例如：工程、医药和法律。但是，即便在这些领域中，信号传递模型仍然很重要，而且在许多其他领域中，信号传递模型的作用会完全盖过学习的作用。例如，卡普兰估计信号传递所起的作用占教育价值的 80%。

信号传递模型的隐含意义

> 我从未让学校干涉我的教育。
>
> ——马克 · 吐温[17]

信号传递模型能够解释上述所有学习之谜。显而易见，它也解释了为何学生和雇主更注重资质（优异的成绩和名校学位），而不是那么注重学习本身。虽然罗宾等人也可以不花一分钱就获得顶尖学府的教育资源。同时，它也解释了为何没有人特别介意课程是否是不切实际的，或者忘记自己所学——因为知识本身并不重要，重要的是展示你有学习和完成学业的通用能力。信号传递模型也解释了羊皮纸效应。事实上，获得学位比获得学位所需要的经年累月的学习更加重要——因为雇主更喜欢持之以恒、有始有终的雇员。

正如“隐性动机”解释中常常出现的，事实上，看似有缺陷的东西（就其实际作用而言）最后却成了特点（就其潜在作用而言）。例如，乏味的学校生活、繁重的任务和永远都做不完的课后作业可能会阻碍学生提高其学习能力。但是，如果学校的主要功能在于鉴定学生的资质，其目标就是去芜存菁，“芜”就是懒鬼和空想家，而“菁”则是指未来优秀勤勉的员工。如果人们在学校过得既轻松又愉快，这一功能就将不复存在。假使可以用快进的方式跳过学校里的所有学习（和记忆）过程，例如，给学生服用一剂灵丹妙药，瞬间使他们学会所有知识——为了证明学生的资质，我们还是不得不让学生去上那些无聊的课，参加吹毛求疵的考试。

信号传递模型也解释了许多我们看不到的东西。而如果学校的主要目的是学习，那么我们本应该能看到这些东西的。例如，如果大学学位的价值主要是为了说明你在读书期间所学的内容，那么我们应当看到的是，学校会给学生举行一场综合性的“退出考试”，涵盖学生所上过的所有课程。当然，这么做的难度系数相当之高。并且，只有在学期末进行期末考试才能够最深入地测试学生对学习内容的掌握程度。但是，如果雇主当真关心知识，那么他们应该想要知道学生事实上还记得多少知识。然而，雇主似乎只要了解学生学习事物（按时完成任务）的通识能力就已然满足。

还记得上文提及国家从学校中获得的价值根本比不上学生从中获得的价值吗？信号传递模式很好地说明了这一点。学校越是关注资质证书（而非学习），那么总体而言，国家提供的教育年限越长，就越无法从中受益。如果学习只能起到微乎其微的作用，那么让每一个公民多上一年学只会在整个国家的总体生产力方面溅起小小的水花。

同时，如果你是某国的一个学生，上学的时间越长就越能够显著提升你未来的工资——不是因为你学到了什么，而是因为学习的时间越长，在学校待的时间越长，越能证明你会是一名更好的雇员。并且，更关键的是，这能让你脱颖而出。因此，从教育的目的不是学习而是信号传递来看，教育更是一种竞争，而非一种互利的合作行为。诚然，我们希望看到的校园是一个共同提高的地方。然而，信号传递模型向我们展示：校园是一个竞技场，只有一些学生能够“获胜”。

身家亿万的科技界富豪彼得·蒂尔对大学教育颇有微词，他曾经如是说：

> 高等教育把我们分成了三六九等。顶尖的学府高高在上，把多数人拒之门外。得以进入此类学校的孩子们都是天之骄子，因为他们打败了同他们竞争入学的其他孩子。哈佛最难的工作就落在了招生人员的肩上，而他们也不过是负责招收那些已经经过证明、极具竞争力的精英。倘若这是真的，倘若超一流的教学真能体现大学的价值，那么为何不让更多大学冠上常春藤联盟之名？为何不让更多学生从中获益？这一切永远都不会变成事实，因为美国顶尖学府的奥秘就在于零和竞争。[18]

以上种种告诉我们，应当重新审视我们给予学校的巨额补贴和鼓励。诚然，评定学生的资质并对学生进行分类确实有好处——技能更高的员工走上更加重要的岗位会带来更可观的经济效益。但是在花费大量金钱、精力和社会资源的教育角逐之下，这种效益看起来苍白无力。[19]

信号传递模型之外

信号传递模型确实能够很好地解释我们为何要重视教育以及当今的学校架构为何如此。然而，如果当今学校的主要功能是作为一种鉴定资质的工具，我们似乎应当能找到更加实惠的方式达成同样目的。例如，一名充满进取之心的年轻人可能中途辍学，然后花上几年时间做入门性的工作，比如当一段时间学徒。如果他既聪明又勤奋，那么我们有充足的理由相信他将会得到晋升，其等级相当于他花费时间取得学位之后受雇的职位。与此同时，比起毫无收益地学习和完成家庭作业，他还挣得了一笔收入。那么为什么我们并未看到许多年轻人采取这种做法呢？

答案可能在于上学是一种社会规范，因此任何偏离规范的人都表现出一种他们不愿意满足社会期望的姿态，但这或许不是一种令人满意的答案。比尔·盖茨和史蒂夫·乔布斯选择辍学不会产生麻烦，但是我们大多数人并不像他们那般天资聪颖。那么，如果一个人根本没有耐心，连学业都完成不了，又有哪个雇主愿意冒险雇用他呢？若是要挑选一名首席执行官，打破窠臼也许是一种难能可贵的品质，但是招聘银行和纸业公司的工作人员就不一定如此了。照着这种思路，学校不一定是展示人们工作潜力的最佳平台，不过是我们的文化碰巧达成的一种平衡，而我们大多数人都受困其中。

但是，假如学校当真如此一无是处，我们应当指望见到人们热切创新并提出替代方案才是。确实有人已经在朝着这个方向努力了，比如在线课程，以及蒂尔奖学金——让天资聪颖的学生免于上大学。[20] 但是，总体而言，我们多数人都承认，学校对我们的时间进行了合理安排，我们交的学费也没有浪费，部分原因在于，除了学习技能和展示工作潜能以外，学校还有着多种多样的有益功能。

例如，对于幼童而言，学校极具价值。不说别的，它至少可以承担起日托的功能。学校的办学经费主要来自政府。不仅如此，父母把孩子交给学校托管的比例也极高。此外，例如，无论学生愿意与否，小学和初中都给了学生一个与同伴们交流的机会，而上不了学，只能接受家庭教育的孩子只好通过其他途径加以弥补。而且，对于青年人而言，大学具备各种有益的功能，唯独不具备“教育功能”。大学校园是个极佳的社交场所，可以广交朋友，而未来这些人很可能在职业上和生活上对自己大有助益。它也是遇见未来另一半的极佳场所。在当今美国，大约有 28% 的已婚高校毕业生同另一半上的是同一所大学。[21] 即便学生们没有在大学找到自己的灵魂伴侣，仅仅是上大学和从大学毕业就使得他们很有可能与拥有大学学位的人结婚，进而显著地增加其家庭总收入。[22]

我们可以将大学的这些功能——社交和恋爱，看作是学生对未来的一种投资。但是，也有一种看法认为，上大学是一种消费行为。换言之，有些人认可大学的价值，部分原因是于他们而言，大学很有趣——就像一个长达 4 年的夏令营。在大学里他们可以参加形形色色的社团、派对，尝试毒品和酒精。对于为数不多的学生而言，甚至课堂教学本身也充满乐趣。我们知道，这一点可能令人难以置信。多数成年人在回顾过往时都对大学时光恋恋不舍。除了内在的个人享受之外，大学也可以是一种炫耀性消费——除了彰显你作为员工的资质之外，还可以展示你的家庭财富和社会等级。许多私立大学排名突出，学费也高得令人咋舌。但是如果学生酷爱学习，他们完全可以选择去一所价格更加实惠的州立大学，而这种大学往往物美价廉。

现在，学校的“隐性”功能不再隐而不见。对此，我们并不介意，我们承认小学有日托功能而大学有社交功能。然而，在公开场合，人们对这些功能却鲜有提及。在所有条件相同的情况下，我们更愿意强调最亲社会的动机，即学校是学生学习的场所。说我们送孩子去上学是为了“提升自我”，我们并无损失，此行为对全社会都有益。同时，我们可以享受所有其他益处（包括信号传递模型的益处），而不用表现得过于自私和好斗。

但是，关于学校的作用，至少有两点是我们不大情愿承认的。

宣传

学校的历史由来已久。例如，“学术”（academic）一词源自柏拉图创立的著名“学园”（Academy）。它以一片橄榄树林的名字命名。过去，学者们常常在这片树林里参加私人聚会、讲学、讨论。[23] 然而今日之学校同柏拉图的学园已无相似之处。尤其是，我们的现代 K-12 教育体系不仅是义务性的，而且主要由国家资助。我们是如何走到今天这一步的？

国家资助的义务教育可追溯至较近的年代，而且它并非“学术”发展的结果，而是 18 世纪和 19 世纪普鲁士军事专制国家扩张的结果。普鲁士学校创办的目的是培育仁人志士，让他们投身于战争，很显然，这些学校确实实现了它们最初的目标。但是普鲁士教育体系还具有其他引人注目之处（师资培训等），因此它对其他国家也充满吸引力。19 世纪末，“普鲁士模式”风靡欧洲大部分地区。[24] 到 19 世纪中叶，美国教育家和立法者开始大张旗鼓地模仿普鲁士体系。

这表明公共 K-12 教育体系创建之初旨在建设国家、教导公民、培养爱国热忱。在这方面，这类学校可以作为宣传的一种有利形式。这一点尤其在历史和公民课程之中清晰可见，二者都倾向于强调国家事务的美好一面。美国的《效忠宣誓》（*The American Pledge of Allegiance*）于 19 世纪末编撰而成，并且在 1942 年由国会正式通过。其进一步巩固了学校的宣传功能。[25]

关于学校的宣传功能，我们也可以从历史中找到相关数据。国家面对军事敌对、邻国的军事挑衅或武力威胁时，便会加大对国家初等教育的投资。[26] 强大的政府会把报纸和电视台等大众传媒牢牢掌握在手中。与此相似，它们也想要从国家层面掌控学校。当今，掌控更多财富的政府（集权体制下的政府）往往能够比较弱的政府控制和资助更多的学校。政府对电视台也一样，但对医院却没有这种意愿。[27] 最需要给其公民灌输思想的政府事实上愿意给更多学校投资。

当然，从国际视角来看，如此办学实在浪费。但是至少我们能够明白，为什么国家不愿意进行内部协调，以避免产生这类学校。总而言之，虽然在学生的教育方式上，宣传很可能只起到最适度的作用（即便它有助于解释为何政府热衷于资助学校）。但与此同时，教育的另外一个潜在作用会更加直接地影响学生的日常生活。

教化

现代职场对于人类来说是一种非自然环境。日复一日，工人们站在工厂固定的位置上，长达数小时重复着同样的工作。脑力劳动者坐在办公桌前，头上是刺眼的荧光灯，他们长时间地集中注意力，关注复杂而常常又单调乏味的细节。每个人都得早早醒来，准时出现，按照吩咐办事，服从一套赏罚体系。

能够被驯服的动物屈指可数，原因之一是，只有很少的一些社会物种愿意成为驮兽，让人类处于主导地位。[28] 我们也是一样的，自然不愿服从于他人。回想一下第 3 章中，我们以狩猎和采集为生的祖先们就是激进的平等主义者。他们容不得一点儿发号施令、俯首听命的现象，哪怕稍有端倪，他们也会与之抗争。虽然纵观历史，许多女人在家庭中都曾有过被使唤的遭遇，但是在工业革命以前，大多数男人还是自由的；除了童年时期和战争之外，男人很少需要循规蹈矩地直接听命于他人。

了解了这一点之后，现在我们可以想象一下工业时代的学校体系是如何为我们进入现代职场做准备的。孩子们必须正襟危坐，接连数小时都不得动弹；克制冲动；专注于枯燥无味的重复性的任务；铃声一响就得从一个教室转到另一个教室；甚至连去卫生间都得事先请示（这也太过分了吧）。老师有一整套赏罚分明的措施，听话的孩子会获得奖励，表现“出格”的孩子会受到惩罚。所谓的出格不过是孩子们想做回自己的主人而已。事实上，老师奖励的只是循规蹈矩这个行为本身，而对于循规蹈矩是否于学习有帮助则并不关心，由此也成功打压了学生的创造力。[29] 久而久之，学生们习惯被当众评头论足、划分等级。这种通常会持续十余年的校园生活是人类教化过程中的系统性操练。

管理森严、注重排名的学校培养出来的学生很快就能适应近代职场中的森严管理和论资排辈。[30] 该理论已经被实践证实。现代的职场经理，如车间主任，一直向高层反映全世界范围内的工人都不听从管教，除非当地工人的文化水平和教养一反常态，极为先进。[31] 工业革命初期的英国出现了这等抱怨，而近年来，在发展中国家中，有关呼声也愈来愈高。

其主要症状为未受过教育的工人不听话，不按吩咐办事。举个例子，我们可以先来看一看关于纺织厂“络纱工”的数据。络纱工需要从纺织机上移走缠满纱线的线轴。1910 年，全球不同地区络纱工的产量差距可达 6 倍，虽说他们基本上是在用同样的材料和机器从事同样的工作。[32] 在一些地区，每一个络纱工能负责 6 台机器，而在其他地区，每人仅能负责一台机器。问题在于欠发达地区国家的工人拒绝负责更多的机器：

20 世纪 20 年代，一位叫作莫泽的美国人来到了印度。对于印度工人明明力所能及却拒绝负责多台机器，莫泽深有感触："……很显然，他们本可以轻而易举地负责更多机器，但是他们偏偏不这么做……任凭你如何威逼利诱统统无济于事。"1928年，管理层试图强行给每位工人增加机器的数量，结果引发了孟买纺织工人大罢工。欧洲和拉丁美洲也爆发了类似的事件。[33]

未受过教育的工人的抗命形式可谓五花八门。例如，上班不准时；信奉迷信，令人头疼；不愿意服从直接指令而喜欢间接暗示；当其工作内容或工作角色与同事在文化上的相对社会地位相抵触时，则拒绝执行；此次任务与先前的任务不同，拒绝执行。

同时，近代学校似乎也改变了学生对于公平公正的态度。虽说大多数五年级的学生都还是严格的平均主义者，并且喜欢均分东西。但是，到了十五六岁的时候，多数孩子会拥护精英管理精神，更愿意按照个人成就所占的比例来分配物品。[34]

现在看来，上述几点可能显得粗暴且有独裁主义的征兆，但是教化也有着温和且值得赞扬的一面：文明。让学生远离暴力，培养人们知书达礼的好习惯，促进合作。例如，在法国，人们认为学校是教化"粗野"农民并把他们改造为良好公民的好办法。历史学家尤金·韦伯曾经说过：

学校旨在"改变学生的卫生习惯、社交和家庭礼仪，以及看待和评价事物的方式。"缺失教养的孩子们学习了新的礼仪：如何问候陌生人、如何敲门、如何在绅士及淑女面前做到举止得体……[35] 在学校无法触及之地，"人们行事不检点、性格暴戾、动辄发怒、容易头脑发热，人们常常陷入麻烦、争吵频频发生”。[36]

所以，学校可谓好坏参半。总体而言，学校帮助我们，使我们为步入现代职场和社会做好了准备。但是，为了达成此目的，它却不得不扼杀我们作为觅食者的习性，对我们严加训练，从而使我们顺从于现代等级制度。学校还具备种种社会和经济效益。然而，学习首当其冲，成了牺牲品。[37]阿尔伯特·爱因斯坦曾哀叹道：“现代教育理念尚未完全扼杀探寻事物的神圣好奇之心。真可谓奇迹！”[38]

14

医疗

炫耀性关爱与过度治疗

如今，美国每年的医疗消费超过了 2.8 万亿美元，[1] 这一数值占其国内生产总值的 17%，而且超过了其他任何一个国家的总经济产出。也就是说，美国人每消费 6 美元就有 1 美元花在了看病、化验、住院、手术以及购买处方药上了。

医疗

在本章中，“医疗”是诊断、治疗或疾病预防等所有行为的总称。“医疗”一词几乎覆盖了医疗体系中我们需要付费的每一个项目：药物、手术、化验、急诊以及就诊。

与此同时，我们还将“医疗”视为一种经济商品，所以在本章中我们将用到类似于“医疗消费者”“医疗需求”，甚至是像“边际医疗”这样的一些词语。所谓“边际医疗”是指只有部分人能够获得而其他人无法获得的医疗或者个别人需要花更多钱才能获得的医疗。例如，在发达国家，几乎人人都能注射疫苗并获得急诊服务，那么这些医疗方式就算不上“边际医疗”。

那么，为什么为了寻医问药，我们会将大笔资金投入医疗或者任何一种经济商品之中呢？在这里我们需要考虑两大因素：供与求。如今，公众讨论大都集中于供给侧：为什么医疗的供给费用如此之高？我们怎样才能为更多人提供更为优惠的医疗服务？但在本章中，我们将把关注点放在需求侧：假设费用是固定的，作为消费者的我们为什么想要那么多医疗服务呢？

随便问一名路人他为什么会去看病，对方都会直截了当地告诉你：为了保持健康的体魄。他们甚至会神情古怪地瞥上你一眼：这不是明摆着的吗？但是，如果阅读本书确实能让你有所收获的话，你就会发现这些“显而易见的”动机往往只是冰山一角。

在“引言”部分，我们举了一名孩童学步的例子：一名蹒跚学步的孩童不小心摔倒并擦伤了膝盖，紧接着他便跑到母亲那里索求亲吻。在这里，“亲吻”这一行为是没有任何理疗作用的，但母子双方都会很重视这样一种“仪式”。这主要是因为有了母亲的亲吻，孩子便知道母亲一直守护在身边，他也能感到慰藉，尤其是摔得很重的时候。而由于在关键时刻，母亲表现出自己是值得信赖的，母子之情就更深了，这在母亲看来也是可喜的。

本章我们将要讨论的主题是：在现代医疗行为中也隐含着一种类似的“仪式”，尽管真正的疗效掩盖了这一“仪式”。但如果将这一“仪式”放到医疗领域，我们就会发现病人就是那名蹒跚学步的孩童，他们对自己所获得的支持非常感激。而扮演“母亲”角色的不仅有医生，还有其他一些帮助过病人的人，包括开车送病人住院的病人配偶或是其父母，帮他们照顾孩子的朋友以及帮他们代班的同事。当然了，最关键的还是那些在第一时间为他们支付医疗保险费用的人和机构。其中不乏他们的配偶、父母、单位以及国家政府机关。而这样一些人和机构都想通过展现自己的关怀的方式来获取病人的些许忠心。换句话来说，医疗行为在某种程度上就是复杂化的成人版“亲亲”游戏。

这和我们在前几章里谈到的炫耀性行为一样，所以我们将其称为“炫耀性关怀”假想。

医疗的治愈功效使得我们很难观察到炫耀性关怀的交易模式。但来自北卡罗来纳州的喜剧演员珍妮·罗伯森通过描述给生病的朋友或亲人带食物的例子，把这一切表现得淋漓尽致：

> 不知道你们有没有注意到，在我们这个地方，我们去探望病人时总会顺便带上点儿食物。而如今，在杂货店或是熟食店，这些食物可谓唾手可得。但是，记住，要拿笔把这一点写在“要事清单”上：唯有自己用心做的，人家才会领情。你可以把你买来的食物放在你祖母的盘子里送给对方，但是懂得做饭的妇女们就会说了：“我知道那只鸡是她从哪儿弄来的。”我和您直说吧，还真就是这么一回事。[2]

如果我们带上点儿吃的只是为了解决家人的温饱，只是图个省心，让他们不必下厨做饭，那么无论是自己做的还是商店买的其实毫无区别。但解决温饱绝不是我们唯一的目的，我们还需要让家人知道我们是在百忙之中特意抽空出来帮助他的，而只有让对方知道我们为他辛辛苦苦做了这样一顿饭，才能够显示我们对他的关心。

进化论视角

想要弄明白我们为何会有这样一些本能，不妨研究一下我们祖先的一些情况，我们的关怀行为可能就是从当时进化而来的。很关键的一点是，远古时期的祖先根本没有什么像样的药，但对于他们来说，关心伤病者仍然是一件对他们的生存和繁衍来说都至关重要的大事。

想象一下你生活在 100 万年前的觅食种群里。有一次，你外出摘果子，一不小心被一根树枝给绊倒了，脚踝严重扭伤。确实疼，但是伤痛此时根本不是你关心的事，首先得有人把你弄回去，好在你是和朋友们一起外出觅食的，所以他们搀扶着你，帮助你一瘸一拐地回到了家里。而接下来你要面对的一个更大的挑战是：在养伤的那一两周时间里，如何生存？

除了以上那些问题，你还需要食物，准确地说，是你和你的家人都需要食物。如果你以种地为生，你可能会给自己囤积一些食物（但种地是 99 万年之后的事了，假设不成立）。觅食者通常不会囤积食物，他们能从外面扛回多少就吃多少，而且大多数食物都是很容易变质的。所以你就必须依靠你的盟友，也就是你的家人、朋友以及其他一些支持你的人。[3]

在你感冒的时候也是如此。你的盟友们可能治不好你的感冒，但他们能在你的身体逐渐康复的同时照顾好你和你的家人。

然而，除了物质上的支持，你还需要政治上的支持，也就是说，你需要有人在你生病的时候维护你的政治利益。你的盟友可以通过以下一些方式来支持你：在团队进行决策时，代表你发声；看着你的配偶，省得她乱来；保护你，不让敌人有机可乘。

这些政治问题说明了为什么你会需要炫耀性支持。假设你的对手早已暗中觊觎你的配偶，但一旦他知道你有盟友支持，那么他便不敢对你的配偶轻举妄动了。同样，如果你常常盛气凌人或与他人的配偶有染，并因此树敌，那么敌人一般也不会轻举妄动，因为他们知道有人护着你。

设想一下，要是没有人站在你这边的话，事情会怎样呢？你的敌人便会知道你的盟友不多，他们会发现，你在群体里也算不上一个德高望重的人。即使你痊愈了，他们对你的态度也可能有变化。在他们看来，无论是在社交上或是政治上，你都是一个弱者。在你生病之前，你很受大家的欢迎，但这些人可能只是害怕遭到报复。而你一病，大家就知道你在阵营里的真正地位了。

人一旦生病，就会面临被抛弃的危险，既有物质上的危险，也有政治上的危险。难怪病榻上的人总是渴望得到他人的支持，难怪其他人也乐于在他人病中给予相应的支持。显然，这也是一种礼尚往来：“在你有难时我帮助了你，那么下次我有难时你也得帮助我。”助人时不啻向第三方标榜：“看到我是如何在我朋友潦倒时帮助他们的了吗？如果你是我的朋友，那么我也会这样帮助你。”从这个角度来看，医疗行为里的炫耀性关怀和慈善行为里的炫耀性关怀是一样的。而通过帮助那些需要帮助的人，我们彰显了自己作为盟友的价值。

历史上的医疗

我们已经从进化论的角度观察了医疗，而从历史的角度看待医疗也会让我们受益匪浅。如今，医疗在我们生活中的意义非凡，而在这之前人类是如何对待它的呢？

在历史记载中，我们看到的是一个清晰的、一脉相承的过程。在所有时期、所有文化之中，人们无不渴望得到治疗，[4]尽管没有十分确凿的证据表明这些治疗是有效的，甚至可能是有害的。暂且不论这些医疗方式是否有坚实的科学基础，它们可能就是那些德高望重的行家里手用以彰显其支持与关爱的方式而已。

事实上，部落文化里的治病术士就扮演着所谓的“行家”一角。半神半医的巫师打着病人病重的幌子表演着各式各样的治愈仪式。其中包括发放一些所谓的有奇异功效的草药，还有许多在我们当代人看来完全属于迷信的仪式，像围着病人跳舞、念咒语，以及跪拜祈祷。

我们惊奇地发现，古埃及的医学课本里所提及的医疗体制和我们如今的医疗系统竟是如此相似。看病的成本高昂，而且只要一有小病，就要进行复杂的治疗，而大多数治疗都没什么用。

当然了，许多医治方式实际上是有害的。内森·贝洛夫斯基曾在其著作《玄幻医学》（*Strange Medicine*）里向读者描述了数个世纪以来医生最常用的一些治疗方式，这些治疗方式大多极其恐怖，甚至会给人造成伤害。最臭名昭著的两种方式就是水蛭吸血法和放血法。还有一些像环锯术（在头盖骨上钻孔以释放出邪灵）、在嘴里点蜡烛（杀死无形的“牙虫”）以及让有相思病的病人沿着铅遮板站成一排等怪异的方法。[5]其中伤害性最大且最常见的方法叫作“反刺激法”，也就是在病人身上切一个口子，往伤口里放一些像干豌豆这样的豆类异物，然后定期打开伤口，不让伤口痊愈[6]。

英国国王查尔斯二世的经历很好地说明了炫耀性关怀的逻辑。他于1685年2月2日突然身患怪病。他的医生们对外公布了治疗记录，他们想说服公众他们已经竭尽全力挽救国王了。但他们都做了哪些努力呢？贝洛夫斯基在其著作中是这样描述的：

> 他们先是从国王陛下体内抽取了1.5品脱①的血，然后逼迫他吞下了锑（一种有毒金属）。国王不断地呕吐，还被灌了几次肠。接着，他们剃掉了他的头发，并在他的头皮上涂满了发疱剂，说是为了驱赶瘴气。
>
> 他们还在他的脚底涂了一层又一层满是鸽子屎的化学刺激物，说是为了吸收瘴气。接着，又抽取了他10盎司②的血。
>
> 为了让国王振奋起来，他们给了他一颗冰糖，然后用一根烧得通红的铁棍来刺激他。他们还让他喝了40滴人颅骨里的渗出物。据说此人暴毙而亡且尚未下葬。最后，他们逼迫国王吞下了一些东印度山羊肠子里的碎石。[7]

就这样，查尔斯二世于当年2月6日一命呜呼。我们可以好好想一想他的医生们所做的那些“引人注目的努力”。如果他们只是给国王开一些汤药并要求他多卧床休息，那么每一个人可能就会质疑他们是否

① 1品脱≈568.3毫升。——编者注

② 1盎司≈28.4毫升。——编者注

真的“尽力了”。所以他们采取了一些复杂且神秘的治疗方式。由于他们不惜一切代价，因此也根本没有人指责他们治疗不当。所以他们才会不遗余力地从受尽虐待的受害者颅内提取脑液以及从异国山羊的肚内获取碎石。而他们这样一些“可歌可泣式”的治疗方式也得到了查尔斯二世的家人以及顾问们的充分认可。

而对于查尔斯二世本人来说，能接受这样一些治疗方式恰好可以证明他拥有整个王国里最好的医疗团队。通过接受这些令人痛苦无比的治疗方式，他也向外彰显了自己与病魔抗争到底的决心，同时也提振了子民对他的信心。至少在他不幸一命呜呼之前是这样的。

这种医疗领域里的“第三方监控”效应不仅仅是一种历史现象，时至今日，这种现象仍然存在。人们这样做只是为了让其他人看到自己正在接受当下最好、最先进的治疗。史蒂夫·乔布斯就是一个很好的例子。2011 年，乔布斯因患胰腺癌与世长辞。正当全世界都在为失去这样一位科技巨头而扼腕叹息时，有些人却对此提出了尖锐的批评。在这些人看来，乔布斯当时不应当拒绝美国医学协会所提供的最佳治疗方案。斯隆·凯特琳癌症纪念中心的部门主任巴瑞·卡西莱斯说：“可能是乔布斯自己一意孤行选择的另类疗法夺走了他的生命，所以从本质上来讲，他是自杀的。”[8]

现在，让我们假设一下乔布斯的儿子也患上了胰腺癌，而如果都到了这种时候，他的家人仍然选择另类疗法的话，那么公众可能会更为愤慨。而卡西莱斯“从本质上来讲，他是自杀的”这番言论将会变成“从本质上来讲，他是杀人凶手”。而如果基督教信仰疗法者拒绝为他们的孩子提供主流医疗手段，人们也会发出同样的谴责声。[9]

我们会发现，一旦我们不能维护人们所认为的最高标准的医疗手段，那么我们很快就会沦为众矢之的，甚至还会受到他们的公开批判。所以我们看似“私人”的医疗选择实际上是一种公众行为，甚至是政治行为。

今时今日，医疗泛滥

无论是从进化论的角度，还是从历史论的角度都能得知，我们的祖先之所以看重医疗，除了疗效之外，还有其他种种原因。但我们得知道，今时今日的医疗水平远非以往可比，今时今日的医疗通常极其有效：有了疫苗，我们得以预防数十种绝症；日复一日，急诊可以让我们在危难之时得到救助，而在过去，突发急病的病人往往难逃一劫；产科医生以及先进的新生儿医护方式的出现使得母婴都能减少分娩之苦。而这样的例子也是数不胜数。

确实，现今的医疗方式要有效得多，但这也不妨碍其成为我们炫耀的资本：我们关爱自己的健康，也有人关爱我们的健康。而问题是：现代医疗方式是否在某种程度上也成了炫耀对健康的关爱的一种仪式呢？如果真的是这样的话，那么和公开的治愈动机相比，这样一种隐藏的关怀动机到底有多重要呢？打个比方来说，如果炫耀性关怀动机的重要性只有治疗动机的 1/100 的话，那么出于所有实用性的考虑，我们完全可以予以忽视。然而，如果炫耀性关怀动机的重要性有治愈性动机一半的话，那么它就会给我们的医疗行为带来巨大的影响。

为了更好地探究炫耀性关怀到底有多重要，我们需要看一些有关医疗行为的真实数据。

炫耀性关怀假设做出的最大预测就是我们可能会寻求过多医疗服

务。也就是说，我们寻求的医疗服务完全超过我们健康所需。而这一点在我们送礼时也时有发生，无论是送产品还是送服务都是如此。比如，在情人节那天，人们在给恋人买礼物时往往会选择一些包装精美的巧克力，而不会随手在杂货铺里买一些普通的“好时”巧克力；宴会上的菜肴特别丰盛，比我们平时吃的好多了；比起我们给自己买的那些物品，我们为他人挑选的圣诞节礼物也要昂贵得多，而且通常并没有什么实用性。[10] 当然了，也有些孩子收到过袜子。

每一种医疗方式在费用以及健康回报方面也是很不一样的。如果病人只是单纯地想早日康复的话，那么他们最需要的只是健康效益超出其成本（经济成本、时间成本或是机会成本）的医疗方式。但如果病人还有额外的需求的话（也就是说获得炫耀性关怀），那么他们就不会再选择那些划算一些的医疗方式了。他们在医疗方面的消费额会上涨，与此同时，他们所获得的健康效益会下降。所以，炫耀性关怀从某种程度上来说是一种过度关怀。

当然了，我们也可以换个角度来看待这个问题：我们为医疗花费的金钱可能是物有所值的，但是它所带给我们的价值不仅仅体现在健康效益上，还体现在其给我们提供了一个机会，可以向他人展示有人会帮助我们。因为如果我们只关心健康效益而忽视了社会效益的话，那我们就吃大亏了。

接下来看一看如今人们是否在医疗上花费过多，我们并不会着重讲解有关个人的一些治疗方式。要知道药效不尽如人意的药物、疗效不尽如人意的手术比比皆是，但这些并不能解释我们在医疗上的花费所带来的整体影响。在此，我们将退一步来看待这个问题，着重观察医疗方式和健康之间的总体关系。人们可以自行选择医疗方式，但通常而言，医疗费用高是否一定意味着会产生更好的健康效益？我们还将把调查集中在边际医疗的花费上。我们关心的问题并不是“有药总比没药好”。这一点是不言而喻的。我们关心的是：在发达国家，我们可以选择的医疗方式很多，那么一年花费 7 000 美元在医疗上是不是一定比花费 5 000 美元好？[11]

首先，我们可以对同一个国家不同地区的健康效益进行对比。通常，同一种病症的治疗方式其实有着巨大的地区差异。比如说，在美国，同样患有前列腺肿大的男性患者做手术的概率是不一样的，不同地区之间的概率相差 4 倍以上。而做心脏搭桥手术和血管成形手术的概率在不同地区间也相差 3 倍以上。人们临终前 6 个月内的总医疗支出也有着很大的不同，相差 5 倍以上。[12] 不同地区的治疗方式不同，而这几乎是无规律可循的。不同地区的医疗行业最近才就如何治疗同一病情形成了统一标准。[13]

这些差异性为我们创设了自然实验的条件，使我们得以研究区域性边际医疗的效果。所谓区域性边际医疗指的是那些只有高消费地区才会消费，低消费地区不会消费的医疗项目。该研究与现实是相对一致的：我们知道额外的药物对病人来说是毫无帮助的。比起那些生活在低消费地区的人，那些生活在高消费地区的人获得的医疗帮助要多得多，但是这些人不见得就更健康。即使在我们控制了像年龄、性别、种族、教育和收入这样一些影响医疗和健康的因素之后，结果也是如此。

其中最早的一项研究成果发表于 1969 年。[14] 在这项研究中，研究人员指出，我们可以通过收入、教育和其他变量对美国 50 个州的死亡率进行预测 [15]，而这些数据不会因为医疗消费方面的不同而不同。后来又有一项研究，其对象涉及美国 1.8 万名病情相同但治疗方式不同的医保病人。[16] 还有一项类似的研究涉及退伍军人中的患者。[17] 所有这些研究都得出了一个结论，那就是：在医疗费用高的地区就诊的患者不一定比在其他地区就诊的病人治愈率高。

有关地区医疗水平差异的规模最大的一次研究覆盖了 3 400 所美国医院，研究对象是 500 万名需要临终医疗关怀的医保病人。我们可能会认为地方医院让病人在重症室待的时间越久，相对于那些早早就被赶出重症室的病人而言，其存活率就会越高。然而，研究结果恰恰相反。该研究表明，病人在重症室多待一天，寿命就会缩短大概 40 天。[18] 该项研究还表明，在一名病人身上多花 1 000 美元会让其多活 5 天或者少活 20 天。[19] 简而言之，这些研究者发现“目前还没有证据表明病人存活率的提高与医疗消费水平的提高具有相关性”。[20]

这些研究以及其他许多研究（但并非所有研究 [21]）表明，那些接受了更多治疗的病人并不见得要比其他病人更健康。当然了，这只是一些相关性研究。所以还是存在两种可能：其一，还存在影响健康的隐性因素；其二，更多医疗服务确实有益健康。我们仍然可以相信，还是存在一些潜在因素正在影响研究结果，还是可以相信，接受更多药物治疗是有益健康的（尽管缺乏相关性）。为了证实这一点，我们需要借助医学上的黄金标准：随机控制研究。这种研究能够更好地向我们揭示，增加医疗关怀能否达到更好的疗效。

可惜答案是否定的。

兰德医疗保险实验

1974—1982 年，美国非营利决策智库兰德公司斥资 5 000 万美元对医疗与健康之因果效应进行了研究。迄今为止，此项实验仍被誉为“美国历史上最大且最全面的社会科学实验之一”。[22]

那么，兰德实验是如何开展的呢？首先，研究者们从 6 个美国城市中遴选出了 5 800 名非老年的成年人。在每个城市里，被试者都可以到同样的医院找同样的医生看病，但是每个人所能获得的医疗补助是随机分配的，标准并不相同。一些病人获得的是包含了所有诊疗费在内的全额补助。换言之，上不封顶，而且个人不用掏一分钱。另外的病人则可以享受一定的折扣，即总医疗费用可打 95 折到 25 折。[23] 其实 95 折几乎相当于没有折扣，但是，为了让被试者积极参与其中，研究人员还是设置了这样一种折扣。病人受试的时间从 3 年到 5 年不等。[24]

果不其然，享受全额补助（免费医疗）的患者的消费水平要比其他病人高很多。就总消费额而言，享受全额补助的病人的医疗消费额比未获得补助的病人高出了 45%。[25] 这多出来的 45% 的消费额主要是该研究所涉及的边际医疗，即只有部分人才享有的医疗服务。

然而，兰德实验表明，尽管在医疗消费方面存在巨大差异，但是各个群体之间的健康状况并没有明显的不同。为了更好地检测他们的健康状况，研究人员在研究开始前后对所有被试者进行了全面的体检。[26] 体检内容包括测量血压、肺活量、步行速度以及胆固醇含量等 22 项生理项目。体检还采取了广泛的问卷调查的方式，对全面健康的五大标准进行了调查：生理功能、角色功能（工作状态等）、心理健康、社会保健以及一般健康意识。[27]

在总体健康方面，所有小组的表现大同小异。[28] 而据统计，在 22 项生理项目中，相对于其他小组，只有享有全额补助的病人的舒张压有了明显的提升。[29] 但这一结果在我们看来纯属巧合。而这就像 20 种噪声测量方式（干扰项）一样：即使这些测量方式的潜在价值全都为零，但它们当中平均就有一个似乎不为零（在 95% 的可靠区间内）。

不用说，对于兰德实验的研究人员来说，这样的结果是他们始料未及的。为此他们进行了更为深入的研究，他们想弄清楚这是不是因为享有全额资助的患者所选择的治疗方式没有其他患者所选择的有效。或许这些享有全额资助的病人选择了一些不必要的手术或是稍有不适就去看病。但是，令人失望的是，他们并没有这么做。在查看了患者的医疗记录之后，医生们表示：享有全额资助的病人和未接受全额资助的病人并无不同。单从数据上来看，两组病人在诊断的严重性以及治疗的适配度上并无不同。[30] 至少在训练有素的专业人士看来，边际医疗并非“不太管用的医疗方式”。

现在让我们设身处地地来想一想。假设你是这项研究的被试者之一，你被分到了无资助的那一组，而你的朋友则比较幸运，被分到了全额资助的那一组。你会感到有点儿心灰意冷，但这也是正常的，毕竟在接下来的 3~5 年里，全部医疗费用你都得自己出，而你的朋友却不用花一分钱。但除了这一经济负担外，你可能还得担心自己的身体状况。比如说即使你不停地咳嗽，你可能也不会去诊所看病，你可能会想着，或许它自己就好了呢？或者你可能买不起医生建议购买的降胆固醇药。

而这样的担心都是多余的。从兰德研究中我们知道了，我们最终会和我们的朋友一样健康。我们可能会多花上一点儿钱，但我们的身体还是毫发无损的。

兰德实验是一个大型的随机实验，唯一一项类似于这个实验的是俄勒冈医疗保险实验。2008 年，美国俄勒冈州采用彩票抽奖的办法抽出了有资格参与医疗援助计划的人，而这也为研究人员比较中奖者与未中奖者的健康状况提供了机会。[31]

和兰德实验一样，最终中奖者的医疗支出要超过未中奖者。[32] 然而，和兰德实验不同的是，俄勒冈实验发现中奖者在两个方面要明显优于未中奖者。一个是心理健康：中奖者得抑郁症的概率要低一些。[33] 另一个是主观感受：中奖者说自己觉得身体更健康了。而让实验人员感到意外的是，这样的主观益处有 2/3 在抽奖之后不久便立即显现出来了，而此时中奖者还没有任何机会去体会医疗资助给他们所带来的好处。[34] 换句话来说，中奖者可能只是从中得到了某种慰藉。

但是，就生理健康而言，俄勒冈实验的结果与兰德实验的结果完全一致。包括血压在内的所有客观检测数据表明，中奖者与未中奖者在数据上并无差异。[35]

但是！……但是！……

现在我们得出了一个令人难以接受的结论：如今美国人的医疗消费过高了。我们大可削减 1/3 的医疗消费，因为这不会对我们的身体健康产生特别大的负面影响。[36]

这一结论几乎得到了健康政策专家们的一致认同。但是大众对这一结论要么不了解，要么难以接受。过去一两个世纪，医学日益昌明，因此，许多人觉得此种结论简直匪夷所思。与我们远古的祖先相比，如今我们的寿命更长，也活得更健康，而这些均得益于医学之昌明，不是吗？

事实上，答案是否定的。大多数学者认为，发达国家的居民越来越健康、越来越长寿，这在很大程度上其实和医学之昌明无关。[37] 是的，疫苗、青霉素、麻醉药、防腐技术以及急症医学均厥功至伟，但其整体影响事实上微乎其微。或许更为重要的因素是人们营养水平的提升，公共卫生的完善以及越来越安全、越来越简单的工作。比如，自 1600 年以来，人类的身高大幅提升就是因为营养水平提高了。

然而，说得更确切些就是，尽管医疗技术取得了巨大的、历史性的进步，但是这并不足以证明美国所消费的边际医疗的价值。记住，我们问的问题并不是“是否用药比不用药好?”，而是“是否一年花 7 000 美元要比花 5 000 美元对我们的健康更有益?”我们相信现代医学可以创造奇迹，但我们也经常过度用药。这两者完全没有矛盾之处。

媒体总是长篇累牍地报道和渲染新医学研究的广阔前景，所以人们很难接受这样一种结论。今天出了一种更好的降压药，明天又出了一种新型的、改进的外科技术。为什么在我们的综合性研究中，这一个又一个进步不能积少成多，使我们拥有更健康的体魄呢?

其实答案很简单，而且令人意想不到，对于这个答案，人们的意见居然出奇的统一：大多数已发表的医疗研究报告都是错误的，[38] 至少是夸大其词的。医学期刊总是渴望先人一步发表“有趣的”新研究成果，因此通常在其他研究人员重复这些实验结果之前就迫不及待地将这些研究成果发表了。因此，哪怕是那些最负盛名的研究通常也只是数据上的幸运儿而已。有研究者曾经对发表于三大医学期刊上的 49 篇引用率最高的论文进行了研究，并对其中 34 项研究进行了检测，而其中只有 20 项研究得到了证实。[39] 而且在所有公开发表的医学研究报告之中，它们是设计最完美且最受推崇的，而那些知名度较低的研究得到证实的概率就更低了。

人们对于这个难以接受的结果还有一个挥之不去的困扰，就是他们对于某些特定的边际医疗的价值总是坚信不已。比方说，某种起搏器对你叔叔帮助很大，而许多人买不起这种起搏器，那么你就会认为："这种边际医疗用处颇大，何以边际医疗会毫无价值可言呢？"问题在于边际医疗弊大于利。要知道，几乎所有的处方药都会有副作用，而有时候这些副作用还特别严重。比方说，手术后通常会出现并发症。手术后病人通常需要住院，而住院会大大增加患者受感染和得传染性疾病的概率。美国疾病控制与预防中心称，每年光是误用导尿管就导致 8 万人被感染，3 万人死亡。[40] 要知道，无风险之医疗方法可谓少之又少。

炫耀性关怀是否真的可行

那么，我们为什么会尝试如此多的治疗方法呢？可能的解释很多。脱口而出的一种解释就是：健康至关重要，哪怕收效甚微，我们也心甘情愿以身试药。兰德实验向我们说明的就是这样一种道理。

为了证明我们的医疗行为是受炫耀性关怀动机而非"为了健康不惜一切代价"的心理所驱使的，我们必须来看一看炫耀性关怀假设里的其他一些预测。

预测一：和他人攀比

既然医疗是一种关怀信号，其一定是环境敏感型的。如果你身边的每一个人在医疗方面的开支都很大，你一定也会这么做。否则在别人看来，你就不够关心自己。

经济学家早已发现了这样一种攀比效应。他们对生活在不同国家，但收入相当、财富相当的人进行了比较。他们发现，那些生活在富裕国家、与富裕的邻居为伴的人在医疗方面花费更多，而那些生活在贫穷国家、与无力承担高昂医疗费的邻居为伴的人在医疗方面的花费则要少一些。[41] 换言之，你本是一个穷国里的富人，然后搬到了一个富有的国家，成了那里的穷人，而此时你的收入不变，那么生活在富国里的你就有可能会增加医疗方面的消费。

如果说医疗对你而言只是一项简单的交易，那么多花钱即意味着更健康这一点就让人难以理解。因为只要你为此付出了一定的金额，那么不管你身处哪个国家，你都应该获得相同的健康效益。但是，如果除此之外，你还想获得一定的社会效益（也就是让别人知道你关爱自己的健康或者有人关爱你的健康）的话，那就很容易理解了。因为要获得这样的社会效益，你的花费必须和邻居不相上下。

预测二：偏好可彰显我们为之努力并为之做出牺牲的治疗方式

要送礼，又要获得巨大的社会认可度，我们必须让其他人看到我们为此付出了多大代价。（还记得此前举过的一个例子吧？罗伯森知道自己如果直接从商店买一只鸡凑数，那她一定会受到很多非议。）所以就炫耀性关怀而论，礼物贵在能轻易彰显人们为之付出的努力和牺牲程度。

如果医疗消费只是出于简单且私人的目的即健康的话，那么只要有效，我们就不会在乎要花多少钱或者整个治疗过程会有多复杂。然而，如果我们接受医疗的目的在于彰显我们对自己的关爱程度（以及他人对我们的关爱程度）的话，那么炫耀性的努力和资金投入仍是至关重要的。

患者及其家属总是对一些简单且实惠的“治疗方案”不屑一顾，比如说像“好好休息、好好吃饭、保证充足的睡眠、经常锻炼”等。反之，他们更愿意选择那些价格昂贵且治疗方法复杂的医疗方式——新奇的医疗器械、罕见的药物以及复杂的疗程，最好还是“当地最好的医生”亲自接诊。患者在获得医生开出的药丸后，便如获至宝，一下子就感觉好多了，其实有时那些药物充其量只不过是安慰剂而已，毫无实际疗效。如果这些药丸售价高昂的话，那么患者就会感觉自己又好了一些。[42]

在治疗身患绝症的病人，尤其是年长的家人时，这种偏见尤为明显。在美国，医疗总支出中的11%左右是用于病患生命的最后一年的。[43] 然而，他们所用的药物往往都是一些疗效最差的药物。即使这些药物能够延长病患的生命，但不能提高患者的生活质量。而对于这些病患来说，可歌可泣式的临终关怀无法给他们带来快乐。[44] 不幸的是，没有几个家属敢说治疗越少越好。因为他们担心，不够的医疗关怀在外人看来无异于抛弃至亲。

预测三：更多关注医疗质量的外在表现而非内在效果

在给自己买东西时，你会同时考虑物品的个人价值以及公众价值。所以只要物品的质量过关，那么你是通过何种途径知道它有多好的就一点儿都不重要了。但如果你是给别人买礼物的话，那么你就需要让其他人看到你所购买的礼物的价值，如果其价值为众人所接受，你将因此获得最大的社会认可度。即使礼物的质量再好，如果别人看不到，那一切都白搭。

这样一种偏见我们在第12章中也谈到过：几乎没有哪个捐款者会去专门研究不同慈善机构的有效性，他们更倾向于把钱捐给那些广为人知且声誉上佳的慈善机构。

同样，此种倾向在医疗领域尤为突显。我们往往对医生一贯的医疗表现关注甚少，而是更多地关注医生的资质好不好、声誉高不高。一项随机研究表明，执业护士的水平和全科医生的水平其实不相上下，[45]但是只有医生才有行医的资格。而在选择医生时，我们也会更多地关注医生是否为名校毕业、是否曾在著名医院就职等信息，而很少关注医生的行医记录。

我们还惊奇地发现，其实患者对于医疗质量这种私密信息并没有多大兴趣。比方说，一个患者马上要接受一次高风险的手术（有不太高的死亡率），那么医院会事先为其提供一些有关风险校正死亡率的个人信息（也就是当地外科医生个人和医院在类似手术中患者死亡的概率），概率一般很高而且相差 3 倍以上。然而，在这些患者中，只有 8% 的人愿意花上 50 美元去了解相关手术的死亡率。[46] 1986—1992 年，政府公布了医院的风险校正死亡率，那些风险校正死亡率为其他医院两倍的医院发现，它们的入院率只下降了 0.8%。[47] 相比之下，如果一家医院发生了医疗事故，并遭媒体大肆宣扬之后，那么该医院的入院率便会立即下降 9%[48]。

预测四：不愿意公开质问医疗质量

怀疑礼物可能存在质量问题的人一般显得既粗鲁又讨人嫌（正如一句谚语所说："获人赠马，休看马口。"）。所以想要感谢对方的你，是不会在公共场合贸然质问药物质量的，因为你想让那些为你支付医疗费用的人觉得你知恩图报。毕竟人家有这个心意，而且真的这么做了。

如今对医疗的质疑已经成了一种中性的社会禁忌。读者朋友们在和你们的亲朋好友谈论本书的内容时就会发现这一点。质疑现代医疗的价值会让许多人感到不适，他们更愿意相信自己的医生，而且总是期望得到最好的结果。

然而，公众还是有必要对医疗进行监督（监督力度不必超过其他领域，但是至少也得差不多。这主要是因为医疗过失频发且代价极大。据估计，医疗过失每年导致44 000～98 000名美国人死亡[49]。正如亚历克斯·塔巴洛克所说："每年由于医疗过失而死亡的人数要远远多于因车祸、乳腺癌或是艾滋病而死亡的人数。但是，哪怕是简单的改革也会遭到医生的抵制，而且公众也没有提出这样的要求。[50]"

所谓的简单的改革可涵盖以下内容：

- 规范导管使用。研究发现，只要要求医生们遵循简单的五步清单，死亡率就会快速下降。[51]
- 要求解剖尸体。40%左右的尸检表明，之前的死因推断实际上是错误的。[52]而尸检率一直都在大幅下降。20世纪50年代为50%，而如今降到了5%。[53]
- 要求医生勤洗手。目前只有40%左右的医生才会严格遵循洗手规范。[54]

其中有些问题实在令人觉得很可耻。但正如塔巴洛克所指出的，它们在很大程度上已被公众遗忘了。所以，如获赠医疗礼物，最好持"获人赠马，休看马齿"的态度。

我们不愿意质疑医疗质量，因此我们也很少听取第二诊疗意见。众所周知，医生难免犯错，所以这时候不妨听一听第二诊疗意见。比方说诊断癌症的时候[55]、决定癌症治疗方案的时候[56]，以及避免不必要的外科手术的时候，我们都可以听一听第二诊疗意见。[57]但是我们仍然很少听取第二诊疗意见。

预测五：病危时分，重在伸出援手

要是我们的目标真的是“为了健康不惜一切代价”的话，那么无论如何，我们都应该寻求最有效的健康策略。而如果我们把医疗当作一种支持，那么在病人处于危急关头时，我们就会为之提供更多药物、消费更多药物，而此时病人也会加倍感恩。

这恰恰就是我们的研究结果。人在生病的时候更渴望获得的是能够帮到他们的医疗措施，而不是有人在耳边一直唠叨“你应该改变日常生活方式”云云。每个人都想在他人病危时挺身而出，做一个药到病除的英雄，但很少有人想一直在病人身边唠叨，喋喋不休地要求他们调整饮食，多休息、多锻炼，甚至要改善大城市的空气质量云云。虽然这些唠叨型干预的潜在效果更佳、成本低廉，而且可大幅提升我们的健康水平。

曾经有人花了 7.5 年的时间对 3 600 名成年人进行了跟踪研究。研究显示：生活在农村的人比生活在城市的人的平均寿命长 6 年；不吸烟者比吸烟者的寿命长 3 年；坚持锻炼的人比很少锻炼的人寿命长 15 年。[58] 相比之下，针对人们医疗消费水平的大多数研究却没有发现任何显著的效果。但是，就健康而言，公众的注意力仍然集中在医疗上，而非其他因素。

★ ★ ★ ★ ★

当然了，解释每种现象的方法还有很多。但总的来看，透过所有现象，我们了解到：我们对“为了健康不惜一切代价”其实并没有多大的兴趣，我们更感兴趣的是可以为第三方所欣赏的治疗方式。

就像国王查尔斯二世一样，我们也想给自己买世上最好的药，而且，如果别人也知道我们用的是世上最好的药，那就更好了。就像妇女们带上点儿吃的去看望病中的朋友一样，我们想要去帮助那些需要帮助的人，希望借此博得最大的声名。消费和提供药物有两大原因：保持健康与炫耀性关爱，而这些最终造成了过度医疗的现象。

15

宗教

信仰、社群、同步效应

每年秋天，全美国及加拿大南部的帝王蝶都会成群结队地飞往墨西哥的越冬地，在当地的树林里冬眠，[1] 到了来年三月再返程；塞伦盖蒂平原上的非洲大羚羊则会浩浩荡荡地进行环行“大迁徙”，永不停歇地追寻郁郁葱葱的牧场；圣诞岛上的红蟹几乎一年到头都待在岛内的森林里。但是，每年 10 月，它们便会横冲直撞地涌向沙滩交配、产卵。由于蟹群过于庞大，所以，在此期间，海滨公路全线禁行，以免在海滨公路上留下横七竖八的螃蟹尸体。[2]

无疑，动物迁徙是地球上最为壮观也是最具戏剧性的自然景象。但是，还有一种我们在大自然纪录片里难得一见的史诗般的迁徙——麦加朝圣。可以说每年的麦加朝圣都聚集了世界上最多的人口。[3] 麦加朝圣为期 5 天。在这 5 天里，来自世界各地的、数以百万计的穆斯林云集麦加。麦加位于阿拉伯沙漠的狭窄山谷里，看似毫无过人之处，但却是一个神圣之处。朝圣者们会在这里举行一系列的仪式：顺逆时针方向围绕天房行走七圈。麦加天房是一座黑色的方形石殿，位于世界上最大的清真寺的正中央（如图 15–1 所示）。剃度；在两座小山之间来回奔走；从正午站到黄昏时分；喝渗渗井里的圣水；在穆兹达利法平原上露营；献祭羔羊、山羊、奶牛或骆驼等牲畜；朝三个象征魔鬼的石柱上投掷石块。[4]

图 15–1　穆斯林围绕在麦加天房附近

来源：prmustafa，iStock

朝圣背后的驱动力量并非普通的生物动机。朝圣者和帝王蝶并不相同，他们的目的不在于寻求更为宜人的气候；[5]朝圣者也不像非洲大羚羊一样为了寻求食物；他们更不像圣诞岛的红蟹一样为了交配。其实，朝圣期间是严禁一切性行为的。[6]

想一想，一个人从旧金山来这里参加朝圣，他首先得请一个星期的假，然后还得购置一张飞往沙特阿拉伯的高价机票。那么这个人为什么要专门从一个微风徐徐、气候宜人的城市来到这个烈日炎炎的沙漠露营、朝圣呢？这一切究竟是为了什么呢？

宗教。除此以外，没有什么能够更好地解释我们脑中的这只大象了。

宗教之谜

全球范围之内，不少敬神者们通过斋戒、献祭健康的动物、禁止某些性行为，通过穿洞、自我牺牲、自残和割礼这样一些仪式性行为来克制个人的一己之私。比方说，基督教信仰疗法者（Christian Scientists）严禁输血；摩门教徒会花上两年的青春岁月驻扎在穷乡僻壤传播福音。许多人会将10%的收入捐献给教会。而即便是每个星期来做礼拜这样一种最为平常的宗教仪式也像是一场小型的朝圣：来自四面八方的人们齐聚于天地之一隅，一起下跪、鞠躬、祈祷、歌唱、吟诵和舞蹈，以示虔诚。

为了探究宗教之谜，我们得先对一些奇特的宗教信仰中所聚集的神灵及现象做出解释。粗略浏览一下就有诸神、天使、幽灵、魔鬼、会说话的动物以及童贞女之子等神灵，还有像预言未来、鬼魂缠身、驱邪、人世间所有的转世、上帝的启示、再生、圣餐的变体以及水下穿行等现象。这里只是列举了其中的一些例子而已，甚至都还没有涉及奇特信仰之中的“丰富宝藏”——创世神话。

所以，这些超自然之信仰究竟源自何方呢？

信仰可否解释行为？

一旦假定是奇特的超自然信念导致了这些奇特的行为，我们就可以将这两大谜团整合为一了。这看起来似乎是一目了然的：因为信上帝，所以我们去教堂；因为害怕地狱，所以我们祷告。[8] 那么接下来我们只需要解释这些信念到底来自哪里。[9]

让我们姑且将其称为宗教行为里的“信念优先模型”（如图 15–2 所示）。

图 15–2 宗教里的“信念优先模型”

虽然大多数人类学家和社会学家并不支持这一模型，但它仍颇受欢迎，可能因为这一观点要更为直观一些。你可别忘了，正是我们的信念导致了生活里的许多行为。“牛奶喝完了”这样一种信念会促使你去超市。事实上，信仰者和非信仰者对“信念优先模型”的看法是一致的，在西方国家尤为如此。打个比方来说吧，著名的有神论者和无神论者之间的争论焦点一般都是这世上究竟存不存在上帝，而这些争论恰恰证明了信仰是参与宗教活动的主要原因。[10]

但是，贯穿于全书的一个理念是：信念并非永远处于“驱使者”的位置。我们总是用信念来预示一些我们的潜在动因，这些潜在动因通常都是指社会层面上的，而非精神层面上的。而这就是我们脑中的宗教“大象”：我们崇拜宗教不仅仅是因为我们拥有宗教信仰，更是因为它使我们成了一种社会性动物。

在讨论宗教如何发挥其战略性作用之前，我们首先要看一看何为“信念优先模型”？首先，并不是所有宗教都看重教条。只要信教者公开接受该宗教，大多数宗教对于私人信仰问题一般是比较宽松的。[11] 但像基督教和伊斯兰教这样以信念为基础的宗教则是例外。[12] 其次，像古希腊和古罗马时期的那些宗教就不太关心教条主张，像什么“宙斯在奥林匹斯山统治众神”等。他们更关心宗教仪式，比如在公共假日是否可以外出庆祝等。还有像印度教、犹太教和神道教这样的一些宗教更关注民族性以及文化传统，他们创造了成套的有关超自然主体的信条。就算你不相信这些宗教中神的存在，你也完全可以成为其中的一员。就像许多犹太人其实是把自己当成无神论者的，但在行为上他们仍会继续遵循犹太教教规，比如上教堂、坚持吃犹太餐以及庆祝犹太教节假日等。

与此同时，我们还会广泛地参与各种活动，这些活动多少都会带有一些宗教色彩甚至是邪教的意味在里头，但是这些活动都是完全不包含超自然信念的[13]。穆斯林面朝麦加祷告的行为是一种“宗教行为”。而美国学童对着国旗宣誓效忠的行为只能算是一种“爱国行为”。同样，学童们歌唱、制作T恤衫以及校友日游行的行为只能说是一种“爱校行为”。还有一些相似的例子，比如说人们对一些知名品牌（像“苹果”）的无端追捧，对某种政治意识形态的盲目支持以及对兄弟会、姐妹会、音乐亚文化[死头族（Deadheads）和迷恋神经质说唱风格的群体Jaggalos]和健身运动（CrossFit 健身体系）的热情拥护。当然了，还有对足球的狂热（在欧洲部分地区以及南美洲的大多数地区，足球都被视为一种“宗教”)。而这样一些行为模式是如此的一致，甚至在缺乏超自然信念的情况下也能够达到如此繁盛的程度，这恰好有力地证明了信念只是一种次要的因素。

最后，我们需要你们拥有宽容以及谦逊的态度（特别是那些无神论的读者们)。无神论者总是会嘲笑超自然信念，认为它们是一种“错觉”或是一种“有害的迷信行为”。在他们看来，信仰者是被洗脑了才会做一些他们本不会做的事。然而，即使人们不能对孰好孰坏做出系统的分析，但人们还是能够下意识地分辨出好与坏。而且人们对于自己的切身利益是极其敏感的，人们很容易就能察觉到，什么时候事情是朝着有利于他们的方向发展的，又是什么时候，他们受到了不公平的对待。所以你要知道，其实宗教拥护者和许多其他人一样，也一直为宗教所困、所压抑，而且或许他们的这种感受一直都是对的[14]。但在很多时候、在很多场合中，大多数人还是会被宗教深深吸引。他们会不断地投身其中，周复一周，年复一年，不会有一丝不情愿，永远保持着极度狂热的状态。我们还是愿意相信，其实他们对于宗教所能带来的好处是心知肚明的。[15]

事实上，每周坚持上教堂的大多数信众在社交时的适应性都更强，在很多方面也更成功一些。相对于世俗之人，信教者较少抽烟，[16]捐赠及志愿活动的参与程度更高[17]、社交面更广[18]、结婚率更高、婚姻更稳定[19]，而且孩子也更多[20]。他们的寿命通常更长[21]、挣的钱更多[22]、心态更乐观[23]，生活也过得更快乐、充实[24]。而这是因为，信教者的身体状况本身就要比世俗之人更好，他们也更懂得自我调节。就这样来看的话，“宗教于信教者有害”这种观点很难令人信服。

如果宗教信仰是一种谬见的话，那也似乎是一种特别有用的谬见。若想要好好理解这一点，除了研究超自然信念和那些看似不良的行为外，我们还得研究一些其他内容。

作为社会体系的宗教

阅读过本书的其他章节后，我们应该很明确了，我们不会从内在的角度（我们自欺欺人的想法），而会从外在的角度（社会诱因）对宗教进行阐释。我们已经知道，社会诱因可以导致一些十分奇怪的行为，像什么在洞壁上绘画，把水蛭当“药”等。但人们信奉宗教到底是受到了哪种社会诱因的诱导？

对此，大多严肃宗教学者给出的答案是“社群”。而对此多强调几次也不为过。

社群，社群，社群！

乔纳森·海特说：“宗教是一种团体运动。”[25] 埃米尔·涂尔干则说：“上帝就是一个大社会。”[26] 就这些观点来看，宗教并非关乎个人信念，而关乎共有信念。更重要的是，它是一种群体实践。在千丝万缕、相互交错的碎片的共同作用之下，个体获得了强烈的社会诱因，而这种诱因会促使他们（出于利己的考虑）去做一些有益于整个宗教群体的事情。而最终，他们会建立起一个具有高度凝聚力和合作精神的社群。所以，宗教不仅仅只是一套有关上帝与今生来世的命题式信念，它还是一套完整的社会体系。[27]

如图 15-3 所示：[28]

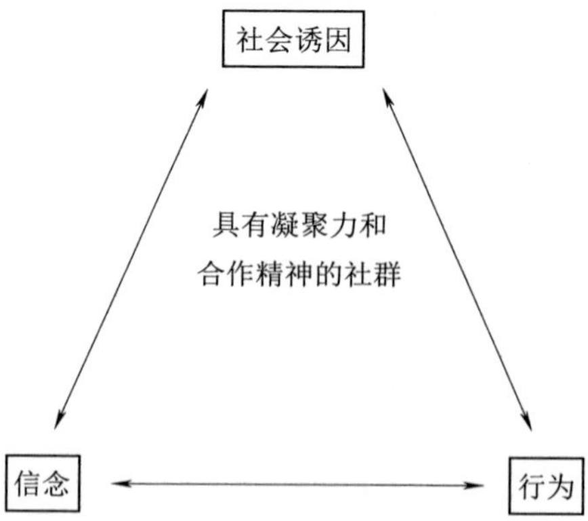

图 15-3　宗教的社群模型

现在让我们来反思一下社群逻辑。社群为生活于其中的人们提供了诸多益处，否则每个人都只能各自为政。[29] 而有些益处几乎是完全免费的，比如人数的优势以及经济的专业化，这些只需要借助会众的力量即可。但还有很多益处仍需要个体放弃他们狭隘的自我利益而选择合作才能实现。

然而，合作并非易事。就连那些追求和平、循规蹈矩的合作者所组成的团体也会剥削他人。在宗教这样一种大背景下，诈骗的形式有很多种：有些人可能看起来十分虔诚，但只要时机一到，他们便会欺诈他人，这些人就像是披着羊皮的狼，静静地在羊群中等待猎物落网。还有一些人的诈骗手段就比较随意了——“搭便车”，他们当中的有一些人会利用教堂做礼拜之便为自己谋私利，而不给予任何回报，或者是在自己需要的时候向宗教团体求救，然而一旦他们摆脱了困境，便会一脚将其踹开。有时候，在布道时阅读邮件这种简单的行为都会被视为欺诈。

为此，我们需要在社群内设置强有力的机制，以发挥合作所带来的最大益处，让诈骗犯们无计可施。而我们在前几章也已经谈到过这一点了（第 3 章“规范”以及第 4 章“逾矩”）。但除了一些常规的规范模式（像监控、八卦以及惩罚），宗教还有一些自己的看家本领。

在接下来的几个小节之中，我们将对宗教的各种特点进行考察，其中包括但不限于超自然信念。我们会将这些特点看作一些专门用来阻止社群欺骗和促进社群合作的社会工具。正是考虑到阻止社群欺骗和促进社群合作这两大目标，宗教令人匪夷所思的方方面面开始说得通了。

牺牲、忠诚和信任

对于一个独自生活在丛林里的人来说，在获得一定的资源后将其丢掉或烧掉是没有任何意义的。但如果再多几个人的话，这一切似乎就变得合情合理了。这是因为“牺牲”这一行为其实是具有社会吸引力的。[30] 怎样才算是一个合格的盟友呢？是那些一心只想出人头地的人？还是那些忠诚且愿意为他人牺牲的人？显然答案是后者。一个人所做的牺牲越多，他所获得的信任也就越多。

我们总是在为朋友和家人做出牺牲，可却无法为一个只有过一面之缘的人牺牲自己。在这方面，宗教也找到了自己的解决办法，那就是以团体的名义让他们的信徒来举行祭祀仪式。从名义上来看，他们是在为上帝做出牺牲，但涂尔干觉得其实上帝代表的就是社会。而所谓的向神做出牺牲，实际上就是在向你以及那些与你一样在祭坛周围做礼拜的人效忠。[31]

祭祀仪式是诚实的象征，其代价高昂，因此难以做假。这一点至关重要。比方说，“我是伊斯兰教徒”这句话说起来容易，但是若要获得他人完全的认同，我们的举止也得像一个伊斯兰教徒。比如，每天祷告或参加朝圣。要知道，行动胜于言辞，你付出的代价越高，越容易获得人们的认同。

个人牺牲是个人向社会团体缴纳“会费”的方式。有些团体会借着举办入会仪式（如调教新信徒、训练新兵）的幌子向其教徒收取一大笔预付款。这些宗教团体会专门设置一些入会障碍，还会要求那些新成员先缴纳一大笔预付款，因为他们认为这样才能确保入会的都是最为虔诚的信徒。[32] 而一般的宗教仪式也是如此，它们要么要求信徒缴纳一大笔预付款，要么除了要求信徒缴纳一大笔预付款之外，还会不断向信徒收取小额费用，并要求他们缴纳周费或年费。

祭品种类的丰富使祭祀仪式变得具有多样性。食物是一种比较常见的祭品，人们会时不时地向寺庙里的神明奉上牲畜、酒以及水果。他们还会通过施舍、纳税以及其他一些慈善行为供奉金钱，通过禁食的方式供奉自己的健康。还有一种更为形象的祭祀仪式，那就是使自己的肉身受到折磨（比如自虐）。与此同时，信奉宗教的人还不得不放弃一些喜好，比方说烟、酒还有性爱，而天主教教徒在大斋期是不能吃巧克力的。

或许教徒们付出最多的还是自己的时间和精力，毕竟人总是有大把的时间和精力。他们每个星期都得去做礼拜、守丧，藏民甚至还会举行沙盘坛城仪式。所以在做礼拜期间，教徒根本就没有时间上网。或许相比于听布道，你有"更重要的事要去做"，恰恰因为如此，如果你能坐在教堂里安静聆听牧师布道，你就能获得高分。也就是说，布道虽无趣，但却可以得分。

人们在神灵面前往往毕恭毕敬，人们一般会通过一些肢体语言来展现这种尊敬，比方说下跪、鞠躬以及伏拜。[34] 犹太人戴圆顶小帽被看作一种在神灵面前表现谦逊的行为，还有许多行为虽然不像戴圆顶小帽那么具有象征性，但在外人看来是对信教者的侮辱。而如果某一宗教的人总是穿一些"奇怪"的服饰，还拒绝和世俗之人共食的话，那么他将会在更广泛的社会空间里失去立足之地。当然了，他在其所处的宗教里的地位则会有所提升。[35]

我们通常不会随意浪费我们的生育能力。但一旦浪费起来又一发不可收拾，如一些宗教领袖奉行禁欲。[36] 值得注意的是，如果我们想要获得更多的信任以及权力，我们就得做出更大的牺牲。想一想，如果教皇有孩子的话，那么他就得同时效忠于他的家庭以及他所尊崇的信念。而一旦这样，天主教教徒就会质疑其管理宗教的能力。[37]

有的宗教仪式会先整合各种各样的资源，用于一次祭祀仪式。参加麦加朝圣这样的朝圣活动就是将时间、精力、金钱还有健康这些祭品整合起来，然后一次性供奉给神明，以彰显自己对伊斯兰教的忠诚。而借助这样一种虔诚的行为，无论是在国内还是在世界范围内，这些参加了朝圣的穆斯林就能够比那些没有来参加朝圣的穆斯林获得更多的信任以及更高的地位。

然而需要注意的是，社群给予个体的社会奖赏是有限的。所以我们争先恐后地表现更高程度的忠诚必定会使我们陷入一场“自以为是”的角逐。可想而知，这会使我们极度渴望彰显自我、展现突出的特征，此种现象在生物界可谓比比皆是。

但需要注意的是，这种牺牲并不是一场零和博弈，它是可以给整个社群带来益处的。要知道，所有这些牺牲都是为了能够维持社群成员高度的奉献精神和彼此之间的信任，而且最终还能减少对每个社群成员行为的监视。[38] 最后的结果就是，这种牺牲能在更大的范围内以及更长的时间里维系合作关系。[39]

如今，我们会采用合同、信用评分以及推荐信的方式来使我们和陌生人建立相互信任的关系。但是在发明这些制度之前，每周参加礼拜活动及其他成本高昂的“牺牲”是至关重要的社交技能。公元 1000 年，做礼拜就是检测一个人是否值得信任的好方法，虽然这一方法还不够完美。比方说你会格外防范那些不去做礼拜的邻居，而这是可以理解的。因为在你看来，他们没有向自己所在的社区“缴纳应缴的会费”。除非你在这一场“游戏”当中尽心尽力，否则这个社会是不会信任你的。

至今，遵循宗教仪式仍在社会中起着非常重要的作用，比方说美国人在总统选举中似乎就不愿意支持无神论者。2012 年的盖洛普民意调查显示，无神论者当选的概率排在最后，其支持率在西班牙裔和同性恋这样的边缘化团体之后。[40] 事实上，在美国人看来，与其让一个无神论者成为椭圆形办公室的主人，还不如让任何一个宗教信徒成为椭圆形办公室的主人。[41] 无神论者不会向任何一个人下跪，而这对于许多选民来说简直就是一件不可思议的事。

亲社会规范

和所有社群一样，宗教团体里充满着限制个体行为的规范。而无论是对于整个社群或者团体内的个体成员而言，这些规范都是极其有用的，[42] 特别是当这些规范与该团体所面临的当地的经济及生态问题相适应时。

接下来让我们来看两套比较常见的宗教规范。

第一套规范关注的是如何对待他人。世界上所有的主流宗教都谴责像盗窃、暴力以及欺骗这样的行为，但与此同时，他们也会赞美像同情、谅解以及宽容这样的美好品质。在这里我们举几个例子：仁爱是伊斯兰教的核心支柱之一；基督教则劝告其教徒“爱邻如爱已”“把另一边脸凑过去”，也就是说，即使察觉到了他人的错误也要善待并原谅他们；耆那教教徒对世间万灵乃至昆虫都持极端非暴力态度。无疑，拥有这些美好的品质会让我们在团队合作当中占据一定的优势，由善良之士组成的团体总能打败由心怀不轨的人组成的团体。而这里的问题在于：怎样才能阻止骗子毁掉一整个宗教群体。

如上所述，其中一个解决办法就是要有所表现，而且必须付出高昂的代价，这样才能把那些不具备奉献精神的人拒之门外。还有一点也很重要，那就是，我们还需要一些加强规范的机制，也就是监督与惩罚机制（第 3 章曾谈到过）。虽然我们平常说得最多的就是宗教团体的博爱与宽容，但也需要注意，其实宗教团体也会惩罚那些违规逾矩之人，会责难这些人，对其避而远之，甚至会向他们扔石头。事实上，这两种解决办法（遵守传统的规范以及通过仪式来缴纳高额会费）是相辅相成的。在你缴纳了大笔会费、结交了众多朋友以及积累了大量社会资本之后，你就开始担心自己会被赶出这个团体。这样的话，这个团体就不用斥巨资监控个体成员了。[43]

另外一种宗教规范控制着我们的性生活以及家庭生活。正如杰森·威登及其同事所指出的，宗教亦可理解为社群施行的男女结合策略。[44]

从全球范围来看，男女结合的模式多种多样且受很多因素的影响，如有多少资源可用、男女比例、遗传规律以及抚养孩子所要考虑的经济因素等。两种截然不同的策略代表了西方国家，尤其是美国在这个问题上存在着的巨大分歧：一边是传统的、忠于宗教的右派，他们尊崇早婚和严格的一夫一妻制，并且喜欢生活在大家庭里；另一边则是自由的、世俗的左派，他们提倡晚婚，不受一夫一妻制的限制，并且尊崇小家庭式的生活。

就这两种派别的结合策略来说，右派的观点最适用于那种内部关系紧密的宗教社群，这些社群恰恰得益于强有力的社群规范。同样，这样的宗教社群不会赞成任何干扰一夫一妻制以及提高生育率的事，比如采取避孕措施、堕胎、离婚以及婚前和婚外性行为。[45] 如果你尊崇的是这样一种结合策略的话，那么你最好和与你想法一致的人生活在一起，这样大家才会自律。而且要是所有社群成员都尊崇这一策略的话，那么这一策略所带来的益处也就很多了：孩子将在双亲家庭里成长；在教育孩子的过程中，父亲也会对自己更为自信；大家也不必再花上那么多时间去监视和考验自己另一半的忠贞度。[46] 生育率会变高，这也就是说，家里的每个人都会尽自己的一份力来照顾孩子。他们也会更加支持和鼓励家庭生活，不过对事业相对就不是那么上心了。

而对于世俗左派而言，其中的许多规范其实是令人匪夷所思的，特别是从道德层面来看时，比如反对避孕。他们会想，凭什么女性就不能节育？但在一个关系紧密的社群里，女性作为“个体”所做出的选择是会产生一系列社会外部影响的。如果你节育的话，那么你就很有可能会晚婚，你会取得高等学历，接着不断跳槽。而这会给你那些遵守传统规范、以家庭为生活核心的邻居带来一定的压力，你的这种生活方式可能会干扰到他们的生活。反之亦然。为什么很多人从一开始就不会选择加入这样的社群呢？在很大程度上就是为了避免这样的紧张局势出现。

宗教仪式的同步效应

> 宗教是一种你可以随之舞动的迷思。
>
> ——安德鲁·布朗[47]

现代军队不会再在战场上列阵射杀敌人了。但奇怪的是，他们还是会采取这种训练方式，比如说在军事操练的时候。而结果证明，这样的操练是很有必要的。他们这么做并不是为了实战做准备，而是为了增强整个连队士兵之间的信任和团结程度。

不知为何，当我们和其他人步调一致时，我们和他们之间就会形成社会纽带关系。[48] 这里的“步调一致”可以指共同踏步前进、齐声吟唱、有节奏地打节拍或是穿相同的衣服。在20世纪初的时候，IBM（国际商用机器公司）就通过让员工合唱IBM之歌的方式培养员工的集体荣誉感。[49] 如今，日本的一些公司仍在采用这种方式。

2009年，来自斯坦福大学的心理学家斯科特·维尔特穆思和奇普·希思通过实验的方式证明了这样一种“团结一致”效应。他们先是让学生们一起做一些“步调一致”的动作（比方说一起在校园内踏步走），然后让他们模拟一些体现“集体利益”的游戏，游戏的目的在于检测个体为集体利益冒险的意愿。通过3次实验他们发现，“那些之前和其他人行动一致的人在接下来的集体经济活动中和他人之间的合作要更多一些，即便有时候他们需要做出一定的个人牺牲。”[50]

宗教也急切地希望将此种效应为己所用，这也是情有可原的。要知道几乎所有的主流宗教传统当中都包含了某种形式的同步仪式。比方说，克里希纳派就会在他们的宗教活动和民众参与的活动中加入一些歌曲和舞蹈。但现在大多数基督教徒在做礼拜时都不跳舞了，不过他们以前会这样做（至少在中世纪之前是这样的）。[51] 虽然不跳舞了，但他们在做礼拜时仍会齐声吟唱。就连一起沉默也可以很好地加强团队精神，贵格会教徒集会时就会这样做（大家一起在喧闹的集会中安静地祈祷片刻也可以达到同样的效果）。如果你每天都生活在嘈杂的环境之中，那么和众人一起享受片刻的宁静对你来说会是一次不错的体验。

布道

布道可以促进宗教团体的内部合作。这一点并不难懂，没有布道人们就不知道他们应该秉持何种价值观、遵守何种规范或是怎样去惩罚那些骗子。但你要知道，布道不仅仅只是一场演讲，其作用也不仅仅在于教育他人。布道也是一种仪式，一种转变社会现实的手段，我们只需要参与其中即可。

现在让我们来看一看“布道”是如何发挥其作用的。当参加布道时，你会发现此时的你不仅仅只是在被动地获取某种信息，你还在默默认同布道者所阐述的内容，认可牧师的领导能力、社群存在的价值以及整个制度的合法性。只是参加布道就让所有人都知道了，其实你是支持教堂并且愿意遵循教规的。要知道，教堂不仅仅是一个聆听的地方，而且还是一个供你观察以及让自己被教友观察的地方。

想象一下，一名牧师正对着会众做一场有关“怜悯”之美德的布道。那么参加这一布道的价值何在呢？作为个人，参加布道，你不仅是在征询个人意见，了解应该怎么样提升自己未来上天堂的概率。要是这就是布道的主旨所在的话，那么你还不如在家听听播客算了。[52] 布道真正的价值在于，它能够让信众们聚集在一起聆听。不仅你学会了基督教的一种优良品质，而且每一个人都学会了这一点。他们知道你在学，你也知道他们在学（而且，如果有人刚好错过了这一场布道，也不用担心，因为之后还会举行很多场同一主题的布道）。也就是说，布道的过程有助于形成一种有关社会规范的共识。每一个参与布道的人其实等于默认以后要用这些规范来衡量自己的行为。假设有个别信众没有在适当的时候表现出怜悯之心，那么无知可不能成为他的借口了，而且在大家看来，这个人应该为自己的行为负责。就是这样一种相互问责的形式使得宗教社群能够如此团结一致。

“布道”这样一种机制甚至还适用于一些备受争议的规范。比方说，如果一个牧师在布道的时候谴责避孕行为和同性恋，即使你可能不赞同他的这些观点，但要是没有人主动站出来抨击这一观点或提出反对意见的话，这一种规范便会成为一种共识。[53] 因此，参加布道的你不仅要了解“上帝”和牧师的想法，还得知道和你一起参与布道的会众更愿意接受什么样的观点。

标识

既然加入社群之后的成员可以享受所有益处，那么知道内外有别是很有用的。成员如何才能知道什么样的人好合作呢？而随着社群规模的扩大及复杂化，这一问题也变得格外引人注目。在传统的以狩猎为生的年代，人们都是以小部落的形式生活在一起的，光凭长相和名字他们就能够认出彼此，而且他们几乎不和纯粹的陌生人接触。但是，在外来商人及工人比比皆是的农业帝国或工业文明社会里，人们需要拥有一眼就能识别出陌生人的能力。

在这时，标识就能够发挥作用了。标识是一种可传达成员信息的符号。[54] 在宗教这一语境中，标识可能包括独特的发型、服饰、帽子或头巾、珠宝、文身以及耳环，甚至还包括了一些饮食上的习惯和其他一些必须完成的行为，如正午和餐前的祷告也可以看成一种标识，因为其他人一眼就可以看出什么人属于什么宗教。

宗教标识可以在家中以及教堂中得到强化。但它们最具价值的时候还是当它们以标识的身份出现在公众场合、市场或是市镇广场上的时候。比方说，面包师戴着一顶圆顶小帽在做蛋糕。那么此时的他向不同的受众传达的是两种截然不同但又相互关联的信息。在犹太人看来，他传达的信息是：

> 正如你们所见，我是一名犹太教教徒，所以我们秉持着很多相同的规范以及价值观。我完全值得你信任。而且请注意，我此时正在大庭广众下表达我对我们教派的支持。我全身心地效忠于犹太教，而这正是我的身份中不可或缺的一部分。

在这里，他利用自己的标识来彰显自己的忠诚，并渴望获得其他犹太人更多的信任。而他给非犹太人传达的是这样的信息：

> 我此时的所作所为不仅代表的是我个人，而且还代表整个犹太教。如果我做了什么坏事的话，其他犹太教教徒可能会因为我玷污了犹太教的集体声誉而惩罚我。一旦了解了这一点，你们可能也会更愿意相信我一些。相信我，我的行为举止都是符合既定的犹太教的行为规范的。

这样看来，标识就如同品牌一般。当纳贝斯克将其商标印刻在新产品上时，消费者便觉得该产品有了质量保证，要知道生产劣质产品是会影响该公司声誉的。而且，如果其所生产的那些质量不过关的产品已经上架销售了的话，那么他们就会立即将其召回。同样，那些对着《圣经》发过誓的基督教教徒一般不会做伪证，因为他们也害怕被社群“召回”或是受到惩罚。

超自然信念

最后，让我们回归到超自然信念这一点上来。现在，我们不会把超自然信念看成纯粹的迷信，我们很想了解在一个努力想进行合作的社区中，它们是如何有效地发挥作用的。[55]

正如我们在前几章尤其是在第5章“自我欺骗”中所提到的，秉持某种信念的价值并不在于将其付诸实践，而在于让其他人相信你是秉持着这样的信念的。涉及宗教信仰时，尤其如此。对于独立的个体来说，宗教信仰可能没有太大的实际用途。然而，一旦我们接纳了这些信念，我们就会得到社会奖励。反之，我们会受到相应的惩罚。这就是让信念成为正统观念的意义所在。你是否接受这些信念，将决定别人是会热情地接纳你，还是会排挤你或对你冷眼相待。在面对如此巨大的压力时，怪不得我们的想法总是如此一致。但为什么这些社群会在乎我们相信什么呢？我们的同伴又为什么会奖励或是惩罚我们呢？

我们都知道，全能的神所代表的是一种权威，或者说他被我们塑造成了严厉的父亲形象。乖乖听话，父亲就会奖励我们；不听话，父亲就会惩罚我们。现在让我们来看一看我们在信奉全能的神时所秉持的信念。对这种信念进行分析可以分为以下3个步骤：（1）与那些没有信仰的人相比，那些认定自己一旦违背神的旨意就会受到惩罚的人，举止更为得当。（2）说服他人自己是相信神的，而且也知道违背神的旨意的下场，这符合每一个人的利益。（3）正如我们在第5章所谈论的，让其他人相信自己是持有该信念的最好办法就是真正秉持这样一种信念。所以出于对自己利益最大化的考虑，选择相信一个我们并不确定是否存在的神其实最符合我们的利益。

同样，相信“人在做，天在看”对我们来说也是很有用的。这样的话，我们就会觉得神是无所不知的，神甚至还能洞悉我们的“私密”行为和内心最深处的想法，并就此对我们做出最为公正的评判。我们越是热切地对外宣称我们相信神，就越有可能给别人留下一种我们一直在做好事的印象，即便是在无人观望时也是如此。[56]我们可以将这看作一种声誉，而那些一心想成为领袖的人对这种声誉格外上心。因为只要拥有了这样一种声誉，那么他们就可以在我们看不见的地方随心所欲地做坏事了。

这样的一些信念在一定程度上会使信徒们的行为举止更符合道义的要求。否则的话，他们是不会这样的。对于一个十分自私的人而言，这种超级"好"的行为难免会带来难以承受的代价。在他们看来，最理想的情况应当是让大脑鱼与熊掌兼得：一方面让别人相信自己是害怕神发怒的，另一方面就像一点儿也不怕神一般行事。可我们人类的大脑还没有强大到能够让我们如此虚伪，特别是在有人不断地试探我们的信念时。所以最好的解决办法就是内化我们所持有的这些信念，而且同时保持令人难以捉摸的状态，不时地屈服于外界的一些诱惑。

以上这一点有助于我们理解，为什么人们会信奉全能的神，但除此之外，仍有很多其他超自然信念亟待解释。有些超自然信念能够很好地帮助我们加强每种宗教内社会体系的方方面面。在基督教里，牧师是否有必要成为神和世俗者之间的中间人，这样一种信念能够帮助解决牧师在教会中扮演什么样的角色的问题。我们很容易就能够发现这样一些信念所带来的好处，那就是它们正借助着神学这样一种工具发挥着政治作用。

然而还是存在许多看似随意但却备受争议的信念。比方说在基督教里，想要获得救赎就一定要进行洗礼。但在其他一些教派里，洗礼只是一种额外嘉奖。教义中总是存在一些晦涩难懂的细节问题，人们对此也是争论不止，像基督教三位一体的具体性质，或者圣餐变体这样一些细节问题。[57] 那么我们应当怎样去理解这些看似微不足道的信念呢？

或许这些信念的作用和标识一样，是用来表达对某种宗教或其派系的忠诚的。[58] 一个好的标识能让我们了解有关忠诚的中心问题：你是支持还是反对我们的宗教？这就是为什么在讨论宗教教义的时候（无神论者与有神论者，天主教与新教），问题总是如此突出。你的信仰会让其他人知道你所处的阵营以及你所支持的团队。因此，这些信念不仅仅是在哲学方面发挥着作用，它们在政治方面也发挥着重要作用。

在某种程度上，许多正统信念和我们上文所提到的有关帽子和发型的要求一样，只要这些正统信念是一致且独特的，那么它们完全可以是随意的。就比如说，其实一个宗派对于圣餐变体以及三位一体性质的看法一点儿也不重要，而且这也不会影响到人们的行为举止。只要一个宗派的人秉持同样一种信念，那么这一信念就是他们有效的标识。但如果这一信念碰巧有点儿奇怪，并且在非信仰者看来，这一信念被污名化了，那么这一信念就会成为牺牲品。

在此，我们可以将其和观赏性体育项目做一番比较。因为在观赏性体育项目里，人们恰恰不会因为某些自私的物质原因偏爱巨人队，而不喜欢洛杉矶道奇队，因此你对某个球队的支持很好地表明了你对其所在地区的忠诚度。[59] 要知道，从客观方面来说，主场球队的表现不一定会优于其他球队，其表现出的娱乐性也不一定优于其他球队。但毕竟这是你所在主场的球队，这才是问题的关键之所在。而且你对该队表现出的支持意愿越强（包括做出一些不体面的、疯狂的行为，比如在脸上涂上油彩去看比赛），那么你就会得到该队其他粉丝更多的支持。

同样，对于宗教信仰的狂热也可以起到标识性作用，它能够让我们知道这样一个社群能有多强大：他们会在圣坛周围紧紧地围成一个圈；

那些通过压制自己的品位以及常识来彰显自己忠诚度的宗教成员会得到丰厚的奖赏。比如说，摩门教派的那些奇怪信念就体现出了他们整个道德团体的“非凡实力”。在如今这样一个时代，在面对科学、新闻媒体以及互联网时，我们竟然还能坚守这样一种看似“自取其辱”的信念，这真的就体现了伟大团结精神吗？可能很多人（甚至包括我们的许多读者）会很享受成为这种社群的一员，但是他们当中又有多少人会真正愿意“缴纳会费”，并接受一个与自己的许多其他信念格格不入的世界观呢（这一世界观还很容易遭到非信仰者的嘲笑）？

成本高昂恰恰就是我们所说的重点。加入一个宗教社群可不同于在网站上进行注册。你不能只是随便试试而已，你必须融入这个社群当中。他们会利用社会纽带的幌子来哄骗你，而你则会在不知不觉中适应这样一种信念体系。当这一过程自然而然启动之时，你不会觉得这是一场痛苦的牺牲，因为你从中获得的远比你放弃的多得多。

禁欲与殉难

我们在本章中所讨论的大多数宗教行为都是适应性行为——或者，我们一直都认为这是一些适应性行为。这些行为能够使我们在宗教社群里如鱼得水、所向披靡，同时也可以让我们在更广阔的生活中不断进步。但我们应该如何看待禁欲和殉难这些最为极端的宗教行为呢？从生物学的角度来看，我们是无法适应这样极端的宗教行为的。那么会不会是我们个人所持有的宗教信念（比方说，我们对来世的信念以及对于它会给我们带来永恒的奖赏的期盼）促使我们做出这样一些行为呢？

当然了，我们所持有的宗教信念可能会对我们的心理产生小小的推动作用，从而使我们做出一些具有自我毁灭性的行为。而除此之外，我们还需考虑另一种更为强大的力量，那就是社会地位（包括我们在社会中所获得的声望、荣耀以及同伴对我们的敬仰）。我们已经看到小小的牺牲，如每周去做礼拜，其实也是一种策略。在一个领域里做出的小小牺牲（时间和精力）有望获得在其他领域的更大的收获（信任）。在通常情况下，其实是出于同样的本能，这种本能不仅对殉难者和牧师有利，对于我们其他所有人也都是有利的。[60]

生物学家经常将我们的这种本能比作爬山。要知道，我们的大脑天生会鼓励我们“攀登”一座座高峰，追求越来越高的社会地位或其他奖赏。所以只要是山，我们便会不断向上爬。有些时候，我们可能会想要在找到更好的路后再向上爬，所以这种时候我们会先选择下山看看。还有些时候，我们只是随意地漫步，希望远方会有更高的山峰。但在大多数情况下，我们只会不停地朝着天空的方向攀爬，越高越好，仿佛被设置为了一种自动驾驶模式。不得不说，这样一些本能在大多数情况下还是能够很好地服务于我们的。但如果当我们发现自己处于无规律可循的情境之中，我们的大脑无法适应该情景时，同样的一种本能就可能给我们带来一些不良的后果。

顺着上面的比喻，我们可以将宗教团体看成一座火山，山顶有一个十分危险的火山口。作为一名信教者，你每天都试着爬得更高，而与此同时，你也必须为此做出牺牲，这是与你的本能相悖的。每一次的牺牲都会让你获取同伴更多的信任和尊重，这促使你越爬越高。你不断地攀爬，山路越来越陡峭，空气越来越稀薄，每向上爬一步，你都得承担滑落或是被对手击落的风险。但你下定决心要不断向上攀爬，你甚至为此做出了更大的牺牲。而这些牺牲也会不断地给你带来益处。直到有一天，你把自己逼到了绝境，而你却没有意识到这一点。你的大脑只会把这座火山看作一座普通的山，并敦促你迈出一步又一步。可它始终是一座火山，你迈出的最后一步感觉是在向“上”爬，而实际上你可能会跌入火山口之中。

值得注意的是，这样的“爬山事故”可不仅仅适用于宗教，还适用于其他许多方面。在饮食方面，我们往往会选择那些美味的高糖、高脂食品，直到我们患上糖尿病或是心脏病为止；在军事方面，我们总是想要彰显自己的英勇，并从我们的战友那里获得更多的尊重，直到我们中枪为止。同样，瘾君子总是会不断地寻找更为愉悦的感觉，直到吸毒过量为止。而在现实的爬山活动中，那些勇于冒险的探险者可能会攀爬一座又一座更高的山，每到达一座山峰的山顶都能给他们带来无限的荣耀，直到有一天，这一切超出了他们的承受范围，他们便会从山顶跌落，骤然早逝。

通过这些例子我们发现，那些适用于某一方面的本能在另一方面会让我们迷失，这或许还是致命的。但我们绝不能就此下结论，说本能一定不具备适应性，或者说那些按照本能行动的人已经傻得无可救药，或者已经被骗得无可救药了。他们只是和我们其他人一样，在追寻属于自己的“快感”。

16

政治

盲目与顺从

在前面的章节中，我们说的“政治”主要是指小规模的“联盟政治”，比如游猎采集部族或现代职场中那种钩心斗角、尔虞我诈的行径。在这种情况下，针锋相对的联盟为了争夺控制权而展开竞争，个人则处心积虑地想与强大的联盟联手（或者至少避免公然与之作对）。由于这其中难免掺杂着一些下作的手段，例如溜须拍马、暗箭伤人或造谣诽谤，所以我们总是费尽心机，竭力表现出一副不屑“玩弄政治”的正经模样。但是，只要一逮住机会，我们便迫不及待地指责对手居然采用了如此下作的手段。

但是，“政治”一词通常还具有截然不同的含义。在一些声名斐然的行业之中，如文学艺术界和哲学界，许多人丝毫不会因为自己热衷于“政治”而感到难堪。事实上，他们在言谈之中似乎已经把政治当成了自己的最高理想。与玩弄卑鄙手段、追逐蝇头小利的办公室政治大相径庭的是，此种政治的核心在于公民权利、民权运动和治国理政：参与国家治理，为全体人民谋福利。如此崇高的政治形象在古希腊时期就存在了。例如，有学者称，亚里士多德的《政治学》就是为了“使我们将目光投注在政治之光彩以及从政者在政治活动中所彰显的美德之光彩之上”。[1]

但是，如此广阔的政治舞台是否真的可以立德树人呢？我们不妨将亚里士多德对政治之建构同我们所观看的电视节目《纸牌屋》做一番比较。毋庸置疑，为了营造扣人心弦的娱乐氛围，剧情确实存在夸张之处。但是我们心知肚明，它所描绘的国家政治的阴暗面确实是存在的：幕后交易、背信弃义以及厚颜无耻的谎言。俗话说得好：“法律好比香肠，千万别看制作过程。”

本章的重点不在于分析职业政治家的行为和动机，而在于分析普通公民是如何参与正式的民主政治活动的。这当然包括投票和加入党派，而相关数据则十分丰富。但是，作为公民，我们还应该关注时事、思考时政，以及和友人辩论。我们会在草坪上竖起政治标语，也会在保险杠上贴上小标语。有时候我们也会参与政治抗议活动或投身于政治运动之中。

然而，问题仍然在于：我们为什么要这么做呢？

政治领域的正义之士

为了阐明我们自身的政治动机，我们姑且为全身心参与政治的理想公民设定一个原型吧：勤勤恳恳、具有强烈公民意识的正义之士。

正义人士顾名思义就是出于所有“正义的”理由投身于政治活动

之中的公民。他们从不追求一己私利，他们一心为公、一心为他人着想、一心改变这个世界，致力于让这个世界变得更加美好，造福于当代，并造福于子孙后代。他们不是痴心妄想的理想主义者，而是不屈不挠的实干家：为了寻求最好的结果，他们愿意做出艰难的抉择。在必要时，甚至甘于妥协。他们在政治领域中的所作所为绝非作秀。他们从不沽名钓誉，相反，他们满腔热血，一心一意为国家谋取最好的利益。

由于人类是竞争性的社会动物，如果我们突然选择从国家政治这个层面实现利他主义理想，那么我们一定会倍感惊讶。尽管如此，就政治动机而言，我们的行为大有正义之士之气概。

一方面，有关投票的文献说明了，人们大多不会因为心系个人物质利益而投票。言下之意，人们不会给承诺要改善他们境况的候选人和政策投票。[2]在《正义之心》一书中，乔纳森·海特列举了若干例子：

> 在政府是否应拨款给学校这个问题上，孩子在公立学校就读的家长和其他公民的态度是一样的；对于军事冲突问题，应服兵役的年轻人和年纪过大已经无法服兵役的人一样，都持反对态度；对于政府发放的健康保险金，尚未享受这一福利的人和已经享受这一福利的人的态度是一样的。[3]

即便一个人出于一己之私想投票，但是更大的问题在于：如果把投票作为经济活动，那么投票就没有意义了。[4]投票费时费力——不仅仅是去一趟投票站这么简单，而且还得事先做功课，比如看新闻、看辩论比赛，进而形成自己的观点。但这对于个人来说，好处微乎其微。诚然，如果甲候选人当选，而乙没有当选的话，那么这倒是真的有可能会改善你的生活，但仅凭一己之力扭转整个投票局势几乎是不可能的。例如，在2008年美国总统大选期间，这样的概率大概是6 000万分之一。[5]即便甲候选人当选后，你有望获得高达50万美元的巨额预期收益（包括主观收益），但你的投票仍然一文不值。从结果和概率来看，你还不如去买彩票。

类似的成本—收益分析同样也适用于其他参与性更强的政治活动形式，如参加集会、向利益集团献金和为政治运动服务。与投票相比，这些活动更有可能在国家层面上产生影响，但它们也需要更大的投资。然而，那些只想着谋求于己更有利的政治结果的公民可能就白费功夫了。

这样看来，似乎只有一心为他人着想的正义之士才坚持不懈地投资于政治进程之昌明了。但是，这美好的愿景之中也存在着些许裂缝。这似乎也不足为奇。做一名正义之士，嘴上说说容易，但我们的行为难免会暴露一些不是那么显而易见的小心思。

接下来，我们将会提出几点困惑，恰恰因为这些困惑，正义之士的政治行为模型才笼罩上了一层疑云。但是，在损坏选民的形象之前，我们必须澄清一点：我们绝无意诋毁民主。我们所质疑的只是公民的个人动机，而非某个特定的体制，既不是民主体制，也不是其他体制。即便选民成不了理想的正义之士，但民主仍不失为一种理想的政体，或者正如温斯顿·丘吉尔所言："民主的确是最差劲的政体，但总比以前试过的其他政体要好一些。"[6]但事实上，民主最吸引人的地方就在于它不要求公民成为圣人。

将此铭记于心，让我们开始抨击自己的政治动机吧。

几点困惑

困惑一：无视选举决定论

上文提及的 6 000 万分之一这个数据适用于美国普通选民。但是，个体选民并非都是普通的，他们对总统大选有多少潜在的影响力取决于他们所在的州。[7] 例如，在 2008 年大选中，科罗拉多州和新罕布什尔州这类“论战州”或“摇摆州”的选民在大选中拥有相对较大的决定权，这个数据是 1 000 万分之一。但像俄克拉荷马州和纽约州这样的州，我们都知道哪个政党几乎是稳赢的，因此选民可以决定大选的概率大约是 100 亿分之一。[8] 概率差达 1 000 倍，着实令人震惊。

面对这样的现实，如果务实的正义之士是摇摆州的居民的话，那么他们便会有极大的热情参与投票。不管在哪个州，虽然投票成本是一样的，但获得的效益（例如，影响国家大选结果的机会）在摇摆州则更为显著。摇摆州的正义之士投票的概率未必会比其他州的选民高出 1 000 倍，但是其作用是显著的。

但是，真正的选民对于投票是否能带来改变是漠不关心的。所以，摇摆州参与投票的选民只会小幅度上升，上升区间是 1% ~ 4%。[9] 换句话说，在 100 名合格的选民中，只有不到 4 个人认为选举结果对他们来说具有决定作用。[10] 同样令人吃惊的是，在非摇摆州，许多人并不想在投票上花费时间和精力。如果这些选民是“毫不利己，专门利人”的正义之士的话，那么他们中一定有许多人会投身于其他影响更为深远的事业，如参加课外活动、志愿者活动等，而不是参与投票。

上述种种并不能完全推翻正义之士的模型，但也确实说明了我们的投票行为不是真正的、十足的利他主义行为。

困惑二：无知的选民

作为选民，正义之士应当时刻关注自己的消息是否灵通。如果他们不了解相关议题，不如直接用掷硬币的方法来决定投票给哪一方，或者是干脆弃权。

但是，真正的选民并不关心政治家过去的政绩或政治立场，他们更关心的是政治家的身份、个人魅力及选举秀。事实上，人们对于不会对政策产生深远影响的“选举”活动总是饱含浓厚的兴趣，如竞选学生会主席或在“美国好声音”电视选秀中选出最佳歌手。但是，即便是在意义非凡的选举活动之中，选民也像球迷一样，一心只想选出自己心仪的球队，而不会像分析师那样，运用数据去分析哪支球队应当获胜。

众所周知，在谈到特定政治议题时，选民们往往一无所知。例如，只有29%的美国成年人能够说出国会议员的名字，让他们去讨论国会议员的投票记录就更不可能了。[11] 如果我们问道：“对外国的援助预算在联邦财政预算中的占比是多少？”一般情况下，选民们会回答：大约25%，并补充道，自己认为10%是最合理的。事实上，根据以往的记录，美国的“双边外国援助”预算大概仅占总预算的0.6%而已。[12]

类似的例子比比皆是，而且选民们的无知也很可能影响其他人的政治立场。相对于知识面较广的公民来说，知识面较窄的公民一般喜欢不同的政策。[13] 以经济问题为例，布莱恩·卡普兰就指出，在某些领域，专家达成了共识，而普通选民的看法则与专家大相径庭。选民有排外偏见、反市场偏见、就业偏见和悲观主义偏见（这四大偏见合而为一，低估了经济发展的价值）。[14]

诚实的正义之士会坦然承认自己对某些政治议题不了解，但是真正的选民却很少会这么做。当时隔数月被问及相同的政策问题时，人们往往会给出截然不同的答案。这并不是因为他们改变了看法，而是因为当时他们纯粹就是临场发挥给出的答案，所以他们根本记不得自己上一次是如何回答的。[15] 有时我们不费吹灰之力就能诱使选民对其为何支持某项政策做出解释，而事实上，在不久前他们刚刚反对过该政策。[16]

如果我们的目标是为了获得更好的结果，那么我们就不应当只关注政策总的意图及其精神，还应当关注如何将该政策落到实处？例如，对该政策的实施效果如何评估？地方、州和联邦政府分别应该承担什么样的工作？初衷再好，这些政策成功与否还是取决于我们做出的这些选择，而这些选择远比那些纯粹的技术性细节要重要得多。[17] 正如人们所说：细节决定成败。

但是，真正的选民其实对实际的细节漠不关心，他们只关心所谓的价值观和理想。我们热衷于讨论身份认同的热点话题，如同性恋婚姻或移民问题，而不会参与事实尚未厘清的议题的辩论，如贸易协议或网络中立问题等。在选举代表时，我们也发现了同样的倾向性。只要我们的政治家口才了得，我们才不会在乎他们在起草法案并将其落到实处方面是否得心应手。[18] 总的来说，相对于谦逊的务实主义，我们似乎更欣赏天花乱坠吹嘘的能力。

值得注意的是，正义之士并不需要将其毕生的精力投注于政治之中。他们只需合理利用“参政时间”，并且精心估算自己的参与程度就可以了。按照这个逻辑，如果正义之士认为自己的知识面与普通选民相比相去甚远，那么他们应该乐于放弃自己的投票权才是。在此类问题上，他们甚至还应该考虑置身于国家大政方针之外，同时也鼓励其他知识面甚窄的选民步其后尘，这才是爱国之士理应承担的责任。[19] 但是，无须赘言，普通公民似乎难以接受这样的处理方式。那些不参与投票者，许多人都会对其嗤之以鼻、频频摇头。个中原因我们接下来会谈到。

困惑三：根深蒂固的看法和强烈的情绪

理想的政治领域的正义之士往往是持不同政见者。因为正义之士一心只想为社会谋福利，所以对于相反的论点和论据，他们并不讳言。实际上，他们乐于接受新观点，当然，对此也不乏批判精神。若有有识之士反对其观点，他们则会敞开胸怀聆听。偶尔，他们会改变自己的政治信仰。此时，他们非但不会心生憎恨，反倒会心怀感激。或许，他们的自尊心会受到小小的伤害，但是为了广大人民之福祉，他们也甘于咽下这一苦果。试想，一位高效的商业领袖，为了做出最明智的决定，往往会积极倾听来自各方的声音。正义之士也会倾听来自各方的政治呼声。

当然，这完全不是真正的选民的处世风格。我们大多数人乐于生活在与自己的政治立场相吻合的舒适区域，我们只爱看那些能够证实我们立场的新闻。一旦发现与我们立场相悖的观点成了漏网之鱼，我们便极尽批评之能事，而对于那些可以证明我们观点的似是而非的证据，我们却迫不及待全盘接受。一旦涉及政治问题，我们常常自以为是，像打了鸡血一般动辄肆意叫嚣，而不是在谦逊地聆听之后判断自己的观点是否有误。小心为是啊！[20]

我们在维护自己的政治信仰时抱着强烈的个人情绪，这也从另一个侧面证明：我们对于自己的思想并非 100% 诚实。如果对特定的领域采取实事求是和以结果为导向的态度，那么我们就能够客观地看待该领域出现的新信息。在我们的日常生活中，很多情况下我们都会这么做，比如购买日用品、收拾行李去度假或者是规划生日派对。在现实中，我们对于自己所信奉的理念并不会自视过高，我们不会因为别人质疑我们的理念而大动肝火，也不会因为新信息改变了自己的初衷而感到羞愧。但是，一旦涉及超越柴米油盐酱醋茶之类的信仰时，动辄发怒似乎是一种有效的保护手段，至少可以使我们的信仰免受批评。

的确，进行政治活动的风险偏高，但即便如此，也不能为我们由此产生的社会情绪开脱。面对高风险的局面时，我们理所当然会感到压力和恐惧，而不是骄傲、羞愧和愤慨。[21] 例如，在国难当头之际，我们希望领导人一旦掌握了新情况，就要有敢于改变自己立场的勇气，而不应该感到难堪。人们在讨论诸如全球流行的疾病和小行星冲撞事件等现存风险时，大多能平心静气、不偏不倚。只要此类问题在政治上不会造成威胁，他们就不至于情绪激动。但是，一旦涉及带有政治色彩的风险时，如全球气候变化问题，那么我们很快就会恢复激动的情绪。

凡此种种均表明，我们保持政治信仰事出有因，但绝不是为了帮助我们做出明智的决定。

★ ★ ★ ★ ★

我们的公民理想和我们的实际行动存在许多不一致的地方，上文所述只是其中的一些例子而已。为了解开这些困惑，我们不得不动用政治领域的另一个原型。这个原型的动机与一心为他人谋福祉的正义之士相比，显然不是那么高尚。

苏联官僚

20 世纪 30 年代，苏联对平民百姓的控制达到了史无前例的程度。约瑟夫·斯大林以铁腕独掌党内政权。*Apparatchiks* 指苏联官僚，政治忠诚对他们来说至关重要，现在这个词指代的是“对组织特别忠诚、始终听命于组织的成员”。[22]

对于苏联官僚来说，仅仅对斯大林表示绝对的忠诚是远远不够的；无法表现自己比其他人更为忠诚者，就可能因被怀疑不够忠诚而被关进大牢，甚至被杀。在《古拉格群岛》一书中，苏联作家、历史学家亚历山大·索尔仁尼琴在书中以夸张的手法展现了这种场景：

> 在一场大会结束之际，同志们被要求向斯大林同志致敬。不用说，全体起立。小礼堂里回荡着雷鸣般的掌声。3 分钟、4 分钟、5 分钟后，依然掌声雷动。即使是那些真心实意崇拜斯大林的人也觉得这样的行为愚不可及。但是，谁敢第一个停下来呢？因此，掌声持续回响着——6 分钟、7 分钟、8 分钟！除非他们因心脏病发作而倒下，否则无论谁都不能停下来！最后，在掌声持续了 11 分钟后，一位造纸厂厂长装出一副公事公办的样子，迅速落座。天哪，这时奇迹发生了！厂长坐下之后，所有人立马停了下来，陷入死一般的沉寂，尔后落座。他们得救了！
>
> 但是，秘密警察正是通过这种方法发现了一些独立不羁的人，他们往往会借机除掉这些人。所以当天晚上，这位造纸厂厂长就遭到了逮捕，他们轻而易举就判了他劳教 10 年。[23]

始作俑者是谁？斯大林本人根本不在场。人们对于斯大林的个人崇拜几近狂热，即使他本人不在场，也足以让掌声持续 11 分钟。

即使是在民主化、多元化的今天，我们仍然需要面对与苏联官僚相同类型的政治动机。当然，相比之下，我们的动机不足。同样，我们也会因为信奉“正确的”信仰而受到褒奖，因为信奉“错误的”信仰而受到惩罚——惩罚我们的不是中央政府，而是我们的同胞。的确，我们的社会并非一党独大，但是，一旦我们在某个问题上产生了分歧，形成了派系之分，我们与他者就形成了对立关系。每当到这种时候，我们就仿佛化身为苏联官僚，争相表现自己对团队的忠诚。

值得注意的是，要求我们宣誓效忠的联盟未必是真正意义上的政治联盟。我们所有人都是不同团体的一员，这些团体紧密相连，环环相扣，如同维恩图一般。我们生活在社区和城市，州和国家；在公司里，我们组成了一个又一个团队；我们会到分属于某个大宗教的小教派的教堂里做礼拜。我们与特定的种族、民族、性别紧紧绑定在一起，又有着各自的性取向。所有团体相互竞争，希望赢得我们的忠诚。例如，马德琳·奥尔布赖特坚信：“那些不相互帮助的女人，地狱里总有她们的容身之处。”[26] 我们在一个团体里感受到的忠诚度取决于许多因素，个人和文化因素都有。正如政治学家塞缪尔·亨廷顿所言，西方人特别强调对国家忠诚，而阿拉伯穆斯林一方面特别强调对大家庭和族群忠诚，另一方面又对自身的宗教和文化很忠诚。[27] 从某种程度上来看，由于我们对不同的群体有着不同的忠诚度，因此其间弥漫着紧张感，政治也因此错综复杂、变幻莫测。

如果我们认为我们的政治行为是忠于联盟的思想使然，那就说明我们并没有把政治派别（民主党和共和党）和政治意识形态（自由派和保守派）的区别看得过于重要。在现代自由民主社会里，左右派划分相当重要，这一点在美国近几十年来两极分化日益严重的情况下更加突出，但是重点也会随着局势的变化而变化。例如，战争爆发之际，国内的政治分歧通常会让位于爱国主义和民族团结。

换言之，要具体情况具体分析。尽管如此，对于普通公民、个人而言，我们均可对其政治行为做出这样一种恰如其分的解释：意在表明忠于“我方”（具体是哪一方可根据实际情况而定），而非锐意改革。我们身上除了具备正义之士的动机之外，内心深处也隐藏着类似于苏联官僚的动机：向身边的组织示忠。

这才是关键之所在，只有通过这种方式，我们才能理解我们的政治行为。我们的政治行为不仅旨在影响结果，从各个方面来看，这也是一种作秀行为。

日常生活中的政治动机

我们的核心观点是：政治绝非孤立的舞台，绝不仅仅局限于到投票站投票以及屈指可数的几种显而易见的政治活动。相反，政治动机遍布于生活的方方面面，于是，我们内心深处的“苏联官僚”也被迫对我们表现出的政治立场保持高度警惕。

以约会和结婚为例。我们与恋人往往同属一个政党。[28] 同样，我们也希望自己的孩子这么做：2010 年的一项调查表明，49% 的共和党人和 33% 的民主党人称，如果自己的孩子与对立党派的人结婚，他们将感到失望。[29]

另一项调查显示，即使其他申请人分数更高，有 80% 的人仍然会把奖学金授予自己所支持的政党的成员。事实上，政治偏好远比种族偏好强烈得多。[30] 斯坦福大学的尚图·伊耶加曾经做过关于奖学金的调查，他这样说道：

> 政治身份是仇恨的对象，而种族身份并非如此……如今，对于社会团体你是不可以表达消极情绪的。但是，政治身份并不受此限制。一个人加入共和党，那是他自己的选择，所以无论我想说什么，都是合理的。[31]

在某些行业，政治派别对于职业成败至关重要。例如，大学教授特别偏爱民主党，这一点不仅体现在大学教授的现有人数上，[32] 而且在其招聘工作中也有所体现。有 1/4 的社会学教授承认，在本系招聘时，他们更愿意聘请民主党人，而非共和党人。[33]（可以推测，他们中有更多人尽管没有承认，但下意识对共和党应聘者存在偏见。）实际招聘数据也体现了这一偏见。相对于民主党学者而言，论文质量常年保持在一定水准的共和党学者通常就职于水平较差的大学。这产生的后果比学术界中歧视女性产生的后果要严重得多。[34]

即便是在日常生活中，我们也会迫于压力去迎合我们身边的人的政治观点。例如，美国公民在同朋友交谈时，会很频繁地谈到政治。政治这个话题出现的频率至少和工作、体育或者娱乐等话题一样高。但是，由于观点不同可能导致人与人之间发生矛盾，所以，当我们和自己的朋友或是家人持有不同的政见时，我们之间的关系可能会受到影响。[35] 正如经济学家拉斯·罗伯茨所说，提出非主流的政治观点会使原本热烈的气氛“骤然霜化”，或者使“原本可以和我们谈笑风生、共同野餐的朋友与我们产生隔阂、渐行渐远”，[36]所以“政治免谈”才是君子之交之共识。

无论是爱情、工作关系，还是社交关系，所有这些因素无疑都会给我们带来压力，让我们接受所在群体的政治信仰。但是，尽管我们会屈从于种种压力，但是这往往不是一朝一夕造成的。我们都有过这样的经历，有时迫于无奈，我们不得不接受某种非主流的观点。即便是在这种情况之下，我们也不会一下子改变自己的立场，因为我们担心这会招致不满。[37]但是，如果这是一个经年累月甚至历经数十载的潜移默化的过程，那么，有朝一日，如果我们发现自己的信仰已经慢慢被同化了，那也就不足为奇了。还有一个极端的情况：我们一出生就生活在政治观点极其一致的人们中间，几乎觉察不到社会环境对我们信仰的影响。由此而产生的政治理念看起来合乎情理、自然而然，同时也真真切切。

表示效忠的逻辑

苏联官僚表示效忠的行为模型给我们带来了不少启发，其也在我们的政治信仰和行为之中得以体现，在此，我们将对其进行一番审视。

个人利益与集体利益

第一点，可能也是最重要的一点就是，效忠的渴望很好地解释了，为什么我们在投票时不一定会考虑个人利益（例如，不投票给那些可以使我们的个人利益最大化的候选人和政策）。相反，我们很可能把票投给有利于集体利益的一方。[38]当然，在许多问题上，我们的集体利益与个人利益是一致的。但是，当个人利益与集体利益冲突时，我们通常会选择集体利益。从这个角度来看，政治和宗教一样，也是团队运动。

比如，因地域问题出现两种截然相反的意见时，只要看似是对南方有利的政策，南方人就投赞成票；因种族问题而产生对立的观点时，只要是对黑人整体有利的政策，哪怕个别黑人的利益会因此受损，黑人一般也都会投赞成票。当然，因政党问题产生两极分化时，只要符合我们党派路线的政策，我们就投赞成票。但这并不意味着我们从不打破常规，不能在有关集体利益的问题上投反对票，而是如果我们这么做了，那么在别人看来，我们可能就成了不忠于同志和群体的叛徒了。

表达性投票与政治“标签”的作用

政治学家们通常将投票分为“工具性投票”和“表达性投票”。如果选民投票是为了影响选举结果，那就是“工具性投票”。此时，选民要么是完完全全的利他主义者（正义之士等），要么是彻头彻尾的利己主义者，但是无论出于何种动机，其目的都在于变革。可是，表达性选民并不在乎选举结果，相反，他们从投票中获得了“表达”这一价值。[39]即使他们所支持的候选人最终悉数落选，表达性选民还是会因为自己投了票而感到开心。

由此可以看出，苏联官僚通常是表达性选民，但又不仅仅是表达性选民。为什么有人会喜欢在投票站里表达自我？政治学家们百思不得其解。然而偏偏有人把表达性投票当成了消费——这样做的目的只是让自己开心，与外在利益无关。[40]根据这样一种观点，投票被视为心理回报，与“增强认同感”和“拥有归属感”一样。但是，正如本书反复提到的，所谓严格心理学意义上的解释通常会陷入自我欺骗的泥潭，同时，社会学意义上的解释往往会使其相形见绌。只在脑中形成又在脑中打消的动机终将一无所获，而外在动机总是能为我们带来物质上和心理上的收获。因此，苏联官僚是表达性选民，他们通过投票来表达自我，以期在社会上赢得一席之地。

如今，人们用不记名的方式对投票进行保护。不记名投票是一项重要的制度，旨在防止恶意操纵选民。但是，为了往我们自己脸上贴贴金，我们还得对它多加宣传。看都看不见，回报从何谈起？对于苏联官僚而言，真正的好处并不是来自投票本身，而是来自围绕竞选展开的所有活动，如参加集会、讨论议题、在社交媒体上发表观点，还有同我们的亲朋好友观看有关选举的报道等。[41] 正是在这些社交活动中，而不仅仅在投票站里，我们更应该表达自己的政治观点。事实上，投票充其量不过是一种形式而已，为的是在政治之“锦”上“添花”。

我们有必要宣传自己的政治信仰，正因为如此，贴上政治“标签”也变得独具魅力了。政治标签可以显著地展现我们的团体会员身份。相关讨论详见第 15 章。[42] 例如，在现实生活中，我们会在草坪上放置标识或在汽车保险杠上贴上标语，而在社交媒体上，我们在发表言论时会附上极具政治色彩的标签，除此之外，我们也通过更换头像支持“伟大的事业”。我们还热衷于各种脍炙人口的口号，如“黑人的命也是命”或者“枪不杀人，人杀人”。这些口号难免有“过于简单化”之嫌，却屡试不爽，效果极佳。

从某种程度上来说，“贴标签”可以理解为是正义之士之举，目的在于改变他人的想法。但是，正如在前几章中看到的，我们也常常使用标签来彰显自己是某个团体的成员，这些团体通常是非政治性团体，如体育运动队、非主流音乐团体和宗教团体。这表明，除了想在政治舞台上“大干一场”，成就“一番事业”之外，它也有助于我们宣传自己对团体的忠诚度。

要效忠就要有所牺牲

任何人在面对狭隘的一己之私时都是可以做到理智行动的。为了表示忠诚，我们不得不做一些其他不那么忠诚的人不会做的事——如为斯大林同志鼓掌长达 11 分钟。[43]

明白这样一种逻辑，我们就不难理解自己的投票行为了。从投票中获得的个人收益根本比不上彩票，但是苏联官僚并不在乎。事实上，从某种程度上来看，他们做出的牺牲恰恰是激励他们去投票的动机。假如投票纯粹出于个人利益，那么其作为忠诚表现的价值就所剩无几，甚至消失殆尽了。

投票除了可以向特定政治联盟表示忠诚之外（例如，投票给共和党就是对其表示忠诚），整体而言，它还表示对国家的忠诚。投票是公民应尽的义务，这是人尽皆知的，是我们应该要做的事，与之相比，个人得失就显得不是那么重要了。忙得不可开交的一天结束后，还得拖着疲惫的身体去投票，还得跪倒在民主的神坛之前，因此我们获得了加分——爱国之心。我们所做出的这种牺牲一定要让其他人看在眼里，所以我们就不难理解，为什么那么多美国投票站要分发写有“我投票了”的贴纸，为什么美国国旗上也布满这类贴纸了。

我们以政治之名做出的另一个牺牲是限制了自己的社交机会、职业发展机会和恋爱机会。我们越需要同我们的同事、朋友、配偶保持意识形态的一致，我们的选择余地就越小。在这种情况下，拒绝在崇尚保守价值观的企业工作的民主党人实际上给同为自由党派的同僚释放了这样的信息："我十分在意'我方'的政治立场，所以我宁愿放弃能够获得职业发展的机会。"[44] 当然，或许她并没有意识到自己释放了这样的信息，但如果她接受了这份所谓"保守派的"工作，那么她可能会不由得感到难堪，因为这意味着在她内心深处，她知道有人在观察她的一举一动。

凯文坎坷的正义投票之途

在 2000 年美国总统大选期间，还是一个稚气未脱的大学新生的我就亲身体验了这场"理智的"投票过程。我一心想把票投给同我观点最一致的候选人，所以我对自己对于许多议题的看法进行了量化。尔后，我请一位知识比我渊博的朋友也按照这样的方法去评估每一位主要候选人。最后，我们将自己制作的表格整理了一下。根据这个表格，最佳人选是民主党的代表阿尔·戈尔，所以我把票投给了他。

如今，许多读者都可以设计出更好的评估系统。但是，总而言之这也是合理的。可是，在接下来的选举中，我并没有继续完善这种方式，而是在仅仅使用一次之后，就弃之不用了。这是为什么呢？

从心理学的角度来说，这是一种令人非常不满的评估方式。它确实能产生结果。但是，在得出结果之后，我并不开心。而且，撇开心理因素不谈，在这个过程中，我并没有得到多少社会回报。使用这一方法之后，我没有机会和我的朋友就某些议题进行讨论或者辩论，也没有机会宣扬我对某个政党的忠诚。确实，民主党候选人在我的“左倾”朋友里很受欢迎——但我也不会投票给民主党派。我不排斥把票投给小布什，这确实暴露了我缺乏政治忠诚。说得更直白一点儿，就算小布什最终赢得了选举，我也不会感到特别失望。是的，我更支持的候选人落选了，如果没有竞选后援团的鼓舞，我恐怕也难以对此抱有热情。如果说政治选举像一场团体运动，那么进行“理性的”投票仿佛是独自在角落玩着俄罗斯方块。

忠诚需要战略性非理性

正如第 5 章所提到的，忠诚可获得回报的情境是滋生自我欺骗和战略性非理性的土壤。信仰要起到表忠心的作用，我们不能依靠“实事求是”和“听从理性的声音”。相反，我们不得不去相信一些超出常理之外的东西，即其他不那么忠诚的人不太会相信的东西。[45]

这也解释了为什么选民就算不明就里也不会感到压力。只要我们接受“正确的”信仰（我们主要联盟的信仰），我们就会得到名分并被贴上忠诚的标签。我们并不需要对所有事务都很了解，因为真理与我们想表达的东西无关。基于我们的政治信仰，我们主要做的就是宣传我们的信仰和投票，然而，这两者都不会为我们的生活带来任何实质性的好处，而只能产生一定的社会效应。偶尔，我们的政治信仰确实也会指向一些具体行动，当然这种情况极其罕见，但是在这种情况下，我们却乐于忽略相关建议，依旧我行我素，尽管我们所相信的与此恰恰相反。例如，我们可能相信“人人机会均等”，但是与此同时，为了能让我们的孩子上最好的学校，我们却与他人进行激烈竞争。有时候，这种无关痛痒的虚伪行径确实让我们感到困扰，但还不至于使我们夜不能寐。

尽管这样，我们还是得在批判性思维和盲目顺从之间找到一个平衡点。如果我们信奉那些牵强附会的信仰，在别人眼中，我们看起来就有可能显得傻里傻气，那么便会抵消我们通过展现忠诚获得的好处。所以，最优秀的苏联官僚通常是充满智慧且具有怀疑精神的，只要他们不对所在政治团体的神圣教条产生怀疑即可。

我们用政治信仰来表达忠诚，而非采取实际行动，这种现象同样有助于解释，为什么我们的情绪总是和我们的信仰密切相关，为什么政治讨论总是热火朝天，但却不会给我们带来多少启迪。如果我们的信仰并非基于理性和论据，而是基于某些我们不会和朋友讨论的社会因素（例如对不同政治团体的忠诚[46]），那么分歧就不可避免，别人也就会对我们的观点置若罔闻了。因此，我们可能会相互指责，并认为对方是虚伪的，但这并不是我们赢得人心的好方法。

当然，好的论点和论据最终都会占上风，但是在我们和政敌争得面红耳赤时，这种情形就未必会出现。晓之以理是一种社会过程，[47]我们通常要在对手认输前，抓住一切机会，说服那些对此漠不关心的第三方。政治的苍穹最终会倾向真理，但此路途遥远且坎坷。

对妥协的鄙夷

忠诚通常有这么一种表现，那就是不愿意妥协。如果你是只关心结果的脚踏实地的正义之士，那么妥协对你来说就十分具有吸引力，因为妥协通常是进步的最佳途径。但是，如果你和苏联官僚一样，把政治当成作秀，那么你只会在乎自己看起来是否忠诚，而不会那么在乎结果。“我决不会让步。不听组织的就滚蛋。”还有什么能比这句话更能表达你的忠诚呢？

这样的态度绝不允许有中间立场：“你要么支持我们，要么反对我们。”在这样非黑即白的情况下，任何一个提议大家做出妥协的人都可能被指控为不够忠诚。一般来说，任何试图背离先前所形成的共识的举动都有不忠之嫌。我们在选举活动中可以看出，这样的态度是存在的：如果某位政治家为了迎合选区民众的观点而改变自己的立场，那么他就会遭到选民惩罚，[48] 即便这符合候选人需充分“反映人民意志”的民主精神。对此，合理的解释是，一些选民可能感觉遭到了背叛，于是怒火中烧，所以对于政治家所提出的那些新颖的、更受欢迎的观点，他们早已无法感知其魅力。

一维政治

由于议题极为广泛，我们在这些议题上的立场也极为广泛，因此，一个人既支持加强边境管控，同时还赞成降低税收、择校和支持传统婚姻，我们便会觉得匪夷所思。同样匪夷所思的是，反对以上任何一种举措的人其实也就相当于否定了其他措施。我们发现，不仅是公民身上存在这样的问题，政治家身上也存在同样的问题。例如，在投票选举美国国会代表时，有 80% 的选民仅靠左右翼这种一维意识形态来决定自己的选票要投给谁，其他国家的情况也是如此。[49] 为什么政治信仰之间具有如此之高的关联度呢？

然而，有时候，许多知识分子会试着从一个关键的道德维度来解释造成众多政治争论的原因，事实上，在不同的历史时期，不同的社会有着完全不同的主流政治维度。[50] 与其说关键的道德争端导致政治信仰具有唯一性，倒不如说这种低维政治现象是政治联盟斗争的普遍特征。从前政治团体总喜欢拉帮结派，后来就形成了几大政治联盟，各党派成员们主要关注那些能将自己同对方联盟区分开来的观点，以此展示他们的忠诚。（如果仅剩两个政治联盟的话，那么仅需一个政治维度就可以将二者区分开来。）相反，如果一些选民和政治家关注其他立场不那么明显的议题，由于这些议题似乎与主论战不符，所以他们会遭受非议。

在国家政治“重组”期间，这些最大的联盟会分裂组合，从而也释放了某些潜在的紧张感。[51] 例如，在 19 世纪五十年代以前，多数情况下，驱动美国政治发展的是经济因素，如关税、国家银行和公共土地等问题。接下来，在 19 世纪五六十年代，在是否支持奴隶制这一问题上出现了两极分化的情况，最终导致了南北战争。[52] 诸如此类的政治重组使我们明白，主要政党也未必永远坚持固定的原则，政治抱负总是错综复杂、五花八门的，有时甚至相互矛盾——互不相识的同伴因共同利益也能够睡在一张床上，但从某种程度上来说，正是忠诚使他们走到了一起。

极端活跃分子

目前，我们主要关注的是那些只对政治投入一小部分精力的公民。

但是，那些投身于政治活动、为政治事业做出最大牺牲的公民的情况又是怎么样的呢？他们究竟是正义之士，还是苏联官僚呢？

以士兵为例。从某种程度上来说，士兵也是极端活跃分子，因为在敌我争端发生时，他们甘愿冒着生命危险保卫我们的国家。的确，激励他们奋勇向前的是爱国之心，但与此同时，我们都明白，士兵这么做很可能是出于对与其出生入死的战友们的忠诚，而不是与之相隔遥远的组织或国家的忠诚。[53]

同样，恐怖分子，包括最极端的恐怖分子——自杀式恐怖分子，他们之所以这么做，是因为他们想让同胞和自己同仇敌忾，他们是想感动同胞。比如，即便整体来看对其有利，但恐怖组织通常拒绝妥协，而且在其对外公开的目标尚未实现之前，他们也决不会解散。[54]

在许多国家里，最忠诚的极端分子可能是那些认为自己是为了某项“事业”而奋斗的政治“士兵”，但是其对手却将他们视为政治“恐怖分子”，因为他们的行为既害己也害人。所以，不管采取哪种方式，他们的积极行动最终算是一种自我牺牲吗？对此，我们深表怀疑，因为他们存在的理由就是从其身边的伙伴那里得到高度认可。举个例子，有些人之所以积极投身于政治运动，其实是希望自己支持的候选人当选之后，自己可以在新政府中谋得一官半职。

小结

为什么一介草民（又称：自私的灵长类动物）会关心遥远的权力殿堂中发生的一切呢？尤其是政治舞台上发生的一切，如投票呢？其实这一切最终都徒劳无益啊？如果我们和那些待在家里的人或是职场上的人一样，管好自己，关注本地的问题，不是更好吗？

在本章中，我们给出的答案是：我们可以以遥远国度的政治生活为镜，为本地谋福利。和苏联官僚一样，我们的动机不是公民美德，而是为了向政治联盟表忠心。如果政治是作秀的话，那么大部分观众就是我们身边的人——朋友、亲人、同事、老板、教友和我们爱慕的人，还有那些在社交媒体上关注我们的人。

当然，这样的解释并不全面。我们肯定还有其他政治动机，既有心理动机，也有社会动机。有些人的内心充满正义感，所以有时候，即便成为舵手会让他们失去朋友，他们也在所不惜。而我们之中的其他人可能会更在意展现自己聪明的一面，而不是展现自己的忠诚。在有些情况下，不遵守政治规则，甚至还能使我们获得奖励，当然这种情况极少。[55] 但大部分情况下，如果我们站起来，为自己所信奉的政治信仰欢呼，那么这个时候，我们就和苏联官僚没有不同了。

结语

我们的美德常常是被掩饰的恶行。

我们无法直视死亡或是阳光。

——弗朗索瓦·德·拉罗什福科，1678

虽然人类总是大言不惭地公开宣称：我们的所作所为皆出于高尚之目的。但需要注意的是，我们的行为背后仍然隐藏着不少让我们难以直视且不甚高尚的目的。许多睿智的批评家在很早以前就注意到了这个问题。因此在本书中，我们决定直面那些促使我们做出某些行为的隐性动机，包括那些存在于我们的个人生活及最广泛社会制度中的隐性动机。即便如此，我们也只不过涉及了一些皮毛而已。我们在本书中做出的某些解释或许谬误百出，更遑论面面俱到了。毕竟，直面脑中的大象并非易事！当然了，还有很多行为及制度亟待我们探索。

然而，在篇幅所剩无几的时候，我们更应该考虑的是，在面对所有这些解释之时，我们将何去何从？想一想：作为个体及社会群体中一员的我们应该如何运用好“大象意识”，迈向更美好的生活呢？

我和凯文花了大量时间专门思考这个问题，但仍没能得出完整的答案。事实上，不管是从个人层面还是智力层面来讲，我们对自己在书中提出的许多问题仍然困惑不已。人性不仅纷繁复杂，而且触及了道德的灰色区域，正所谓言人人殊，众说纷纭。接下来，我们会简要地梳理一下我们的理论及其内在含义，以期抛砖引玉。如前所述，我们根本就不是最早研究这些问题的人。但是你想想，要是先人得出的答案清晰明了且简单易懂的话，那么我们人类早就将其付诸实践了。

我们从本书第一部分吸取的最大教训就是：我们之所以忽视自己脑中的大象，纯粹因为这是一种策略。人类总爱自欺欺人，因此，哪怕我们的行为明明出于自私的理由，我们在人前人后却摆出一副大公无私的样子。一旦承认自己有隐性动机，那么我们就会成为他人眼中的坏人，并因此失去别人的信任。即便我们只是在自己的潜意识里承认大象的存在，但还是会给我们的大脑带来很沉重的负担——我们会因此而感到难堪，会认为自己是伪善的。这才是真正的负面因素，而且是并非轻而易举就能抛诸脑后的负面因素。

尽管如此，若是我们对于人类的暗黑动机有所了解的话，于我们而言还是颇有助益的。现详述如下。

利用好脑中的大象

提升审时度势能力

第一个好处就是获得认识状况的能力，即对人类社会有一个更完整、更深入的了解。当有人向我们诉说其动机时，我们总是会轻易相信他们。但是要知道，这些人所使用的伎俩和魔术师所使用的把戏一样具有误导性。几乎所有老师、牧师、政客、老板和父母嘴边经常挂着这样一句话："我这么做还不是为了你好？"就连我们的朋友在给出一个自以为对我们有所帮助的意见时也会说出同样的话。我们可以用亲社会理论来对这些行为做出解释，但可能只有部分解释才算得上是真理。但要知道，那些我们无法解释的行为也是极其重要的，因为通过这些行为，我们知道自己接下来要寻找什么。

有些时候，他人的肢体语言可能会令我们感到不适。或许这些肢体语言原本就是刻意为之，尽管对方可能并没有意识到这一点，或立刻否认了这一点。[1] 办公会议看似浪费时间，但实际上这种"浪费"很可能恰恰就是这些会议的用意之所在。例行仪式耗资不菲，但恰恰是因为有了这些仪式，所以团队的凝聚力才得以增强，忧心忡忡的领导也才得以增强领导力。如果不想在此类活动上浪费大量时间的话，我们就必须从根本上解决问题，或者寻找其他一些能起到类似作用的方法。

如果你担心自己囊中羞涩，买不起最好的药品，不妨换个角度思考一下：不要紧，买不起就买不起，无非就是在人们面前，个人形象略微受损而已，与健康与否毫无关联。这样一来你就会释然了。下一次当你觉得自己被广告、布道或是政治运动忽悠的时候，不妨想一想"第三方效应"是如何发挥作用的：有些信息的受众看似是我们的同伴，实际上往往是我们自己。或许我们还是甘愿让这些信息牵着鼻子走，但至少我们还是了解个中缘由了。如果下一次有人在派对上劝你去参观某知名博物馆或是去具有异国风情的旅游胜地游览时，那么你很快便会意识到：虽然从表面上看，这些人是在好心地提建议，但他们的隐性动机可能并非如此。你不应该因为其他人的原因而感觉自己低人一等——至少他们要征得你的同意吧？

正人先正己

没错，理解他人的动机确实对我们有所帮助。但是，如果所有读者在看完本书之后只是得出了这么一种结论，那么我们就会忽视一个更为重要的观点：我们总会误解我们自己的动机。人类在进行自我反省时，总是会忽视我们脑中的一个盲点。如果我们总是在质疑我们的同事和朋友，那么我们一定也不能轻易放过自己。事实上，了解自己的盲点，我们在对他人指手画脚之前才会三思而后行。毕竟，我们的许多想法都被打上了个人利益的烙印，包括我们在猜测他人是否别有用心时也是如此。所以，我们还是先把他人眼中的“刺”搁置在一边，认真审视一下自己眼中的“梁木”吧。

在阅读本书的过程中，如果你觉得别人的行为令人感觉义愤填膺或正义之心油然而生时，我们不妨先排除这种感觉。要知道，那个召集“无用”会议的老板可能就是你本人。当然，作为老板，你肯定不会觉得会议是没有必要的。那么那个自以为是、好为人师的朋友呢？那个人也是你啊。诗人罗伯特·彭斯在其诗歌《致虱子》中便强调了这种自知之明：“啊，但愿上天给我们一种本领，让我们能像别人那样把自己看清!”

下一次你和同事发生不愉快的事或是和朋友争吵时，不妨先想一想，其实双方多少都有点儿自欺欺人。如果你们各自觉得某件事绝对“正确”或绝对“真实”的话，那么我们就会怀疑，那可能恰好符合你的个人利益。别的不说，我们不妨退一步，反思一下，你的大脑是否会为了你的利益，心甘情愿地歪曲一些事实呢？几乎每一种矛盾都会有共同点，只不过你得费一番工夫才能将其从一大堆胡言乱语之中挖掘出来。

脑中的大象给我们上的最重要的一课就是做人要虚怀若谷，要谦逊处世。人人皆是自欺欺人者，你我他概莫能外，因此与人相处，贵在慎重，小小心思当断则断。只要我们抛下自负便会发现，其实每一个故事都会有不同的说法。

拒绝直接责问

在引用“隐性动机”的相关解释时，最好的办法不是使用第二人称，而是使用第一和第三人称，而且最好是用复数。[2] 换言之，我们应该避免指责某个具体的人，或者指责坐在我们对面的人怀有自私的动机。因为这样的指责听起来不仅无礼，而且根本站不住脚。人是复杂的，我们永远猜不透一个人心里究竟在想什么或者他经历过什么。必须承认，自私的动机无处不在。但我们并没有因此否认高尚动机的存在。这两种动机不仅可以而且确实会在同一个人身上共存。

我们在本书中做了一些解释。总的来说，当我们把这类解释看作是对人类行为总体模式的远端解释，并对整个族群进行分析时，结论非常令人信服。而当我们把这些解释作为某一具体行为的近端心理原因，并对个体进行分析时，同样的解释却显得空洞且不具说服力。

炫耀

尽管并非每个人身上都有这样一种气质，但是，一个人若能就人类共同的动机坦诚发言，那么也可以说他独具魅力。这类人勇于承认那些会令人感到不安的事实，并且能够冷静地对其进行讨论。在这些人身上，我们可以同时看到诚实、智慧以及勇气。有些人既不吹嘘，也不胡乱指责，更不会怨天尤人，只是不动声色、游刃有余地处理好这一切。这种人尤其令人佩服。

并非所有社群都同样看重此种特质。要知道，其实很多社群都倾向于遵循那些正统观点，而不是公正地追寻事情的真相。尽管如此，有些读者可能还是发现了，自己由于承认了人类隐性动机的存在而获得了奖赏。

选择高尚

直面隐性动机的另一个好处是，如果我们愿意的话，我们可以逐步采取措施去缓和或抵消这些动机。比方说，如果我们发现自己做慈善是为了塑造正面形象，而把钱捐给不一定能够帮助其他人的机构，我们就可以当机立断，马上改变现在这种已为人知的目的。

当然，无论在什么时候，我们都应当明白，自我提升的空间是很有限的,不要想着一步登天。有些人可能希望自己一鼓作气,彻底摆脱虚伪,还发誓要按最崇高的标准行事。但要知道，这往往会适得其反。如果你这样做了，很有可能发生的情况就是：你脑海里的“新闻发言人”会在没有其他心理干预的情况下向你发布“零虚伪”指令。而自我提升的最好办法就是选择从一个领域慢慢开始，比如说慈善领域。然后试着以一种你能够坚持下来的方式调整你心里各式各样的动机。一旦在第一个领域稳定下来了，我们便可以好好打磨、去芜存菁，然后再慢慢转移到其他领域。

另一个可行的策略就是，把我们自己放在某种情境之中，在这样一种情境下，我们的隐性动机便能够更好地和我们的理想动机结合。举个例子来说，当我们想要表达一些真诚且准确的信念时，我们就可能会习惯性地相信这些信念。从慈善的角度来看，为了让我们身边的人更多地以我们的慈善行为所带来的影响而非其表面现象来对我们进行评判，我们可能会选择参加一些有效的利他主义运动。动机就像是风：我们可以选择与其并行，也可以选择逆风而行。但如果我们能够想办法顺风而行，岂不美哉？

但是，请注意，他人所关注的可能根本不是我们的动机，而是我们的行为所带来的后果。是的，我们之所以想努力成为伟大的科学家或外科医生，是为了个人的荣耀，而非为了普天之下芸芸众生的利益。但是，如果自私动机是培养一个伟大的科学家或外科医生所要付出的代价，那么我想，对此，全世界都不会有异议。

凯文的“动机整合”

在我的职业生涯中，我一直都比较幸运，因为两种情况我都经历过：既有过顺风而行的经历，也有过逆风而行的经历。

以前做工程经理的时候，我发现我的自私动机和亲社会动机之间几乎没有产生过什么冲突。曾经，我也忍不住想把个人利益凌驾于团队的最佳利益之上，但这样的情形真可谓屈指可数。当然了，这并不是说我是一个圣人，这一切都得益于我们的企业文化。我们的企业文化十分健全，在我做对事的时候，公司总会给予我相应的奖励。我承认，我现在所说的话可能有些自欺欺人，而且我也记不清有多少回，我的动机产生了异化。但总的来说，我一直在顺风而行，一直备受鼓舞且非常满足。

然而，在写作这本书的过程中，我遭遇了一种截然不同的境遇。正如我们在第 9 章中所提到的，这本书可不只是一个“面子工程”，我还是希望这本书能对人们有所启发。当然，有些读者或许还能从中发现某些价值，但是或许其价值还不至于高到足以抵消你们因未能从事其他项目所付出的机会成本。所以到了后来，我发现自己其实是不愿意在其他人面前谈论这本书的，就算是在朋友和家人面前也是如此。我的自私动机和亲社会动机之间的矛盾也时常让我感到头疼。

理性利己主义

有些读者将脑中的大象看作是为了提升自己的行为举止而需要挑战的对象，还有一些读者可能会因此感到绝望。如果自私是人类的天性的话，那么我们为何还要因为它而过分自责呢？为什么还要为了更远大的理想而奋斗呢？

正如经济学家罗伯特·弗兰克所言：有证据表明，人类在经济方面的标准和行为是会因此退化的。一项研究显示，在上完一节以“利己主义——一种人类行为模型”为主题的经济课后，大学生们表示可以更坦然地接受不诚信的行为了。（其影响比上天文课对学生的影响大多了。同样，哪怕是上同一门经济课，如果授课教师不专门强调利己主义，其对学生的影响也更小。[3]）一般来说，“愤世嫉俗”者，即经常认为他人动机不纯的人，一般很少与人合作[4]。我们请大家关注脑中的大象并将其描述为“正常的”“自然的”本能，是否就意味着我们是在破坏这个世界呢？

或许是的。我们不得不承认，教授给学生有关脑中的大象的知识可能会直接导致他们出现自私的行为。但是，如果一个社群严肃对待本书的观点的话，那么这种影响就不会是唯一的影响。他们可能不太能接受他人所表现出来的亲社会动机，因为这在他们看来相当肤浅，但是他们会学着去实施一些更好的规范，以抵制自私行为。这是一个错综复杂的过程，已经超越了本书最后一章讨论的范围。

不管怎样，我们都应当小心一点，不要掉进“自然主义谬误”的陷阱里——误以为自然的就是好的，比如人类可以有一点儿自私之心。所以在这里，我们需要跟大家说清楚：我们写这本书并不是为了给人类的恶行找借口。我们可以承认自私的动机，但不可以认可或美化自私的动机；我们不应该颠倒是非，变恶行为美德。

然而，如果我们就此得出结论：要立德于世就应该以某种方式“超越”生理冲动，那就错了。人类本质上就是一种生灵，我们无法超越物理定律，同样也无法超越生理定律。所以，如果我们将美德定义为某种非生物原因的东西的话，那么我们实际上就设立了一种完全不现实的标准。如果我们想要提升自我的话，那么一定是通过生理承袭的某种方式。

以此类推，我们不能忽视动因——比方说，告诫他人要“立德于世”就得放弃一己之私。我们越是借美德之名要求人们做出更多牺牲、经历更多苦难，我们得到的奖赏也就越少。从极端的角度来看就是：在人类社会中，“坏人”要比“好人”过得好。

那么，这会将我们置于何种境地呢？通过什么样的途径才能提升我们的集体福利呢？

现在让我们看一看“理性利己主义”这一理念吧。这个理念是说，善待他人就是善待自己。这一理念先由亚历西斯·德·托克维尔阐述，再由亚当·斯密推而广之，最后由本杰明·富兰克林将其付诸实践。[5]在生物文献中，该理论又称“间接互惠”或是“竞争性利他主义”理论。[6]还记得我们在第1章里提到的阿拉伯鸫鹛吗？每一只阿拉伯鸫鹛为了保证整个族群有充足的食物并保护族群可谓殚精竭虑，尾羽散尽也在所不惜。这并不是因为它们心地善良，而是因为它们在乎自己的私利。我们人类也是如此。

有鉴于此，我们绝对需要理想——不仅仅将其作为需要为之奋斗的个人目标，还要将其作为评价他人以及接受他人评价的标准。承诺遵规守矩以及将我们的名声和这样一种承诺紧紧捆绑在一起，这是有其实际价值的，因为这在很大程度上可以增强我们作为盟友的吸引力。当然，这并不能保证我们就此遵规守矩。就算做出了这样的承诺，我们仍可能偷工减料，或者在他人不注意的时候瞒天过海。然而，执行标准总比拒绝执行标准好，标准确实能激励我们走向高尚。

当然，如果我们将自己的崇高理想公之于众，但最后却没有实现这个崇高理想，那么我们可能就会成为他人眼中的伪善者。但要是我们连理想都没有，那情况可能就更糟了。拉罗什福科曾写道：伪善是恶行对美德的献礼。也就是说，成为伪善者费心费力，而恰恰因为费心费力，它也成了抑制恶行的关键因素。[7]

设计制度

然而，除了可以改变我们个人的生活之外，获得一定社会地位后，我们还可以影响政策或协助改革制度。这就是我们对大象的理解真正开始奏效的时候。或许大多数局外人无须了解其潜在的动机，但是政策制定者是必须了解的。

对于那些不考虑隐性动机就试图设计制度的人来说，他们都面临着一个普遍难题。首先，考虑到该制度必须突破种种局限，他们要确认该制度“应当”实现的关键目标。接着他们就需要寻找与这些目标最为匹配的设计方案。可以说，这个任务本身就已经颇具挑战性了。但即便挑战者表面上取得了成功，要是其他人兴趣索然，不愿采纳他们的解决方案的话，他们经常也会感到困惑和失落。而通常这是因为他们误把别人口中所说的动机当成了真正的动机。因此，解决错了问题。

因此，审慎的制度设计者既要认识到人们只是随口说说的表面目标，也要认识到人们正在努力实现的深层次目标。接下来，设计者们就可以开始寻找一些既可能实现表面目标，也可能真正实现深层次目标的方案——或者，至少表面看来如此。如我们所料，这个设计的问题难度要大得多。但是，如果我们能学着好好地处理这个问题的话，那么我们的解决方案就有望摆脱无人问津、令人困惑的命运了。

在改革既有制度时，我们也应该采取同样的方法。不妨先问问自己：“这项制度的隐藏功能是什么？这些功能重要吗？”拿教育来说，我们希望学校重教学、轻考试。但要知道，适当的考试于经济而言至关重要，因为雇主需要选聘员工。因此，如果我们大幅削弱学校的考试功能的话，莫名其妙的阻力可能会让我们防不胜防——因为阻挠者或许并不会告诉我们他们真实的动机。只有了解了阻力来自何方，我们才有克服阻力的一线希望。

然而，并非所有潜在的制度功能都值得作为促进性因素来考虑，有些功能涉及浪费的炫耀性消费。如果这些制度仅仅发挥其官方的、众所周知的功能，或许对我们而言更好。拿医疗来说，我们总是喜欢以医疗费用的高低来衡量我们对健康的关注程度或者别人对我们健康的关注程度，但是这种关注带来的积极的外部效应是极小的。这种关爱功能从很大程度上来说极具竞争性，而且往往以零和结局收场。所以，令我们意想不到的是，对无关的医疗支出征税，或者至少拒绝为其提供补贴，我们的集体福祉反倒会有所提升。当然了，可别指望有政客真的会开始推动征收医疗税或降低医疗费，因为无论是对于立法者还是外行来说，医疗之所以独具魅力，得益于其所彰显的健康关爱。大型制度改革步履维艰，归根结底还是因为这几种隐性动机以及传统的既得利益。

因此，无论何种形式的改革，其中都难免夹杂着“胆大妄为”的因素。但是，如果精确盘点制度的显性和隐性目的，我们就有望规避一些常见错误。弗里德里希·哈耶克曾写道：“经济学的特别使命在于向人们证明，人们对于自己所想象出来的制度其实知之甚少。”[8] 从这种意义上来说，我们的改革方法其实完全符合经济传统。

在制度改革中，我们可以先坦然承认人们的炫耀性需求，然后引导他们不要把精力放在浪费性的活动上，而要将其放在更为有利和积极的外部效应上。如果知识是学生用来炫耀的资本，那么我们会更愿意教授他们像如何理财这样有用的课程，而不是像拉丁语这样不具实用性的课程。如果学者因对某一领域非常熟悉而将其当作炫耀的资本，那么比起诗歌、历史这些领域，工程学这一实用领域会更合适一些。要知道，在学术领域里，将学术创新作为炫耀资本的学者要比那些将熟练掌握某项学术传统作为炫耀资本的学者更具价值。

视角

现在让我们把目光从实用的角度转换到美学的角度来看一看。许多读者可能会想，怎样才能坦然接受对人类看似愤世嫉俗的描述呢？简而言之，答案就是“视角”。我们先退一步，将所有这些观点都放在特定的情境里审视一番。

首先，人类指的就是我们自己。在相当长的一段时间里，这一身份并不会发生变化，所以，首先，我们应该认清自己。哪怕我们的许多动机都是出于自私的理由，也不能因此就说明我们毫无可爱之处了。事实上，对于许多审视者而言，一个生灵恰恰是因为有缺点才更惹人喜欢。人类善于自欺欺人，并因此构建了错综复杂的制度去掩饰我们的隐性动机——这使得我们要比“经济人”那类刻板的形象有趣得多。世界文学名著对人性的挖掘是颇有深度的，塑造了诸如莫里亚蒂、考尔菲尔德、亚哈、包法利以及尼科夫等人物形象。要知道，引人注意的往往不是那些拥有耿直性格的人，这或许是因为，在我们看来，这种性格所体现的并非是一个人完整的人格。

没错，从根本上来讲，我们的动机都是自私的。即便如此，暴力犯罪分子和那些出于“一己之利”而把不计其数的钱用在健康医疗领域或把钱捐给效率低下的慈善机构的人之间还是存在本质区别的。就拿慈善家来说吧，慈善家的动机可能是自私的，但他的行为可不是自私的。要是把这两种衡量美德的方法混为一谈，那我们就愚蠢极了。

进化使人类变得越来越自私。无论此前我们对此持何种观点，都有一个事实是我们无法否认的，那就是人类竟能相处得如此融洽，我们在这本书里所提及的观点也无法否认这一点。人类有一种美好而怪异的行为：社会生活中的激励机制从严格的意义上来讲是不会奖赏残忍的行为的。专横跋扈的领导者经常会受到惩罚；肆无忌惮地撒谎、欺骗他人的人通常会被抓个现行并受到相应的惩罚；喜欢占小便宜的人也常常遭到解雇。当然了，还有一些人会因他们为他人所提供的服务而受到奖赏，他们会收获友谊、较高的社会地位或者更高的声誉。人类头颅硕大、毛发稀少，但仅凭这两点似乎还不足以让人类成为一个神秘的物种。很久以前，我们的基因就决定了：在无情的生存和繁衍竞争之中，最佳的策略莫过于开发伦理大脑。

当然了，人类也称不上完美的合作对象。有人希望我们是完美的合作对象吗？但是对于进化类生物而言，我们已经出奇地擅长与他人合作了。我们的慈善机构、学校以及医院可能永远都谈不上完美，但是黑猩猩、海豚或是活蹦乱跳的大象绝无可能和我们一决高下。

1962 年，美国总统约翰·肯尼迪在《我们决定登月》这篇演讲中为美国参与太空军事竞争的野心找到了一种恰到好处的亲社会动机，他当众说道："我们开启新的航程，是为了获取新的知识，为了赢得新的权利。我们一定要赢得这些权利，并使之服务于全人类的进步事业。"当然了，在场的每个人对他的言下之意都是心知肚明的，那就是："我们必须打败苏联人！"

最后，我想说的是，其实人类的动机并没有那么重要，更重要的是我们利用这些动机实现了什么目标。人类可能是一种竞争性的社会动物，自私自利，还喜欢自我欺骗。然而，为了登上那该死的月球，我们还是会选择相互合作。

注释

引言

1. Wikiquote, "Karl Popper," last modified March 15, 2017, https://en.wikiquote.org/wiki/Karl_Popper.
2. Emerson 2012.
3. La Rochefoucauld 1982, 89.
4. Cf. Robert Wright's remark that "All told, the Darwinian notion of the unconscious is more radical than the Freudian one. The sources of self-deception are more numerous, diverse, and deeply rooted, and the line between conscious and unconscious is less clear" (2010, 324).
5. Trivers 2011.
6. For a related point, see Heaney and Rojas 2015, 8.
7. Here's another example: When a police chief vehemently denies that race plays any role in street-level police work, in contradiction to the statistics gathered by his or her department (Glass 2015), those of us who understand the psychology of bias roll our eyes. It's not only *possible* for police to harbor unconscious racial biases, but it's been shown that the vast majority of us (both police and civilians) *do*, in fact, harbor such biases (Greenwald, McGhee, and Schwartz 1998). Calling people out on racial, gender, or class biases, however, is relatively easy, because there are political points to be scored by doing so.
8. Trivers 2011.
9. The Wachowskis 1999.

1 动物行为

1. Dunbar 2010.
2. Social grooming isn't confined to primates. It's a fixture of social life for many species, including cats, dogs, lions, horses, bats, and macaws.
3. Dunbar and Sharman 1984; Dunbar 1991, 2010.

4. Lehmann, Korstjens, and Dunbar 2007.
5. Dunbar 2010.
6. Ibid.
7. Dunbar 1991.
8. Ibid.; Goosen 1981.
9. Dunbar 2010.
10. Seyfarth 1977.
11. De Waal 1997.
12. Ventura et al. 2006.
13. Schino 2007; Dunbar 1980; Seyfarth and Cheney 1984.
14. Dunbar 1991.
15. This is similar to how animals are programmed to engage in sex, but aren't necessarily programmed to understand how it leads to conception and childbirth.
16. This and subsequent information about the Arabian babbler is taken from Zahavi and Zahavi (1999).
17. Notably, mating, unlike feeding, is *not* an activity that the males compete to give lower-ranked others more opportunities to do. Here the logic of evolution is laid bare.
18. Krebs and Dawkins 1984.
19. This kind of appeal was made perhaps most famously by Konrad Lorenz (2002). It was mostly put to rest by the gene-centered theory of evolution, pioneered by Ronald Fisher in the 1930s and popularized by Richard Dawkins in his 1976 book *The Selfish Gene*.

2 竞争天性

1. *Wikipedia*, s.v. "*Sequoia sempervirens*," last modified February 18, 2017, https://en.wikipedia.org/wiki/Sequoia_sempervirens. Actually, redwoods have adaptations that allow them to absorb moisture directly from fog, through their needles, so they don't have to transport all of it from the ground. But still, they get most of their water from their roots.
2. Angier 2008.
3. Dunbar 2002, 2003.
4. Ridley 1993.
5. Pinker and Bloom 1990.
6. Trivers 2011.

7. Social competition may be a necessary factor, but it's far from sufficient, especially given that other species exhibit plenty of social competition and yet haven't evolved the same intelligence we have. For more on some of the unique conditions our ancestors faced, see Box 3 in Chapter 3.
8. For good popular overviews, see Geoffrey Miller's *The Mating Mind* (2000) or Matt Ridley's *The Red Queen* (1993).
9. There may still be differences, however, like a male preference for female youth. See Ridley 1993, 272–95.
10. Ibid., 341.
11. Technically, a peacock's tail is called a "train."
12. Henrich and Gil-White 2001.
13. Cheng et al. 2013.
14. *Wikipedia*, s.v. "Great Purge," last modified February 22, 2017, https://en.wikipedia.org/wiki/Great_Purge.
15. Truth be told, what we call "prestige" is often dominance in disguise. We like to *appear* to have and associate with prestige, but to actually have and associate with dominance.
16. Economists call these side effects "externalities."
17. Actually, in ancient Greek, "political" refers to the *polis* or city. Thus humans, for Aristotle, were more precisely "animals of the city." Nevertheless, the word "political" has evolved over the years, such that we now use it to describe behavioral patterns that don't necessarily take place in the *polis*.
18. De Waal 1982. Fun fact—in 1994, the (human) politician Newt Gingrich, then the U.S. Speaker of the House, made *Chimpanzee Politics* required reading for first-year members of Congress.
19. De Waal 2005, 45.
20. Connor, Heithaus, and Barre (1999) on dolphins; Wittemyer, Douglas-Hamilton, and Getz (2005) on elephants.
21. Dessalles 2007, 356.
22. Bucholz 2006.
23. For readers more familiar with modern guides to getting ahead, a similar contrast exists between Robert Greene's *48 Laws of Power* (1998) and Dale Carnegie's *How to Win Friends and Influence People* (1936).
24. Cf. Ayn Rand's statement, "Judge, and be prepared to be judged" (Rand and Branden 1964, 71).

25. Some biologists use a more precise definition of a signal, namely, any trait or behavior that evolved in order to modify the behavior of the receiver in ways that benefit the sender. For more on this, see Box 8 in Chapter 7.
26. "Expense," here, is a broad notion, which may include material resources, energy, time, attention, physical risk, or social risk—or anything else correlated to an organism's reproductive success. See Miller 2009, 115.
27. Számadó 1999; Lachmann, Szamado, and Bergstrom 2001; Pentland and Heibeck 2010, 17.
28. Zahavi 1975.
29. Or as the 18th-century American preacher Jonathan Edwards put it: "Godliness is more easily feigned in words than in actions" (1821, 374).
30. As the philosopher Arthur Schopenhauer wrote about sexual love: "It is the ultimate goal of almost all human effort. . . . It knows how to slip its love-notes and ringlets even into ministerial portfolios and philosophical manuscripts" (1966, 533).

3 规范

1. Thanks to Mills Baker for this example.
2. Hobbes 2013, ch. 17.
3. Mostly drawn from Youngberg and Hanson 2010, as well as Boehm 1999, and Brown 1991.
4. Trivers 1971.
5. According to Flack, Jeannotte, and de Waal (2004), chimps are capable of a very limited form of proto-norm enforcement, which they use primarily to curtail violence. When two chimps are fighting or fixing to fight, it's not uncommon for a third chimp to intervene to try to make peace. This behavior has been found in other primate species as well.
6. Bingham 2000.
7. Boehm 1999.
8. Ibid.
9. Bingham 2000.
10. Brown 1991.
11. Ibid.
12. Axelrod 1986.

4 逾矩

1. ☺
2. Geehr 2012.
3. Actually these adaptations aren't necessarily evolved, i.e., innate. They might be *learned* by individual brains as they navigate the world and interact with other humans. But there's evidence that at least some of them are innate (or the result of innate predispositions).
4. Cosmides and Tooby 1992.
5. von Grünau and Anston 1995.
6. See studies referenced in Bateson et al. (2013). For cartoon eyes experiments, see Haley and Fessler (2005). Some studies have shown that fake eye cues promote generosity, but two recent meta-analyses (Northover et al. 2017) suggest otherwise, casting some doubt on all eye-cue effects.
7. Zhong, Bohns, and Gino 2010.
8. Shariff and Norenzayan 2007.
9. Elias 2000.
10. The word "knowledge" carries a lot of philosophical baggage, e.g., the issue of how to distinguish (true) knowledge from (mere) belief. But none of that baggage need carry over to the phrase "common knowledge." Here, when we use the word "knowledge," we mean belief or awareness, where the degree of certainty is left ambiguous.
11. Chwe 2001.
12. One way to measure the openness of a secret is by the size of the largest group in which it's common knowledge.
13. Kaufman 2014.
14. Lin and Brannigan 2006; see also Zader 2016.
15. This is a slightly simplified story. Pollard (2007), for example, argues that England had other incentives to break from Rome.
16. *Wikipedia*, s.v. "Greenwashing," last modified February 22, 2017, https://en.wikipedia.org/wiki/Greenwashing.
17. Chwe 2001.
18. Mattiello 2005.
19. This may or may not be a norm violation in a given society, but it typically requires at least a modicum of discretion. At the very least, for example, it's considered rude to kiss and tell.

20. Flanagan 2012.

5 自欺

1. Wickler 2007.
2. Goodenough 1991.
3. Trivers 2011.
4. As we'll see, words like "really" and "actually" are problematic when trying to describe our mental states, but we'll let it slide for now.
5. Starek and Keating 1991.
6. You might think we'd be biased in the conservative direction—imagining we're less healthy, in order to take extra precautions. Certainly some people are (e.g., hypochondriacs), but the majority of us are biased in the risky direction. We overestimate how healthy we are.
7. Croyle et al. 2006.
8. Brock and Balloun 1967.
9. Van der Velde, van der Pligt, and Hooykaas 1994.
10. Dawson, Savitsky, and Dunning 2006.
11. Alicke and Govorun 2005.
12. Freud 1992; Baumeister, Dale, and Sommer 1998.
13. Fenichel 1995; Baumeister et al. 1998.
14. Sackeim 2008.
15. Or reinforcement learning.
16. Judith Rich Harris (2006) describes self-esteem as a "sociometer," a kind of thermostat for our social worth. As such, we want to enhance our self-esteem, but only if it correlates with actual social value (as perceived by others). Kurzban (2012) makes a similar point: "Self-esteem just isn't the sort of thing the mind should be designed to bring about (i.e., 'be motivated' to do). The mind's systems might evolve to bring about fitness-relevant states of affairs, such as satiety, popularity, and sex, but not 'self-esteem.'"
17. To be pedantic, it's called the "Nobel Memorial Prize in Economic Sciences," and Schelling shared it with Robert Aumann in 2005.
18. Chicken is a mixed-motive game because even though only one player can win the game, both players have a shared interest in staying alive.
19. Schelling 1980, 43.
20. Kurzban 2012.
21. Trivers 2011.

22. Often attributed to Twain, but probably apocryphal. See O'Conner and Kellerman 2013.
23. Tibbetts and Dale 2004.
24. Kuran 1995, 38.
25. Trivers 2011.
26. Cf. George Orwell: "He wears a mask, and his face grows to fit it" (Orwell 1950, 6).
27. Kuran 1995, 7.
28. Of course, they lie a fair amount, too—but don't we all?
29. Lahaye 2014.
30. Haldeman and DiMona 1978.
31. Adapted from *Wikibooks*, s.v. "Chinese Stories/Calling a Deer a Horse," last modified February 28, 2015, https://en.wikibooks.org/wiki/Chinese_Stories/Calling_a_deer_a_horse.
32. Kurzban 2012, 98.
33. Isaacson 2011, 118.
34. Kurzban 2012.
35. Haidt 2006.
36. McGilchrist 2012.
37. Kenrick and Griskevicius 2013, ch. 2. See also Kenrick 2011.
38. Cosmides and Tooby 1992.
39. Minsky 1988.
40. Weiskrantz 1986: blindsight. See also Dehaene et al. (2006) for a discussion of how different parts of the brain can be aware of information without it becoming fully conscious.
41. Perry 2014.
42. Kenrick and Griskevicius 2013, 144.
43. Closely related to modularity is the notion of *context-dependence*. Information can be readily available to our brains in one context, but almost impossible to retrieve in another. We've all had the experience of leaving a stressful situation only to discover that we're ravenously hungry. It's not that our bodies and brains were perfectly satiated beforehand. They "knew" about the hunger, but it simply wasn't enough of a priority to promote to our full conscious attention, which was too busy focusing on more urgent matters.
44. Cf. George Orwell's memorable description of "crimestop" in *1984*: "CRIMESTOP means the faculty of stopping short, as though by instinct, at the threshold of any dangerous thought. It includes the power of not

grasping analogies, of failing to perceive logical errors, of misunderstanding the simplest arguments . . . , and of being bored or repelled by any train of thought which is capable of leading in a heretical direction. CRIMESTOP, in short, means protective stupidity" (Orwell 1983, ch. 9).

6 脑中的大象

1. Hume 1739/1978.
2. Attributed to J. P. Morgan, but probably not original to him. See O'Toole 2014.
3. Gazzaniga and Reuter-Lorenz 2010.
4. Gazzaniga 1998.
5. McGilchrist 2009, 98–99
6. Gazzaniga and LeDoux 2013, 149.
7. Also known as "anosognosia."
8. Ramachandran, Blakeslee, and Sacks 1998, 110.
9. Gazzaniga and Reuter-Lorenz 2010, 34–35; Gazzaniga 1989. "I have called this area of the left hemisphere the interpreter because it seeks explanations for internal and external events and expands on the actual facts we experience to make sense of, or *interpret*, the events of our life" (italics in the original; Gazzaniga 2000).
10. Haidt 2012, 91–92.
11. Blakeslee 2004, 37.
12. Dennett 1991, 227–29.
13. Nisbett and Wilson 1977.
14. T. D. Wilson 2002.
15. This analogy is courtesy of Darcey Riley.
16. Packard 1957, 39–40.
17. Plassmann et al. 2008: wine. Nisbett and Wilson 1977: pantyhose.
18. In some cases it may actually be our *perceptions*, rather than our verbal judgments, that are affected by the experimental subterfuge. In other words, the strategic information distortion happens earlier, and the Press Secretary doesn't have to rationalize anything. See Plassmann et al. 2008; and cf. Trivers's remark that self-deception takes place at "every single stage" of information processing.
19. Johansson et al. 2005; see also Hall et al. (2010) for choice blindness when tasting jam and smelling tea.
20. Nisbett and Wilson 1977.
21. One might see our human capacity to give counterfeit reasons in order to

deceive others as a perversion of our basically solid ability to reason privately, i.e., to decide what to believe by collecting reasons for and against such beliefs. But in fact, it has been plausibly argued that our uniquely human tendency to collect reasons is primarily designed for social effect. That is, humans developed an ability to collect reasons mainly for the purpose of persuading others to support predetermined conclusions. This can help explain common human tendencies toward overconfidence, confirmation bias, relying more on reasons for public (vs. private) decisions, and occasionally preferring worse outcomes when it's easier to find supporting reasons (e.g., the sunk cost fallacy). See Mercier and Sperber 2011.

7 肢体语言

1. See, e.g., Borg: "93 percent of our message is conveyed by the language of the body (including voice)" (2009, 18). The "over 90 percent" myth comes from two papers by Albert Mehrabian (Mehrabian and Wiener 1967; Mehrabian and Ferris 1967), which are perfectly reasonable experiments whose conclusions were stretched (by others) far beyond their proper context.
2. Navarro 2008, 2–4.
3. Spence 1987; see also Mlodinow: "One of the major factors in social success, even at an early age, is a child's sense of nonverbal cues" (2013, 124).
4. Pentland and Heibeck 2010, ch. 1; Mlodinow 2013, 109–10.
5. Mlodinow 2013, 109–10.
6. Darwin 2012, ch. 14.
7. Trivers 2011, 55–56; see also Kahneman 2011, ch. 1.
8. Pentland and Heibeck 2010, 30.
9. Bradbury and Vehrencamp 1998.
10. Dall et al. 2005.
11. Bradbury and Vehrencamp 1998.
12. For more on pacifying behaviors, see Navarro 2008, 35–50.
13. As quoted in Wallace, Carey. "How to Talk to Kids about Art." Time, March 11, 2015. http://time.com/3740746/how-to-talk-to-kids-about-art/.
14. With the exception of deliberate gestures, which areoften arbitrary and culturally specific. The thumbs-up gesture, for example, signifies approval in most English-speaking countries, but is a profound insult in other countries like Iran, West Africa, and Sardinia—more like our middle-finger gesture (Axtell 1997, 108). Other gestures include winking, nodding, pointing, and

saying *shhh* with a finger to the lips.

15. Navarro 2008, 63–65.
16. Ekman and Friesen 1971.
17. No doubt there are minor exceptions to these examples of body language, as when we close our eyes to pay better attention to music or speech. But the general principles should be clear enough.
18. Zahavi 1975.
19. Számadó 1999; Lachmann, Szamado, and Bergstrom 2001; Pentland and Heibeck 2010, 17.
20. Eibl-Eibesfeldt 2009, 246; Brown 1991.
21. On the covert nature of flirting, see Gersick and Kurzban 2014.
22. Eibl-Eibesfeldt 2009, 239–43.
23. Ibid., 240–41.
24. Hall 1966, 113–29. Hall distinguishes four distances: public distance, social distance, personal distance, and intimate distance. The exact distances depend on both culture and context, of course. But whatever the rules for what's appropriate between strangers, soon-to-be-lovers must somehow violate them.
25. Eibl-Eibesfeldt 2009, 243. Rhythmic dancing is also used as a fitness display for mate choice; see, e.g., Hugill, Fink, and Neave 2010.
26. Eibl-Eibesfeldt 2009, 239.
27. Brown 1991.
28. Buss 2002.
29. Fine, Stitt, and Finch 1984.
30. Humans may also use pheromones for non-sexual purposes, e.g., after shaking hands (Frumin et al. 2015).
31. Wedekind et al. 1995.
32. Savic, Berglund, and Lindström 2005.
33. Zhou et al. 2014.
34. For a discussion of literal grooming behavior in humans, see Nelson and Geher 2007.
35. Dunbar 2010.
36. Ibid., citing Sugawara 1984.
37. Navarro 2008, 93.
38. Eibl-Eibesfeldt 2009, 452–55.
39. Lakoff and Johnson 1980.
40. *Online Etymology Dictionary*, s.v. "confrontation," www.etymonline.com/.

41. Johnstone, Keith. 2015. Impro: Improvisation and the Theater. New York: Routledge.
42. *Wikipedia*, s.v. "Hand-kissing," last modified, February 10, 2017, https://en.wikipedia.org/wiki/Hand-kissing.
43. Sometimes we say that a person "has" high status or "is" high in status, as though status were an objective attribute or quantity. But a better approach is to treat status as contextual. You can be the high-status person in one room, but walk down the hall find yourself the low person on the totem pole. This is just something to keep in mind as we talk about "high-status individuals" or "low-status individuals." It's all relative.
44. Jordania 2014.
45. Giles, Coupland, and Coupland 1991, 33.
46. Johnstone 1985, 59; Ardrey 1966, 48; Pentland and Heibeck 2010, 6–7.
47. Gregory and Webster 1996; see also Pentland and Heibeck (2010) for a similar result in the context of salary negotiations.
48. Gregory and Gallagher 2002.
49. Henrich and Gil-White 2001.
50. Ibid.
51. Ibid.; Mazur et al. 1980; Harris 2006, 178.
52. Henrich and Gil-White 2001.
53. Dovidio and Ellyson 1982; Exline, Ellyson, and Long 1975; Ellyson et al. 1980.
54. Mlodinow 2013, 122.
55. Exline et al. 1975.
56. Exline et al. 1980.
57. Dovidio et al. 1988.
58. Sexual jealousy, coalition politics, and status competition are potentially very destructive to groups who don't attempt to regulate them.
59. Knapp 1972, 91–92.
60. No doubt there are other reasons as well. We tend to neglect social skills in formal curricula, even apart from body language. Moreover, teaching nonverbal communication to our children also opens the door to deception. Once you understand the basic principles, you can use body language to mislead others about your intentions, e.g., by maintaining an open posture even around your bitter enemies.

8 笑

1. The word "laugh" actually derives from Old English *hliehhan*, which (like "ha ha ha") is an onomatopoeic rendering of the sound of laughter.
2. From Kozintsev: "While it has been traditionally believed that laughter normally appears at the age of one to four months (about a month later than smiling), recent observations demonstrate that certain infants laugh already at the age of seventeen to twenty-six days (Kawakami et al., 2006)" (2011, 98).
3. Black 1984; Provine 2000, 64.
4. Two other involuntary social behaviors are *blushing*, which Darwin called "the most peculiar . . . of all expressions" (2012, ch. 13), and *weeping*. For a great overview of weeping and tears, see Vingerhoets (2013).
5. Of course, we can exert *some* deliberate, conscious influence over our laughter, e.g., when we try to force or stifle a laugh. But the results are often unnatural. Forced and stifled laughter are the exceptions that prove the more general rule, which is that we typically aren't in control of when we laugh.
6. Morreall 1987; although, see Sully (1902) for the first articulation of laughter as a play signal.
7. Even as recently as 1989, Irenäus Eibl-Eibesfeldt, one of the leading scholars of animal behavior, suggested that laughter may be an ancient form of aggression. "The rhythmic sounds," he writes, "are reminiscent of threat and mobbing sounds made by lower primates, and the baring of teeth may be derived from an intention to bite" (Eibl-Eibesfeldt 2009).
8. Kant tried to explain laughter by appealing to the principle—questionable even for its time—that movements in our thoughts are mirrored "harmonically" by movements in our bodily organs. Presumably, then, a joke which jostles our thoughts must simultaneously jostle our diaphragm? But of course this is nonsense. From *The Critique of Judgment*:

    The jest must have something in it capable of momentarily deceiving us. Hence, when the semblance vanishes into nothing, the mind looks back in order to try it over again, and thus by a rapidly succeeding tension and relaxation it is thrown to and fro and put in oscillation. . . . It is readily intelligible how the sudden act above referred to, of shifting the mind now to one standpoint and now to the other, to enable it to contemplate its object, may involve a corresponding and reciprocal straining and slackening of the elastic parts of our viscera, which communicates itself to the diaphragm (and resembles that felt by ticklish people). (Kant 2007, 162)

9. Provine 2000, 24.
10. Ibid., 45.
11. Ibid., 137–42. Laugh tracks may not be as popular now, but even during their heyday in the 1960s, they were used primarily in radio and on television, rather than in feature films. This is because a movie is designed to be watched in the theater, among a large audience, so no fake laughter is necessary.
12. Provine 2000, 93; Plooij 1979. We find a similar regulatory function of laughter when a father throws his three-year-old daughter into the air and catches her. If the toddler laughs, dad knows she's enjoying the game and wants it to continue. If instead she gives a yelp or an alarmed cry, dad knows to stop at once.
13. Eastman 1936.
14. Ross, Owren, and Zimmermann 2010.
15. Provine 2000, 76, 92.
16. Ibid., 96.
17. Ibid., 92.
18. Kozintsev 2010, 109.
19. Eastman 1936, 9.
20. Ibid.
21. Ibid., 15.
22. Of course, play is *functional* in the sense that it helps an animal learn about itself and its environment. But play is *nonfunctional* in the sense that it serves no practical purpose in the immediate context in which it's performed.
23. Akst 2010.
24. Bateson 1955.
25. Pellis and Pellis (1996) also highlight the importance of contextual cues.
26. Bekoff 1995.
27. Provine 2000, 77.
28. Flack, Jeannotte, and de Waal 2004.
29. Eibl-Eibesfeldt 2009.
30. Occasionally we laugh in response neither to our own actions nor to those of our playmates, but simply to an impartial event. If we're talking to a friend on an airplane, for example, and the plane takes a momentary dip, we might let out a little chuckle—to let our friend know that, in spite of the small scare, we're still feeling safe and happy.

31. Grice 1975; Dessalles 2007.
32. Children might have evolved to laugh a bit more often than strictly necessary—perhaps to let their parents know that they're OK, even when they're out of sight. But as we get older, we learn to economize on our communication, announcing the play signal only when it's directly relevant, i.e., only when we're provoked.
33. Some thinkers have argued that we laugh at puns because they violate the linguistic norm that words and sentences should have one clear meaning. This seems plausible, but we might also laugh in order to show the punster that we get the joke: "I see what you did there," our laughter announces.
34. Kozintsev 2010, 92–9. Another analogy is that the relationship between humor and laughter is like the relationship between candy and our taste for sweets. The moment we lick a lollipop, it's the candy that causes our sensation of sweetness. But at the same time, our preference for sweet things evolved long before lollipops (or even the discovery of sugar cane), and lollipops were invented specifically in order to tickle our taste buds in an enjoyable way. Similarly, humor (like candy) is a cultural artifact specifically designed to tickle our minds in a pleasing way.
35. Even if one of the participants is only imagined, i.e., the author of a comic strip.
36. The "safe" metaphor works for orgasms too, but of course they require a different combination to unlock.
37. Eastman 1936 (emphasis removed).
38. And a store of value, and a unit of account. Together, these three properties qualify something as "money."
39. Duhigg 2012.
40. Provine 2000, 3. The full quote is "Because laughter is largely unplanned and uncensored, it is a powerful probe into social relationships."
41. McGraw and Warren (2010): "The benign-violation hypothesis suggests that three conditions are jointly necessary and sufficient for eliciting humor: A situation must be appraised as a violation, a situation must be appraised as benign, and these two appraisals must occur simultaneously."
42. The coda of the joke ("you racist!") provides an additional little tickle. Mary is calling John a racist, but of course they're friends and she's just playing. So John laughs even harder.

43. Branigan 2014.
44. Trope and Liberman 2010.
45. Wikiquote, "Mel Brooks," last modified April 18, 2016, https://en.wikiquote.org/wiki/Mel_Brooks.
46. *South Park*, season 6 episode 1, "Jared Has Aides."
47. Wikiquote, "Comedy," last modified January 7, 2017, https://en.wikiquote.org/wiki/Comedy.
48. Note that the popular girls haven't defined Maggie completely outside their circle of concern; it just takes a more serious episode to jostle them out of a playful mood. If Maggie fell, broke her neck, and was screaming for help, you can be pretty sure those girls wouldn't be laughing or even stifling a laugh. Their mood would turn deadly serious in an instant.
49. Kozintsev 2010, 108.
50. Chwe 2001.
51. Brown 2011, 61.
52. Burr 2014 (edited lightly for clarity).
53. Sullivan 2014.
54. Attribution to Oscar Wilde is disputed; see O'Toole 2016.

9 交谈

1. Corballis 2008; Stam 1976, 255.
2. Dunbar 2004.
3. Miller 2000, ch. 10: courtship; Locke 2011; Dunbar 2004: gossip; Flesch 2007: storytelling.
4. Dunbar: "Language in freely forming natural conversations is principally used for the exchange of social information" (2004).
5. Carpenter, Nagell, and Tomasello 1998.
6. Miller: "When healthy respect for an adaptation tips over into awe, it becomes impossible to make any progress in understanding the selection pressures that shaped the adaptation" (2000, 345).
7. Uomini and Meyer (2013) suggest as early as 1.75 million years ago.
8. Miller: "Very few 'theories of language evolution' identify particular selection pressures that could favor the gradual accumulation of genetic mutations necessary to evolve a complex new mental capacity that has costs as well as benefits" (2000, 345).

9. Costs include time, calories expended as a listener, and the potential distraction (i.e., the fact that it's harder to monitor the environment for threats and opportunities while absorbed as a listener).
10. Eyes, in contrast, have evolved independently in more than 50 animal lineages. See Land and Nilsson 2002.
11. Dessalles 2007, 320; "The human obsession with divulging anything of interest, instead of jealously keeping the information to themselves, requires an explanation" (ibid., 321).
12. Ibid., 320, 325.
13. Kin selection offers another possible benefit, but a minor one in most human talk.
14. Dessalles 2007; listeners (not speakers) detect against cheating.
15. Ibid., 339.
16. Miller 2000, 350.
17. Dessalles 2007, 338.
18. Miller 2000, 350–51.
19. Grice 1975; Dessalles: "As a parameter of conversation, relevance is an omnipresent and necessary condition. If we take an extreme case, anyone whose utterances are consistently non-relevant is soon dismissed as mentally ill" (2007, 282).
20. Dessalles 2007, 337.
21. The main divergence between these theories is that Miller's allows speakers to show off the quality of their *genes*, not just their value as an ally in future interactions.
22. In which case, you're liable to be grateful and consider it a favor that needs to be returned.
23. This is similar to what we'll see in Chapter 11, where there's value in the artifacts themselves, but where there's often more value in what the art (and the ability to produce it) says about the artist.
24. Miller 2000, 351.
25. Ibid., 355–6.
26. Dessalles (2007, 349–55) argues that conversation skill—in particular, the consistent ability to know things first—is an especially useful criterion for choosing leaders of a coalition, since they will be making decisions that affect the whole coalition.
27. Burling 1986.
28. Locke 1999, 2011.
29. Note that, like a listener evaluating a speaker, you don't really care *how* he

managed to produce relevant, useful, new tools from his backpack. Maybe, while he was rummaging around in there, he actually assembled the bird feeder from scratch (rather than pulling out a pre-assembled feeder that he had collected sometime in the past). As long as he can do this kind of thing consistently, you'll be very happy to have him around.

30. This random approach, marrying breadth and depth, is similar to the strategy used by the Israeli airport security to sniff out terrorists. If they simply asked visitors a predetermined set of basic questions—like "What's the purpose of your visit?" or "Where are you staying?"—liars could easily prepare canned answers. Instead, security staff members are trained to interrogate their subjects randomly and deeply. "What did you do on Tuesday?" "How long was the line at the museum?" "Did the line snake back and forth, or was it straight?" By probing subjects in this way, it's easier to tell who's lying and who's giving a real story.
31. Dessalles 2007, 348, 352.
32. BrainyQuote, s.v. "Thomas Jefferson," BrainyQuote.com, Xplore Inc, 2017. https://www.brainyquote.com/quotes/quotes/t/thomasjeff106229.html, accessed March 3, 2017.
33. Stephens 2007, 7, 8.
34. Ibid., 10.
35. Ibid.
36. Arrow et al. 2008.
37. Trivers 2002.
38. Macilwain 2010.
39. See Dessalles 2007, 337–8. The main difference between academia and news is that academic prestige is gained largely by earning the respect of the prestigious elites, while news prestige is gained by earning wide respect among large audiences.
40. Miller 2000, 350.
41. Pfeiffer and Hoffmann 2009.
42. Alston et al. 2011. Like most things, research seems to suffer from diminishing returns to effort.
43. The Defense Advanced Research Projects Agency (DARPA) is a U.S. Department of Defense agency at the forefront of tech research that intersects with military use.
44. Hanson 1995, 1998.

45. Bornmann, Mutz, and Daniel 2010. Less than 20 percent of the variation in their evaluations is explained by a tendency to agree.
46. Peters and Ceci 1982.
47. Nyhan 2014.
48. And in case you're wondering, no, it's not about the money; book royalties are unlikely to justify the time and effort we've put into this project.

10 消费

1. Keynes 1931, 358–73.
2. Of note,

    A Harvard Business School survey of 1,000 professionals found that 94% worked at least 50 hours a week, and almost half worked more than 65 hours. Other research shows that the share of college-educated American men regularly working more than 50 hours a week rose from 24% in 1979 to 28% in 2006. According to a recent survey, 60% of those who use smartphones are connected to work for 13.5 hours or more a day. European labour laws rein in overwork, but in Britain four in ten managers, victims of what was once known as 'the American disease,' say they put in more than 60 hours a week. (*The Economist* 2014)

3. Another important way we compete for status is by doing prestigious work—conspicuous *production* alongside conspicuous consumption. See, e.g., Avent 2016. Or as Venkatesh Rao says, "We 'shop around' for careers. We look for prestigious brands to work for. We look for 'fulfillment' at work. Sometimes we even accept pay cuts to be associated with famous names. This is work as fashion accessory and conversation fodder" (Rao 2013). In this chapter, however, we focus only on the consumption side of the equation.
4. In fact, Veblen foresaw exactly this "rebuttal" to Keynes. He writes, "As increased industrial efficiency makes it possible to procure the means of livelihood with less labor, the energies of the industrious members of the community are bent to the compassing of a higher result in conspicuous expenditure, rather than slackened to a more comfortable pace" (Veblen 2013, ch. 5).
5. Our emotions and thinking habits are so well trained, and so finely calibrated to our wealth and social setting, that we're able to make purchasing decisions more or less on autopilot. It's only by getting outside ourselves, then—by taking

other perspectives or imagining choices we *wouldn't* make—that we're able to glimpse the big-picture logic behind our decisions.

6. Griskevicius, Tybur, and Van den Bergh 2010; see also Kenrick and Griskevicius 2013, 147–50.
7. To prime with a status-seeking motive, subjects were asked to read a short imaginative scenario about their first day at a new job in which they were eager to impress their boss and move up the corporate ladder.
8. Griskevicius et al. 2010.
9. DeMuro 2013.
10. Sexton and Sexton 2014.
11. Per Miller:

    [T]he key traits that we strive to display are the stable traits that differ most between individuals and that most strongly predict our social abilities and preferences. These include physical traits, such as health, fertility, and beauty; personality traits, such as conscientiousness, agreeableness, and openness to novelty; and cognitive traits, such as general intelligence. These are the biological virtues that people try to broadcast, with the unconscious function of attracting respect, love, and support from friends, mates, and allies. Displaying such traits is the key 'latent motive' that marketers strive to comprehend. (2009, 15)

12. Of course, it's not nearly so simple, and many historical contingencies (like denim's use in the American Wild West) help account for the symbolic value of blue jeans. For more, see Davis 1994, 69–77.
13. Schor 1998, 48, 54.
14. Teenagers are acutely aware of these cultural associations, largely because they're in the process of constructing their lifestyle identities and finding friends who respond positively to them. But established adults are often nestled too snugly in their cultural niches to notice just how carefully they've been chosen.
15. Obviously this thought experiment doesn't cover shared experiences like dining out, going to concerts with friends, travel experiences, etc.
16. Miller 2009, 20; Schor 1998, 45–7; see also, Chwe 2001, 47, 49, for a distinction between "social" and "non-social" goods. Chwe lumps network-effect goods like Xboxes and credit cards in the "social" category.
17. You might argue that we appreciate our own jewelry, but such enjoyment is, in part, the joy of imagining how others will react to it.

18. Cf. Veblen: "The domestic life of most classes is relatively shabby, as compared with the éclat of that overt portion of their life that is carried on before the eyes of observers" (2013, ch. 5).
19. "The infrequency with which people repeat wardrobe choices is another class marker—at a special occasion, to have one's dress remarked on as a repeat is an embarrassment among the better-heeled (note the term, by the way). To wear the same clothes to the office too often is a taboo" (Schor 1998, 37).
20. Schor 1998, 56–60.
21. As of January 1, 2017, a four-pack of black Hanes Men's ComfortSoft T-Shirts was priced at $15.42.
22. "Although these signaling links must be commonly understood by the consumer's socially relevant peer group, they need not involve the actual product at all" (Miller 2009, 97–98).
23. Hollis 2011.
24. Davison 1983.
25. Miller 2009, 98; Chwe 2001, 38.
26. Chan 2009.
27. Marketed as Lynx in the United Kingdom.
28. Schor 1998, 45–48.
29. Nielsen (2016) gives 54.3 million homes for Superbowl 50 on February 7, 2016.
30. There are other differences too, of course.
31. Chwe 2001, 37–60. It's not nearly so simple, of course, as there are confounding factors like the prestige of highly popular TV programs. But Chwe argues convincingly that advertisers pay more-than-linearly based on audience size (see Chwe 2001, 49–60). Some of this, certainly, is due to network effects other than social signaling. Xbox, for example, needs to create a lot of buy-in from gamers in order to also convince video game studios to make games for their platform. Per Chwe: "Fisher, McGowan, and Evans (1980) find that local television station revenue increases not only in the total number of households viewing but also in the square of the total number of households viewing. Similarly, Ottina (1995, p. 7) finds that the larger the local television market, the more advertising revenue is generated per household. Wirth and Bloch (1985, p. 136) find that the rates charged by local stations for a spot on the program MASH increase more than linearly in the number of viewing households" (2001, 60).

32. "All ads effectively have two audiences: potential product buyers, and potential product viewers who will credit the product owners with various desirable traits" (Miller 2009, 99).
33. Miller 2009, 99.

11 艺术

1. E. O. Wilson 2012, 279; Miller 2000, 260.
2. Aubert et al. 2014.
3. Balter 2009: engravings; Power 1999, 92–12: red ocher body art.
4. Brown 1991, 140.
5. Dissanayake 1980.
6. Ibid.
7. Gallie 1955.
8. Dissanayake 1980; Eibl-Eibesfeldt 2009, 677.
9. Changizi 2010.
10. "We use *function* here in its biological sense. Put simply, a function of a trait is an effect of that trait that causally explains its having evolved and persisted in a population: Thanks to this effect, the trait has been contributing to the fitness of organisms endowed with it" (Mercier and Sperber 2011).
11. Pinker 1997, 534.
12. Brown 1991, 140; Dissanayake 1988; Dissanayake 1992, by way of Miller 2000, 259.
13. From Miller: "In his 1897 book *The Beginnings of Art*, Ernst Grosse commented on art's wastefulness, claiming that natural selection would 'long ago have rejected the peoples which wasted their force in so purposeless a way, in favor of other peoples of practical talents; and art could not possibly have been developed so highly and richly as it has been' " (2000, 260).
14. Dissanayake 1988, 1992.
15. Cochran and Harpending 2009.
16. Rowland 2008, 1. All but three species are polygamous and bower-building. Miller 2000, 268.
17. Miller 2000, 268.
18. Rowland 2008, 1.
19. Miller 2000, 269.
20. Borgia 1985.
21. Zahavi 2003.

22. Male bowerbirds also need to develop their taste for a good-looking bower, both in order to construct one themselves and to know which of their rivals' bowers to bother sabotaging. And like the females, they do this by visiting the bowers of other males. In fact, before they mature, male bowerbirds are almost indistinguishable from the females, and often pose as suitors to inspect the bowers of their future rivals.
23. Uy, Patricelli, and Borgia 2000.
24. Although cf. Miller's observation that "sexually mature males have produced almost all of the publicly displayed art throughout human history" (2000, 275).
25. Sometimes called "fitness indicators." See, e.g., Miller 2009, 12–13, 90–92.
26. Miller 2009, 100–104. Other fitness-display functions include soliciting support from family members, deterring predators and parasites, and intimidating rival groups.
27. Miller: "A burning sensation does not carry an intellectual message saying 'By the way, this spinal reaction evolved to maximize the speed of withdrawing your extremities from local heat sources likely to cause permanent tissue damage injurious to your survival prospects.' It just hurts, and the hand withdraws from the flame" (2000, 275–76).
28. We might even include the painting's frame, the lighting used to illuminate it, and the wall it's displayed on, since they're also part of the overall perceptual experience of a painting.
29. Smith and Newman 2014.
30. Newman and Bloom 2012 provide experimental data showing that laypeople place significantly less value on replicas compared to originals.
31. Prinz 2013.
32. Miller 2000, 281.
33. Ibid., 282.
34. Wallace 2004.
35. Lewis 2002, 317.
36. Miller 2000, 286.
37. Ibid., 286–87; Benjamin 1936.
38. Veblen 2013, ch. 6.
39. Miller 2000, 287.
40. For more on synthetic gemstones, see Miller 2009, 95.
41. Trufelman 2015.

42. Lurie 1981, 138–39.
43. Ibid., 115–53.

12 慈善

1. Singer 1999.
2. Singer 1972.
3. Using the estimated cost of $200,000 for four years' worth of college, divided by GiveWell's estimate that you can save a child's life in Malawi or the Democratic Republic of Congo for around $3,500 per child (GiveWell 2016).
4. Singer 2009, 81–4.
5. Ibid.
6. Ibid.
7. "We estimate the cost per child life saved . . . at about $3,500" (GiveWell 2016). Note that these estimates from GiveWell fluctuate periodically as they update their models.
8. Singer 2015.
9. White 1989, 65–71; see also Sullivan 2002 (as cited in Peloza and Steel 2005).
10. Giving USA 2015.
11. Americans donated $358 billion to charity in 2014 (Giving USA 2015). In 2013, $39 billion of that went to help developing countries. These figures are for *private* donations. In 2011, the federal government provided an additional $31 billion in foreign aid (not all of which is directed toward humanitarian causes; Center for Global Prosperity 2013).
12. Hope Consulting 2010.
13. Desvousges et al. 1992.
14. Kahneman and Frederick 2002.
15. Baron and Szymanska 2011; Fox, Ratner, and Lieb 2005.
16. Miller 2000, 323.
17. Ibid.
18. Or in the economic parlance, "to provision public goods."
19. Andreoni 1989, 1990.
20. From Baron and Szymanska (2011): "The magnitude of the glow may be roughly constant for each act of contributing (Margolis, 1982)."
21. Technically, Andreoni's model is agnostic about the "why" behind the warm glow. This isn't a criticism of Andreoni's model per se, but an attempt to spur us to ask the questions that the warm glow theory ignores. See Niehaus

2013 for another example of a "warm glow"–type shallow psychological explanation.

22. Jackson and Latané 1981.
23. Bull and Gibson-Robinson 1981.
24. Hoffman, McCabe, and Smith 1996.
25. Haley and Fessler 2005; Rigdon et al. 2009. Note that Nettle et al. (2013) found that eyespots increased the probability that someone will donate, but not the average amount that people donate.
26. Grace and Griffin 2006; Miller 2000, 323.
27. Glazer and Konrad 1996.
28. Andreoni and Petrie 2004.
29. Miller 2000, 323.
30. Glazer and Konrad 1996; Harbaugh 1998.
31. Polonsky, Shelley, and Voola 2002.
32. Bekkers 2005; see also Bryant et al. 2003.
33. Bekkers 2005.
34. Carman 2003.
35. Ibid.
36. Meer 2011.
37. Baron and Szymanska 2011 (emphasis in the original was rendered in capital letters rather than italics).
38. Giving USA 2015.
39. Charness and Gneezy 2008. Giving names makes people more generous in the Dictator Game, but not the Ultimatum Game.
40. Schelling, Bailey, and Fromm 1968. Even without identifying information, people are more generous when the recipients of their generosity are already determined, versus when the recipients will be determined in the future. See Small and Loewenstein 2003.
41. O'Toole 2010b.
42. United Way 2016.
43. Barrett 2015.
44. Kiva 2017.
45. "Using $5.31 as the average cost per net in the countries that AMF is considering future distributions in, we estimate the cost per child life saved through an AMF-funded LLIN [long-lasting insecticide-treated net] distribution at about $2,838" (Givewell 2016).

46. West and Brown 1975; Landry et al. 2005.
47. Iredale, Van Vugt, and Dunbar 2008.
48. Griskevicius, Tybur, and Sundie 2007.
49. A recent meta-analysis (Shanks et al. 2015) has cast doubt on experiments that find behavioral effects from "romantic priming." So we should take Griskevicius's experiment with a grain of salt. Nevertheless, the finding is consistent with other results, such as the fact that men donate more to attractive female solicitors.
50. Subjects weren't asked about donating money, but rather about volunteer work (like helping at a homeless shelter) and acts of heroism (like saving someone from drowning). Men and women showed different patterns in the kinds of altruism they displayed: Men were more likely to act heroically, while women were more likely to be generous with their time. Subjects were also asked about show-offy purchases, and men's attitudes toward these purchases (relative to women's attitudes) were more affected by the mating motive.
51. West 2004.
52. "[W]hen a millionaire does not really care whether his money does good or not, provided he finds his conscience eased and his social status improved by giving it away, it is useless for me to argue with him. I mention him only as a warning to the better sort of donors that the mere disbursement of large sums of money must be counted as a distinctly suspicious circumstance in estimating personal character. Money is worth nothing to the man who has more than enough, and the wisdom with which it is spent is the sole social justification for leaving him in possession of it" (Shaw, quoted in Finch 2010, 298).
53. Emerson 1995, 298.
54. As early as the 12th century, the Jewish philosopher Maimonides distinguished various "levels of charity" in part based on how anonymous the donor was. Acts of charity in which the donor is known to the recipient were considered less noble than anonymous acts.
55. You'll have to forgive evolutionary psychology for being heteronormative. The field doesn't really understand homosexuality (yet).
56. This view finds additional support from surveys and lab studies. See Bekkers and Wiepking 2011, sec. 5.
57. However questionable Mother Teresa's actual track record may be.
58. Boehm 1999, 70–2.
59. Glazer and Konrad 1996.

60. IGN is the Iodine Global Network, which, as it happens, is one of GiveWell's most recommended charities. Iodine deficiency can lead to cognitive impairment, especially in children, and it's one of the most easily preventable health problems. IGN adds iodine to salt for something like a dime per person per year.
61. Of course, this doesn't imply that people who donate strategically lack compassion—not by a long shot. It's simply that planned donations don't allow us to demonstrate *involuntary* compassion, so to the extent that we do plan our donations, we don't earn as many social rewards for it.
62. Kornhaber 2015.
63. The quote can be reasonably attributed to him, but not the exact phrasing. See O'Toole 2013.
64. Collins 2011. After the first 100 years, some of the funds were to be left compounding for another 100 years.
65. Hanson 2012.

13 教育

1. In the literature, this is call the "human capital model." In other words, school is a place where students go to develop their human capital, i.e., skills, knowledge, habits, etc.
2. Gioia 2016: admission statistics; Belkin and Korn 2015: tuition facts.
3. We take these values from Caplan 2017, who in turn drew them from supplementary data for Carnevale, Rose, and Cheah 2011 (supplied by Stephen Rose).
4. The raw data comes from Snyder and Dillow 2011, 228–30, 642. Caplan 2017 (preprint): judgment of (non)utility. Of course, some of these subjects may be personally rewarding to students, but they're of very little use in explaining why employers value a high school education.
5. Snyder and Dillow 2011, 412: raw data; Caplan 2017 (preprint): judgment of (non)utility.
6. Caplan 2017 (preprint) (quote is elided between "psychologists" and "have measured"). "For overviews, see Detterman and Sternberg 1993 and Haskell 2000. Barnett and Ceci 2002 is an excellent critical review of this massive literature" (ibid.).
7. Pfeffer and Sutton 2006, 38; Hayek et al. 2015.
8. Eren and Henderson 2011.
9. Brown, Roediger, and McDaniel 2014.

10. See Gwern 2016.
11. Edwards 2012; see also Carrell, Maghakian, and West 2011, which found that a 50-minute delay in start times was as effective (in improving student performance) as a one standard deviation increase in teacher quality.
12. Clearly there are many factors at play here (busing schedules, after-school programs, etc.), but there's rarely any acknowledgment that trade-offs *against* learning are being made.
13. These figures on the marginal returns to education (both personal and national) are estimated in Caplan (2017, preprint), drawn from a range of estimates in Pritchett (2001); Islam (1995); Benhabib and Spiegel (1994); Krueger and Lindahl (2001, 1125); Lange and Topel (2006, 462–70); de la Fuente and Doménech (2006). Further complicating the matter is the prospect that there may be some "reverse causation," where increases in national income trigger more schooling rather than the other way around. See, e.g., Bils and Klenow (2000).
14. Spence 1973. Once again, it's not technically a "Nobel Prize," but the "Nobel Memorial Prize in Economic Sciences."
15. Actually it's not just that employers want to directly evaluate each worker's productivity for themselves. Employers also want show off their employees to outsiders such as customers, suppliers, and investors. When we, Robin and Kevin, visit firms, we often hear them brag (discreetly) about the prestigious degrees of their employees.
16. Also note that you'll probably be agnostic about *how*, exactly, she managed to get these good grades. She might not be particularly intelligent, for example, but if she's able to compensate by staying organized and working extra hard, she's going to bring those same qualities to the job. Or maybe she's lazy, but brilliant enough that it doesn't matter. Either way, her grades have proven that she can get things done.
17. Or perhaps it was said by Grant Allen. See O'Toole 2010a.
18. Thiel 2014.
19. On the psychic costs, consider:

    Carolyn Walworth, a junior at [high-achieving] Palo Alto High School, recently wrote: "As I sit in my room staring at the list of colleges I've resolved to try to get into, trying to determine my odds of getting into each, I can't help but feel desolate."

    She confessed to panic attacks in class, to menstrual periods missed as a result of exhaustion. "We are not teenagers," she added. "We are lifeless bodies in a system that breeds competition, hatred, and discourages teamwork and genuine learning." (Bruni 2015)

20. See Carey 2015 for more on online courses; The Thiel Fellowship, "About," http://thielfellowship.org/about/.
21. Macskássy 2013. The analogous figure was 15 percent for high school graduates.
22. One recent study (Bruze 2015) suggests that, in Denmark, people are earning "on the order of half of their returns to schooling through improved marital outcomes."
23. *Online Etymology Dictionary*, s.v. "academy," http://www.etymonline.com/index.php?allowed_in_frame=0&search=academy.
24. *Wikipedia*, s.v. "Prussian education system," last modified February 16, 2017, https://en.wikipedia.org/wiki/Prussian_education_system.
25. Kirkpatrick 2010; *Wikipedia*, s.v. "Pledge of Allegiance," last modified March 3, 2017, https://en.wikipedia.org/wiki/Pledge_of_Allegiance.
26. Aghion, Persson, and Rouzet 2012.
27. Lott 1999.
28. Diamond 1997.
29. Bowles and Gintis 1976, 40–1.
30. Spring 1973; Braverman 1974; Weber 1976; Brint 2011.
31. The effect of school on culture might be just as important as its effect on individual students. It may be, for example, that the high prestige of schools from ancient times helped us all (students, parents, broader society) come to tolerate, and even celebrate, its domesticating influence. That is, if it had been easy to get parents to accept sending their kids off for domestication training, it would have been cheaper and more effective just to send them off to do child labor. But if that was a hard sell, the cover story of "learning from prestigious teachers" might have made school an easier sell. For more on the link between learning and prestige, see Henrich and Gil-White (2001) and Henrich (2015).
32. Clark 1987.
33. Ibid.
34. Almås et al. 2010.
35. Weber 1976, 330.
36. Ibid., 329.

37. In his acceptance speech for New York City's Teacher of the Year award in 1989, John Gatto said what many teachers surely recognize, but few are willing to state so baldly. "Schools and schooling," he said, "are increasingly irrelevant to the great enterprises of the planet. No one believes anymore that scientists are trained in science classes or politicians in civics classes or poets in English classes. The truth is that schools don't really teach anything except how to obey orders" (1990).
38. Gaither and Cavazos-Gaither 2008, 313.

14 医疗

1. World Bank Open Data, http://data.worldbank.org/.
2. The quotation has been edited for clarity. This is the full quote:

   > In our area of the country, when somebody gets sick that we know or has passed, we take over food. Have you noticed it? We take over food. You can *buy* that food, you can go to the deli and the grocery store, get something great, hire somebody to bake it. But put it down in the big list of important things for life: *you get a lot more credit if you make it yourself*. You can put it on your grandmother's platter, but the women in the kitchen will say, "*I* know where she got that chicken." I'm telling you, it works out that way. (Robertson 2017)

3. According to de Waal (1996), these helping behaviors extend deep into the prehistoric and even prehuman past. Neanderthals, for example, cared for their injured group members in this way. We know this because adult skeletons have been found with leg bones that were broken during childhood. Even non-primate species have been observed caring for sick and injured group members. These include dolphins, whales, and elephants.
4. From Hanson 2008: "Shamans and doctors have long been in demand, even though the common wisdom among medical historians today is that such doctors did very little useful on average until this century (Fuchs 1998)."
5. Belofsky 2013, (trepanation) 8, (toothworms) 74–75, (lead shields) 60.
6. Ibid., 101–102: "Wielding a scalpel-like *seton*, doctors would cut into their patients with a 'sawing motion.' Foreign objects, usually dried peas or beans, would then be inserted into the gash to promote proper infection and oozing. A doctor would reopen the wound, often every day, for weeks or months afterward, to make sure it didn't heal."
7. Ibid., 47.

8. Szabo 2013.
9. Margolick 1990.
10. Waldfogel 1993.
11. And we will look mainly at the U.S. because that is where we have the best data.
12. Skinner and Wennberg 2000.
13. Mullan 2004; Cutler et al. 2013.
14. Auster, Leveson, and Sarachek 1969.
15. Age- and sex-adjusted death rates.
16. Fisher et al. 2003. See also Fisher et al. (2000): "Residence in areas of greater hospital capacity is associated with substantially increased use of the hospital, even after controlling for socioeconomic characteristics and illness burden. This increased use provides no detectable mortality benefit."
17. Byrne et al. 2006.
18. Skinner and Wennberg 2000. This estimate was not significantly different from zero. The size of this dataset allowed researchers to control for many factors, including patient age, gender, and race; zip code urbanity, education, poverty, income, disability, and marital and employment status; and hospital-area illness rates.
19. At the 95 percent confidence interval. Here we're using a "50 days lost per 1 percent added mortality" rule of thumb.
20. Skinner and Wennberg 2000.
21. Hadley 1982.
22. Brook et al. 2006; Newhouse and Insurance Experiment Group 1993.
23. The partially subsidized groups also included a "maximum dollar expenditure." Once a patient paid the maximum amount in a given year, the rest of his or her care was free.
24. Manning et al. 1987.
25. Measured in total dollar value of all services covered under the insurance plans. See ibid.
26. Unfortunately the RAND study wasn't large enough to detect effects on death rates, so it tracked only intermediate measures of health.
27. Actually there were 23 physiological measures, but we're omitting one measure (long-distance vision) because the treatment for it—corrective lenses—seems to us more a matter of physics than medicine.
28. Newhouse and Insurance Experiment Group 1993. In fact, the researchers found an "almost significant" result (at the 6 percent significance level) that free

medicine actually *hurt* the subset of patients who started out both poor and healthy.

29. Brook et al. 1984. Again we're omitting the statistically significant (but entirely predictable) improvement in long-distance vision that accompanies a subsidy for eyeglasses.
30. Siu et al. 1986; Pauly 1992; Newhouse and Insurance Experiment Group 1993.
31. Not every lottery winner ended up enrolling in Medicaid, and not every lottery loser ended up without insurance. There was, however, a meaningful difference between the two groups: in the year following the lottery, winners were 25 percentage points more likely to have insurance than losers.
32. Finkelstein et al. 2012.
33. Baicker et al. 2013.
34. Finkelstein et al. 2012.
35. Baicker et al. 2013.
36. Such a cutback might be done by raising the price of medicine across the board or by banning the treatments that have the weakest empirical support.
37. Tuljapurkar, Li, and Boe 2000; McKinlay and McKinlay 1977; Bunker (2001) estimates. (More at Lewis 2012.) Note, however, than many scientists mistakenly pronounce medicine as responsible for most of our health gains. From Bunker (2001):

    > The Nobel Laureate and President of Rockefeller University, Joshua Lederberg, wrote that "by the 1960s we could celebrate the conquest of polio and the transformation of formerly lethal infections to easy targets for penicillin and other miracle drugs . . . greater life expectancy—from 47 years in 1900 to 70 in 1960—can be attributed almost entirely to this mastery of infection. . . ." The Nobel Laureate and former research director of Burroughs Wellcome, the pharmaceutical company, George Hitchings, claimed that "the increase in life expectancy over the last 50 years has been attributed to new medicines."

38. Ioannidis 2005a, 2005b. From Lewis (2012): "The impact of a treatment in a clinical trial is known to be much higher than its effect in everyday clinical practice."
39. Ioannidis 2005a, 2005b.
40. Aizenman 2010.
41. Getzen 2000.
42. Waber et al. 2008.

43. Emanuel 2013.
44. Periyakoil et al. 2014. Doctors, having witnessed the futility of heroic end-of-life care, are famously keen on avoiding it for themselves, when they become terminally ill.
45. Mundinger et al. 2000.
46. Schneider and Epstein 1998.
47. Mennemeyer, Morrisey, and Howard 1997. In New York City, where patients have their choice among many different hospitals, poor-performing hospitals actually saw an *increase* in admissions relative to high-performing hospitals. See also Vladeck et al. 1988.
48. Mennemeyer et al. 1997.
49. Institute of Medicine et al. 1999; Leape 2000.
50. Institute of Medicine et al. 1999; National Academy of Sciences 2015.
51. Gawande 2007; Jain 2009.
52. Lundberg 1998; see also Nichols, Aronica, and Babe 1998, which found that approximately two-thirds of the undiagnosed conditions revealed by autopsy would have been treatable had they been caught earlier.
53. Shojania et al. 2002.
54. O'Connor 2011.
55. Westra, Kronz, and Eisele 2002.
56. Staradub et al. 2002 (second opinions caused 8 percent of breast-cancer screenings to result in a different surgical treatment plan).
57. Mandatory second-opinion programs: Gertman et al. 1980 (8 percent of elective surgery recommendations were overturned); McCarthy, Finkel, and Ruchlin 1981 (between 12 and 19 percent of elective surgery recommendations were overturned); Althabe et al. 2004 (25 percent of recommended C-sections in Latin America were overturned).
58. Lantz et al. 1998.

15 宗教

1. Technically, they enter "diapause," an insect analog of hibernation.
2. Pocklington 2013.
3. Katz 2013.
4. *Wikipedia*, s.v. "Hajj," last modified March 6, 2017, https://en.wikipedia.org/wiki/Hajj.
5. In fact, Mecca is unbearably hot, reaching *average* daily highs of 110°F (43°C)

from June through September. (The Hajj takes place annually by the lunar calendar, and therefore falls on different dates on the solar calendar every year.)

6. *Wikipedia*, s.v. "Ihram," last modified January 8, 2017, https://en.wikipedia.org/wiki/Ihram.
7. As the 16th-century diplomat Ogier Ghiselin de Busbecq said of the Spanish conquistadors, "Religion is the pretext, gold the real object" (Forster 2005, 40).
8. Cf. Pascal's wager.
9. This is the approach taken by the New Atheists, for example. And while there's a lot of insight to be gleaned from it (notably, the idea that religious beliefs are designed to take advantage of our cognitive quirks), it's largely a distraction from our focus in this book.
10. Haidt 2012, 249–50.
11. Rappaport 1999.
12. Sosis and Kiper 2014.
13. Anderson 2006.
14. There's a lot more to be said about the downsides of religion, as the New Atheists (Dennett, Dawkins, Harris, Hitchens) have argued in great detail, but it's mostly not our goal to tally up the pros and cons and pass judgment on the whole enterprise. Note, importantly, that religion can be *useful for adherents* without necessarily being *good for the entire species*. It's perfectly consistent to believe that religious participation is a selfish individual strategy and that, on net, it's bad for the world. In this way, religion would be like any other form of clannishness: when everyone else is organizing into clans around you, it may be necessary for you to join one, while at the same time wishing that clans didn't exist and everyone could just get along.
15. In other words, we're going to provide a *functionalist* account of religion (Swatos and Kivisto 1998, 193–96). Cf. Haidt: "To resolve [the puzzle of religious participation], either you have to grant that religiosity is (or at least, used to be) beneficial or you have to construct a complicated, multi-step explanation of how humans in all known cultures came to swim against the tide of adaptation and do so much self-destructive religious stuff" (2012, 252).
16. Strawbridge et al. 1997.
17. Schlegelmilch, Diamantopoulos, and Love 1997: donations. Becker and Dhingra 2001: volunteering. See also Putnam and Campbell: "By many different measures religiously observant Americans are better neighbors and better citizens than secular Americans—they are more generous with their

time and money, especially in helping the needy, and they are more active in community life" (2010, 461; as quoted in Haidt 2012, 267).

18. Strawbridge et al. 1997.
19. Mahoney et al. 2002, 63; Strawbridge et al. 1997; Kenrick 2011, 151.
20. Frejka and Westoff 2008; Kenrick 2011, 151.
21. McCullough et al. 2000; Hummer et al. 1999; Strawbridge et al. 1997.
22. Steen 1996.
23. Wink, Dillon, and Larsen 2005.
24. Lelkes 2006.
25. Haidt 2012, ch. 11.
26. This is frequently attributed to Durkheim (who wrote in French), though it may be apocryphal. Nevertheless, it's a great capsule summary of his views, especially those articulated in Durkheim 1995.
27. Few scholars attempt to define religion precisely and unambiguously; there are simply too many boundary cases (like Confucianism) to draw a bright line between religion and non-religion. Most scholars, instead, attempt to associate religion with a cluster of interrelated features, and the more features something has, the more we're willing to call it a "religion." Here, for example, are a few "definitions" of religion. Atran and Henrich (2010): "an interwoven complex of rituals, beliefs, and norms." Rue (2005): "a natural social system comprising a narrative core buttressed by intellectual, aesthetic, experiential, ritual, and institutional strategies." Sosis and Kiper (2014): "a fuzzy set that comprises (but is not limited to) commitments to supernatural agents, emotionally imbued symbols, altered states of consciousness, ritual performance, myth, and taboo."
28. Cf. Haidt 2012, 251.
29. D. S. Wilson: "Religions exist primarily for people to achieve together what they cannot achieve on their own" (2002, 159).
30. Roberts and Iannaccone: "It never makes sense in an economic context for me, a perfectly rational person, to take a resource and just burn it up. But in a group context, strange as it may seem, this can be efficient" (2006).
31. Sosis and Alcorta: "Religions often maintain intragroup solidarity by requiring costly behavioral patterns of group members. The performance of these costly behaviors signals commitment and loyalty to the group and the beliefs of its members. Thus, trust is enhanced among group members, which enables them to minimize costly monitoring mechanisms that are otherwise

necessary to overcome the free-rider problems that typically plague collective pursuits" (2003).

32. Iannaccone: "It can be shown, both formally and empirically, that apparently gratuitous sacrifices can function to mitigate a religion's free-rider problems by screening out halfhearted members and inducing higher levels of participation among those who remain" (1998).
33. *Wikipedia*, s.v. "Mourning of Muharram," last modified February 5, 2017, https://en.wikipedia.org/wiki/Mourning_of_Muharram.
34. Johnstone 1985.
35. Iannaccone 1992, 1998.
36. For a smaller sacrifice of fertility, some Christian teenagers wear purity rings as a public commitment to delay sex until marriage.
37. This also helps explain why eunuchs have historically held privileged positions.
38. On raising commitment as a way to reduce costly monitoring, see Sosis and Alcorta 2003; Iannaccone 1992, 1998. For more general evidence of religious cooperativeness (not necessarily caused by sacrifices), see Tan and Vogel 2008; Ruffle and Sosis 2006; Atran and Henrich 2010. For an overview, see Haidt 2012, 256–57, 265–67.
39. On group size in relation to costly rituals, see Roes and Raymond 2003; Johnson 2005 (both via Atran and Henrich 2010). On longevity as a function of costly rituals, see Sosis and Bressler 2003. More broadly, on the longevity of religious vs. secular communities, see Sosis 2000. Sosis and Alcorta 2003.
40. Jones 2012.
41. Ibid.
42. Some group members may be worse off, e.g., alpha males who might otherwise be able to dominate the group. And everyone will be incentivized to selfishly cheat and evade the norms. But for most people, if it's a decision about whether (a) to join the group and abide by the norms, or (b) to join a different group without any norms, they'll be better off joining the stricter group.
43. Sosis and Alcorta 2003.
44. Kenrick 2011, ch. 10; Weeden, Cohen, and Kenrick 2008; Durant and Durant 1968.
45. Even the prohibition on masturbation can be understood as a way to make early marriage more attractive.
46. Kenrick 2011, 151–53.
47. Brown 2012.

48. Perhaps it's a rehearsal for war. See McNeill 1997; Jordania 2011.
49. Hutchinson 2014.
50. Wiltermuth and Heath 2009.
51. Ehrenreich 2007.
52. Of course, many people do enjoy listening to sermons by podcast, but they're the exception rather than the rule.
53. This is similar to the third-person effect we saw in Chapter 10, which is responsible for the efficacy of advertising and other forms of propaganda. As the editor for the website Upworthy put it, "You're not preaching to the choir. You're preaching to the choir's friends" (Abebe 2014).
54. On badges in a religious context, see Iannaccone 1992, 1998; Atran and Henrich 2010. More generally, badges can convey information about any underlying feature, not just group membership. For an overview, see Miller 2009, 116–19.
55. This isn't to deny that the specific form they take is, in part, determined by our cognitive quirks. But this section helps explain why religious beliefs, unlike other supernatural beliefs, aren't weeded out by critical reflection, but are instead sticky, central features of religious systems.
56. Of course, if we're caught cheating, the outrage will be all the stronger.
57. *Transubstantiation* is the belief that the crackers and wine literally become the flesh and blood of Christ, while *consubstantiation* is the belief that they become flesh and blood only spiritually, while retaining all the physical properties of crackers and wine.
58. Note that our word "faith," which is often used in reference to religious belief, originally meant loyalty or trustworthiness (*Online Etymology Dictionary*, s.v. "faith," http://www.etymonline.com/index.php?term=faith).
59. If there *were* substantive reasons to prefer one team over another—if the Dodgers were more entertaining, say, or gave $100 rewards to anyone caught wearing their apparel—then being a fan would reflect only your narrow individual interests, rather than your loyalty to a particular community.
60. Evolutionary psychologists are quick to point out that humans aren't "biological fitness maximizers." If we were, we'd do a *lot* of things differently. No one would smoke, gamble, or watch pornography. We'd use a lot less birth control. Men would donate sperm at every opportunity, and women would donate their eggs. No one would ever adopt a child, no matter how much happiness it might bring, nor would we ever stop to smell the roses. Clearly, this doesn't describe

our species. Instead of explicitly trying to maximize reproductive success, we are "adaptation executors." Our brains were built with various instincts that, in the ancestral environment, tended to help our ancestors leave more descendants.

16 政治

1. Mansfield as quoted in Wehner 2014.
2. Haidt: "Many political scientists used to assume that people vote selfishly, choosing the candidate or policy that will benefit them the most. But decades of research on public opinion have led to the conclusion that self-interest is a weak predictor of policy preferences" (2012, 85). See also Caplan 2007.
3. Haidt: "See review in Kinder 1998. The exception to this rule is that when the material benefits of a policy are 'substantial, imminent, and well-publicized,' those who would benefit from it are more likely to support it than those who would be harmed. See also D. T. Miller 1999 on the 'norm of self-interest'" (2012, 85–6, footnote).
4. At least, not in any straightforward way. See Caplan 2007.
5. Gelman, Silver, and Edlin 2012.
6. Churchill seemed to be quoting an unsourced aphorism. See Langworth 2011, 573.
7. For those unfamiliar with the U.S. Electoral College system, here's how it works. First, within each state, the candidate with the most votes is usually awarded *all* of that state's "electoral votes." These electoral votes are then tallied up (from all the states), and the candidate with the most electoral votes is elected president.
8. Gelman et al. 2012.
9. Gerber et al. 2009.
10. In contrast, presidential elections (compared to midterm elections) draw out an extra 16 out of every 100 eligible voters (Gerber et al. 2009).
11. Delli-Carpini and Keeter 1997. For what it's worth, neither Kevin nor Robin can name their congressperson.
12. "American Public Vastly Overestimates Amount of U.S. Foreign Aid," WorldPublicOpinion.org, November 29, 2010, accessed April 26, 2017, http://worldpublicopinion.net/american-public-vastly-overestimates-amount-of-u-s-foreign-aid/.
13. Althaus 2003; Kraus, Malmfors, and Slovic 1992.

14. Caplan 2007.
15. Converse 1964.
16. Hall, Johansson, and Strandberg 2012.
17. Bruce Yandle, for example, describes the crucial difference between regulating facets of production (bad) vs. regulating final outcomes directly (good). He also describes the costs and benefits of regulating at the federal vs. state levels. See Yandle 1983; Yandle 1999.
18. Volden and Wiseman 2014.
19. Note that there are ways to vote well that don't require a voter to be informed about national issues. In "retrospective voting," for example, you vote to re-elect the incumbent if your life improved (more than you expected) during the incumbent's term, and otherwise you vote to replace the incumbent with someone else. If most voters did this, incumbents would have strong incentives to make people's lives go well. But most voters are reluctant to put much weight on this voting strategy.
20. Also suggestive is the fact of many consistent, smooth long-term trends in public opinion on policy. If opinion changes resulted mainly from new information, they would follow a random walk, wherein future changes are hard to predict from past changes.
21. Technically, anger isn't a "social emotion," at least not by the strictest definition: "an emotion that requires the representation of the mental states of other people" (*Wikipedia*, s.v. "Social emotions," last modified January 29, 2017, https://en.wikipedia.org/wiki/Social_emotions).
22. *Merriam-Webster*, s.v. "apparatchik," accessed March 8, 2017, https://www.merriam-webster.com/dictionary/apparatchik.
23. Solzhenitsyn 1973, 69–70. Note that the quotation has been edited for length and clarity.
24. *Wikipedia*, s.v. "Great Purge," last modified February 22, 2017, https://en.wikipedia.org/wiki/Great_Purge.
25. Dikötter 2010: China. Tudor and Pearson 2015: North Korea.
26. Albright 2016.
27. Huntington 1997, 174–5.
28. Klofstad, McDermott, and Hatemi 2013.
29. A 2010 survey analyzed in Iyengar, Sood, and Lelkes (2012). In 1960, the figures were much lower: 5 percent for Republicans and 4 percent for Democrats. A Pew study in 2014 found the numbers to be 30 percent for

conservatives and 23 percent for liberals (Pew Research Center 2014).

30. Iyengar and Westwood 2015. See also Klein and Chang 2015; Smith, Williams, and Willis 1967.
31. Klein and Chang 2015.
32. Klein and Stern 2009. Across the United States, the ratio of Democrats to Republicans is about 1. But among college professors the ratio is 5, and in the humanities and social sciences, it's closer to 8. These latter ratios have doubled over the last 40 years. Economists are often distrusted by other academics in part because their ratio is a "conservative" 3. See also Cardiff and Klein 2005.
33. Gross 2013.
34. Rothman, Lichter, and Nevitte 2005.
35. Gerber et al. 2012
36. Roberts and Caplan 2007 (not verbatim quotes).
37. Note, however, that when people hold opinions they claim are "unpopular," and yet express *pride* in their nonconformity, we should take their claims with a grain of salt. What looks "unpopular" to one audience is often an act of pandering to another, less visible constituency. To give just one example, Griskevicius et al. (2006) suggests that men might profess "unpopular" political opinions because nonconformity makes them more attractive to women. See also Kuran 1995, 31.
38. Haidt 2012, 86.
39. See, e.g., Brennan and Hamlin 1998; Schuessler 2000.
40. Jones and Hudson 2000.
41. This also explains why even people who don't vote take the trouble to form—and more importantly, to discuss—their political opinions.
42. Haidt 2012, 86.
43. This is the old honest or costly signaling principle at work.
44. A more colorful example is the website votergasm.org, where visitors can pledge to withhold sex from nonvoters for a week to four years following an election. See Sohn 2004.
45. Cf. Steven Pinker's remark: "People are embraced or condemned according to their beliefs, so one function of the mind may be to hold beliefs that bring the belief-holder the greatest number of allies, protectors, or disciples, rather than beliefs that are most likely to be true" (2013, 286).
46. Another factor that can lead to disagreement is having different goals. For example, one person might prioritize blue-collar jobs, while another person

prioritizes economic efficiency. But political discourse often requires us to have the shared overarching goal of "the common good," i.e., what's best for all of us together. Or at least, we have to pretend that's our goal.

47. Mercier and Sperber 2011.
48. Tavits: "Voters rewarded political parties for changing economic positions, but punished parties for changing other social positions . . . even those parties that make [social] policy adjustments that correspond to the preference shifts of voters lose votes" (2007).
49. Poole and Rosenthal 1987; Voeten 2001.
50. Poole and Rosenthal 2007; Voeten 2001.
51. *Wikipedia*, s.v. "Party realignment in the United States," last modified December 12, 2016, https://simple.wikipedia.org/wiki/Party_realignment_in_the_United_States.
52. Poole and Rosenthal 2000.
53. Costa and Kahn 2009.
54. Abrahms 2008, 2011.
55. This plausibly accounts for the attitude of many libertarians, for example. See also Griskevicius et al. (2006), who explain some kinds of nonconformity by an appeal to mating motives.

结语

1. Of course, we also need to be careful about jumping to conclusions. Kevin once interviewed a college student whose body language seemed arrogant and dismissive, only to learn later, after rejecting the student for the job, that his impressions were entirely mistaken. He feels terrible about it to this day.
2. Credit to Paul Crowley for this point.
3. Frank, Gilovich, and Regan 1993. Cf. Goethe's remark: "If you treat an individual as he is, he will remain how he is. But if you treat him as if he were what he ought to be and could be, he will become what he ought to be and could be." See also Stafford 2013.
4. Stavrova and Ehlebracht 2016.
5. Tocqueville 2013, sect. II, ch. 8; Smith 2013; McClure 2014.
6. See Nowak and Highfield 2011.
7. Farrell and Finnemore 2013.
8. Hayek 1988.

参考文献

Abebe, Nitsuh. 2014. "Watching Team Upworthy Work Is Enough to Make You a Cynic. or Lose Your Cynicism. Or Both. Or Neither." *Daily Intelligencer*, March 23.

Abrahms, Max. 2008. "What Terrorists Really Want: Terrorist Motives and Counterterrorism Strategy." *International Security* 32 (4), Spring: 8–105.

Abrahms, Max. 2011. "Does Terrorism Really Work? Evolution in the Conventional Wisdom since 9/11." *Defence and Peace Economics* 22 (6): 583–94.

Aghion, Philippe, Torsten Persson, and Dorothee Rouzet. 2012. "Education and Military Rivalry." NBER Working Paper No. 18049, National Bureau for Economic Research, Cambridge, MA.

Aizenman, N. C. 2010. "Hospital Infection Deaths Caused by Ignorance and Neglect, Survey Finds." *Washington Post*, July 13.

Akst, Jef. 2010. "Recess." *The Scientist*, October 1.

Albright, Madeleine. 2016. "Madeleine Albright: My Undiplomatic Moment." *New York Times*, February 12. https://www.nytimes.com/2016/02/13/opinion/madeleine-albright-my-undiplomatic-moment.html.

Alicke, Mark D., and Olesya Govorun. 2005. "The Better-Than-Average Effect." *The Self in Social Judgment* 1: 85–106.

Almås, Ingvild, Alexander W. Cappelen, Erik Ø. Sørensen, and Bertil Tungodden. 2010. "Fairness and the Development of Inequality Acceptance." *Science* 328 (5982): 1176–78.

Alston, Julian, Matthew Andersen, Jennifer James, and Philip Pardey. 2011. "The Economic Returns to U.S. Public Agricultural Research." *American Journal of Agricultural Economics* 93 (5): 1257–77.

Althabe, Fernando, José Belizán, José Villar, Sophie Alexander, Eduardo Bergel, Silvina Ramos, Mariana Romero, Allan Donner, Gunilla Lindmark, Ana Langer, Ubaldo Farnot, José G. Cecatti, Guillermo Carroli, and Edgar Kestler. 2004. "Mandatory Second Opinion to Reduce Rates of Unnecessary Caesarean Sections in Latin America: A Cluster Randomised Controlled Trial." *The Lancet* 363 (9425): 1934–40.

Althaus, Scott. 2003. *Collective Preferences in Democratic Politics.* Cambridge, UK: Cambridge University Press.

Anderson, Benedict. 2006. *Imagined Communities: Reflections on the Origin and Spread of Nationalism.* London: Verso.

Andreoni, James. 1989. "Giving with Impure Altruism: Applications to Charity and Ricardian Equivalence." *The Journal of Political Economy* 97 (6): 1447–58.

Andreoni, James. 1990. "Impure Altruism and Donations to Public Goods: A Theory of Warm-Glow Giving." *The Economic Journal* 100 (401): 464–77.

Andreoni, James, and Ragan Petrie. 2004. "Public Goods Experiments without Confidentiality: A Glimpse Into Fund-Raising." *Journal of Public Economics* 88 (7): 1605–23.

Angier, Natalie. 2008. "Political Animals (Yes, Animals)." *New York Times*, January 22.

Ardrey, Robert. 1966. *The Territorial Imperative.* New York: Atheneum.

Arrow, Kenneth, Robert Forsythe, Michael Gorham, Robert Hahn, Robin Hanson, John O. Ledyard, Saul Levmore, Robert Litan, Paul Milgrom, Forrest D. Nelson, George R. Neumann, Marco Ottaviani, Thomas C. Schelling, Robert J. Shiller, Vernon L. Smith, Erik Snowberg, Cass R. Sunstein, Paul C. Tetlock, Philip E. Tetlock, Hal R. Varian, Justin Wolfers, and Eric Zitzewitz. 2008. "The Promise of Prediction Markets." *Science* 320 (5878), May 16: 877–8878.

Atran, Scott, and Joseph Henrich. 2010. "The Evolution of Religion: How Cognitive By-Products, Adaptive Learning Heuristics, Ritual Displays, and Group Competition Generate Deep Commitments to Prosocial Religions." *Biological Theory* 5 (1): 18–30.

Aubert, Maxime, A. Brumm, M. Ramli, T. Sutikna, E. W. Saptomo, B. Hakim, M. J. Morwood, G. D. van den Bergh, L. Kinsley, and A. Dosseto. 2014. "Pleistocene Cave Art from Sulawesi, Indonesia." *Nature* 514 (7521): 223–27.

Auster, Richard, Irving Leveson, and Deborah Sarachek. 1969. "The Production of Health, an Exploratory Study." *Journal of Human Resources* 4 (4): 411–36.

Avent, Ryan. 2016. "Why Do We Work So Hard?" *The Economist 1843*, April. https://www.1843magazine.com/features/why-do-we-work-so-hard.

Axelrod, Robert. 1986. "An Evolutionary Approach to Norms." *American Political Science Review* 80 (4): 1095–1111.

Axtell, Roger. 1997. *Gestures: The Do's and Taboos of Body Language Around the World.* Hoboken, NJ: Wiley.

Baicker, Katherine, Sarah L. Taubman, Heidi L. Allen, Mira Bernstein, Jonathan H. Gruber, Joseph P. Newhouse, Eric C. Schneider, Bill J. Wright, Alan M. Zaslavsky, and Amy N. Finkelstein. 2013. "The Oregon Experiment—Effects of Medicaid on Clinical Outcomes." *New England Journal of Medicine* 368 (18): 1713–22.

Balter, Michael. 2009. "Early Start for Human Art? Ochre May Revise Timeline." *Science* 323 (5914): 569.

Barnett, Susan M., and Stephen J. Ceci. 2002. "When and Where Do We Apply What We Learn?: A Taxonomy for Far Transfer." *Psychological Bulletin* 128 (4): 612.

Baron, Jonathan, and Ewa Szymanska. 2011. "Heuristics and Biases in Charity." In *The Science of Giving: Experimental Approaches to the Study of Charity,* edited by Daniel M. Oppenheimer and Christopher Y. Olivia, 215–35. New York: Psychology Press.

Barrett, William. 2015. "The Largest U.S. Charities for 2015." Forbes, December 9. http://www.forbes.com/sites/williampbarrett/2015/12/09/the-largest-u-s-charities-for-2015/.

Bateson, Gregory. 1955. "A Theory of Play and Fantasy." *Psychiatric Research Reports* 2: 39–51.

Bateson, Melissa, Luke Callow, Jessica Holmes, Maximilian Roche, and Daniel Nettle. 2013. "Do Images of 'Watching Eyes' Induce Behaviour That Is More Pro-Social or More Normative? A Field Experiment on Littering." *PLoS One* 8 (12): e82055.

Baumeister, Roy F., Karen Dale, and Kristin L. Sommer. 1998. "Freudian Defense Mechanisms and Empirical Findings in Modern Social Psychology: Reaction Formation, Projection, Displacement, Undoing, Isolation, Sublimation, and Denial." *Journal of Personality* 66 (6): 1081–1124.

Becker, Penny Edgell, and Pawan H. Dhingra. 2001. "Religious Involvement and Volunteering: Implications for Civil Society." *Sociology of Religion* 62 (3): 315–35.

Bekkers, René. 2005. "It's Not All in the Ask. Effects and Effectiveness of Recruitment Strategies Used by Nonprofits in the Netherlands." 34th Arnova Annual Conference, Washington, DC.

Bekkers, René, and Pamala Wiepking. 2011. "A Literature Review of Empirical Studies of Philanthropy: Eight Mechanisms That Drive Charitable Giving."

Nonprofit and Voluntary Sector Quarterly 40 (5): 924–73.

Bekoff, Marc. 1995. "Play Signals as Punctuation: The Structure of Social Play in Canids." *Behaviour* 132 (5): 419–29.

Belkin, Douglas, and Melissa Korn. 2015. "Stanford Extends Free Tuition to More Middle-Class Students." *Wall Street Journal*, April 3.

Belofsky, Nathan. 2013. *Strange Medicine: A Shocking History of Real Medical Practices Through the Ages*. New York: TarcherPerigee.

Benhabib, Jess, and Mark M. Spiegel. 1994. "The Role of Human Capital in Economic Development Evidence from Aggregate Cross-Country Data." *Journal of Monetary Economics* 34 (2): 143–73.

Benjamin, Walter. 1936. *The Work of Art in the Age of Mechanical Reproduction*. Translated by Harry Zohn. https://www.marxists.org/reference/subject/philosophy/works/ge/benjamin.htm.

Bils, Mark, and Peter J. Klenow. 2000. "Does Schooling Cause Growth?" *American Economic Review* 90 (5): 1160–83.

Bingham, Paul. 2000. "Human Evolution and Human History: A Complete History." *Evolutionary Anthropology: Issues, News, and Reviews* 9 (6): 248–57.

Black, Donald W. 1984. "Laughter." *JAMA: The Journal of the American Medical Association* 252 (21): 2995–98.

Blakeslee, Thomas. 2004. *Beyond the Conscious Mind: Unlocking the Secrets of the Self*. Bloomington, IL: iUniverse.

Boehm, Christopher. 1999. *Hierarchy in the Forest: Egalitarianism and the Evolution of Human Altruism*. Cambridge, MA: Harvard University Press.

Borg, James. 2009. *Body Language: 7 Easy Lessons to Master the Silent Language*. Upper Saddle River, NJ: FT Press.

Borgia, Gerald. 1985. "Bower Quality, Number of Decorations and Mating Success of Male Satin Bowerbirds (*Ptilonorhynchus violaceus*): An Experimental Analysis." *Animal Behaviour* 33 (1): 266–71.

Bornmann, Lutz, Rüdiger Mutz, and Hans-Dieter Daniel. 2010. "A Reliability-Generalization Study of Journal Peer Reviews: A Multilevel Meta-Analysis of Inter-Rater Reliability and Its Determinants." *PLoS One* 14331 (December 14).

Bowles, Samuel, and Herbert Gintis. 1976. *Schooling in Capitalist America*. New York: Basic Books.

Bradbury, Jack W., and Sandra L. Vehrencamp. 1998. *Principles of Animal Communication*. Sunderland, MA: Sinauer Associates.

Branigan, Tania. 2014. "China Bans Wordplay in Attempt at Pun Control." *The*

Guardian, November 28.

Branwen, Gwern. 2009. "Education Is Not about Learning." Gwern.net, July 25. Last modified March 8, 2017. http://www.gwern.net/education-is-not-about-learning#school-hours.

Braverman, Harry. 1974. *Labor and Monopoly Capital: The Degradation of Work in the Twentieth Century*. New York: NYU Press.

Brennan, Geoffrey, and Alan Hamlin. 1998. "Expressive Voting and Electoral Equilibrium." *Public Choice* 95 (1-2): 149–75.

Brint, Steven. 2011. "The Educational Lottery." *Los Angeles Review of Books*, November 15.

Brock, Timothy C., and Joe L. Balloun. 1967. "Behavioral Receptivity to Dissonant Information." *Journal of Personality and Social Psychology* 6 (4 pt 1): 413.

Brook, Robert H., Emmett B. Keeler, Kathleen N. Lohr, Joseph P. Newhouse, John E. Ware, William H. Rogers, Allyson Ross Davies, Cathy D. Sherbourne, George A. Goldberg, Patricia Camp, Caren Kamberg, Arleen Leibowitz, Joan Keesey, and David Reboussin. 2006. "The Health Insurance Experiment: A Classic RAND Study Speaks to the Current Health Care Reform Debate." RAND Research Brief RB-9174-HHS. Santa Monica, CA: RAND Corporation. http://www.rand.org/pubs/research_briefs/RB9174.html.

Brook, Robert H., John E. Ware, William H. Rogers, Emmett B. Keeler, Allyson Ross Davies, Cathy D. Sherbourne, George A. Goldberg, Kathleen N. Lohr, Patricia Camp, and Joseph P. Newhouse. 1984. "The Effect of Coinsurance on the Health of Adults: Results from the RAND Health Insurance Experiment." RAND Report R-3055-HHS. Santa Monica, CA: RAND Corporation. http://www.rand.org/pubs/reports/R3055.html.

Brown, Andrew. 2012. "You Can't Dance to Atheism." *The Guardian* (blog), September 6.

Brown, Donald E. 1991. *Human Universals*. New York: McGraw-Hill.

Brown, Peter C., Henry L. Roediger, and Mark A. McDaniel. 2014. *Make It Stick*. Cambridge, MA: Harvard University Press.

Brown, Richard. 2011. *A Companion to James Joyce. West Sussex*, UK: Wiley-Blackwell.

Bruni, Frank. 2015. "Best, Brightest—and Saddest?" *New York Times*, April 11.

Bruze, Gustaf. 2015. "Male and Female Marriage Returns to Schooling." *International Economic Review* 56 (1): 207–34.

Bryant, W. Keith, Haekyung Jeon-Slaughter, Hyojin Kang, and Aaron Tax. 2003. "Participation in Philanthropic Activities: Donating Money and Time." *Journal of*

Consumer Policy 26 (1): 43–73.

Bucholz, Robert. 2006. "Foundations of Western Civilization II: A History of the Modern Western World." *Great Courses* No. 8700.

Bull, Ray, and Elizabeth Gibson-Robinson. 1981. "The Influences of Eye-Gaze, Style of Dress, and Locality on the Amounts of Money Donated to a Charity." *Human Relations* 34 (10): 895–905.

Bunker, John P. 2001. "The Role of Medical Care in Contributing to Health Improvements within Societies." *International Journal of Epidemiology* 30 (6): 1260–63.

Burling, Robbins. 1986. "The Selective Advantage of Complex Language." *Ethology and Sociobiology* 7 (1): 1–16.

Burr, Bill. 2014. "Smoking Past the Band." *Comedians in Cars Getting Coffee*, season 5, episode 3, November 17. http://comediansincarsgettingcoffee.com/bill-burr-smoking-past-the-band.

Buss, David M. 2002. "Human Mate Guarding." *Neuroendocrinology Letters* 23 (Suppl. 4): 23–29.

Byrne, Margaret M., Kenneth Pietz, LeChauncy Woodard, and Laura A. Petersen. 2006. "Health Care Funding Levels and Patient Outcomes: A National Study." *Health Economics* 16 (4): 385–93.

Caplan, Bryan. 2007. *The Myth of the Rational Voter: Why Democracies Choose Bad Policies*. Princeton, NJ: Princeton University Press.

Caplan, Bryan. 2017. *The Case Against Education*. Princeton, NJ: Princeton University Press.

Carey, Kevin. 2015. "Here's What Will Truly Change Higher Education: Online Degrees That Are Seen as Official." *New York Times*, March 5.

Cardiff, Christopher F., and Daniel B. Klein. 2005. "Faculty Partisan Affiliations in All Disciplines: A Voter-Registration Study." *Critical Review* 17 (3-4): 237–55.

Carman, Katherine Grace. 2003. "Social Influences and the Private Provision of Public Goods: Evidence from Charitable Contributions in the Workplace." Unpublished manuscript. Palo Alto, CA: Stanford University.

Carnegie, Dale. 1936. *How to Win Friends and Influence People*. New York: Simon & Schuster.

Carnevale, Anthony, Stephen Rose, and Ban Cheah. 2011. *The College Payoff: Education, Occupations, Lifetime Earnings*. Washington, DC: Georgetown University Center on Education and the Workforce.

Carpenter, Malinda, Katherine Nagell, and Michael Tomasello. 1998. "Social

Cognition, Joint Attention, and Communicative Competence from 9 to 15 Months of Age." *Monographs of the Society for Research in Child Development* 63 (4): i–174.

Carrell, Scott E., Teny Maghakian, and James E. West. 2011. "A's from Zzzz's? The Causal Effect of School Start Time on the Academic Achievement of Adolescents." *American Economic Journal: Economic Policy* 3 (3): 62–81.

Center for Global Prosperity. 2013. "The Index of Global Philanthropy and Remittances 2013: With a Special Report on Emerging Economics." Hudson Institute, Washington, DC. http://www.hudson.org/content/researchattachments/attachment/1229/2013_indexof_global_philanthropyand_remittances.pdf.

Chan, Sewell. 2009. "New Targets in the Fat Fight: Soda and Juice." *New York Times*, August 31.

Changizi, Mark. 2010. *The Vision Revolution: How the Latest Research Overturns Everything We Thought We Knew about Human Vision*. Dallas, TX: Benbella Books.

Charness, Gary, and Uri Gneezy. 2008. "What's in a Name? Anonymity and Social Distance in Dictator and Ultimatum Games." *Journal of Economic Behavior & Organization* 68 (1): 29–35.

Cheng, Joey T., Jessica L Tracy, Tom Foulsham, Alan Kingstone, and Joseph Henrich. 2013. "Two Ways to the Top: Evidence That Dominance and Prestige Are Distinct Yet Viable Avenues to Social Rank And Influence." *Journal of Personality and Social Psychology* 104 (1): 103.

Chwe, Michael Suk-Young. 2001. *Rational Ritual: Culture, Coordination, and Common Knowledge*. Princeton, NJ: Princeton University Press.

Clark, Gregory. 1987. "Why Isn't the Whole World Developed? Lessons from the Cotton Mills." *The Journal of Economic History* 47 (1): 141–73.

Cochran, Gregory, and Henry Harpending. 2009. *The 10,000 Year Explosion: How Civilization Accelerated Human Evolution*. New York: Basic Books.

Collins, Paul. 2011. "Trust Issues." *Lapham's Quarterly* 4 (4, Fall). http://laphamsquarterly.org/future/trust-issues.

Connor, Richard C., Michael R. Heithaus, and Lynne M. Barre. 1999. "Superalliance of Bottlenose Dolphins." *Nature* 397 (6720): 571–72.

Converse, Philip. 1964. "The Nature of Belief Systems in Mass Publics." In *Ideology and Discontent*, edited by David Apter, 206–61. New York: Free Press.

Corballis, Michael. 2008. "Not the Last Word." Review of *The First Word: The Search for the Origins of Language*, by Christine Kenneally. *American Scientist* 96 (1,

January-February): 68.

Cosmides, Leda, and John Tooby. 1992. "Cognitive Adaptations for Social Exchange." In *The Adapted Mind: Evolutionary Psychology and the Generation of Culture*, edited by J. Barkow, L. Cosmides, and J. Tooby, 163–228. New York: Oxford University Press.

Costa, Dora L. & Matthew E. Kahn. 2009. *Heroes and Cowards: The Social Face of War.* Princeton, NJ: Princeton University Press.

Croyle, Robert T., Elizabeth F. Loftus, Steven D. Barger, Yi-Chun Sun, Marybeth Hart, and JoAnn Gettig. 2006. "How Well Do People Recall Risk Factor Test Results? Accuracy and Bias among Cholesterol Screening Participants." *Health Psychology* 25 (3): 425.

Cutler, David, Jonathan Skinner, Ariel Dora Stern, and David Wennberg. 2013. "Physician Beliefs and Patient Preferences: A New Look at Regional Variation in Health Care Spending." NBER Working Paper No. 19320, National Bureau for Economic Research, Cambridge, MA.

Dall, Sasha RX, Luc-Alain Giraldeau, Ola Olsson, John M. McNamara, and David W. Stephens. 2005. "Information and Its Use By Animals in Evolutionary Ecology." *Trends in Ecology & Evolution* 20 (4): 187–93.

Darwin, Charles. 2012. *The Expression of the Emotions in Man and Animals*. Project Gutenberg, released 1998. www.gutenberg.org/ebooks/1227.

Davis, Fred. 1994. *Fashion, Culture, and Identity*. Chicago: University of Chicago Press.

Davison, W. Phillips. 1983. "The Third-Person Effect in Communication." *Public Opinion Quarterly* 47 (1): 1–15.

Dawkins, Richard. 1976. *The Selfish Gene*. New York: Oxford University Press.

Dawson, Erica, Kenneth Savitsky, and David Dunning. 2006. "'Don't Tell Me, I Don't Want to Know': Understanding People's Reluctance to Obtain Medical Diagnostic Information." *Journal of Applied Social Psychology* 36 (3): 751–68.

Dehaene, Stanislas, Jean-Pierre Changeux, Lionel Naccache, Jérôme Sackur, and Claire Sergent. 2006. "Conscious, Preconscious, and Subliminal Processing: A Testable Taxonomy." *Trends in Cognitive Sciences* 10 (5): 204–11.

de la Fuente, Angel, and Rafael Doménech. 2006. "Human Capital in Growth Regressions: How Much Difference Does Data Quality Make?" *Journal of the European Economic Association* 4 (1): 1–36.

Delli-Carpini, M. X., and S. Keeter. 1997. *What Americans Know about Politics and Why It Matters*. New Haven CT: Yale University Press.

de Miguel, C., and Maciej Henneberg. 2001. "Variation in Hominid Brain Size: How Much Is Due to Method?" *Homo* 52 (1): 3–58.

DeMuro, Doug. 2013. "Hatchback vs Sedan: Why You Might Want to Consider a Hatchback." *AutoTrader*, June. http://www.autotrader.com/car-news/hatchback-vs-sedan-why-you-might-want-to-consider-a-hatchback-209345.

Dennett, Daniel C. 1991. *Consciousness Explained.* New York: Little, Brown.

Dessalles, Jean-Louis. 2007. *Why We Talk: The Evolutionary Origins of Language.* New York: Oxford University Press.

Desvousges, William, Reed Johnson, Richard Dunford, Kevin Boyle, Sara Hudson, and Nicole Wilson. 1992. *Measuring Nonuse Damages Using Contingent Valuation: An Experimental Evaluation of Accuracy.* Monograph 92-1, No. BM. Research Triangle Park, NC: Research Triangle Institute.

Detterman, Douglas K., and Robert J. Sternberg. 1993. *Transfer on Trial: Intelligence, Cognition, and Instruction.* New York: Ablex.

de Waal, Frans. 1982. *Chimpanzee Politics: Power and Sex among Apes.* Baltimore: Johns Hopkins University Press.

de Waal, Frans. 1996. *Good Natured: The Origins of Right and Wrong in Humans and Other Animals.* Cambridge, MA: Harvard University Press.

de Waal, Frans. 1997. "The Chimpanzee's Service Economy: Food for Grooming." *Evolution and Human Behavior* 18 (6): 375–86.

de Waal, Frans. 2005. *Our Inner Ape.* New York: Penguin.

Diamond, Jared. 1997. *Guns, Germs, and Steel: The Fates of Human Societies.* New York: W. W. Norton.

Dikötter, Frank. 2010. *Mao's Great Famine: The History of China's Most Devastating Catastrophe, 1958–1962.* New York: Bloomsbury.

Dissanayake, Ellen. 1980. "Art as a Human Behavior: Toward an Ethological View of Art." *Journal of Aesthetics and Art Criticism* 38 (4): 397–406.

Dissanayake, Ellen. 1988. *What Is Art For?* Seattle: University of Washington Press.

Dissanayake, Ellen. 1992. *Homo Aestheticus: Where Art Comes from and Why.* New York: Free Press.

Dovidio, John, and Steve Ellyson. 1982. "Decoding Visual Dominance: Attributions of Power Based on Relative Percentages of Looking While Speaking and Looking While Listening." *Social Psychology Quarterly* 45 (2): 106–13.

Dovidio, John, Steve Ellyson, Caroline Keating, Karen Heltman, and Clifford Brown. 1988. "The Relationship of Social Power to Visual Displays of Dominance Between Men and Women." *Journal of Personality and Social Psychology* 54 (2): 233–42.

Duhigg, Charles. 2012. “How Companies Learn Your Secrets.” *New York Times Magazine*, February 16.

Dunbar, Robin I. M. 1980. “Determinants and Evolutionary Consequences of Dominance among Female Gelada Baboons.” *Behavioral Ecology and Sociobiology* 7 (4): 253–65.

Dunbar, Robin I. M., and M. Sharman. 1984. “Is social grooming altruistic?” *Zeitschrift für Tierpsychologie* 64 (2): 163–73.

Dunbar, Robin I. M. 1991. “Functional Significance of Social Grooming In Primates.” *Folia Primatologica* 57 (3): 121–31.

Dunbar, Robin I. M. 2002. “The Social Brain Hypothesis.” *Foundations in Social Neuroscience* 5 (71): 69.

Dunbar, Robin I. M. 2003. “The Social Brain: Mind, Language, and Society in Evolutionary Perspective.” *Annual Review of Anthropology* 32: 163–81.

Dunbar, Robin I. M. 2004. “Gossip in Evolutionary Perspective.” *Review of General Psychology* 8 (2): 100.

Dunbar, Robin I. M. 2010. “The Social Role of Touch in Humans and Primates: Behavioural Function and Neurobiological Mechanisms.” *Neuroscience & Biobehavioral Reviews* 34 (2): 260–68.

Durant, Will, and Ariel Durant. 1968. *The Lessons of History*. New York: Simon & Schuster.

Durkheim, Émile. 1995. *The Elementary Forms of Religious Life*. Translated by Karen E. Fields. New York: Free Press.

Eastman, Max. 1936. *Enjoyment of Laughter*. New York: Simon & Schuster.

The Economist. 2014. “Why Is Everyone So Busy?” December 20. http://www.economist.com/news/christmas-specials/21636612-time-poverty-problem-partly-perception-and-partly-distribution-why.

Edwards, Finley. 2012. “Early to Rise? The Effect of Daily Start Times on Academic Performance.” *Economics of Education Review* 31 (6): 970–83.

Edwards, Jonathan. 1821. *A Treatise Concerning Religious Affectations, in Three Parts*. Philadelphia, PA: James Crissy.

Ehrenreich, Barbara. 2007. *Dancing in the Streets: A History of Collective Joy*. New York: Holt.

Eibl-Eibesfeldt, Irenäus. 2009. *Human Ethology*. Piscataway, NJ: Transaction.

Ekman, Paul, and Wallace V. Friesen. 1971. “Constants across Cultures in the Face and Emotion.” *Journal of Personality and Social Psychology* 17 (2): 124.

Elias, Norbert. 2000. *The Civilizing Process: Sociogenetic and Psychogenetic*

Investigations. Translated by Edmund Jephcott. Oxford, UK: Blackwell.

Ellyson, Steve L., John F. Dovidio, Randi L. Corson, and Debbie L. Vinicur. 1980. "Visual Dominance Behavior in Female Dyads: Situational and Personality Factors." *Social Psychology Quarterly* 43 (3): 328–36.

Emanuel, Ezekiel. 2013. "Better, If Not Cheaper, Care." *New York Times*, January 3.

Emerson, Ralph Waldo. 1995. *The Heart of Emerson's Journals*, edited by Bliss Perry. New York: Dover.

Emerson, Ralph Waldo. 2012. *Essays*. Project Gutenberg, released 2005. www.gutenberg.org/ebooks/16643.

Eren, Ozkan, and Daniel J. Henderson. 2011. "Are We Wasting Our Children's Time by Giving Them More Homework?" *Economics of Education Review* 30 (5): 950–61.

Exline, Ralph, Steve Ellyson, and Barbara Long. 1975. "Visual Behavior as an Aspect of Power Role Relationships." In *Nonverbal Communication of Aggression*, Vol. 2 of *Advances in the Study of Communication and Affect*, edited Patricia Pliner, Lester Krames, Thomas Alloway, 21–52. New York: Springer.

Exline, Ralph, John F. Dovidio, Randi L. Corson, and Debbie L. Vinicur. 1980. "Visual Dominance Behavior in Female Dyads: Situational and Personality Factors." *Social Psychology Quarterly* 43 (3): 328–36.

Farrell, Henry, and Martha Finnemore. 2013. "The End of Hypocrisy: American Foreign Policy in the Age of Leaks." *Foreign Affairs*, November/December.

Fenichel, Otto. 1995. *The Psychoanalytic Theory of Neurosis*. New York: W. W. Norton.

Finch, Robert P. 2010. A Shaw Anthology. United States: Laplace Publications and Art Bank.

Fine, Gary Alan, Jeffrey L. Stitt, and Michael Finch. 1984. "Couple Tie-Signs and Interpersonal Threat: A Field Experiment." *Social Psychology Quarterly* 47 (3): 282–86.

Finkelstein, Amy, Sarah Taubman, Bill Wright, Mira Bernstein, Jonathan Gruber, Joseph P. Newhouse, Heidi Allen, Katherine Baicker, and Oregon Health Study Group. 2102. "The Oregon Health Insurance Experiment: Evidence from the First Year" *Quarterly Journal of Economics* 127 (3): 1057–106.

Fisher, Franklin M., John J. McGowan, and David S. Evans. 1980. "The Audience-Revenue Relationship for Local Television Stations." *Bell Journal of Economics* 11 (2): 694–708.

Fisher, Elliott S., John E. Wennberg, Therese A. Stukel, Jonathan S. Skinner, Sandra M. Sharp, Jean L. Freeman, and Alan M. Gittelsohn. 2000. "Associations among

Hospital Capacity, Utilization, and Mortality of U.S. Medicare Beneficiaries, Controlling for Sociodemographic Factors." *Health Services Research* 34 (6): 1351.

Fisher, Elliott S., David E. Wennberg, Thrse A. Stukel, Daniel J. Gottlieb, F. Lee Lucas, and Etoile L. Pinder. 2003. "The Implications of Regional Variations in Medicare Spending. Part 1: The Content, Quality, and Accessibility of Care." *Annals of Internal Medicine* 138 (4): 273–87.

Flack, Jessica C., Lisa A. Jeannotte, and Frans de Waal. 2004. "Play Signaling and the Perception of Social Rules by Juvenile Chimpanzees (*Pan troglodytes*)." *Journal of Comparative Psychology* 118 (2): 149.

Flanagan, Caitlin. 2012. "Jackie and the Girls: Mrs. Kennedy's JFK problem—and Ours." *The Atlantic*, July/August. http://www.theatlantic.com/magazine/archive/2012/07/jackie-and-the-girls/309000/.

Flesch, William. 2007. *Comeuppance: Costly Signaling, Altruistic Punishment, and Other Biological Components of Fiction*. Cambridge, MA: Harvard University Press.

Forster, Edward S. 2005. *The Turkish Letters of Ogier Ghiselin de Busbecq*. Baton Rouge: Louisiana State University Press.

Fox, Craig R., Rebecca K. Ratner, and Daniel S. Lieb. 2005. "How Subjective Grouping of Options Influences Choice and Allocation: Diversification Bias and the Phenomenon of Partition Dependence." *Journal of Experimental Psychology: General* 134 (4): 538.

Frank, Robert H., Thomas Gilovich, and Dennis T. Regan. 1993. "Does Studying Economics Inhibit Cooperation?" *The Journal of Economic Perspectives* 7 (2): 159–71.

Frejka, Tomas, and Charles F. Westoff. 2008. "Religion, Religiousness and Fertility in the U.S. and in Europe." *European Journal of Population/Revue européenne de Démographie* 24 (1): 5–31.

Freud, Anna. 1992. *The Ego and the Mechanisms of Defence*. London: Karnac Books.

Frumin, Idan, Ofer Perl, Yaara Endevelt-Shapira, Ami Eisen, Neetai Eshel, Iris Heller, Maya Shemesh, Aharon Ravia, Lee Sela, Anat Arzi, and Noam Sobel. 2015. "A Social Chemosignaling Function for Human Handshaking." *Elife* 4 (March 3): e05154.

Fuchs, Victor R. 1998. "Health, Government, and Irving Fisher." Technical Report 6710, National Bureau for Economic Research, Cambridge, MA.

Gaither, Carl C., and Alma E. Cavazos-Gaither. 2008. *Gaither's Dictionary of Scientific Quotations*. Berlin/Heidelberg: Springer Science + Business Media.

Gallie, Walter Bryce. 1995. "Essentially Contested Concepts." *Proceedings of the Aristotelian Society* 56: 167–98.

Gatto, John. 1990. "Why Schools Don't Educate." *The Sun* 175, June. http://thesunmagazine.org/archives/937.

Gawande, Atul. 2007. "The Checklist." *New Yorker*, December 10.

Gazzaniga, Michael S. 1989. "Organization of the Human Brain." *Science* 245 (4921): 947–52.

Gazzaniga, Michael S. 1998. "The Split Brain Revisited." *Scientific American* 279 (1): 50–55.

Gazzaniga, Michael S. 2000. "Cerebral Specialization and Interhemispheric Communication." *Brain* 123 (7): 1293–326.

Gazzaniga, Michael S., and Joseph E. LeDoux. 2013. *The Integrated Mind*. Berlin/Heidelberg: Springer Science + Business Media.

Gazzaniga, Michael S., and Patricia Ann Reuter-Lorenz. 2010. *The Cognitive Neuroscience of Mind: A Tribute to Michael S. Gazzaniga*. Cambridge, MA: MIT Press.

Geehr, Carly. 2012. "Do Olympic or Competitive Swimmers Ever Pee in the Pool?" Quora, July 30. https://www.quora.com/Do-Olympic-or-competitive-swimmers-ever-pee-in-the-pool/answer/Carly-Geehr.

Gelman, Andrew, Nate Silver, and Aaron Edlin. 2012. "What Is the Probability Your Vote Will Make a Difference?" *Economic Inquiry* 50 (2): 321–26.

Gerber, Alan S., Gregory A. Huber, David Doherty, and Conor M. Dowling. 2012. "Disagreement and the Avoidance of Political Discussion: Aggregate Relationships and Differences across Personality Traits." *American Journal of Political Science* 56 (4): 849–74.

Gerber, Alan, Gregory Huber, Conor Dowling, David Doherty, and Nicole Schwartzberg. 2009. "Using Battleground States as a Natural Experiment to Test Theories of Voting." Paper presented at the American Political Science Association, Toronto, September 3–6.

Gersick, Andrew, and Robert Kurzban. 2014. "Covert Sexual Signaling: Human Flirtation and Implications for Other Social Species." *Evolutionary Psychology* 12 (3): 549–69.

Gertman, Paul M., Debra A. Stackpole, Dana Kern Levenson, Barry M. Manuel, Robert J. Brennan, and Gary M. Janko. 1980. "Second Opinions for Elective Surgery: The Mandatory Medicaid Program in Massachusetts." *New England Journal of Medicine* 302 (21): 1169–74.

Getzen, Thomas E. 2000. "Health Care Is an Individual Necessity and a National Luxury: Applying Multilevel Decision Models to the Analysis of Health Care

Expenditures." *Journal of Health Economics* 19 (2): 259–70.
Giles, Howard, Nikolas Coupland, and Justine Coupland, eds. 1991. "Accommodation Theory: Communication, Context, and Consequence." In *Contexts of Accommodation: Developments in Applied Sociolinguistics*, edited by Howard Giles, Justine Coupland, and Nikolas Coupland, 1–68. Cambridge, UK: Cambridge University Press.
Gioia, Michael. 2016. "Stanford's Admission Rate Drops to 4.69 Percent." *Stanford Daily*, March 25.
GiveWell. 2016. "Against Malaria Foundation." Top Charities, November. Accessed January 7, 2017. http://www.givewell.org/charities/against-malaria-foundation.
Giving USA. 2015. "Americans Donated an Estimated $358.38 Billion to Charity in 2014; Highest Total in Report's 60-year History." The Giving Institute, June 16. https://givingusa.org/giving-usa-2015-press-release-giving-usa-americans-donated-an-estimated-358-38-billion-to-charity-in-2014-highest-total-in-reports-60-year-history/.
Glass, Ira. 2015. "Copes See It Differently." *This American Life*, No. 547. Radio broadcast, February 6.
Glazer, Amihai, and Kai A. Konrad. 1996. "A Signaling Explanation for Charity." *The American Economic Review* 86 (4): 1019–28.
Goodenough, Ursula W. 1991. "Deception by Pathogens." *American Scientist* 79 (4): 344–55.
Goosen, C. 1981. "On the Function of Allogrooming in Old-World Monkeys." In *Primate Behavior and Sociobiology*, edited by A. B. Chiarelli and R. S. Corruccini, 110–120. Proceedings in Life Sciences. Berlin/Heidelberg/Springer.
Grace, Debra, and Deborah Griffin. 2006. "Exploring Conspicuousness in the Context of Donation Behaviour." *International Journal of Nonprofit and Voluntary Sector Marketing* 11 (2): 147–54.
Greene, Robert. 1998. *The 48 Laws of Power.* New York: Viking.
Greenwald, Anthony G., Debbie E. McGhee, and Jordan L. K. Schwartz. 1998. "Measuring Individual Differences in Implicit Cognition: The Implicit Association Test." *Journal of Personality and Social Psychology* 74 (6): 1464.
Gregory Jr., Stanford W., and Timothy J. Gallagher. 2002. "Spectral Analysis of Candidates' Nonverbal Vocal Communication: Predicting U.S. Presidential Election Outcomes." *Social Psychology Quarterly* 65 (3): 298–308.
Gregory Jr., Stanford W., and Stephen Webster. 1996. "A Nonverbal Signal in Voices of Interview Partners Effectively Predicts Communication Accommodation and

Social Status Perceptions." *Journal of Personality and Social Psychology* 70 (6): 1231.
Grice, H. Paul. 1975. "Logic and Conversation." In *Syntax and Semantics 3: Speech Acts*, edited by Peter Cole and Jerry L. Morgan, 41–58. New York: Academic Press.
Griskevicius, Vladas, Noah Goldstein, Chad Mortensen, Robert Cialdini, and Douglas Kenrick. 2006. "Going Along versus Going Alone: When Fundamental Motives Facilitate Strategic (Non) Conformity." *Journal of Personality and Social Psychology* 91 (2): 281.
Griskevicius, Vladas, Joshua M. Tybur, and Bram Van den Bergh. 2010. "Going Green to Be Seen: Status, Reputation, and Conspicuous Conservation." *Journal of Personality and Social Psychology* 98 (3): 392.
Griskevicius, Vladas, Joshua M. Tybur, and Jill M. Sundie. 2007. "Blatant Benevolence and Conspicuous Consumption: When Romantic Motives Elicit Strategic Costly Signals." *Journal of Personality and Social Psychology* 93 (1): 85.
Gross, Neil. 2013. *Why Are Professors Liberal and Why Do Conservatives Care?* Cambridge, MA: Harvard University Press.
Hadley, Jack. 1982. *More Medical Care Better Health?* Washington, DC: Urban Institute Press.
Haidt, Jonathan. 2006. *The Happiness Hypothesis: Finding Modern Truth in Ancient Wisdom*. New York: Basic Books.
Haidt, Jonathan. 2102. *The Righteous Mind: Why Good People Are Divided by Politics and Religion*. New York: Vintage.
Haldeman, Harry R., and Joseph DiMona. 1978. *The Ends of Power*. New York: Dell.
Haley, Kevin J., and Daniel M. T. Fessler. 2005. "Nobody's Watching?: Subtle Cues Affect Generosity in an Anonymous Economic Game." *Evolution and Human Behavior* 26 (3): 245–56.
Hall, Edward Twitchell. 1966. *The Hidden Dimension*. New York: Doubleday.
Hall, Lars, Petter Johansson, and Thomas Strandberg. 2012 . "Lifting the Veil of Morality: Choice Blindness and Attitude Reversals on a Self-Transforming Survey." *PLoS One* 7 (9): e45457.
Hall, Lars, Petter Johansson, Betty Tärning, and Thérèse Deutgen. 2010. "Magic at the Marketplace: Choice Blindness for the Taste of Jam and the Smell of Tea." *Cognition* 117 (1): 54–61.
Hanson, Robin. 1995. "Comparing Peer Review to Information Prizes." *Social Epistemology* 9 (1): 49–55.
Hanson, Robin. 1998. "Patterns of Patronage: Why Grants Won Over Prizes in

Science." Working Paper, University of California, Berkeley, July 28. http://hanson.gmu.edu/whygrant.pdf.

Hanson, Robin. 2008. "Showing That You Care; The Evolution of Health Altruism," *Medical Hypotheses* 70 (4): 724–42.

Hanson, Robin. 2012. "Marginal Charity." *Overcoming Bias* (blog), November 24. http://www.overcomingbias.com/2012/11/marginal-charity.html.

Harbaugh, William T. 1998. "What Do Donations Buy?: A Model of Philanthropy Based on Prestige and Warm Glow." *Journal of Public Economics* 67 (2): 269–84.

Harris, Judith Rich. 2006. *No Two Alike: Human Nature and Human Individuality.* New York: W. W. Norton.

Haskell, Robert E. 2000. *Transfer of Learning: Cognition and Instruction.* Cambridge, MA: Academic Press.

Hayek, Anne-Sophie, Anne-Sophie, Claudia Toma, Dominique Oberlé, and Fabrizio Butera. 2015. "Grading hampers cooperative information sharing in group problem solving." *Social Psychology* 46 (3): 121–31.

Hayek, Friedrich. 1988. *The Fatal Conceit: The Errors of Socialism.* Chicago: University of Chicago Press.

Heaney, Michael, and Fabio Rojas. 2015. *Party in the Street: The Antiwar Movement and the Democratic Party after 9/11.* New York: Cambridge University Press.

Henrich, Joseph. 2015. *The Secret of Our Success: How Culture Is Driving Human Evolution, Domesticating Our Species, and Making Us Smarter.* Princeton, NJ: Princeton University Press.

Henrich, Joseph, and Francisco J. Gil-White. 2001. "The Evolution of Prestige: Freely Conferred Deference as a Mechanism for Enhancing the Benefits of Cultural Transmission." *Evolution and Human Behavior* 22 (3): 165–96.

Hobbes, Thomas. 2013. *Leviathan.* Project Gutenberg, released 2009. http://www.gutenberg.org/ebooks/3207.

Hoffman, Elizabeth, Kevin McCabe, and Vernon L. Smith. 1996."Social Distance and Other-Regarding Behavior in Dictator Games." *American Economic Review* 86 (3): 653–60.

Hollis, Nigel. 2011. "Why Good Advertising Works (Even When You Think It Doesn't)." *The Atlantic*, August 31. http://www.theatlantic.com/business/archive/2011/08/why-good-advertising-works-even-when-you-think-it-doesnt/244252/.

Hope Consulting. 2010. "Money for Good: The U.S. Market for Impact Investments and Charitable Gifts from Individuals Summary Findings." Aspen Institute, San Francisco, CA, August. http://www.aspeninstitute.org/sites/default/files/content/

docs/ande/ANDE_MFGSummaryNote_15AUG10.pdf.
Hugill, Nadine, Bernhard Fink, and Nick Neave. 2010. "The Role of Human Body Movements in Mate Selection." *Evolutionary Psychology* 8 (1): 66–89.
Hume, David. (1739) 1978. *A Treatise of Human Nature*. London: John Noon.
Hummer, Robert, Richard G. Rogers, Charles B. Nam, and Christopher G. Ellison. 1999. "Religious Involvement and U.S. Adult Mortality." *Demography* 36 (2): 273–85.
Huntington, Samuel P. 1997. *The Clash of Civilizations and the Remaking of World Order*. New York: Touchstone.
Hutchinson, Lee. 2014. "Tripping through IBM's Astonishingly Insane 1937 Corporate Songbook." *Ars Technica*, August 29.
Iannaccone, Laurence R. 1992. "Sacrifice and Stigma: Reducing Free-Riding in Cults, Communes, and Other Collectives." *Journal of Political Economy* 100 (2): 271–91.
Iannaccone, Laurence R. 1998. "Introduction to the Economics of Religion." *Journal of Economic Literature* 36 (3): 1465–95.
Ioannidis, John P. A. 2005a. "Contradicted and Initially Stronger Effects in Highly Cited Clinical Research." *Journal of the American Medical Association* 294 (2): 218–28.
Ioannidis, John P. A. 2005b. "Why Most Published Research Findings Are False." *PLoS Med* 2 (8): e124.
Iredale, Wendy, Mark Van Vugt, and Robin Dunbar. 2008. "Showing Off in Humans: Male Generosity as a Mating Signal." *Evolutionary Psychology* 6 (3): 386–92.
Institute of Medicine, Committee on Quality of Health Care in America, Molla S. Donaldson, Janet M. Corrigan, and Linda T. Kohn. 1999. *To Err Is Human: Building a Safer Health System*." Washington, DC: National Academy Press.
Islam, Nazrul. 1995. "Growth Empirics: A Panel Data Approach." *Quarterly Journal of Economics* 110 (4): 1127–70.
Iyengar, Shanto, Gaurav Sood, and Yphtach Lelkes. 2012. "Affect, Not Ideology a Social Identity Perspective on Polarization." *Public Opinion Quarterly* 76 (3): 405–31.
Iyengar, Shanto, and Sean J. Westwood. 2015. "Fear and Loathing across Party Lines: New Evidence on Group Polarization." *American Journal of Political Science* 59 (3): 690–707.
Isaacson, Walter. 2011. *Steve Jobs*. New York: Simon & Schuster.

Jackson, Jeffrey M., and Bibb Latané. 1981. "Strength and Number of Solicitors and the Urge toward Altruism." *Personality and Social Psychology Bulletin* 7 (3): 415–22.

Jain, Manoj. 2009. "A Skeptic Becomes a True Believer." *Washington Post*, February 10.

Johansson, Petter, Lars Hall, Sverker Sikström, and Andreas Olsson. 2005. "Failure to Detect Mismatches between Intention and Outcome in a Simple Decision Task." *Science* 310 (5745): 116–19.

Johnson, Dominic D. P. 2005. "God's Punishment and Public Goods." *Human Nature* 16 (4): 410–46.

Johnstone, Keith. 1985. *Impro: Improvisation and the Theatre*. New York: Theatre Arts Books.

Jones, Jeffrey M. 2012. "Atheists, Muslims See Most Bias as Presidential Candidates." Gallup, June 21. http://www.gallup.com/poll/155285/atheists-muslims-bias-presidential-candidates.aspx

Jones, Philip, and John Hudson. 2000. "Civic Duty and Expressive Voting: Is Virtue Its Own Reward?" *Kyklos* 53 (1): 3–16.

Jordania, Joseph. 2011. *Why Do People Sing?: Music in Human Evolution*. Tbilisi, Georgia: Logos.

Jordania, Joseph. 2014. *Tigers, Lions, and Humans: History of Rivalry, Conflict, Reverence and Love*. Tbilisi, Georgia: Logos.

Kahneman, Daniel. 2011. *Thinking, Fast and Slow*. New York: Farrar, Straus and Giroux.

Kahneman, Daniel, and Shane Frederick. 2002. "Representativeness Revisited: Attribute Substitution in Intuitive Judgment." In *Heuristics and Biases: The Psychology of Intuitive Judgment*, edited by Thomas Gilovich, Dale Griffin, and Daniel Kahneman, 49. Cambridge, UK: Cambridge University Press.

Kant, Immanuel. 2007. *The Critique of Judgment*. Translated by James Creed Meredith. Revised and edited by Nicholas Walker. Oxford, UK: Oxford University Press.

Kaufman, Myles. 2014. "The Curious Case of U.S. Ticket Resale Laws." Seatgeek.com, September 28. Last modified February 22, 2017. https://seatgeek.com/tba/articles/ticket-resale-laws/.

Katz, Andrew. 2013. "As the Hajj Unfolds in Saudi Arabia, A Deep Look Inside the Battle against MERS." *Time*, October 16.

Kawakami, Kiyobumi, Kiyoko Takai-Kawakami, Masaki Tomonaga, Juri

Suzuki, Tomiyo Kusaka, and Takashi Okai. 2006. "Origins of Smile and Laughter: A Preliminary Study." *Early Human Development* 82 (1): 61–66.

Kenrick, Douglas T. 2011. *Sex, Murder, and the Meaning of Life: A Psychologist Investigates How Evolution, Cognition, and Complexity Are Revolutionizing Our View of Human Nature*. New York: Basic Books.

Kenrick, Douglas T., and Vladas Griskevicius. 2013. *The Rational Animal: How Evolution Made Us Smarter Than We Think*. New York: Basic Books.

Keynes, John Maynard. 1931. *Essays in Persuasion*. London: Macmillan.

Kinder, Donald. 1998. "Attitude and Action in the Realm of Politics." In *Handbook of Social Psychology*, 4th ed., edited by D. Gilbert, S. Fiske, and G. Lindzey, pp. 778–867. New York: Oxford University Press.

Kirkpatrick, Melanie. 2010. "One Nation, Indivisible." *Wall Street Journal*, October 11.

Kiva. 2017. "Maria's story." Kiva.org, accessed January 7. https://www.kiva.org/lend/1020392.

Klein, Daniel B., and Charlotta Stern. 2009. "By the Numbers: The Ideological Profile of Professors." In *The Politically Correct University: Problems, Scope, and Reforms*, edited by Robert Maranto, Richard E. Redding, and Fredrick M. Hess, 15–36. Washington, DC: National Research Initiative, American Enterprise Institute.

Klein, Ezra, and Alvin Chang. 2015. "Political Identity Is Fair Game for Hatred": How Republicans and Democrats Discriminate." *Vox News*, December 7. http://www.vox.com/2015/12/7/9790764/partisan-discrimination

Klofstad, Casey A., Rose McDermott, and Peter K. Hatemi. 2013. "The Dating Preferences of Liberals and Conservatives." *Political Behavior* 35 (3): 519–38.

Knapp, Mark. 1972. *Nonverbal Communication in Human Interaction*. New York: Holt, Rinehart and Winston.

Kornhaber, Spencer. 2015. "Empathy: Overrated?" *The Atlantic*, July 3. http://www.theatlantic.com/health/archive/2015/07/against-empathy-aspen-paul-bloom-richard-j-davidson/397694/.

Kozintsev, Alexander. 2010. *The Mirror of Laughter*. Translated by Richard Martin. New Brunswick, NJ: Transaction.

Kraus, Nancy, Torbjörn Malmfors, and Paul Slovic. 1992. "Intuitive Toxicology: Expert and Lay Judgments of Chemical Risks." *Risk Analysis* 12 (2): 215–32.

Krebs, John R., and Richard Dawkins. 1984. "Animal Signals: Mind-Reading and Manipulation." In *Behavioural Ecology: An Evolutionary Approach*, 2nd ed., edited by J. R. Krebs and N. B. Davies, 380–402. Oxford, UK: Blackwell Scientific.

Krueger, Alan B., and Mikael Lindahl. 2001. "Education for Growth: Why and for Whom?" Journal of Economic Literature 39 (4): 1101–36.

Kuran, Timur. 1995. *Private Truths, Public Lies: The Social Consequences of Preference Falsification.* Cambridge, MA: Harvard University Press.

Kurzban, Robert. 2012. *Why Everyone (Else) Is a Hypocrite: Evolution and the Modular Mind.* Princeton, NJ: Princeton University Press.

Lachmann, Michael, Szabolcs Szamado, and Carl T. Bergstrom. 2001. "Cost and Conflict in Animal Signals and Human Language." *Proceedings of the National Academy of Sciences* 98 (23): 13189–94.

Lahaye, Rick. 2014. "Looking for Help: What's the Distinction between Self-Deception and Self-Concealment?" Research Gate, September 1. https://www.researchgate.net/post/Looking_for_help_Whats_the_distinction_between_self-deception_and_self-concealment.

Lakoff, George, and Mark Johnson. 1980. *Metaphors We Live By*. Chicago: University of Chicago Press.

Land, Michael F., and Dan-Eric Nilsson. 2002. *Animal Eyes*. New York: Oxford University Press.

Landry, Craig, Andreas Lange, John A. List, Michael K. Price, and Nicholas G. Rupp. 2005. "Toward an Understanding of the Economics of Charity: Evidence from a Field Experiment." Working Paper, National Bureau for Economic Research (NBER), Cambridge, MA, and Resources for the Future (RFF), Washington, DC. http://ices.gmu.edu/wp-content/uploads/2010/07/Fall_09_Price.pdf.

Lange, Fabian, and Robert Topel. 2006. "The Social Value of Education and Human Capital." In *Handbook of the Economics of Education*, Vol. 1, edited by Eric A. Hanushek and Finis Welch, 459–509. Amsterdam: North-Holland.

Lantz, Paula, James House, James Lepkowski, David Williams, Richard Mero, and Jieming Chen. 1998. "Socioeconomic Factors, Health Behaviors, and Mortality: Results from a Nationally Representative Prospective Study of U.S. Adults." *Journal of the American Medical Association* 279 (21): 1703–708.

Langworth, Richard. 2011. *Churchill by Himself: The Definitive Collection of Quotations.* New York: Public Affairs.

La Rochefoucauld, François. 1982. *Maxims*. Translated by Leonard Tancock. London, UK: Penguin.

Leape, Lucian L. 2000. "Institute of Medicine Medical Error Figures Are Not

Exaggerated." *Journal of the American Medical Association* 284 (1): 95–97.
Lehmann, Julia, A. H. Korstjens, and R. I. M. Dunbar. 2007. "Group Size, Grooming and Social Cohesion in Primates." *Animal Behaviour* 74 (6): 1617–29.
Lelkes, Orsolya. 2006. "Tasting Freedom: Happiness, Religion and Economic Transition." *Journal of Economic Behavior & Organization* 59 (2): 173–94.
Lewis, Gregory. 2012. "How Many Lives Does a Doctor Save?" 80,000 Hours (blog), August 19. https://80000hours.org/2012/08/how-many-lives-does-a-doctor-save/.
Lewis, Jeff. 2002. *Cultural Studies—The Basics*. London: SAGE.
Lin, Zhiqiu, and Augustine Brannigan. 2006. "The Implications of a Provincial Force in Alberta and Saskatchewan." In *Laws and Societies in the Canadian Prairie West, 1670–1940*, edited by Louis A. Knafla and Jonathan Swainger, 240. Vancouver, Canada: UBC Press.
Locke, John. 1999. *Why We Don't Talk to Each Other Anymore: The De-Voicing of Society*. New York: Simon & Schuster.
Locke, John. 2011. *Duels and Duets: Why Men and Women Talk So Differently*. New York: Cambridge University Press.
Lorenz, Konrad. 2002. *On Aggression*. Hove, UK: Psychology Press.
Lott, Jr., John R. 1999. "Public Schooling, Indoctrination, and Totalitarianism." *Journal of Political Economy* 107 (S6): S127–57.
Lundberg, George D. 1998. "Low-Tech Autopsies in the Era of High-Tech Medicine: Continued Value for Quality Assurance and Patient Safety." *Journal of the American Medical Association* 280 (14): 1273–74.
Lurie, Alison. 1981. *The Language of Clothes*. New York: Random House.
Macilwain, Colin. 2010. "Science Economics: What Science Is Really Worth." *Nature* 465: 682–84.
Macskássy, Sofus Attila. 2013. "From Classmates to Soulmates." *Facebook Data Science*, October 7. https://www.facebook.com/notes/facebook-data-science/from-classmates-to-soulmates/10151779448773859.
Mahoney, Annette, Kenneth Pargament, Nalini Tarakeshwar, and Aaron Swank. 2002. "Religion in the Home in the 1980s and 1990s: A Meta-Analytic Review and Conceptual Analysis of Links between Religion, Marriage, and Parenting." *Journal of Family Psychology* 15 (4):559–96.
Manning, Willard G., Joseph P. Newhouse, Naihua Duan, Emmett B. Keeler, and Arleen Leibowitz. 1987. "Health Insurance and the Demand for Medical Care: Evidence from a Randomized Experiment." *American Economic Review* 77 (3): 251–77.

Margolick, David. 1990. "In Child Deaths, a Test for Christian Science." *New York Times*, August 6.

Margolis, Howard. 1982. *Selfishness, Altruism, and Rationality: A Theory of Social Choice*. Chicago: University of Chicago Press.

Mattiello, Elisa. 2005. "The Pervasiveness of Slang in Standard and Non-Standard English." *Mots Palabras Words* 6: 7–41.

Mazur, Allan, Eugene Rosa, Mark Faupel, Joshua Heller, Russell Leen, and Blake Thurman. 1980. "Physiological Aspects of Communication via Mutual Gaze." *American Journal of Sociology* 86 (1): 50–74.

McCarthy, Eugene G., Madelon Lubin Finkel, and Hirsch S. Ruchlin. 1981. "Second Opinions on Elective Surgery: The Cornell/New York Hospital Study." *The Lancet* 317 (8234): 1352–54.

McClure, Christopher S. 2014. "Learning from Franklin's Mistakes: Self-Interest Rightly Understood in the Autobiography." *The Review of Politics* 76 (1): 69–92.

McCullough, Michael, William Hoyt, David Larson, and Carl Thoresen. 2000. "Religious Involvement and Mortality: A Meta-Analytic Review." *Health Psychology* 19 (3): 211.

McGilchrist, Iain. 2012. *The Master and His Emissary: The Divided Brain and the Making of the Western World.* New Haven, CT: Yale University Press.

McGraw, A. Peter, and Caleb Warren. 2010. "Benign Violations Making Immoral Behavior Funny." *Psychological Science* 21 (8): 1141–49.

McKinlay, John B., and Sonja M. McKinlay. 1977. "The Questionable Contribution of Medical Measures to the Decline of Mortality in the United States in the Twentieth Century." *Milbank Quarterly* 55 (3): 405–28.

McNeill, William H. 1997. *Keeping Together in Time.* Cambridge, MA: Harvard University Press.

Meer, Jonathan. 2011. "Brother, Can You Spare a Dime? Peer Pressure in Charitable Solicitation." *Journal of Public Economics* 95 (7): 926–41.

Mehrabian, A., and Ferris, S. R. 1967. "Inference of Attitudes from Nonverbal Communication in Two Channels." *Journal of Consulting Psychology* 31 (3): 48–258

Mehrabian, A., and Wiener, M. 1967. "Decoding of Inconsistent Communications." *Journal of Personality and Social Psychology* 6: 109–14

Mennemeyer, Stephen T., Michael A. Morrisey, and Leslie Z. Howard. 1997. "Death and Reputation: How Consumers Acted upon HCFA Mortality Information." *Inquiry* 34 (2): 117–28.

Mercier, Hugo, and Dan Sperber. 2011. "Why Do Humans Reason? Arguments for an Argumentative Theory." *Behavioral and Brain Sciences* 34 (2): 57–111.
Miller, Dale T. 1999. "The Norm of Self-Interest." *American Psychologist* 54 (12): 1053.
Miller, Geoffrey. 2000. *The Mating Mind: How Sexual Choice Shaped the Evolution of Human Nature.* Norwell, MA: Anchor Books.
Miller, Geoffrey. 2009. *Spent: Sex, Evolution, and Consumer Behavior.* New York: Penguin.
Minsky, Marvin. 1988. *The Society of Mind.* New York: Touchstone.
Mlodinow, Leonard. 2013. *Subliminal: How Your Unconscious Mind Rules Your Behavior*. New York: Vintage.
Morreall, John, ed. 1987. *The Philosophy of Laughter and Humor.* Albany, NY: SUNY Press.
Mullan, Fitzhugh. 2004. "Wrestling with Variation: An Interview with Jack Wennberg." *Health Affairs* 23: 73–80.
Mundinger, Mary, Rick Kane, Elizabeth Lenz, and Michael Shelanski. 2000. "Primary Care Outcomes in Patients Treated by Nurse Practitioners or Physicians: A Randomized Trial." *Journal of the American Medical Association* 283 (1): 59–68.
National Academy of Sciences. 2015. "Improving Diagnosis in Health Care." Quality Chasm Series. Washington, DC: National Academy Press, September 22.
Navarro, Joe, and Marvin Karlins. 2008. *What Every Body Is Saying: An Ex-FBI Agent's Guide to Speed-Reading People.* New York: Harper Collins.
Nelson, Holly, and Glenn Geher. 2007. "Mutual Grooming in Human Dyadic Relationships: An Ethological Perspective." *Current Psychology* 26 (2): 121–40.
Nettle, Daniel, Zoe Harper, Adam Kidson, and Melissa Bateson. 2013. "The Watching Eyes Effect in the Dictator Game: It's Not How Much You Give, It's Being Seen to Give Something." *Evolution and Human Behavior* 34 (1): 35–40.
Newhouse, Joseph P., and Insurance Experiment Group. 1993. *Free for All? Lessons from the RAND Health Insurance Experiment.* Cambridge, MA: Harvard University Press.
Newman, George E., and Paul Bloom. 2012. "Art and Authenticity: The Importance of Originals in Judgments of Value." *Journal of Experimental Psychology: General* 141 (3): 558.
Nichols, L., P. Aronica, and C. Babe. 1998. "Are Autopsies Obsolete?" *American*

Journal of Clinical Pathology 110 (2): 210–18.

Niehaus, Paul. 2013. "A Theory of Good Intentions." Working Paper, University of California, San Diego, November 15. http://cgeg.sipa.columbia.edu/sites/default/files/cgeg/S13_Niehaus_0.pdf.

Nielsen. 2016. "Super Bowl 50 Draws 111.9 Million TV Viewers, 16.9 Million Tweets." Nielsen Company, February 8. http://www.nielsen.com/us/en/insights/news/2016/super-bowl-50-draws-111-9-million-tv-viewers-and-16-9-million-tweets.html.

Nisbett, Richard, and Timothy Wilson. 1977. "Telling More Than We Can Know: Verbal Reports on Mental Processes." *Psychological Review* 84 (3): 231–59.

Northover, Stefanie, William Pedersen, Adam Cohen, and Paul Andrews. 2017. "Artificial Surveillance Cues Do Not Increase Generosity: Two Meta-Analyses." *Evolution and Human Behavior* 38 (1):144–53.

Nowak, Martin, and Roger Highfield. 2011. *SuperCooperators: Altruism, Evolution, and Why We Need Each Other to Succeed*. New York: Free Press.

Nyhan, Brendan. 2014. "Increasing the Credibility of Political Science Research: A Proposal for Journal Reforms." Working Paper, Dartmouth College, Hanover, NH, September 11. http://www.dartmouth.edu/~nyhan/journal-reforms.pdf.

O'Connor, Anahad. 2011. "Getting Doctors to Wash Their Hands." *New York Times* (blog), September 1.

O'Conner, Patricia, and Stewart Kellerman. 2013. "Quote Magnets." *Grammarphobia* (blog), January 14. http://www.grammarphobia.com/blog/2013/01/quote-magnets.html.

Orwell, George. 1950. *Shooting an Elephant and Other Stories*. London: Secker and Warburg.

Orwell, George. 1983. *Nineteen Eighty-Four*. New York: Houghton Mifflin Harcourt.

O'Toole, Garson. 2010a. "Never Let Schooling Interfere with Your Education." *Quote Investigator*, September 25. http://quoteinvestigator.com/2010/09/25/schooling-vs-education/.

O'Toole, Garson. 2010b. "A Single Death Is a Tragedy; a Million Deaths Is a Statistic." *Quote Investigator*, May 21. http://quoteinvestigator.com/2010/05/21/death-statistic/.

O'Toole, Garson. 2013. "It Is the Mark of a Truly Intelligent Person to be Moved by Statistics." *Quote Investigator*, February 20. http://quoteinvestigator.com/

2013/02/20/moved-by-stats/.
O'Toole, Garson. 2014. "A Person Has Two Reasons for Doing Anything: A Good Reason and the Real Reason." *Quote Investigator*, May 22. http://quoteinvestigator.com/2014/03/26/two-reasons/.
O'Toole, Garson. 2016. "If You Want to Tell People the Truth, You'd Better Make Them Laugh or They'll Kill You." *Quote Investigator*, March 17. http://quoteinvestigator.com/2016/03/17/truth-laugh/.
Ottina, Theresa J. 1995. *Advertising Revenues per Television Household: A Market by Market Analysis*. Washington, DC: National Association of Broadcasters.
Packard, Vance. 1957. *The Hidden Persuaders*. New York: David McKay.
Pauly, Mark V. 1992. "Effectiveness Research and the Impact of Financial Incentives on Outcomes." In *Improving Health Policy and Management: Nine Critical Research Issues for the 1990s*, edited by Stephen M. Shortell and Uwe E. Reinhardt, 151–94. Ann Arbor, MI: Health Administration Press.
Pellis, Sergio M., and Vivien C. Pellis. 1996. "On Knowing It's Only Play: The Role of Play Signals in Play Fighting." *Aggression and Violent Behavior* 1 (3): 249–68.
Peloza, John, and Piers Steel. 2005. "The Price Elasticities of Charitable Contributions: A Meta-Analysis." *Journal of Public Policy & Marketing* 24 (2): 260–72.
Pentland, Alex, and Tracy Heibeck. 2010. *Honest Signals: How They Shape Our World*. Cambridge, MA: MIT Press.
Periyakoil, Vyjeyanthi S., Eric Neri, Ann Fong, and Helena Kraemer. 2014. "Do Unto Others: Doctors' Personal End-Of-Life Resuscitation Preferences and Their Attitudes toward Advance Directives." *PloS One* 9 (5): e98246.
Perry, Sarah. 2014. *Every Cradle Is a Grave: Rethinking the Ethics of Birth and Suicide*. Charleston, WV: Nine-Banded.
Peters, Douglas P., and Stephen J. Ceci. 1982. "Peer-Review Practices of Psychological Journals: The Fate of Published Articles, Submitted Again." *Behavioral and Brain Sciences* 5 (2):187–95, June.
Pew Research Center. 2014. "Political Polarization in the American Public: Section 3: Political Polarization and Personal Life." U.S. Politics & Policies, June 12. http://www.people-press.org/2014/06/12/section-3-political-polarization-and-personal-life/.
Pfeffer, Jeffrey, and Robert I. Sutton. 2006. *Hard Facts, Dangerous Half-Truths, and Total Nonsense: Profiting from Evidence-Based Management*. Brighton, MA: Harvard Business Press.

Pfeiffer, Thomas, and Robert Hoffmann. 2009. "Large-Scale Assessment of the Effect of Popularity on the Reliability of Research." *PLoS One* 4 (6): e5996.

Pinker, Steven. 1997. *How the Mind Works.* New York: W. W. Norton.

Pinker, Steven. 2013. *Language, Cognition, and Human Nature: Selected Articles.* New York: Oxford University Press.

Pinker, Steven, and Paul Bloom. 1990. "Natural Language and Natural Selection." *Behavioral and Brain Sciences* 13 (4): 707–27.

Plassmann, Hilke, John O'Doherty, Baba Shiv, and Antonio Rangel. 2008. "Marketing Actions Can Modulate Neural Representations of Experienced Pleasantness." *Proceedings of the National Academy of Sciences* 105 (3): 1050–54.

Plooij, Frans. 1979. "How Wild Chimpanzee Babies Trigger the Onset of Mother-Infant Play—And What the Mother Makes of It." In *Before Speech: The Beginning of Interpersonal Communication*, edited by Margaret Bullowa, 223. Cambridge, UK: Cambridge University Press.

Pocklington, Rebecca. 2013. "Pictured: Millions of Migrating Crabs Force Roads to Close on Christmas Island." *Mirror*, December 30.

Pollard, Albert Frederick. 2007. *Henry VIII.* Project Gutenberg. www.gutenberg.org/ebooks/20300.

Polonsky, Michael Jay, Laura Shelley, and Ranjit Voola. 2002. "An Examination of Helping Behavior—Some Evidence from Australia." *Journal of Nonprofit & Public Sector Marketing* 10 (2): 67–82.

Poole, Keith T., and Howard Rosenthal. 1987. "Analysis of Congressional Coalition Patterns: A Unidimensional Spatial Model." *Legislative Studies Quarterly* 12 (1):55–75.

Poole, Keith T., and Howard Rosenthal. 2000. *Congress: A Political-Economic History of Roll Call Voting.* New York: Oxford University Press.

Poole, Keith T., and Howard Rosenthal. 2007. *Ideology and Congress.* New Brunswick, NJ: Transaction.

Power, Camilla. 1999. "Beauty Magic: The Origins of Art." In *The Evolution of Culture* edited by Robin Dunbar, Chris Knight, and Camilla Power, 92–112. New Brunswick, NJ: Rutgers University Press.

Prinz, Jesse. 2013. "How Wonder Works." Aeon, June 21. https://aeon.co/essays/why-wonder-is-the-most-human-of-all-emotions.

Pritchett, Lant. 2001. "Where Has All the Education Gone?" *World Bank Economic Review* 15 (3): 367–91.

Provine, Robert R. 2000. *Laughter: A Scientific Investigation.* New York: Penguin.

Ramachandran, Vilayanur S., Sandra Blakeslee, and Oliver W. Sacks. 1998. *Phantoms in the Brain: Probing the Mysteries of the Human Mind*. New York: William Morrow.

Rand, Ayn, and Nathaniel Branden. 1964. *The Virtue of Selfishness: A New Concept of Egoism*. New York: Signet.

Rao, Venkatesh. 2013. "You Are Not an Artisan." *Ribbonfarm*, July 10. http://www.ribbonfarm.com/2013/07/10/you-are-not-an-artisan/.

Rappaport, Roy A. 1999. *Ritual and Religion in the Making of Humanity*. Vol. 110. Cambridge, UK: Cambridge University Press.

Ridley, Matt. 1993. *The Red Queen: Sex and the Evolution of Human Nature*. New York: Viking Press.

Rigdon, Mary, Keiko Ishii, Motoki Watabe, and Shinobu Kitayama. 2009. "Minimal Social Cues in the Dictator Game." *Journal of Economic Psychology* 30 (3): 358–67.

Roberts, Russ, and Bryan Caplan. 2007. "Caplan on the Myth of the Rational Voter." *EconTalk*, June 25. http://www.econtalk.org/archives/2007/06/caplan_on_the_m.html

Roberts, Russ, and Iannaccone, Larry. 2006. "The Economics of Religion." *EconTalk*, October 9. http://www.econtalk.org/archives/2006/10/the_economics_o_7.html.

Robertson, Jeanne. 2017. "Don't Send a Man to the Grocery Store." Video, accessed January 8. http://jeannerobertson.com/VideoGroceryStore.htm.

Roes, Frans L., and Michel Raymond. 2003. "Belief in Moralizing Gods." *Evolution and Human Behavior* 24 (2): 126–35.

Ross, Marina Davila, Michael J. Owren, and Elke Zimmermann. 2010. "The Evolution of Laughter in Great Apes and Humans." *Communicative & Integrative Biology* 3 (2): 191–94.

Rothman, Stanley, S. Robert Lichter, and Neil Nevitte. 2005. "Politics and Professional Advancement among College Faculty." *The Forum* 3 (1): 1–16.

Rowland, Peter, ed. 2008. *Bowerbirds*. Clayton, Victoria, Australia: CSIRO.

Rue, Loyal D. 2005. *Religion Is Not about God: How Spiritual Traditions Nurture Our Biological Nature and What to Expect When They Fail*. New Brunswick, NJ: Rutgers University Press.

Ruffle, Bradley J., and Richard Sosis. 2006. "Cooperation and the In-Group-Out-Group Bias: A Field Test on Israeli Kibbutz Members and City Residents." *Journal of Economic Behavior & Organization* 60 (2): 147–63.

Sackeim, Harold. 2015. "Deception." Interview by Robert Krulwich. *Radiolab*, podcast audio. Original NPR broadcast 2008.

Savic, Ivanka, Hans Berglund, and Per Lindström. 2005. "Brain Response to Putative

Pheromones in Homosexual Men." *Proceedings of the National Academy of Sciences of the United States of America* 102 (20): 7356–61.

Schelling, Thomas. 1980. *The Strategy of Conflict*. Cambridge, MA: Harvard University Press.

Schelling, Thomas, Martin Bailey, and Gary Fromm. 1968. "The Life You Save May Be Your Own." In *Problems in Public Expenditure Analysis:* Papers Presented at a Conference of Experts Held Sept. 15–16, 1966. Vol. 2: Brookings Conference on Government Expenditures, edited by Samuel B. Chase, 127–62. Washington, DC: Brookings Institution.

Schino, Gabriele. 2007. "Grooming and Agonistic Support: A Meta-Analysis of Primate Reciprocal Altruism." *Behavioral Ecology* 18 (1): 115–20.

Schlegelmilch, Bodo B., Adamantios Diamantopoulos, and Alix Love. 1997. "Characteristics Affecting Charitable Donations: Empirical Evidence from Britain." *Journal of Marketing Practice: Applied Marketing Science* 3 (1): 14–28.

Schneider, Eric C., and Arnold M. Epstein. 1998. "Use of Public Performance Reports: A Survey of Patients Undergoing Cardiac Surgery." *Journal of American Medical Association* 279 (20): 1638–42.

Schopenhauer, Arthur. 1966. *The World as Will and Representation*. Vol. 2. Translated by E. F. J. Payne. New York: Dover.

Schor, Juliet B. 1998. *The Overspent American: Why We Want What We Don't Need*. New York: Basic Books.

Schuessler, Alexander A. 2000. "Expressive Voting." *Rationality and Society* 12 (1): 87–119.

Sexton, Steven E., and Alison L. Sexton. 2014. "Conspicuous Conservation: The Prius Halo and Willingness to Pay for Environmental Bona Fides." *Journal of Environmental Economics and Management* 67 (3): 303–17.

Seyfarth, Robert M. 1977. "A Model of Social Grooming among Adult Female Monkeys." *Journal of Theoretical Biology* 65 (4): 671–98.

Seyfarth, Robert M., and Dorothy L. Cheney. 1984. "Grooming, Alliances and Reciprocal Altruism in Vervet Monkeys." *Nature* 308: 541–43.

Shanks, David R., Miguel A. Vadillo, Benjamin Riedel, and Lara M. C. Puhlmann. 2015. "Romance, Risk, and Replication: Can Consumer Choices and Risk-Taking Be Primed by Mating Motives?" *Journal of Experimental Psychology: General* 144 (6): e142.

Shariff, Azim F., and Ara Norenzayan. 2007. "God Is Watching You: Priming God Concepts Increases Prosocial Behavior in an Anonymous Economic Game."

Psychological Science 18 (9): 803–809.

Shojania, Kaveh, Elizabeth Burton, Kathryn McDonald, and Lee Goldman. 2002. "The Autopsy as an Outcome and Performance Measure." Agency for Healthcare Research and Quality, Evidence Report/Technology Assessment No. 58, October.

Singer, Peter. 1972. "Famine, Affluence, and Morality." *Philosophy and Public Affairs* 1 (1): 229–43.

Singer, Peter. 1999. "The Singer Solution to World Poverty." *New York Times Magazine*, September 5.

Singer, Peter. 2009. *The Life You Can Save: How to Do Your Part to End World Poverty*. New York: Random House.

Singer, Peter. 2015. "The Logic of Effective Altruism." *Boston Review*, July 6. http://bostonreview.net/forum/peter-singer-logic-effective-altruism.

Siu, Albert L., Frank A. Sonnenberg, Willard G. Manning, George A. Goldberg, Ellyn S. Bloomfield, Joseph P. Newhouse, and Robert H. Brook. 1986. "Inappropriate Use of Hospitals in a Randomized Trial of Health Insurance Plans." *New England Journal of Medicine* 315 (20): 1259–66.

Skinner, Jonathan S., John Wennberg. 2000. "How Much Is Enough? Efficiency and Medicare Spending in the Last Six Months of Life." In *The Changing Hospital Industry: Comparing For-Profit and Not-for-Profit Institutions*, edited by David Cutler. Chicago: University of Chicago Press.

Small, Deborah A., and George Loewenstein. 2003. "Helping a Victim or Helping the Victim: Altruism and Identifiability." *Journal of Risk and Uncertainty* 26 (1): 5–16.

Smith, Adam. 2013. *An Inquiry into the Nature and Causes of the Wealth of Nations*. Project Gutenberg, released 2009. http://www.gutenberg.org/ebooks/3300.

Smith, Carole, Lev Williams, and Richard Willis. 1967. "Race, Sex, and Belief as Determinants of Friendship Acceptance." *Journal of Personality and Social Psychology* 5 (2):127–37.

Smith, Rosanna K., and George E. Newman. 2014. "When Multiple Creators Are Worse Than One: The Bias toward Single Authors in the Evaluation of Art." *Psychology of Aesthetics, Creativity, and the Arts* 8 (3): 303.

Snyder, Thomas D., and Sally A. Dillow. 2011. "Digest of education statistics, 2010 (NCES 2011–2015)." National Center for Education Statistics, U.S. Department of Education.

Sohn, Amy. 2004. "Crossing the Party Line." *New York*, November 8. http://nymag.com/nymetro/nightlife/sex/columns/mating/10260/.

Solzhenitsyn, Aleksandr. 1973. *The Gulag Archipelago Volume 1: An Experiment in Literary Investigation*. Translated by Thomas P. Whitney. New York: Harper and Row.

Sosis, Richard, and Candace Alcorta. 2003. "Signaling, Solidarity, and the Sacred: The Evolution of Religious Behavior." *Evolutionary Anthropology: Issues, News, and Reviews* 12 (6): 264–74.

Sosis, Richard, and Eric R. Bressler. 2003. "Cooperation and Commune Longevity: A Test of the Costly Signaling Theory of Religion." *Cross Cultural Research* 37 (2): 211–39.

Sosis, Richard, and Jordan Kiper. 2014. "Religion Is More Than Belief: What Evolutionary Theories of Religion Tell Us about Religious Commitment." In *Challenges to Religion and Morality: Disagreements and Evolution,* edited by Michael Bergmann and Patrick Kain, 256–76. New York: Oxford University Press.

Spence, Michael. 1973. "Job Market Signaling." *The Quarterly Journal of Economics* 87 (3): 355–74.

Spence, Susan H. 1987. "The Relationship between Social—Cognitive Skills and Peer Sociometric Status." *British Journal of Developmental Psychology* 5 (4): 347–56.

Spring, Joel H. 1973. *Education and the Rise of the Corporate State.* Boston: Beacon Press.

Stafford, Tom. 2013. "Does Studying Economics Make You More Selfish?" BBC Future, October 22.

Stam, J. H. 1976. *Inquiries into the Origins of Language*. New York: Harper and Row.

Staradub, Valerie L., Kathleen A. Messenger, Nanjiang Hao, Elizabeth L. Wiely, and Monica Morrow. 2002. "Changes in Breast Cancer Therapy Because of Pathology Second Opinions." *Annals of Surgical Oncology* 9 (10): 982–87.

Starek, Joanna E., and Caroline F. Keating. 1991. "Self-Deception and Its Relationship to Success in Competition." *Basic and Applied Social Psychology* 12 (2): 145–55.

Stavrova, Olga, and Daniel Ehlebracht. 2016. "Cynical Beliefs about Human Nature and Income: Longitudinal and Cross-Cultural Analyses." *Journal of Personality and Social Psychology* 110 (1):116–32.

Steen, Todd P. 1996. "Religion and Earnings: Evidence from the NLS Youth Cohort." *International Journal of Social Economics* 23 (1): 47–58.

Stephens. Mitchell. 2007. *A History of the News*, 3rd ed. New York: Oxford University Press.

Strawbridge, William J., Richard D. Cohen, Sarah J. Shema, and George A. Kaplan. 1997. "Frequent Attendance at Religious Services and Mortality over 28 Years."

American Journal of Public Health 87 (6): 957–61.

Sugawara, Kazuyoshi. 1984. "Spatial Proximity and Bodily Contact among the Central Kalahari San." *African Study Monographs*, supplementary issue 3: 1–43. Kyoto University, Research Committee for African Area Studies.

Sullivan, Aline. 2002. "Affair of the Heart." *Barron's* 82 (49): 28.

Sullivan, James. 2014. "Bill Burr Gets into a Groove, Just Like His Comedy Heroes." *Boston Globe*, September 30.

Sully, James. 1902. *An Essay on Laughter: Its Forms, Its Causes, Its Development and Its Value*. New York: Longmans, Green.

Swatos, William H., and Peter Kivisto. 1998. *Encyclopedia of Religion and Society*. Walnut Creek, CA: AltaMira.

Szabo, Liz. 2013. "Book Raises Alarms about Alternative Medicine." *USA Today*, July 2.

Számadó, Szabolcs. 1999. "The Validity of the Handicap Principle in Discrete Action–Response Games." *Journal of Theoretical Biology* 198 (4): 593–602.

Tan, Jonathan H. W., and Claudia Vogel. 2008. "Religion and Trust: An Experimental Study." *Journal of Economic Psychology* 29 (6): 832–48.

Tavits, Margit. 2007. "Principle vs. Pragmatism: Policy Shifts and Political Competition." *American Journal of Political Science* 51 (1):151–65.

Thiel, Peter. 2014. "Thinking Too Highly of Higher Ed." *Washington Post*, November 21.

Tibbetts, Elizabeth A., and James Dale. 2004. "A Socially Enforced Signal of Quality in a Paper Wasp." *Nature* 432 (7014): 218–22.

Tocqueville, Alexis. 2013. *Democracy in America*. Vol. 2 (of 2). Translated by Henry Reeve. Project Gutenberg, released 2009. https://www.gutenberg.org/files/816/816-h/816-h.htm#link2HCH0029.

Trivers, Robert. 1971. "The Evolution of Reciprocal Altruism." *Quarterly Review of Biology* 46 (1): 35–57.

Trivers, Robert. 2002. *Natural Selection and Social Theory: Selected Papers of Robert Trivers*. New York: Oxford University Press.

Trivers, Robert. 2011. *The Folly of Fools: The Logic of Deceit and Self-Deception in Human Life*. New York: Basic Books.

Trope, Yaacov, and Nira Liberman. 2010. "Construal-Level Theory of Psychological Distance." *Psychological Review* 117 (2): 440.

Trufelman, Avery. 2015. "Hard to Love a Brute." *99% Invisible*, podcast episode 176,

August 11. http://99percentinvisible.org/episode/hard-to-love-a-brute/.
Tudor, Daniel, and James Pearson. 2015. *North Korea Confidential: Private Markets, Fashion Trends, Prison Camps, Dissenters and Defectors*. North Clarendon, VT: Tuttle.
Tuljapurkar, Shripad, Nan Li, and Carl Boe. 2000. "A Universal Pattern of Mortality Decline in the G7 Countries." *Nature* 405 (6788): 789–92.
United Way. n.d. "Paying It Forward." Accessed February 4, 2016. https://www.unitedway.org/our-impact/stories/paying-it-forward.
Uomini, Natalie Thaïs, and Georg Friedrich Meyer. 2013. "Shared Brain Lateralization Patterns in Language and Acheulean Stone Tool Production: A Functional Transcranial Doppler Ultrasound Study." *PloS One* 8 (8): e72693.
Uy, J. Albert C., Gail L. Patricelli, and Gerald Borgia. 2000. "Dynamic Mate-Searching Tactic Allows Female Satin Bowerbirds Ptilonorhynchus Violaceus to Reduce Searching." *Proceedings of the Royal Society of London B: Biological Sciences* 267 (1440): 251–56.
van der Velde, Frank W., Joop van der Pligt, and Christa Hooykaas. 1994. "Perceiving AIDS-Related Risk: Accuracy as a Function of Differences in Actual Risk." *Health Psychology* 13 (1): 25.
Veblen, Thorstein. 2013. *The Theory of the Leisure Class*. Project Gutenberg, released 2008. http://www.gutenberg.org/ebooks/833.
Ventura, Raffaella, Bonaventura Majolo, Nicola F. Koyama, Scott Hardie, and Gabriele Schino. 2006. "Reciprocation and Interchange in Wild Japanese Macaques: Grooming, Cofeeding, and Agonistic Support." *American Journal of Primatology* 68 (12): 1138–49.
Vingerhoets, Ad. 2013. *Why Only Humans Weep: Unravelling the Mysteries of Tears*. New York: Oxford University Press.
Vladeck, Bruce, Emily Goodwin, Lois Myers, and Madeline Sinisi. 1988. "Consumers and Hospital Use: The HCFA 'Death List.'" *Health Affairs* 7 (1): 122–25.
Voeten, Erik. 2001. "Outside Options and the Logic of Security Council Action." *American Political Science Review* 95: 845–58.
Volden, Craig, and Alan E. Wiseman. 2014. *Legislative Effectiveness in the United States Congress: The Lawmakers*. New York: Cambridge University Press.
Von Grünau, Michael, and Christina Anston. 1995. "The Detection of Gaze Direction: A Stare-in-the-Crowd Effect." *Perception* 24 (11): 1297–313.

Waber, Rebecca, Baba Shiv, Ziv Carmon, and Dan Ariely. 2008. "Commercial Features of Placebo and Therapeutic Efficacy." *Journal of the American Medical Association* 299 (9):1016–17.

The Wachowskis. 1999. *The Matrix*. Burbank, CA: Warner Bros.

Waldfogel, Joel. 1993. "The Deadweight Loss of Christmas." *The American Economic Review* 83 (5): 1328–36.

Wallace, David Foster. 2004. "Consider the Lobster." *Gourmet Magazine*, August, 50–64.

Weber, Eugen. 1976. *Peasants into Frenchmen: The Modernization of Rural France, 1870–1914*. Palo Alto, CA: Stanford University Press.

Wedekind, Claus, Thomas Seebeck, Florence Bettens, and Alexander J. Paepke. 1995. "MHC-Dependent Mate Preferences in Humans." *Proceedings of the Royal Society of London B: Biological Sciences* 260 (1359): 245–49.

Weeden, Jason, Adam B. Cohen, and Douglas T. Kenrick. 2008. "Religious Attendance as Reproductive Support." *Evolution and Human Behavior* 29 (5): 327–34.

Wehner, Peter. 2014. "The Nobility of Politics." *Commentary Magazine*, July 16.

Weiskrantz, Lawrence. 1986. *Blindsight: A Case Study and Implications*. New York: Oxford University Press.

West, Patrick. 2004. *Conspicuous Compassion: Why Sometimes It Really Is Cruel to Be Kind*. London: Coronet Books.

West, Stephen G., and T. Jan Brown. 1975. "Physical Attractiveness, the Severity of the Emergency and Helping: A Field Experiment and Interpersonal Simulation." *Journal of Experimental Social Psychology* 11 (6): 531–38.

Westra, William H., Joseph D. Kronz, and David W. Eisele. 2002. "The Impact of Second Opinion Surgical Pathology on the Practice of Head and Neck Surgery: A Decade Experience at a Large Referral Hospital." *Head & Neck* 24 (7): 684–93.

White, Arthur H. 1989. "Patterns of Giving." In *Philanthropic Giving: Studies in Varieties and Goals*, edited by Richard Magat, 65–71. Yale Studies on Nonprofit Organizations. New York: Oxford University Press.

Wickler, Wolfgang. 1998. "Mimicry." *Encyclopedia Britannica*. Last modified December 1, 2000. https://www.britannica.com/science/mimicry.

Wilson, David Sloan. 2002. *Darwin's Cathedral: Evolution, Religion, and the Nature of Society*. Chicago: University of Chicago Press.

Wilson, Edward O. 2012. *The Social Conquest of Earth*. New York: Liveright.

Wilson, Timothy D. 2002. *Strangers to Ourselves: Discovering the Adaptive*

Unconscious. Cambridge, MA: Belknap.

Wiltermuth, Scott S., and Chip Heath. 2009. "Synchrony and Cooperation." *Psychological Science* 20 (1): 1–5.

Wink, Paul, Michele Dillon, and Britta Larsen. 2005. "Religion as Moderator of the Depression-Health Connection Findings from a Longitudinal Study." *Research on Aging* 27 (2): 197–220.

Wirth, Michael O., and Harry Bloch. 1985. "The Broadcasters: The Future Role of Local Stations and the Three Networks." In *Video Media Competition: Regulation, Economics, and Technology*, edited by Eli M. Noam, 121–37. New York: Columbia University Press.

Wittemyer, George, Iain Douglas-Hamilton, and Wayne Marcus Getz. 2005. "The Socioecology of Elephants: Analysis of the Processes Creating Multitiered Social Structures." *Animal Behaviour* 69 (6): 1357–71.

Wright, Robert. 2010. *The Moral Animal: Why We Are, the Way We Are: The New Science of Evolutionary Psychology*. Reprint, New York: Vintage.

Yandle, Bruce. 1983. "Bootleggers and Baptists—the Education of a Regulatory Economist." *Regulation* 7: 12.

Yandle, Bruce. 1999. "Bootleggers and Baptists in Retrospect." *Regulation* 22: 5.

Youngberg, David, and Robin Hanson. 2010. "Forager Facts." Working Paper, May. http://hanson.gmu.edu/forager.pdf.

Zader, Rachel. 2016. "What Are Some Things That Cops Know, but Most People Don't?" *Quora*, February 7. https://www.quora.com/What-are-some-things-that-cops-know-but-most-people-dont/answer/Rachel-Zader.

Zahavi, Amotz. 1975. "Mate Selection—A Selection for a Handicap." *Journal of Theoretical Biology* 53 (1): 205–14.

Zahavi, Amotz. 2003. "Indirect Selection and Individual Selection in Sociobiology: My Personal Views on Theories of Social Behaviour." *Animal Behaviour* 65 (5): 859–63.

Zahavi, Amotz, and Avishag Zahavi. 1999. *The Handicap Principle: A Missing Piece of Darwin's Puzzle*. New York: Oxford University Press.

Zhong, Chen-Bo, Vanessa K. Bohns, and Francesca Gino. 2010. "Good Lamps Are the Best Police Darkness Increases Dishonesty and Self-Interested Behavior." *Psychological Science* 21 (3): 311–14.

Zhou, Wen, Xiaoying Yang, Kepu Chen, Peng Cai, Sheng He, and Yi Jiang. 2014. "Chemosensory Communication of Gender through Two Human Steroids in a Sexually Dimorphic Manner." *Current Biology* 24 (10): 1091–95.